Al encuentro de lo sagrado

Padre José de Jesús Aguilar Valdéz

Diseño de portada: Luis Jesús Zárate González
Diseño de interiores: Víctor Manuel Montalvo
Ilustraciones de interiores: María Amada López Estala con excepción de las ilustraciones utilizadas en las páginas 181 y 185 realizadas por Erik Rivera.
Fotografía de portada: Other Images
Fotografía de autor en solapa y portada: Kiko Martí

© 2007, José de Jesús Aguilar Valdés

Derechos reservados

© 2009, Editorial Planeta Mexicana, S.A. de C.V.
Bajo el sello editorial DIANAMR
Avenida Presidente Masarik núm. 111, 2o. piso
Colonia Chapultepec Morales
C.P. 11570 México, D.F.
www.editorialplaneta.com.mx

Primera edición: noviembre de 2009
ISBN: 978-607-07-0262-4

Impreso en los talleres de Litográfica Ingramex, S.A. de C.V.
Centeno núm. 162-1, colonia Granjas Esmeralda, México, D.F.
Impreso y hecho en México - *Printed and made in Mexico*

A los peregrinos que buscan a Dios.

A quienes les ayudan en su recorrido físico y espiritual:
obispos, sacerdotes, religiosos y religiosas, voluntarios, personal
hospitalario y de seguridad, embajadas, agencias de viajes,
compañías aéreas, de autobuses y de ferrocarril, industria hotelera y
de restaurantes, guías, maleteros, chóferes
y operadores en general.

PRÓLOGO

Tuve el privilegio de visitar los santuarios más importantes y los menos conocidos del mundo, siguiendo las huellas del Papa peregrino.

Juan Pablo II inició su papado en el santuario de la Virgen de Guadalupe, confiando en las manos de *La Morenita* todo su mandato, el presente y el futuro de la Iglesia, sus dolores y sus alegrías. Su último viaje, veinticinco años más tarde, tuvo como marco el santuario de Lourdes, que visitó cercano a la muerte, como un enfermo más. Arrodillado en la Gruta de Masabielle, visiblemente conmovido, dijo que tenía la impresión de haber llegado a la meta final de su peregrinación.

En el santuario de Fátima reveló el contenido del tercer secreto, íntimamente relacionado con el atentado que el 13 de mayo de 1981 estuvo a punto de costarle la vida. Ahí dejó, en la corona de la Virgen, una de las balas que lo hirieron. En 2000, año del Gran Jubileo, logró peregrinar a Tierra Santa sobre las huellas de Moisés y de Jesús, realizando un sueño acariciado por más de dos décadas.

En los santuarios de Santiago de Compostela y de Czestochowa convocó a dos Jornadas Mundiales de la Juventud para que los jóvenes entendieran que al caminar se sanan la sordera y la ceguera, se olvida la soledad, se busca la vocación personal y se cultivan la solidaridad y la hermandad.

"Soy el sucesor de San Pedro —nos dijo un día—, pero también de San Pablo. Como él, tengo que ser peregrino y misionero."

En esta valiosa y sugestiva obra del padre José de Jesús Aguilar Valdés, encontré lo que tuve la suerte de experimentar en mi propia peregrinación por el mundo: que los santuarios son un signo visible de la presencia del Dios invisible y que el anhelo del hombre de todas las razas, culturas e incluso religiones, es peregrinar a los lugares sagrados para reencontrarse consigo mismo y con Dios, para consolidar su propia fe, despertar su conciencia, confesar sus pecados, ser perdonado y aprender a perdonar.

Los santuarios son el corazón de países y continentes, son las casas de Dios, de María y de los hombres, donde el encuentro personal con la divinidad es más inmediato y directo.

El que peregrina a estos lugares inicia, a lo mejor sin estar consciente de ello, un camino de conversión que no acaba de ninguna manera al llegar a la meta. El santuario es un punto de partida, no de llegada, del que se sale o se debería salir con un enriquecimiento del espíritu, una profunda paz interior y baterías recargadas para iniciar una vida mejor.

Al peregrinar se entiende que el significado de la vida no se encuentra al final del camino sino en el camino mismo, y que en un santuario se pueden abandonar las fragilidades, los sufrimientos y los fracasos, y abrirse a Dios. Allí, en contacto con Dios y con María, se entiende que el paso por el mundo es transitorio y que hay lugares, donde más que en otros sitios, todo nos invita a aspirar a la trascendencia.

Me tocó ser testigo de cómo el Papa peregrino, el Caminante del Evangelio, junto con millones de peregrinos del mundo entero, se abría en los lugares sagrados al diálogo con Dios y a la cercanía con María.

Juan Pablo II decía, sin embargo, que su espiritualidad era geográfica y que todos los días lograba recorrer con la oración, desde su capilla, los santuarios del mundo entero.

Este libro le permitirá al lector hacer lo mismo, es decir, ir al encuentro de lo sagrado desde su propia casa.

VALENTINA ALAZRAKI

INTRODUCCIÓN

Un camino espiritual en un camino físico

En la peregrinación no importa tanto el camino físico como el espiritual, que en ocasiones se recorre sin saberlo. El camino físico da la oportunidad de encontrar señales divinas. Quien camina distraído no encuentra nada, se cansa, se desespera y se decepciona. Por el contrario, quien toma conciencia está atento a lo que sucede a su alrededor y capta la más mínima señal. La Sagrada Escritura invita a transitar un camino cuya meta es Dios. En dicho recorrido se aprende a compartir alegrías y tristezas con los compañeros de viaje: familiares, amigos y desconocidos. La peregrinación nos enseña a dejar de lado lo innecesario, lo que nos ata o nos impide avanzar, para poder caminar ligeros. Esto supone la renuncia al mal, e incluso, a los bienes menores, pero nunca al bien supremo, que es Dios.

Dios: inicio y meta

Los grandes patriarcas como Abraham y Jacob, en su deseo de alcanzar niveles más altos y encontrarse con lo divino, abandonaron la comodidad de su tierra y se hicieron peregrinos. El pueblo de Israel peregrinó por el desierto para encontrar la Tierra Prometida. En el camino se conformó como nación y tomó conciencia de ser el pueblo elegido por Dios. Muchos profetas encontraron sólo en el camino, su misión. Jesús, el Hijo de Dios, peregrinó anualmente a Jerusalén para celebrar la Pascua judía, pero se lamentaba que no todos los viajeros se encontraran con Dios. Éstos llegaban no como peregrinos sino como meros visitantes, curiosos o comerciantes que, por su mala actitud regresaban a su tierra con el corazón vacío. Jesús enseñó que la vida terrena no es una meta y se mostró a sí mismo como "el camino, la verdad y la vida".[1] Aseguró que quien sigue sus pasos y camina junto a él no puede extraviarse, sino más bien es confortado en su debilidad y levantado en sus caídas. Por eso, para que nadie se pierda, envió a sus discípulos como peregrinos, a anunciar el Evangelio hasta los confines de la Tierra.

Lo sagrado

El término *sagrado* se utiliza para designar lo que una persona o grupo considera digno de veneración y respeto, lo relacionado con la divinidad y lo que pertenece al culto divino. En niveles no religiosos se pueden considerar sagrados los objetos que por cierta estima se conservan con cuidado: el primer zapatito del bebé, el rizo del cabello de un ser querido que ha muerto, el autógrafo de un importante músico o político. En el ámbito civil pueden considerarse sagrados los lugares marcados por algún acontecimiento especial, mismo que los convierte en motivo de recuerdo y meta de veneración: la casa de Miguel Ángel, la tumba de Beethoven, el lugar de una batalla, etcétera. En el campo religioso se consideran sagrados los objetos, lugares y personas en donde se manifiesta lo divino: libros revelados (*Biblia*), lugares donde habitaron santos o se desarrollaron apariciones y milagros, personas que vivieron en santidad o murieron martirizadas. Las reliquias son objeto de gran veneración.

En busca de una experiencia sobrenatural

El ser humano anhela entrar en contacto con lo sagrado y tener una experiencia sobrenatural. No sólo en el campo espiritual, sino también a través de los sentidos. Quiere tocar, sentir, estar en el lugar sagrado. Por eso es capaz de dejar la comodidad de su tierra, hogar y familia para convertirse en peregrino. Durante la Edad Media, sólo dos tipos de personas (además de los soldados) se movían habitualmente por las precarias carreteras que enlazaban las ciudades y los países extranjeros: mercaderes y peregrinos. Ambos corrían los numerosos peligros que el viaje comportaba para poder obtener sus respectivos fines. Unos partían con el objetivo de adquirir riquezas materiales; los otros, por el contrario, esperaban conquistar bienes de otra índole: indulgencias y gracias. Ambos abandonaban lugares conocidos y seguros para salir al encuentro de lo desconocido y del peligro, sin garantía alguna de regresar a sus casas.

---

[1] *Juan* 14, 6.

Verdaderos sacrificios

La magnitud del sacrificio que implicaba una peregrinación en la Edad Media, y también en otras épocas, resulta difícil de imaginar para el viajero moderno: el peregrino dejaba su país y a sus seres queridos, quienes no podían contar, durante la ausencia, con la aportación de su trabajo. El largo viaje suponía además gastos adicionales para la familia, la cual debía dotar al que partía de una adecuada suma, suficiente para mantenerse durante un periodo de tiempo difícilmente previsible. Una vez tomada la decisión de partir, el peregrino recibía la bendición en una solemne ceremonia encabezada por el obispo, que le entregaba el bordón penitencial (un cayado o bastón) y era acompañado en procesión hasta las puertas de la ciudad. Pocos eran los privilegiados que partían a caballo o a lomo de mula; la mayor parte salía a pie. Muchos, antes de partir hacían testamento.

Todos los caminos conducen a Roma

Se decía ya entonces que todos los caminos conducían a Roma porque era de esta ciudad desde donde partían las carreteras romanas. La eficacia de las vías de comunicación contribuyó a la expansión del Imperio, pero a partir de su caída, en el año 476 d.C., el complejo sistema de calzadas, que desde la capital del mundo antiguo llevaban hasta Europa, Oriente y África, se había ido degradando lenta pero inexorablemente. El paso del tiempo había estropeado el pavimento, los puentes estaban hundidos y los itinerarios solían variar en virtud de las interrupciones y desvíos. En los principales ejes de comunicación, el peregrino encontraba una densa red de fondas y lugares de descanso, además de numerosos santuarios menores y monasterios donde hacer un alto para comer y descansar.

Una campana guía

Una campana, conocida como "Extraviada", sonaba prolongadamente en los lugares de descanso al caer la noche, para indicar el camino a los que aún no habían llegado. Cuando san Buenaventura ordenó a sus monjes que recitaran tres veces una plegaria por los que se hubieran perdido en la noche, la Extraviada pasó a llamarse Ave María.

Asaltos y secuestros

Durante la Edad Media, los que podían elegir preferían los caminos fluviales, más veloces y directos, o la vía marítima, si bien ésta resultaba peligrosa por la presencia de piratas sarracenos que frecuentemente interceptaban las naves de los peregrinos y los secuestraban a cambio de un rescate, o los vendían como esclavos. Las dificultades, peligros y sufrimientos que el peregrino podía encontrar durante el viaje acrecentaban su valor, desde el punto de vista de la expiación de culpas y consecución de indulgencias.

En contacto con la divinidad

Actualmente, sanos y enfermos salen en busca de lo sagrado sin importar distancia, incomodidad, peligro, hambre o sed. Muchos arriesgan todo con tal de entrar, aunque sea un momento, en contacto con la divinidad. Pero la peregrinación no sólo los acerca físicamente a lo sagrado, sino que también les permite avanzar espiritualmente en el camino que lleva al encuentro final y definitivo. Al peregrinar recuerdan que el paso por el mundo terreno es transitorio. Que también son transitorios los problemas, las enfermedades, angustias y dolores. Peregrinar ayuda a comprender que Dios siempre sale al encuentro de quien lo busca, facilita el camino del encuentro y purificación mediante el examen de conciencia, el arrepentimiento y la penitencia. El peregrino sabe que, sin un camino interno y espiritual, no puede trascender lo ordinario y encontrarse con lo sobrenatural. Por ello está dispuesto a afrontar grandes retos, caminar largas distancias (camino de Santiago), cruzar océanos y desiertos, escalar grandes montañas (Sinaí, Tabor...), introducirse en el agua (Jordán, pilas de Lourdes). Sabe que todos esos elementos o ritos son un signo o el precio de su trascendencia.

LAS INDULGENCIAS

¿Qué es la indulgencia?

La indulgencia es la remisión, ante Dios, de la pena temporal debida por los pecados, ya perdonados en cuanto a la culpa.

¿Cuántos tipos de indulgencias existen?

Hay dos tipos o clases de indulgencias: la plenaria y la parcial.

La plenaria libera totalmente de la pena temporal (Purgatorio) debida por los pecados.

La parcial libera sólo en parte de dicha pena (*Cfr. Código de Derecho Canónico*, canon 993).

¿A quién puede beneficiar la indulgencia?

La indulgencia, plenaria o parcial, puede aplicarse a sí mismo, o bien, pedirla por las almas de los fieles difuntos (*Cfr. Código de Derecho Canó-*

nico, canon 994). Sin embargo, no puede aplicarse por otra persona viva (*Enchiridion Indulgentarium*, norma 3).

¿Cuántas veces puedo obtener la indulgencia?

Se puede obtener sólo una indulgencia plenaria por día (*Cfr. Enchirdion Indulgentarium*, norma 23, 3), y se pueden obtener varias parciales diariamente.

¿Se tiene que viajar a Roma o a Jerusalén para obtener las indulgencias?

En Tierra Santa o en Roma se pueden obtener muchas indulgencias, pero no exclusivamente. También se pueden obtener en la ciudad donde se radica.

¿Cuáles son los requisitos para obtener la indulgencia plenaria?

Para recibir la indulgencia plenaria se deben cumplir tres requisitos:

1) Estar en estado de gracia. Esto significa no tener pecados graves o mortales, por eso es muy importante la confesión sacramental. Después de la confesión, mientras no se cometa pecado grave o mortal, se pueden recibir varias indulgencias.
2) Participar y comulgar en la Santa Misa.
3) Hacer oración por las intenciones del Sumo Pontífice.

¿Necesito entrar por una puerta especial para obtener la Indulgencia Jubilar?

La puerta santa que, en los años santos abre el Papa en Roma, recuerda al Padre bueno de la parábola del Hijo Pródigo. Él abre la puerta de su casa al hijo que regresa arrepentido. La puerta es un signo del amor y la gracia que Dios ofrece a todos los hombres. Lo que importa es el arrepentimiento, el deseo de conversión, el deseo de regresar a Dios y cumplir su voluntad.

¿Existen otras formas de obtener la Indulgencia Jubilar o del Año Santo?

Además de visitar los lugares indicados, se puede obtener visitando por un tiempo conveniente a los hermanos necesitados o con dificultades (enfermos, encarcelados, ancianos solos, minusválidos, etcétera). Esto es como peregrinar hacia el mismo Cristo, presente en ellos. También se puede obtener con iniciativas que favorezcan el espíritu penitencial, absteniéndose por lo menos durante un día de cosas superfluas (por ejemplo: tabaco o bebidas alcohólicas). Otra forma de obtener la indulgencia es dando ayuda a los pobres o sosteniendo obras de carácter religioso o social (niños abandonados o maltratados, jóvenes con problemas, ancianos y migrantes en necesidad, etcétera). La ayuda puede ser económica o dedicando tiempo para auxiliar en sus necesidades.

¿Cómo puedo saber que he ganado la indulgencia?

Cuando se cumple con lo prescrito se recibe inmediatamente la indulgencia obtenida, parcial o plenaria, y no se necesita solicitar algún comprobante o documento. En ese caso podemos aplicar la indulgencia, plenaria o parcial por nosotros mismos, o para el difunto que deseemos.

VENERACIÓN DE LOS SANTOS Y SUS RELIQUIAS

La veneración o culto a los santos surge de la admiración que sentimos por ellos y de la confianza de saber que ellos pueden interceder por nosotros ante Dios. Esta veneración la encontramos desde los inicios del cristianismo, ya que en los mismos sepulcros donde se encontraban los restos de san Pedro y san Pablo se encuentran inscripciones en las que se implora su ayuda y protección. Los cristianos ven en las reliquias un motivo para venerar a los santos y sentirlos cercanos.

¿Quiénes son los santos?

El término *santos* comenzó a difundirse especialmente a partir del siglo V. Hasta entonces, a los llamados "muertos de Dios" se les llamaba "confesores" o "mártires". Confesor era aquel que, por confesar su fe, era amenazado o sometido a suplicio, pero no moría. *Mártir*, por otra parte, es un término griego que significa: "testigo". Se asignaba a quienes mediante el sacrificio de su vida daban testimonio de su fe. Al principio había más mártires que confesores, pero cuando cesaron las persecuciones el número de confesores superó al de los mártires. Posteriormente se añadieron los santos procedentes de las Sagradas Escrituras: la Virgen María y los principales personajes del Antiguo Testamento. No faltaron los ángeles, cuya existencia es dogma de fe desde el año 325 y cuyo culto a Miguel, Gabriel y Rafael se permitió en el Concilio de Roma del año 745. Los ángeles tienen una doble función puesto que son mensajeros y adoradores de la divinidad, y además, se ocupan de defender del mal a la humanidad.

Mártires

Puesto que los mártires daban testimonio de fe con su muerte, la Iglesia los convertía automáticamente en santos. También, para convertirlos en modelos, procuraba transmitir con detalle el recuerdo de cómo habían alcanzado la muerte. El castigo más famoso entre los romanos era la crucifixión, porque el sentenciado moría después de varias horas de agonía. Se aplicaba especialmente a los esclavos fugitivos y a quienes atentaban contra el Imperio. Después de Jesús murieron muchos cristianos crucificados. La pena de muerte también indicaba la condición jurídica: la decapitación, por ejemplo, se reservaba a los ciudadanos romanos, de modo que gran parte de los mártires decapitados provenían de familias patricias romanas. Un ejemplo lo encontramos en el Papa Sixto II y su diácono Lorenzo, que fueron sentenciados a muerte por el emperador Valerio en el año 258. El Pontífice fue decapitado pero no así san Lorenzo, quien murió quemado en una parrilla.

Culto a las reliquias

Antes y después de la época de Diocleciano, durante la cual tuvo lugar la última de las grandes persecuciones, hay dos fechas importantes para los cristianos: en el año 260, el emperador Galieno garantizó el derecho de los cristianos a profesar libremente su religión y ordenó la restitución de los bienes confiscados a la Iglesia; en el 311, dos años antes del Edicto de Milán, promulgado por Constantino, Galerio promulgó un edicto que decretaba el fin de la Gran Persecución. Estos decretos no sólo permitieron a los cristianos salir a la luz, sino también rendir homenaje a los mártires. Por ello se construyeron templos cerca de las tumbas o lugares de martirio, para conservar y venerar sus reliquias.

Restos mortales

La palabra *reliquia*, derivada del latín *reliquie*= "lo que queda", se utilizaba para hablar de los restos mortales de una persona, sea el cuerpo completo o una de sus partes. El cristianismo utilizó especialmente esta palabra para hablar de los restos de los santos, como el caso de san Pedro, san Pablo y otros mártires. Las reliquias pueden ser de mártires, confesores, papas, obispos, doctores (santos que se caracterizaron por sus enseñanzas), fundadores de una comunidad religiosa, hombres y mujeres que consagraron su virginidad, etcétera.

Otros tipos

Posteriormente, la palabra *reliquia* tuvo un contexto más amplio, puesto que se aplicó a objetos utilizados por Nuestro Señor Jesucristo, la Virgen María o los santos; así, podemos mencionar como ejemplos: la cruz de Cristo, la corona de espinas o el hábito de san Francisco. También se aplicó a las partes específicas de los Santos Lugares, como el lugar de la Última Cena, la roca en donde Cristo oró en el huerto de Getsemaní o el Santo Sepulcro. La capilla de las reliquias de Catedral conserva una piedra del Monte de los Olivos. El culto a las reliquias tuvo un gran auge, sobre todo en la Edad Media. Se custodiaban en recipientes adecuados (llamados relicarios) que generalmente son obras maestras de orfebrería.

Todo lo que perteneció a un santo: sus restos mortales, su lugar de ente-
rramiento o su casa, parecía conservar a los ojos de los fieles una porción
de santidad; así se puede comprender lo que pasaba por la mente de los
primeros cristianos y por qué las ciudades y los conventos europeos de
la Edad Media se disputaban a precio de oro los auténticos o supuestos
huesos de los mártires, y también los retazos de sus ropas. Roma, escenario de la difusión del cristianismo, ciudad santa, meta permanente de las
peregrinaciones, posee una gran riqueza en reliquias.

Clasificación de las reliquias
Dependiendo de su procedencia, las reliquias se clasifican en:

- Primer grado: cuerpos de los santos o cualquiera de sus partes corporales, como miembros, cenizas y huesos.
- Segundo grado: objetos que estuvieron en contacto con los santos
  mientras vivían, tales como su hábito y objetos de uso, incluyendo
  instrumentos de tortura y martirio.
- Tercer grado: fragmentos de tela que han sido tocados por una reliquia de la clase 1.

Los objetos que estuvieron en contacto con Cristo son considerados
reliquias de primer grado: la cruz, la corona de espinas y la sábana santa.
Tierra Santa y Roma son considerados especialmente, lugares santos.

Procedencia de las reliquias
Las reliquias se obtienen directamente de los cuerpos de los santos en
la mayoría de los casos, es por eso que hay distintas procedencias, tales
como:

- *corporis* - que se tiene el cuerpo
- *ex capillus* - del cabello
- *ex carne* - de la carne
- *ex cineribus* - de las cenizas
- *ex ossibus* - de los huesos
- *ex praercordis* - del estómago o los instestinos
- *ex pelle* - de la piel
- *ex indumento* - de la ropa
- *del velo* - del velo
- *ex bireto* - de la birreta
- *ex tela serica quae tetigit cor* - de tela de seda que ha sido tocada al
  corazón
- *arca mortuaria* - la caja mortuoria o ataúd

Autenticidad y cuidado de las reliquias

Las reliquias deben ser avaladas por una autoridad eclesiástica y además decorosamente conservadas. El documento que acompaña a una reliquia se llama *Authentico*. Este documento contiene información diversa sobre la misma y está firmado y avalado por un superior de alguna orden o por un vicario general vaticano. Dicho documento evita las posibles falsificaciones y como dice su nombre, autentifica las reliquias.

¿Dónde se conservan?

Las reliquias se guardan generalmente en el altar principal de un templo, en una parte llamada *ara*. También se conservan recubiertas con una capa de cera en hermosos relicarios o en capillas hechas expresamente para su veneración. Las principales catedrales del mundo y los santuarios cuentan con reliquias de santos y santas, especialmente de mártires.

Peregrinación a los lugares de reliquias

Las peregrinaciones a Tierra Santa, Roma, Santiago de Compostela y otros lugares sagrados, comprueban la veneración que los cristianos le tienen a Cristo, la Virgen María y los santos. Estas peregrinaciones originaron los años santos, en los que los peregrinos reciben indulgencias mediante su oración, conversión, obras de misericordia, participación en los sacramentos y veneración de las reliquias. En los años santos las reliquias insignes se exponen para ayudar a acrecentar la fe de los creyentes y motivarlos a seguir el ejemplo de los santos (Ver dónde se custodian las reliquias más importantes de la pasión de Cristo en la página 129).

¿Qué es una catedral?

La palabra griega *cátedra* significa "silla". En la antigüedad, sólo los personajes importantes tenían derecho a ocupar una silla que marcaba su alta dignidad, mientras que las demás personas permanecían de pie en actitud de obediencia o servicio. Los maestros se sentaban para enseñar a los alumnos, que permanecían de pie, de ahí les vino el nombre de catedráticos. El obispo, como inspector y responsable de un lugar, necesita un lugar especial desde donde enseñe, gobierne y presida las celebraciones. La iglesia elegida por él tiene su *cátedra* y recibe el nombre de catedral. Por ser la sede del obispo, la catedral es la iglesia más importante de una diócesis o arquidiócesis.

¿Qué es una basílica?

En el Imperio romano, se le llamaba basílica a un gran edificio con múltiples usos: mercado, lugar de transacciones financieras, culto o, más ordinariamente, a la administración de justicia; también se utilizaba como lugar de reunión de los ciudadanos para tratar asuntos comunes. Cada basílica estaba constituida por una gran sala rectangular compuesta por una o más naves (siempre en número impar), y la nave central era más ancha y alta; las naves estaban divididas por columnas. La diferencia de alturas se aprovechaba para abrir huecos de iluminación en la parte alta de los muros. En uno de los extremos de la nave principal existía una exedra o ábside en donde se instalaba la presidencia, mientras que generalmente la entrada se efectuaba por el extremo opuesto, a través de un pórtico. Las más conocidas, construidas por los emperadores romanos fueron la Basílica de Majencio y la Basílica Julia. Cuando terminó la sangrienta persecución contra los cristianos, el emperador Constantino mandó construir una basílica sobre el sepulcro de san Pedro y otra sobre el sepulcro de San Pablo. Esas basílicas tuvieron una función distinta a la que habían tenido anteriormente, pues se dedicaron al servicio del culto cristiano. Ambas, por vez primera en la historia tuvieron planta en forma de cruz. Posteriormente se levantaron en Roma otras dos basílicas: la de San Juan de Letrán, que sirvió como catedral del Papa, y la de Santa María la Mayor, primer gran templo dedicado a la Virgen María. Estos cuatro edificios son los más venerables de la Ciudad Eterna y en ellos se reciben gracias e indulgencias especiales. Solamente reciben el título de basílicas mayores: San Pedro, en el Vaticano; San Pablo extramuros (fuera de los muros de la ciudad de Roma), San Juan de Letrán (catedral del Papa) y Santa María la Mayor. En todas ellas hay un altar papal.

ESQUEMA GENERAL DE UNA BASÍLICA

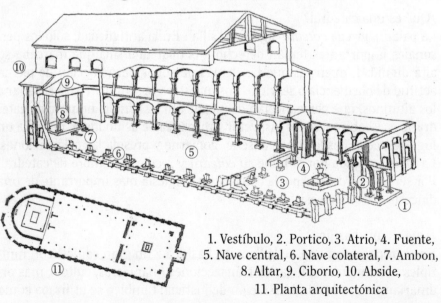

1. Vestíbulo, 2. Portico, 3. Atrio, 4. Fuente, 5. Nave central, 6. Nave colateral, 7. Ambon, 8. Altar, 9. Ciborio, 10. Abside, 11. Planta arquitectónica

No obstante, existen algunos otros templos, en Roma y en el mundo, que por privilegio papal están unidos a la Basílica de San Juan de Letrán, como si fueran sus sucursales. En estos lugares se pueden recibir las gracias y privilegios de Roma. A estos edificios se les da el título de basílicas menores. Algunos ejemplos de basílicas menores son: en el DF, la Basílica de Guadalupe y la Basílica de San José; en Jalisco la Basílica de San Juan de los Lagos y la Basílica de la Virgen de Zapopan; en el Estado de México la Basílica de la Virgen de los Remedios; en Nuevo León la Basílica de Nuestra Señora del Roble, etcétera.

¿Qué es una capilla?
El término *capilla* es diminutivo de "capa", nombre dado al santuario en el cual se custodiaba la capa de san Martín Caballero. Este particular modo de usar el término se extendió posteriormente a todos los santuarios que contenían reliquias, y cuyo sacerdote fue denominado "capellán". En sentido más amplio, la palabra fue identificada con todos los lugares de culto que no eran catedrales, incluyendo así las varias tipologías de edificios de culto. El término indica también los oratorios anexos a las residencias reales.

Primera parte

Tierra Santa
"Donde se gestó la salvación"

✦

Historia brevísima de los santuarios de Tierra Santa

La historia es semejante y las causas son las mismas:

1. Los cristianos construyen un lugar de culto para conservar la memoria de un hecho del Señor.
2. Los invasores los destruyen (persas, musulmanes, Saladino, sultanes, el terrible Bibars, turcos, etcétera).
3. El lugar de culto vuelve a ser reconstruido (bizantinos, cruzados, etcétera), hasta que los franciscanos se ocupan de los Santos Lugares.

Historia general de Tierra Santa

✦

Desde Abraham al exilio en Babilonia

Los orígenes del pueblo elegido y sus movimientos en el ambiente semítico se remontan al 1850 a.C., cuando el patriarca Abraham, descendiente de Sem, emigró de la ciudad de Ur, en Mesopotamia, hasta la región de Canaán. Ahí vivieron sus descendientes: Isaac y Jacob. Jacob cambió su nombre por el de Israel y tuvo doce hijos. José, uno de ellos, fue vendido por sus hermanos y llevado a Egipto como esclavo. La Historia confirma que entre el 1750 y el 1550, Egipto era gobernado por príncipes de origen asiático, los cuales favorecieron la inmigración de grupos asiáticos que buscaban pastos y alimento. Entre estos grupos procedentes de Palestina estaban los descendientes de Abraham, Isaac y Jacob. José dejó de ser un esclavo, se convirtió en gobernador y recibió a su padre y a sus hermanos.

Poco tiempo después, los descendientes de Jacob fueron convertidos en esclavos. Cerca del año 1250 a.C., cuando reinaba Ramsés II, el pueblo salió libre bajo la guía de Moisés. La experiencia espiritual en el monte Horeb o Sinaí fue decisiva para el porvenir de Israel, que inició el éxodo hacia la tierra prometida a Abraham y a sus descendientes. Después de cuarenta años en el desierto, Moisés murió en el monte Nebo y Josué tomó el liderazgo. Hacia el año 1200, bajo la guía de Josué, los hebreos ingresaron a Canaán cruzando el río Jordán. Después de abrir una brecha en el valle del Jordán, ocuparon la antigua ciudad de Jericó. Posteriormente se dirigieron directamente al centro del altiplano donde, mediante diversas expediciones hacia el norte y hacia el sur pudieron conquistar el país entero, con excepción de la ciudad de Jerusalén, de la gran llanura de Esdrelón, ocupada fuertemente por los Cananeos, y de las ciudades de la costa, ocupadas por los Filisteos.

Las doce tribus, de los doce hijos de Israel, se agruparon y aislaron de la siguiente manera: al sur, las tribus de Judá y Simón; al centro, la tribu de José y las demás tribus al norte, en Galilea. Sin un poder central, las funciones políticas fueron inicialmente ejercidas por el jefe de cada tribu. Sin embargo, para enfrentar las amenazas de otros grupos surgieron los Jueces, liberadores que, al frente de una u otra tribu, en momentos concretos y con poderes muy limitados salvaron al pueblo en momentos de crisis y también de los enemigos: Ehud, de los Moabitas (*Jueces*, capítulo 3, 12 al 4,1), Débora, de los Cananeos (*Jueces*, 4,23), Gedeón, de los Madianitas (*Jueces*, capítulos 6, 7 y 8), Jefté, de los Amonitas (Jueces, capítulo 11) Sansón, de los Filisteos (Jueces, capítulos 13 al 16).

No obstante los Filisteos, gracias a su organización civil y militar, y al uso de nuevas armas, avanzaron sobre la montaña y en el año 1050 a.C. destruyeron Siló y robaron el arca de la alianza. Era necesaria la unidad nacional para combatir al enemigo. Entonces Samuel, el último de los Jueces, ungió como rey a Saúl, en el año 1020 a.C. (Primer Libro de *Samuel*, capítulo 10). Sin embargo, por desobediencia, Saúl perdió el trono y murió en el monte Gelboé. Fue David, segundo rey, quien desarrolló la verdadera unidad política del pueblo entre los años 1000 al 970 a.C. (Primer libro de *Samuel*, capítulo 16 en adelante y todo el Segundo libro de *Samuel*, hasta el capítulo 2 del Primer libro de los *Reyes*). Con grandes victorias acabó con la última resistencia de los Cananeos y de los Filisteos, amplió los confines del estado, expulsó a los Gebuseos del monte Sión y estableció ahí, en Jerusalén, la capital como centro político y religioso, llevando el arca de la alianza.

Salomón, su hijo, entre los años 970 al 930 a. C., consolidó el reino hacia el exterior y hacia el interior, lo urbanizó con lujo oriental en la construcción del Templo, el palacio y los edificios administrativos y militares. Salomón dividió el reino en doce distritos, creó un poderoso ejército y abrió nuevas rutas comerciales hacia Fenicia, Arabia y Ofir, desarrollando el comercio de carros, caballos y la industria minera. Sin embargo, después de su muerte el reino se dividió en dos partes: Judá e Israel. Las tribus de Judá: Simón y Benjamín, aunque minoría, tuvieron como capital Jerusalén. Las otras tribus ocuparon el resto y tuvieron capitales consecutivas en Siquem, Tirsa y Samaria. Judá tuvo mayor estabilidad, mientras que Israel sufrió por choques políticos internos y conflictos en palacio. La historia de los dos reinos está llena de guerras recíprocas en las que Israel, por su ventaja militar, casi siempre obtuvo la victoria. También muestra batallas en las que pelearon juntos para conservar los territorios conquistados por David, o para defender su independencia contra el gran enemigo asirio. Sin embargo, Israel fue incapaz de resistir ante este último y en el año 721 a.C., Sargón II tomó la capital y deportó a toda la población a Asiria. Con los pocos habitantes que permanecieron en el territorio y con los nuevos colonizadores extranjeros surgió la raza híbrida de los samaritanos. El reino de Judá logró salvarse de Asiria, pero no pudo contra Nabucodonosor II, proveniente de la dinastía caldea y rey de Babilonia, quien conquistó gran parte del suroeste de Asia. Él destruyó Jerusalén en el año 586 a.C. y deportó a todos sus habitantes a Babilonia.

Del regreso del exilio hasta la presencia romana

En el año 538 a.C. el rey persa Ciro, el Grande, conquistó el imperio de Babilonia. El monarca permitió que los judíos regresaran a su patria y reconstruyeran el Templo de Jerusalén, y éstos habitaron sólo los confines de Judá y el entorno de Jerusalén. La reconstrucción de la ciudad y del Templo fue larga y penosa, por la oposición de los samaritanos y por las luchas internas. Las grandes figuras de este periodo fueron Zorobabel, Esdras y Nehemías, sin embargo, y no obstante su enérgica intervención, fue hasta el año 515 a.C. que se terminó la reconstrucción del Templo, y en el 446 a.C. de las murallas de Jerusalén. Del periodo de las provincias persas se tiene poca información. Los conquistadores dieron a los judíos una completa autonomía y la comunidad, cerrada en sí misma bajo la autoridad del sumo sacerdote y del sanedrín, tuvo una existencia pacífica, dedicándose a la recolección y a la sistematización del patrimonio nacional de las escrituras. Sobre trabajos materiales no han quedado huellas. Después de la conquista de Alejandro Magno, en el 332 a.C. y también durante la época de sus sucesores, los llamados diádocos, del 323 al 276 a.C., el país adquirió un aspecto completamente helenista, como lo demuestran las numerosas ruinas de templos, teatros y edificios públicos esparcidos en toda la región. El griego se convirtió en la lengua de las personas cultas y, en el vecino Egipto, el Antiguo Testamento se tradujo al griego.

Posteriormente, en el 167 a.C., cuando el rey Antioco IV Epifanes emitió en Judea decretos vejatorios que prohibían a los judíos la práctica de rituales religiosos, un sacerdote rural de Modín, Matatías el Asmoneo, encendió la chispa de la revuelta contra el Imperio Seleúcida, comandado por Antioco, rehusando adorar a los dioses griegos. Matatías asesinó a un judío helénico que se adelantó para ofrecer un sacrificio a un ídolo griego, en el pueblo de Matatías. Él y sus cinco hijos huyeron a las montañas de Judea y tras su muerte, un año más tarde, su hijo Judas Macabeo lideró un ejército de judíos disidentes. Así surgió la lucha de los macabeos, que fundaron la dinastía real Asmonea proclamando la independencia judía en la Tierra de Israel durante un siglo, desde el 164 al 63 a.C. Con su heroísmo se restableció la paz religiosa. Alejandro Janeo, rey asmoneo y sumo sacerdote de los judíos entre los años 103 y 76 a.C., extendió los confines del reino fortificando los puntos estratégicos. Lamentablemente, su tiranía despiadada y su reinado estuvieron marcados por intrigas y luchas internas que, después de su muerte, propiciaron luchas fratricidas por la sucesión al trono y, con ello, la dominación romana.

La división del reino entre hermanos enemigos fue la ocasión ideal para que los romanos intervinieran. El general romano Cneo Pompeyo convocó a las dos partes en litigio: Aristóbulo e Hircano y prometió ir a Jerusalén. Comprometió a las partes a que respetaran la paz antes de su llegada pero Aristóbulo creyó que podía rebelarse. Pompeyo acudió inmediatamente a Jerusalén e Hircano le abrió las puertas. Aristóbulo fue encarcelado y sus partidarios se refugiaron en el Templo, que fue tomado en el año 63 a.C. En aquella ocasión murieron doce mil judíos y, ante el escándalo de todos, Pompeyo entró al *Sancta Sanctorum*, el área más sagrada del Templo.

De Herodes hasta el año 70 d.C.

Herodes el Grande fue rey de Judea, Galilea, Samaria e Idumea. Julio César lo nombró procurador de Judea en el año 47 a.C. Posteriormente se ganó la confianza de los romanos al derrocar la estirpe judía de los asmoneos y, en el año 40 a. C., consiguió el título de rey de Judea. Fue un gran líder político, militar y constructor pero, por su origen idumeo, el pueblo nunca lo consideró judío. Aunque su linaje era judío, su pensamiento, educación y cosmogonía eran griegas. Se podría calificar más como un rey extranjero que gobernó a Judea durante y a nombre de la opresión romana. Las zonas arqueológicas de Sebaste y de Cesarea comprueban la difusión que dio a la cultura romana. En Jerusalén construyó un hipódromo, el anfiteatro y el palacio.

Se le conoce especialmente por la matanza de los niños inocentes y por impulsar la expansión del Segundo Templo de Jerusalén, llamado Templo de Herodes. Pocos años antes de su muerte, en el 4 d.C. (según la cronología actual), el nacimiento de Jesucristo, su vida y obra convertirían en Tierra Santa todos los lugares habitados por él. Después de la muerte de Herodes el reino se dividió entre sus hijos: Arquelao, que gobernó del 4 al 6 d.C. (siendo tetrarca de Judea, Samaria e Idumea), y Filipo, que gobernó del año 4 al 34, d.C. Éste fue tetrarca de Galilea y Perea, y además fundó las ciudades de Tiberiades y Livia, en la Transjordania. Arquelao fue depuesto en el año 6 d.C. y su territorio se encargó a varios procuradores romanos; después de la muerte de los otros herodianos el territorio se anexó a la provincia de Siria, con excepción del breve periodo de Agripa I (37 al 44 d.C.) y Agripa II (50 al 100 d.C.), regido por los procuradores residentes en Cesarea. Entre ellos estuvo Poncio Pilato (26 al 36 d.C.), quien procesó y condenó a Jesús a muerte.

La violenta reacción contra el mal gobierno del procurador Gessio Floro (64 al 66 d.C.) ocasionó la ocupación de Jerusalén bajo las órdenes del comandante militar, y después emperador romano, Tito (Tito Flavio Sabino Vespasiano). Él destruyó el Templo, masacró y encarceló a muchos judíos, en el año 70. Sobre las ruinas de la ciudad de Jerusalén se estableció la X *Legio Fratensis*.

Del año 70 hasta la conquista árabe

Los cristianos de Jerusalén se refugiaron en la ciudad Palestina de Pella, cuando vieron acercarse a las tropas romanas. Después regresaron a Jerusalén, se establecieron junto a la iglesia madre en el Monte Sión y conservaron su huella judeocristiana, como aparece en los nombres de los obispos que gobernaron la Iglesia en aquel tiempo. La vida social volvía a tomar su ritmo cuando los hebreos hicieron un extremo intento para reconstituirse como nación, guiados por el audaz Bar-Kokhba. La revuelta fue larga y tenaz, especialmente en torno a la fortaleza de Bether, donde durante tres años (132 al 135) los rebeldes se colocaron a la cabeza de los romanos, aunque finalmente fueron dominados. Para terminar definitivamente con las aspiraciones de los judíos, Jerusalén se transformó en una colonia romana con el nombre de Aelia Capitolina. Sobre el lugar del antiguo Templo judío fue levantado el Templo de la tríada capitolina y sobre el Gólgota, donde había sido crucificado Cristo, se levantó un Templo en honor de la diosa Venus. Los cristianos habían elegido como cabeza a un obispo de sangre gentil o pagana, por lo que no fueron disturbados, aunque la iglesia permaneció judeocristiana hasta los siglos IV y V con sus costumbres características; además, a los judíos se les prohibió la entrada a la nueva ciudad. El antiguo nombre de Judea se cambió por el de Siria Palestina.

En el siglo IV, con la adhesión del emperador Constantino al cristianismo, comenzó un periodo de florecimiento. Santa Elena, madre del emperador, visitó Palestina en el año 326 para venerar los Santos Lugares y promover la construcción de suntuosas basílicas en el Santo Sepulcro en Jerusalén, en el lugar del nacimiento, Belén, y sobre el Monte de los Olivos. Ello dio motivo para que se intensificaran las peregrinaciones, de las que se conservan diversas relaciones escritas. En toda la región de Palestina surgieron diversas colonias de monjes. La población se incrementó en Palestina y Transjordania, como lo muestran las numerosas iglesias bizantinas, los monasterios y los hospicios que surgían constantemente, incluso en las regiones desérticas, como el Neghev. Los seguidores de Cristo provenientes de muchos poblados de Galilea, que conservaban tradiciones judías, terminaron poco a poco siendo absorbidos por los cristianos de origen gentil.

En el año 614 los Persas, bajo las órdenes de Cosroes II, lucharon contra el imperio bizantino y se lanzaron contra Palestina. Ahí fueron recibidos con agrado por judíos y samaritanos, y devastaron el país. Destruyeron y ocasionaron daños graves en basílicas y monasterios, persiguieron a muerte a los cristianos y a muchos los convirtieron en sus esclavos. Esta etapa fue seguida por la ardiente y paciente reconstrucción que promovió el monje Modesto. Con el regreso del emperador bizantino Heráclio (628 al 629), el territorio Palestino parecía volver a la paz, pero pronto vendría la conquista árabe.

De la conquista árabe a las Cruzadas

El califa Omar (Umar ibn al-Jatt b), después de vencer al ejército bizantino en el río Yarmuk, afluente del Jordán, se dirigió a Palestina y entró en Jerusalén. Sofronio, patriarca de la ciudad, la rindió al califa musulmán en febrero del 638. Omar entró en la ciudad santa montado en un camello blanco y se hizo guiar al Templo de Salomón y a la Iglesia del Santo Sepulcro. Gracias a los pactos negociados con el patriarca Sofronio, el califa mantuvo la política de tolerancia hacia los cristianos durante el dominio árabe.

En todos los territorios conquistados mantuvo las estructuras administrativas existentes y no intentó acabar con las creencias religiosas de sus habitantes, entre otras cosas porque puso a los no musulmanes bajo el estatuto de *dimmíes* o "protegidos", lo que les obligaba a pagar un impuesto específico que proporcionaba importantes ingresos al Estado islámico. Esta política, iniciada con Omar y los califas de Medina, continuó después con los omeyas (644 d.C. a 750 d. C.) y los abásidas (750 d.C. a 1258 d.C.). Con lo que se permitieron las peregrinaciones y las reconstrucciones de los antiguos santuarios. El país se embelleció con monumentos y palacios de invierno como los descubiertos en Mefger, cerca de Jericó y en Khibert al-Minya, en el lago de Galilea, pero prevaleció la presencia árabe-musulmana. A los abásidas les sucedieron los fatimíes, dinastía musulmana que, del 909 d.C. al 117 d.C. gobernó Egipto y el norte de África. Bajo el mando del califa Fatimita Al-Hakim se persiguió violentamente a los cristianos, se les obligó a emigrar o a renunciar a su fe, se saquearon tesoros y reliquias y, en el 1009 se destruyó la Iglesia del Santo Sepulcro, en Jerusalén. El historiador árabe Yahia ibn Said describe así los acontecimientos: "el hecho santo comenzó un martes, el quinto día antes del fin del mes de Safar del año 400 de la Égira (1009 de nuestro calendario). Solamente las partes de difícil acceso no fueron dañadas". Empezaron por demoler la tumba misma, la cúpula y las partes altas del edificio hasta que los restos que se juntaron a sus pies bloquearon su destrucción.

Durante once años los cristianos tuvieron prohibido visitar los destrozos en este lugar, y tampoco se les permitió rezar en las ruinas. La persecución tuvo fin hasta la muerte de Al-Hakim, en 1020 d.C. Su sucesor abrogó los decretos y los cristianos pudieron reconstruir el santuario gracias a un tratado de paz entre el emperador bizantino Argirópulos y el sucesor de Al-Hakim. Los trabajos comenzaron en tiempos del emperador bizantino Constantino IX Monómaco, quien gobernó del 1042 al 1055. Los peregrinos de Occidente regresaron en gran número a las calles de Jerusalén, que en el siglo XI encontraron varios sitios donde remediar sus necesidades: el hospital fundado por san Esteban de Hungría, el de los Tedescos y, el más célebre de todos, el de santa María Latina, fundado por los habitantes de la región costera de Amalfí, en la actual Italia. En la misma época, por acuerdos entre el emperador griego y el califa Al-Mustansir (Abū Tamīm Ma'add al-MustanSir bi-llāh), se concedió a los cristianos un sector en Jerusalén. El sector está en torno al Santo Sepulcro y, hasta nuestros días recibe el nombre de barrio cristiano. Lamentablemente llegaron nuevos enemigos del Oriente que amenazaron, tanto las fronteras del imperio griego, como el territorio de los califas fatimíes de Egipto. Los turcos seléucidas quitaron al soberano de Constantinopla las bellas provincias de Asia Menor y, con la intención de abrir un camino para conquistar Egipto, invadieron Siria y Palestina, con lo que los cristianos de Tierra Santa sufrieron nuevas persecuciones y vejaciones. Los peregrinos de Occidente no podían viajar a los santos lugares en grupos pequeños, por lo que decidieron viajar en grupos grandes y bien armados, para abrirse paso a la fuerza y llegar a la meta anhelada: el Santo Sepulcro.

Bajo estas circunstancias, y con la impotencia de los emperadores de Bizancio para poner límite a los nuevos aluviones bárbaros, surgió la grandiosa y heroica epopeya de Las Cruzadas.

Las Cruzadas

El 5 de julio de 1099, el ejército de los caballeros de Occidente conquistó Jerusalén y fundó un reino latino que, con la ayuda de la flota italiana de Pisa, de Génova y de Venecia, se establecería sólidamente en los años siguientes por todo el litoral mediterráneo de Siria y Palestina, extendiéndose más allá del río Jordán. Sin embargo, la gloria fue muy breve porque el 4 de julio del 1187, gracias a Saladino, el Islam retomaba fuerzas para una sangrienta revancha en la célebre batalla de Hattin, que reabrió las puertas de la Ciudad Santa a los musulmanes. Es cierto que siguió una Cruzada con presencia de los ejércitos de Federico Barbaroja, Ricardo Corazón de León, Felipe Augusto, rey de Francia, y la poderosa flota de las repúblicas italianas; pero estas expediciones sólo pudieron reconquistar la ciudad de Acre, y desde esa estratégica ubicación costera, cercana a la bahía de Haifa, continuaron con la dominación latina en el litoral de Tierra Santa. Los cruzados húngaros y alemanes permanecieron en Acre un año sin resultado alguno, procurando realizar incursiones al interior del país sobre Damasco y otras ciudades, pero todas fueron estériles. La mayoría de los holandeses, embarcados en 300 naves, se había demorado por luchar contra los emires de España meridional, y en abril de 1218 llegaron a Acre. En 1219, en su afán de visitar los santos lugares, san Francisco de Asís viajó a Egipto y se presentó ante Malek-al-Kamel. El sultán lo trató con mucha consideración y simpatía, y llegó hasta permitirle predicar ante él y su numeroso séquito, escuchándole con marcadas pruebas de simpatía. Lo remitió a salvo al campamento de los francos, diciéndole: "Ruega a Dios por mí, para que me alumbre y me dé el poder de seguir fielmente la religión que sea más agradable a él".

Jerusalén continuó en poder de los musulmanes, con excepción de un breve periodo que siguió a la tregua entre el emperador Federico Barbaroja y el sultán Malek al-Kamel, en 1229. En 1245, San Juan de Acre era el último refugio que quedaba de los Hospitalarios en Tierra Santa, pero el 18 de mayo de 1291, con la toma de Acre por el sultán mameluco del Cairo Al Malek-al-Ashraf, se cerró definitivamente la posibilidad de expansión de los cristianos. Bajo el dominio de los mamelucos de Egipto se incorporaron Siria y Palestina, y se alternaron periodos de persecución y tolerancia. En 1335, por órdenes del rey Roberto I de Anjou y su mujer Sancha, de Mallorca, los franciscanos, representantes del catolicismo, se establecieron oficialmente en el convento del monte Sión, en el lugar del Cenáculo y comenzaron a celebrar los oficios en el Santo Sepulcro, obteniendo un lugar dentro de la basílica junto a las otras comunidades disidentes.

El dominio del Imperio Turco Otomano (1517 a 1917)

El Imperio Otomano inició en 1229, pero fue a partir de 1516 cuando tuvo mayor relación con Tierra Santa. El sultán Selim I (1512-1520) se dirigió hacia el este en su primera expedición, y ganó la batalla en la zona de Irán. En su segunda expedición de 1516, luchó contra los mamelucos de Egipto. Primero en Siria, donde los dos ejércitos se enfrentaron cerca de Alepo; tras esta victoria aplastante de los otomanos, éstos bajaron a Egipto y lo conquistaron también. El inicio del Imperio Otomano estuvo marcado en sus inicios por una gran actividad en el aspecto administrativo y en la reconstrucción, como lo demuestran las murallas actuales, obra de Solimán el Magnífico (1542). Sin embargo, los Pachás, Beys o Begs (título de origen turco adoptado por diferentes tipos de gobernantes dentro del territorio del antiguo Imperio Otomano) llevaron al país a la miseria económica, al considerarla únicamente tierra de conquista y de explotación de los recursos.

A finales del siglo XVIII, después de conquistar Egipto, Napoleón avanzó hacia Palestina, pero la poderosa defensa del Pachá Giazzar y de los ingleses, en San Juan de Acre, le hicieron abandonar la empresa el 20 de marzo de 1799. Más tarde, el sultán Mahmud II intentó restablecer el orden en Palestina, pero el Pachá de Acre (Abdullah, hijo del general que defendió el país contra Napoleón), con el deseo de independizarse del sultán, provocó la intervención de Mehmet Alí (Mohammed Ali), vice rey de Egipto, que con un ejército de treinta mil hombres, al mando de su hijo Ibrahim Pashá, conquistó San Juan de Acre el 27 de mayo de 1832.

La ocupación egipcia, que duró nueve años (1831-1840), dejó buenos efectos: reorganización de la administración, favorecimiento de la iniciativa europea y, en general, de las relaciones con Europa por medio de los consulados en las principales ciudades. Se dio mayor libertad al ejercicio del culto cristiano, se reedificaron antiguos santuarios, se abrieron institutos de beneficencia, escuelas, hospitales y se acrecentaron las comunidades religiosas: las católicas bajo la protección de Francia, las ortodoxas bajo la influencia de Rusia y las protestantes a iniciativa de los alemanes e ingleses. Con ello aumentó fuertemente la inmigración de los hebreos. En 1881 el gobierno otomano, donde estaban ya presentes diputados palestinos, permitió a los judíos viajar a Palestina como peregrinos, pero no para establecerse. En 1882 se produjo la primera ola de inmigración judía, patrocinada por el millonario barón Edmond Rothschild. Esto provocó la primera protesta palestina, que trajo como consecuencia que el gobierno otomano prohibiera la venta de suelo estatal a los judíos de Palestina.

En 1896, el austriaco Theodor Herzl (fundador del movimiento sionista) publicó el libro *El Estado Judío* (*Der Judenstaat*), donde abogó por la creación de un estado judío en Palestina o en Argentina. En 1897 se celebró el primer Congreso Sionista, en Suiza; en él se decidió que la mejor opción para el estado judío era Palestina, no obstante las dificultades económicas que comportaba (escasez de recursos) y los quinientos mil árabes que la habitaban. Durante este congreso se creó la Organización Mundial Sionista que se encargó, entre otras cosas, de adquirir tierra en Palestina para que fuera ocupada y trabajada exclusivamente por judíos. En 1904 había en Palestina setenta mil; y en 1914 ya eran ciento cincuenta mil. Esta restauración prometedora fue interrumpida bruscamente por la guerra mundial: Turquía, aliada con las potencias centrales, hizo de Palestina una base de operaciones contra Egipto, que se encontraba ocupado por los ingleses. Durante la Primera Guerra Mundial (1914-1918), el 11 de diciembre de 1917, Jerusalén se rindió al general británico Edmund Henry Hynman Allenby. Su victoria sobre los turcos en Gaza permitió la toma de Jerusalén y el triunfo en Megido, junto con la ocupación de Damasco y Alepo. Así terminó el dominio otomano en Siria.

Francia y Gran Bretaña firmaron un acuerdo por el que Palestina quedaba bajo control británico (traicionando las promesas de emancipación hechas a los árabes palestinos a cambio de su colaboración en la lucha contra los turcos). La declaración *Balfour* (llamada así por la carta enviada por el ministro de Asuntos Exteriores británico, lord Balfour, al barón Rothschild) fue una declaración formal que se publicó el 2 de noviembre de 1917, en la que el Reino Unido se declaraba a favor de la creación de un "Hogar Nacional" judío. Esta declaración se considera el primer reconocimiento de una potencia mundial a los derechos del pueblo judío sobre la tierra de Israel. El documento también puso a salvo los derechos civiles y religiosos de las comunidades no israelitas existentes en el lugar. Dichos puntos se incluyeron en el tratado de paz con Turquía, llamado Mandato Británico de Palestina, que fue firmado en Sévres, Francia, el 20 de agosto de 1920. El mandato fue una administración territorial encomendada por la Sociedad de Naciones al Reino Unido en Oriente Medio después de la Primera Guerra Mundial, con el estatus de territorio bajo mandato. En un primer momento incluyó la actual Jordania, pero después sólo al Estado de Israel y los territorios palestinos. Aunque Gran Bretaña administraba estos territorios *de facto* desde 1917, el Mandato entró en vigor en 1922 y expiró en mayo de 1948.

La garantía británica, la banca de Rothschild y el dinero de los judíos norteamericanos, impulsaron una nueva ola de inmigración judía: entre 1919 y 1942 llegaron trescientos cincuenta mil judíos a Palestina. Con ello surgió el nacionalismo palestino, agravado por la fuerte desigualdad entre las dos comunidades: los enormes recursos judíos frente a la escasa economía de subsistencia palestina. Palestina fue la única colonia ex otomana que no consiguió su independencia, a pesar de sus reiterados esfuerzos. Las dificultades para conciliar la institución del "Hogar Nacional" con el respeto a los derechos de las comunidades existentes, provocaron el conflicto árabe-israelí, que obligó a Inglaterra a terminar su Mandato ante la ONU.

En 1947, tras el holocausto, vivían ya en Palestina seiscientos mil judíos y más de un millón de árabes. Tras varios atentados, la situación se desbordó y Gran Bretaña solicitó a la recién creada ONU que se hiciera cargo del llamado "problema palestino". El 15 de Mayo de 1948, un día después de que se proclamara el Estado de Israel, concluyó el Mandato Británico. Las tropas inglesas abandonaron el territorio de Palestina y explotó la guerra árabe-israelí. Con el armisticio concluido en Rodas, en 1949, Palestina perdió su unidad política y su nombre tradicional; el territorio se dividió en dos zonas, bajo la soberanía del estado de Israel y de Jordania. No obstante la intensa migración de judíos a Palestina durante la primera mitad del siglo XX, la población de esta religión no alcanzaba el diez por ciento y no ocupaban ni el cinco por ciento de la tierra.

Así, el 5 de junio de 1967 revivió la hostilidad entre árabes e israelitas: éstos últimos, en pocos días, invadieron y ocuparon territorios en Egipto, Jordania y Siria. En Egipto tomaron la franja de Gaza y la península del Sinaí; en Jordania el territorio al oeste del Jordán y en Siria, el Golán. Actualmente, con la resolución del Consejo de Seguridad de la ONU de noviembre de 1967, se busca un camino para encontrar la paz y una justa solución al espinoso problema de Medio Oriente.

Los franciscanos en Tierra Santa
La Tierra Santa no se puede comprender sin los franciscanos. Han sido durante siglos la esperanza y la alegría de los Santos Lugares. Su presencia se remonta al origen de la Orden Franciscana. En 1217 fray Elías, compañero de san Francisco, fue nombrado superior de la provincia de oriente. Dos años después, san Francisco se presentó ante el sultán y obtuvo el permiso para que sus frailes pudieran visitar los Lugares Santos. Desde entonces los franciscanos han estado presentes de forma ininterrumpida. Atienden con caridad a los cristianos del lugar, reciben con hospitalidad a los peregrinos y, desde el siglo XIV, custodian y protegen los lugares bíblicos.

Nombramiento pontificio
Desde 1333 los franciscanos estaban junto al Cenáculo. Ahí fundaron un convento y oficiaban en la basílica del Santo Sepulcro. Esto había sido po-

sible gracias a la generosa ayuda de los reyes de Nápoles, Roberto de Anjou y Sancha de Mallorca, que habían comprado a los musulmanes el lugar del Cenáculo en el Monte Sión, y pagado por el derecho a oficiar en el Santo Sepulcro. En 1342, el papa Clemente VI promulgó dos Bulas: (ver p. 34) la *Gratias agimus* y la *Nuper carissimae*, por las que en nombre de la Iglesia Católica les da el nombramiento oficial de Custodios de Tierra Santa.

El *Status quo:* ¿Justicia o arrebato?

En más de un santuario sorprende al peregrino la presencia de elementos o ritos extraños que se desarrollan de acuerdo con rituales determinados por marcos bien definidos de tiempo y espacio. Esto se debe al llamado *Status quo*. Con esas palabras se designa el régimen vigente, en donde varias comunidades cristianas (católicos de rito latino, ortodoxos, griegos, armenios, etcétera) ejercen simultáneamente derechos de propiedad y de culto en el Santo Sepulcro y la Basílica de la Natividad, en Belén. Se llegó a la implantación de este régimen por diversos motivos, que despojaron injustamente a quienes habían conseguido su permanencia con mucho esfuerzo.

Los franciscanos estaban en Jerusalén desde 1333, cerrando el paréntesis prolongado de un siglo de ausencias del clero católico latino en la Ciudad Santa. Poco tiempo después tomaron posesión del Cenáculo y adquirieron el derecho de oficiar en el Santo Sepulcro. En 1347 lograron, para la Iglesia católica latina, la Basílica de la Natividad en Belén y después, la Iglesia de la Tumba de la Virgen en el Cedrón. En 1517 el dominio egipcio que señoreaba Palestina cedió a favor de Turquía, y comenzó una historia de limitaciones para los franciscanos y la Iglesia católica latina.

Los judíos habían iniciado desde el siglo XII la idea de que la planta baja del Cenáculo encerraba la tumba del rey David. Pero ya en 1552 todo estaba preparado para expulsar a los franciscanos del Cenáculo, que cambió sucesivamente en mezquita y sinagoga.

En 1637 se les adjudicó a los griegos separados la Gruta de Belén y, en Jerusalén, el Calvario y la Piedra de la Unción. En 1675 se les concedió además la Edícula del Santo Sepulcro.

En 1690 se restituyeron a los franciscanos ciertos derechos, mismos que les fueron quitados nuevamente antes de que pasara un siglo, porque las jerarquías otomanas se deslumbraron fácilmente ante el fulgor del oro de los griegos.

En 1757 un acto de vandalismo en la Basílica del Santo Sepulcro contra los franciscanos, dio ocasión a los griegos para presentarse como víctimas ante el gobierno Otomano, para así recibir la Basílica de la Natividad en Belén, la Tumba de la Virgen en el Cedrón, una participación en la Edícula del Santo Sepulcro y la Piedra de la Unción. A las condiciones que rigen en estos tres santuarios se les llamó *Status quo*.

En 1808 un incendio, que podría pensarse intencional, consumió buena parte del Santo Sepulcro. Los griegos obtuvieron el permiso de restaurar el lugar, pero aprovecharon para extirpar todo lo que pudiera suscitar reminiscencias de la Iglesia católica latina. En 1829 los armenios separados lograron hacerse copropietarios de la Edícula del Santo Sepulcro y de la piedra de la Unción.

En 1829 los griegos quitaron la estrella de plata que los católicos habían colocado en la gruta de la Natividad, en Belén.

En 1852 se repuso la estrella, pero siguió rigiendo el *Status quo* de 1757.

En 1920 Inglaterra, al entrar en Palestina como potencia mandataria, trató de resolver los conflictos de propiedad y custodia de los santuarios, pero ante la imposibilidad de que las comunidades llegaran a un acuerdo, optó por la aplicación del *Status quo*.

En 1949 la intención de la ONU para internacionalizar Jerusalén y sus alrededores, quedó sólo escrita en el papel.

Un ejemplo del complicado *Status quo*

Las llaves de la Basílica del Santo Sepulcro están guardadas por dos familias musulmanas, de Judea y de Nuseibeh. Antes del 1831, la apertura y el cierre de la puerta la realizaban estas familias, después del pago de un impuesto que fue abolido por Ibrahim Pashá en ese mismo año.

Existen tres formas de apertura de las puertas de la basílica: la apertura simple, la apertura solemne y la apertura solemne simultánea. La apertura simple consiste en abrir una de las hojas de la puerta mediante el *sexton*[2] de la comunidad. La solemne consiste en abrir ambas hojas de la puerta principal: la de la derecha la abre el portero musulmán y la de la izquierda el *sexton*. La simultánea y solemne se lleva a cabo cuando las tres comunidades, en el mismo día, tienen una entrada solemne (todos los sábados de Cuaresma) y para esta ceremonia los tres *sextones* están presentes. Podemos sintetizar el evento de esta forma: desde dentro de la basílica el *sexton* abre una pequeña ventanilla de la puerta; y hace pasar una escalera a través de ella; afuera la recibe el portero musulmán y abre la cerradura baja de la puerta, luego utiliza la escalera para abrir la cerradura alta, enseguida, abre la hoja derecha de la puerta. La Basílica del Santo Sepulcro se abre diariamente a las 4:00 am y a las 12:30 pm, cuando no hay fiestas especiales o acontecimientos. Se cierra a las 11:30 am y un cuarto de hora después de la puesta del sol. Si por alguna razón una de las tres comunidades no quiere cerrar la puerta al mediodía, tiene que pagarle al portero el equivalente de un almuerzo.

---

[2] Representante.

Las comunidades se han puesto de acuerdo para que al atardecer la Iglesia se cierre a las 5:45 pm en diciembre, y a las 8:00 pm en julio. Cada atardecer, a la hora del cierre, los tres *sextones* están presentes y acuerdan entre ellos quién tendrá el turno para abrir a la mañana siguiente. El que tiene el derecho de abrir la puerta al día siguiente toma la escalera y la ubica en el centro de la puerta. Se debe tener presente que las ceremonias del cierre tienen lugar con los mismos rituales, pero con una secuencia invertida. Las tres comunidades tienen privilegios especiales y derechos tanto para la apertura como para el cierre de la puerta de la basílica. La comunidad latina (franciscanos) tiene las siguientes: todos los sábados de Cuaresma, la noche de Pascua, la fiesta de la Santa Cruz y las fiestas de *Corpus Domini* los franciscanos pueden abrir las puertas a las 10:30 pm. Esto se hace para permitir a la comunidad franciscana de San Salvador y a los fieles poder entrar en la basílica y reunirse con la comunidad franciscana residente, para la solemne celebración de la Liturgia de las Horas. Entonces la puerta permanece abierta durante toda la noche.

El Jueves Santo, los Franciscanos tienen un privilegio particular: a la 1:30 pm los dos porteros musulmanes del Santo Sepulcro van al Convento de San Salvador, sede del custodio de Tierra Santa, y entregan la llave de la basílica al Vicario Custodial. Éste, junto con el fraile responsable de Tierra Santa y acompañado por los porteros musulmanes, se dirige a la Iglesia del Santo Sepulcro y le entrega la llave al franciscano *sexton* para que él mismo abra la puerta y a continuación realice la entrada solemne el Patriarca Latino. Solamente en ese día los franciscanos celebran dentro de la basílica. La puerta se abre y se cierra tres veces durante esa tarde (sólo diez minutos) para permitir la entrada y la salida de los fieles para las celebraciones litúrgicas. A las 7:00 pm las puertas vuelven a abrirse nuevamente para permitir a la fraternidad franciscana de San Salvador el ingreso y tomar parte en la Adoración Eucarística. Cada vez que una apertura extra es requerida hay que pagar un impuesto: ocho piastras por una simple apertura, dieciséis por una solemne y por una apertura solemne simultánea de cada fraternidad la suma establecida son dos velas largas y otros regalos.

Una presencia que se extiende

Con el tiempo, la presencia franciscana fue extendiéndose. Limitándonos a los lugares más importantes, cabe señalar que en 1347 los frailes se establecen junto a la basílica de la Natividad en Belén, y en 1485 adquieren el lugar del nacimiento de san Juan Bautista en Ain Karem. Sin embargo en 1523, tras la conquista de Palestina por los turcos, el Cenáculo es convertido en mezquita, y en 1551 los frailes son obligados a abandonar el convento. En 1620 los franciscanos toman posesión del lugar de la Anunciación de Nazaret; en 1631, del Monte Tabor; en 1641 comienzan a tratar la adquisición de la zona del santuario de Caná de Galilea que concluiría, fruto de larga perseverancia, en 1879; en 1661 adquieren la zona de Getsemaní; en 1679, el santuario de la Visitación en Ain Karem; en 1836, el lugar de la Flagelación y, en 1867, el de Emaús; en 1880, el de Betfagé; en 1889, el del *Dominus Flevit* y el del Primado de Pedro junto al lago de Genesaret; en 1894, las ruinas de Cafarnaúm; en 1909, el campo de los pastores junto a Belén; en 1932, el monte Nebo; en 1936 se consigue un lugar cercano al Cenáculo, inútilmente reclamado desde la expulsión de 1523, y en 1950 se completa la adquisición del lugar de Betania, etcétera.

Más allá de Israel

Actualmente, la Custodia de Tierra Santa de los franciscanos trabaja en Israel, Palestina, Jordania, Siria, Líbano, Egipto y las islas de Chipre y Rodas. Colaboran cerca de 300 religiosos provenientes de diversas naciones y un centenar de religiosas de varias congregaciones femeninas.

Una ayuda necesaria

Todo esto ha sido posible gracias a la cooperación de los cristianos de todo el mundo. Hoy en día esta ayuda llega de modo principal, aunque no exclusivo, por medio de la llamada "colecta de Tierra Santa" que, desde 1887, se realiza el Viernes Santo en todas las iglesias católicas del mundo por disposición del Papa León XIII. Cada año la Santa Sede recuerda a todos los obispos, y por su medio a los fieles, esta colecta que viene a actualizar las colectas de las primeras iglesias, a las que san Pablo estimulaba con fuerza en sus cartas, en favor de la Iglesia madre de Jerusalén. En 1992, al cumplirse seiscientos cincuenta años de las Bulas que nombraron a los franciscanos como Custodios de Tierra Santa, el papa Juan Pablo II envió al Ministro General de la Orden un mensaje de felicitación, y los exhortó a perseverar en el encargo recibido por parte de la Iglesia.

CRONOLOGÍA DE LOS FRANCISCANOS EN TIERRA SANTA

✛

1218 Los franciscanos viven en San Juan de Acre. Cuando los cruzados abandonan la ciudad ellos se retiran de éste, su primer convento.

1229 Poseen una pequeña residencia en Jerusalén, junto a la Vía Dolorosa.

1250 Fundan los conventos de Tiro y Sidón.

1252 San Luis, Rey de Francia, les construye el convento de Jafa.

1309 En el primer documento de la suprema autoridad musulmana en favor de los franciscanos, el Sultán Baybars II les permite establecerse en el Monte Sión, en el Santo Sepulcro y en Belén.

1333 Roberto de Anjou y Sancha de Mallorca, reyes de Nápoles, adquieren del sultán de Egipto, en propiedad, el Cenáculo y los edificios sagrados anexos.

1335 Sancha de Mallorca construye un convento franciscano junto al Cenáculo, en el Monte Sión. Fue el centro de los franciscanos en Tierra Santa hasta 1551, año de su expulsión.

1342 Por orden de la Santa Sede, la Custodia Franciscana de Tierra Santa comienza a vivir jurídicamente cuando el Papa Clemente VI, en sus Bulas *Gratias Agimus* y *Nuper Csissimae*, aprobó y ratificó el traspaso de los derechos de los Santuarios en favor de los franciscanos.

1347 Se instalan en Belén, junto a la Basílica de la Natividad.

1600 Adquieren el Santuario del Primado de san Pedro, en Tiberiades.

1620 Por concesión del príncipe druso, Fakir El Din, se posesionan de la Anunciación, en Nazaret.

1631 El príncipe Fakir El Din les da en donación el Monte Tabor.

1641 Inician las negociaciones para adquirir el Santuario de Caná (terminaron en 1879).

1661 Comienzan los tratos para adquirir el área de Getsemaní. Fue comprada por los hermanos Antonio y Santiago Brancovich.

1679 Adquieren el Santuario de san Juan Bautista, en Ain Karem.

1754 Toman posesión del Santuario de la Nutrición, junto a la Anunciación, en Nazaret.

1836 Se consigue el Santuario de la Flagelación.

1867 Paulina Nicolay, Sierva de Dios, les dona el Santuario de Emaús.

1875 Adquieren la VII Estación de la Vía Dolorosa.

1878 Adquisición de Naín.

1880 Adquieren Betfagé.

1889 Adquisición de la V Estación de la Vía Dolorosa y el Santuario del *Dominus Flevit*.

1894 En Cafarnaúm se consigue la zona de la sinagoga antigua, la casa de san Pedro y parte del poblado antiguo.

1905 Se completa la adquisición del área de Getsemaní.

1909 Se adquiere el Campo de los Pastores, en Belén.

1911 Adquisición del desierto de san Juan Bautista.

1932 Se consigue el Monte Nebo.

1933 Se adquiere el lugar del Bautismo de Jesús, en el Jordán.

1936 La Custodia Franciscana obtiene un pequeño espacio en la zona inmediata al Cenáculo. Construye un convento y una pequeña capilla.

1950 Concluyen las negociaciones para adquirir Betania. También se adquieren las ruinas de Magdala.

Un arquitecto italiano
en Tierra Santa

El arquitecto italiano Antonio Barluzzi hizo el proyecto de muchas iglesias de Tierra Santa. Nació en Roma en 1884 y fue parte de una familia de arquitectos de varias generaciones que trabajaron para el Vaticano. En 1917 viajó a Jerusalén y recibió el encargo de construir la Basílica del Monte Tabor. Ése fue el inicio de una serie de proyectos de construcción y restauración que lo hicieron permanecer fuera de Roma hasta 1958. Regresó a Roma por motivo de un infarto y murió allí, en 1960. Sus principales obras son:

1919-1924 Basílica de la Transfiguración en el Monte Tabor.
1920-1924 Iglesia de todas las Naciones (o de La Agonía)
en Getsemaní.
1928-1929 Capilla de la Flagelación en la Vía Dolorosa.
1937 Restauración de los mármoles y mosaicos de la capilla derecha del Calvario en el Santo Sepulcro, en Jerusalén.
1937-1938 Iglesia de las Bienaventuranzas a la orilla del Lago de Tiberiades.
1938-1955 Iglesia de la Visitación en Ain Karem.
1953-1954 Iglesia de la Resurrección de Lázaro, en Betania.
1953-1954 Iglesia de los Ángeles en el Campo de Pastores, Belén.
1954 Restauración del Santuario de Betfagé.
1955 Construcción de la iglesia *Dominus Flevit* en el Monte de los Olivos.

Nazaret
"El hogar de la sagrada familia"

Una colina rocosa
Nazaret está a 157 kilómetros de Jerusalén, en la región de Galilea. Se levanta sobre una colina de 343 metros de altura sobre el nivel del Mar Mediterráneo. En su derredor, y en forma circular, se levantan las montañas de un modo que confiere a la Nazaret antigua el aspecto de una flor (en hebreo: *nezer*), que posiblemente dio origen al nombre de "Nazaret". A sus pies se extiende la llanura de Esdrelón. El Antiguo Testamento no hace mención del lugar. En tiempo de Cristo el pequeño poblado no abarcaba más de 200 por 150 metros, y medio centenar de familias lo habitaban en

grutas-vivienda. Así lo confirmaron las excavaciones realizadas en 1955, al descubrir que la colina rocosa sobre la que se asentaba el pueblo antiguo está completamente horadada. Cada casa tenía excavados en el subsuelo bodega, granero y aljibe o cisterna.

Musulmanes, cristianos y judíos en convivencia

La ciudad actual tiene 71 500 habitantes. Es la comunidad árabe más importante después de Jerusalén. Hay 25 000 árabes musulmanes, 22 500 árabes cristianos y 24 000 hebreos. Mientras que los musulmanes y los cristianos ocupan las laderas y el valle, los judíos viven en el reciente barrio alto (*Nazaret Illit*).

La tierra que vio crecer al Mesías

Nazaret adquiere importancia por los acontecimientos mencionados en el Evangelio: la anunciación del nacimiento de Cristo, hecha por el ángel a María y a José, su infancia y juventud en la casa paterna, su asistencia a la sinagoga, el rechazo de sus paisanos y muchas referencias a él como "el Nazareno". De ahí saldría para establecerse en Cafarnaúm durante sus tres últimos años de vida.

Dos núcleos de veneración

Después de la muerte y resurrección de Jesucristo, la comunidad de creyentes formó dos núcleos de veneración. El primero en torno a la casa de María, donde recibió el anuncio del ángel. El segundo en torno a la casa de José, donde vivió la Sagrada Familia. Así lo testifican las excavaciones y los diversos testimonios de peregrinos que visitaron Nazaret entre los siglos II y VIII[3]. La Historia apócrifa de José, el carpintero, narra la muerte y sepultura del padre putativo de Jesús en Nazaret, describiendo cómo el mismo Jesús lo asistió y confortó en el momento del paso de esta vida a la eternidad:

> "María, la pura, mi madre se levantó y penetró en el lugar donde se encontraba José. También yo me senté junto a sus pies y observaba las señales de la muerte que aparecían en su rostro. [...] Yo tomé su mano durante una buena hora. Él me miraba y me hacía señales para que no lo abandonara. Entonces coloqué mi mano sobre su corazón. En aquel momento se acercaron los ángeles Miguel y Gabriel, tomaron el alma de José y la envolvieron en lienzo luminoso. ¡Así él exhaló el espíritu en las manos de mi buen Padre, que la recibió!" (*Historia de José, el carpintero*, 19,23).

---

[3]   Egesipo, Julio Africano, Eusebio, Epifanio de Salamina, Egeria —en la copia de Pedro el Diácono—, el anónimo de Piacenza y Arculfo.

Sabemos también que algunos de sus parientes habían quedado en la ciudad, según nos cuenta el historiador judío-cristiano del siglo II Egesipo, y que Eusebio de Cesarea menciona en su *Historia Eclesiástica*: "De la familia del Señor quedaban aún los sobrinos de Judas llamado hermano, según la carne, los cuales fueron denunciados como pertenecientes a la familia de David". Ellos se defendieron delante del emperador Domiciano (81-96 d.C.) mostrando sus manos encallecidas como consecuencia de sus trabajos en el campo, y fueron puestos en libertad. Seguramente, estos parientes del Señor tuvieron parte importante en la conservación de los recuerdos cristianos en Nazaret. A finales del siglo IV, los escritos de Egeria,[4] una peregrina española, informan que la gruta que había servido de casa a la Virgen era de gran tamaño y tenía un altar. Otros documentos indican que hacia el año 570 se había construido una basílica sobre la humilde casa. El testimonio del peregrino Arculfo menciona que en el año 670 había una iglesia grande en el lugar donde la Virgen recibió al ángel, y otra más en la casa de la Sagrada Familia, donde creció Jesús.

Bajo la presencia islámica

Después de la invasión musulmana hubo un tiempo de respeto hacia los santuarios cristianos pero, lamentablemente, en el año 722 el musulmán Yazid II ordenó su destrucción. En el 1109 Tancredo de Hauteville, llamado también Tancredo de Galilea, líder de la primera Cruzada, reconstruyó Nazaret y sus santuarios. Fue entonces cuando el lugar de la Anunciación, que medía 52 por 30 metros, recibió el título de catedral, al trasladar el obispado de Escitópolis (Bet Sheán) a Nazaret. Con la toma de Saladino, en 1187, el obispado se perdió. Luego se recuperó para los cristianos entre 1240 y en 1250, pero se volvió a perder en 1263, cuando el feroz Bibars, mahometano fanático, arrasó el lugar y asesinó a los cristianos. Durante cuatrocientos años (siglos XIII-XVII) la tierra que vio crecer a Jesús quedó en el abandono, habitada por un grupo pequeño de musulmanes.

Una nueva época de paz

En 1620 el emir[5] de Galilea, Fakhr el Din, permitió que los franciscanos se establecieran en el lugar y les devolvió el terreno que ocultaba la gruta de la Anunciación y los adyacentes. Sin embargo, sólo casi cien años después, en 1730, consiguieron el permiso para construir una nueva iglesia

---

[4] Entre los años 381-384.
[5] La palabra *emir* se deriva del árabe y significa "el que ordena". Ha variado de significado con el paso del tiempo: al principio de la hégira designaba al jefe del mundo musulmán, pero cuando se crearon los títulos de sultán y rey (*malik*), el título pasó a designar a dignidades menores.

sobre la gruta. En 1871 le hicieron una ampliación pero, finalmente, fue demolida en 1955 para crear una mejor. De 1955 a 1959 el P. Bagatti, experto en arqueología, hizo excavaciones para recuperar los vestigios más importantes y además, poner las bases para una nueva y majestuosa basílica. Actualmente la ciudad es habitada por cristianos y musulmanes. Ahí reside el obispo latino, Vicario del patriarca de Jerusalén.

Una nueva basílica

En 1960 se iniciaron los trabajos de construcción con el diseño del arquitecto Giovanni Muzio, quien ofreció su trabajo gratuitamente como culto a María. Ésta es la basílica más grande de todo el Oriente cristiano. La estructura de hierro y hormigón va revestida por fuera de piedra blanca y rosácea de la región, con crestería sobre los muros. En 1964 el Papa Paulo VI visitó el lugar y bendijo las obras. Finalmente, la basílica fue concluida e inaugurada el 25 de marzo[6] de 1969 por el Cardenal Gabriel Garrone, enviado papal.

La actual basílica

El estilo de la nueva basílica es neorrománico. Mide 68 por 29 metros. La cúpula tiene 18 metros de diámetro en la base del tambor. Como símbolo de la virginidad de María se quiso reproducir el cáliz de una azucena o lirio invertido, de 16 blancos pétalos, cuya corola alcanza los 25 metros de altitud y que proyecta la luz cenital a la gruta por medio de un *oculus* (agujero). En su parte interna muestra múltiples letras M, iniciales de María y de Mesías. Se ingresa a la basílica a través de un patio en el que, a manera de claustro, se aprecia una colección de murales procedente de distintas regiones del mundo, con diversas advocaciones de María. La fachada tiene forma triangular y está coronada con crestería. Los símbolos que la decoran están relacionados con la Salvación de la humanidad en Jesucristo. Como signos de la Primera Creación hay elementos de tierra, agua, fuego y aire, y como signos de la Nueva Creación están la escena de la Anunciación y la presencia de los Cuatro Evangelistas (Mateo, Marcos, Lucas y Juan), con sus respectivos signos, obra del escultor A. Biancini. El texto latino de la izquierda es una frase del Génesis: "Ella pisará tu cabeza mientras tú acechas su talón" (*Génesis* 3,15), mientras que la inscripción de la derecha es una frase del profeta Isaías. Sobre las piedras de color rosa se aprecia una parte del *Angelus*.[7]

---

[6] Día de la Anunciación.

[7] Oración que se hace al mediodía, recordando la anunciación del ángel a la Virgen María.

Los portones

Son de bronce y están decorados con motivos bíblicos. El de la izquierda muestra el pecado de Adán y Eva. El central, los momentos centrales de la vida de Jesús entanto que el de la derecha pinta a Daniel en el foso de los leones (signo de que Cristo saldrá vivo de la fosa de la muerte) y a Jonás, signo de la resurrección.

La fachada sur muestra una imagen en bronce de María rodeada por la oración de la *Salve Regina* en latín. También tiene tres portones en bronce con escenas de la vida de la Virgen.

El interior

El visitante descubre dos iglesias superpuestas de 68 por 29 metros. El nivel inferior permite el ingreso a la gruta o cripta de la Anunciación, en cuyo altar se ve la inscripción latina: *Verbum caro hic factum est* (Aquí la palabra se hizo carne). La cripta recibe el título de "santo de los santos", porque en ella se cumplieron las profecías y habitó la trinidad de la tierra: Jesús, María y José. En este sitio se celebra la misa en forma ordinaria. Encima de la gruta cuelga un baldaquino, obsequio de los reyes de Bélgica. Al nivel superior se accede por una escalera en forma de caracol que se ubica junto a la puerta principal. La parte alta está embellecida con imágenes de la Virgen hechas en mosaico, pintura y escultura, por artistas de diversas partes del mundo. México obsequió al lugar una moderna Guadalupana con motivo de los Juegos Olímpicos de 1968.

Una iglesia dedicada a san José

A doscientos metros de la Basílica de la Anunciación está la Iglesia de San José. Recuerda la casa en donde vivió la Sagrada Familia. De aquella humilde vivienda se conservan una bodega bajo el pavimento y una cisterna. Sobre ellas se construyó un baptisterio y posteriormente, en tiempo de las Cruzadas una iglesia, que posteriormente fue destruida. En 1914 se construyó la actual edificación, sobre los restos de la iglesia cruzada. Mide 29 por 15 metros y tiene el esquema de una basílica, con una nave central y dos laterales. En 1950, A. Della Torre decoró sus ábsides con frescos. A la izquierda el Sueño de José, en el centro la Sagrada Familia y a la derecha, la muerte del Patriarca. Los vitrales muestran la letanía del santo. Son obra de S. Gruber. Durante las excavaciones de 1914 se encontraron restos de la iglesia del siglo VI[8] y la cripta, que conserva una pila bautismal con mosaico. Tiene siete escalones que representan los siete dones del Espíritu Santo. El horario de apertura del santuario es de las 7:00 a las 18:00 hrs.

---

8   Llamada "Iglesia de la nutrición".

El convento franciscano

Entre la Basílica de la Anunciación y la Iglesia de San José se encuentra el convento franciscano, construido en 1930.

La fuente de la Virgen

La Iglesia de San Gabriel conserva la fuente en la que, según la tradición, María recibió el primer saludo del ángel. Los evangelios apócrifos[9] mencionan que la anunciación se dio en dos momentos y lugares distintos. En el primero, María recibió la salutación del ángel Gabriel mientras recogía agua del pozo. Después, ya en casa, recibió todo el mensaje divino. Los árabes llaman al lugar *Ain sit Mariam*, la fuente María.

La sinagoga

Está situada junto a la parroquia de los griegos católicos, llamados melquitas. Su sala rectangular abovedada, de 9 metros de largo y 8 de ancho se construyó, según una antigua tradición del siglo VI, en el mismo sitio de la sinagoga de tiempo de Jesús, la que él tantas veces visitó ya desde niño y donde ocurrió la escena descrita por san Lucas y subrayada por Juan: "Vino a los suyos, y los suyos no lo recibieron". *Sinagoga* significa "asamblea" y es el lugar donde se reunían y reúnen los judíos, especialmente los sábados y los días festivos.

Así lo mencionan las Sagradas Escrituras:

En el sexto mes, el ángel Gabriel fue enviado por Dios a una ciudad de Galilea, llamada Nazaret, a una virgen que estaba comprometida con un hombre perteneciente a la familia de David, llamado José. El nombre de la virgen era María. El ángel entró en su casa y la saludó, diciendo: "¡Alégrate!, llena de gracia, el Señor está contigo". Al oír estas palabras, ella quedó desconcertada y se preguntaba qué podía significar ese saludo. Pero el ángel le dijo: "No temas, María, porque Dios te ha favorecido. Concebirás y darás a luz un hijo, y le pondrás por nombre Jesús; él será grande y será llamado Hijo del Altísimo. El Señor Dios le dará el trono de David, su padre, reinará sobre la casa de Jacob para siempre y su reino no tendrá fin". María dijo al ángel: "¿Cómo puede ser eso, si yo no tengo relaciones con ningún hombre?". El ángel le respondió: "El Espíritu Santo descenderá sobre ti y el poder del Altísimo te cubrirá con su sombra. Por eso el niño será santo y será llamado Hijo de Dios. También tu pariente Isabel concibió un hijo a pesar de su vejez, y la que era considerada estéril, ya se encuentra en su sexto mes, porque no hay nada imposible para Dios". María dijo entonces: "Yo soy la servidora del Señor, que se cumpla en mí lo que has dicho". Y el Ángel se alejó (*Lucas* 1,26-38).

---

[9]   Capítulo XI del Protoevangelio de Santiago y capítulo IX del Pseudo Mateo.

Este fue el origen de Jesucristo: María, su madre, estaba comprometida con José y, cuando todavía no habían vivido juntos, concibió un hijo por obra del Espíritu Santo. José, su esposo, que era un hombre justo y no quería denunciarla públicamente, resolvió abandonarla en secreto. Mientras pensaba en esto, el Ángel del Señor se le apareció en sueños y le dijo: "José, hijo de David, no temas recibir a María, tu esposa, porque lo que ha sido engendrado en ella proviene del Espíritu Santo. Ella dará a luz un hijo, a quien pondrás el nombre de Jesús, porque él salvará a su Pueblo de todos sus pecados". Todo esto sucedió para que se cumpliera lo que el Señor había anunciado por el profeta: La Virgen concebirá y dará a luz un hijo a quien pondrán el nombre de Emmanuel, que traducido significa: "Dios con nosotros". Al despertar, José hizo lo que el Ángel del Señor le había ordenado: llevó a María a su casa, y sin que hubieran hecho vida en común, ella dio a luz un hijo, y él le puso el nombre de Jesús (*Mateo* 1,18-25).

Cuando murió Herodes, el Ángel del Señor se apareció en sueños a José, que estaba en Egipto, y le dijo: "Levántate, toma al niño y a su madre, y regresa a la tierra de Israel, porque han muerto los que atentaban contra la vida del niño". José se levantó, tomó al niño y a su madre, y entró en la tierra de Israel. Pero al saber que Arquelao reinaba en Judea, en lugar de su padre Herodes, tuvo miedo de ir allí y, advertido en sueños, se retiró a la región de Galilea, donde se estableció en una ciudad llamada Nazaret. Así se cumplió lo que había sido anunciado por los profetas: Será llamado Nazareno (*Mateo* 2, 19-23).

Al tercer día, lo hallaron en el Templo en medio de los doctores de la Ley, escuchándolos y haciéndoles preguntas. Y todos los que lo oían estaban asombrados de su inteligencia y sus respuestas. Al verlo, sus padres quedaron maravillados y su madre le dijo: "Hijo mío, ¿por qué nos has hecho esto? Piensa que tu padre y yo te buscábamos angustiados". Jesús les respondió: "¿Por qué me buscaban? ¿No sabían que yo debo ocuparme de los asuntos de mi Padre?" Ellos no entendieron lo que les decía. Él regresó con sus padres a Nazaret y vivía sujeto a ellos. Su madre conservaba estas cosas en su corazón. Jesús iba creciendo en sabiduría, en estatura y en gracia delante de Dios y de los hombres (*Lucas* 2,46-52).

Y, dejando Nazaret, se estableció en Cafarnaúm, a orillas del lago, en los confines de Zabulón y Neftalí, para que se cumpliera lo que había sido anunciado por el profeta Isaías: ¡Tierra de Zabulón, tierra de Neftalí, camino del mar, país de la Transjordania, Galilea de las naciones! El pueblo que se hallaba en tinieblas vio una gran luz; sobre los que vivían en las oscuras regiones de la muerte, se levantó una luz. A partir de ese momento, Jesús comenzó a proclamar: "Conviértanse, porque el Reino de los Cielos está cerca" (*Mateo* 4,13-17).

Felipe encontró a Natanael y le dijo: "Hemos hallado a aquel de quien se habla en la Ley de Moisés y en los Profetas. Es Jesús, el hijo de José de Nazaret". Natanael le preguntó: "¿Acaso puede salir algo bueno de Nazaret?" "Ven y verás", le dijo Felipe (*Juan* 1,45-46).

Cuando Jesús terminó estas parábolas se alejó de allí y, al llegar a su pueblo, se puso a enseñar a la gente en su sinagoga, de tal manera que todos estaban maravillados. "¿De dónde le vienen, decían, esta sabiduría y ese poder de hacer milagros? ¿No es este el hijo del carpintero? ¿Su madre no es la que llaman María? ¿Y no son hermanos[10] suyos Santiago, José, Simón y Judas? ¿Y acaso no viven entre nosotros todas sus hermanas? ¿De dónde le vendrá todo esto?" Y Jesús era para ellos un motivo de tropiezo. Entonces les dijo: "Un profeta es despreciado solamente en su pueblo y en su familia". Y no hizo allí muchos milagros, a causa de la falta de fe de esa gente (*Mateo* 13,53-58).

Jesús fue a Nazaret, donde se había criado; el sábado entró como de costumbre en la sinagoga y se levantó para hacer la lectura. Le presentaron el libro del profeta Isaías y, abriéndolo, encontró el pasaje donde estaba escrito: "El Espíritu del Señor está sobre mí, porque me ha consagrado por la unción. Él me envió a llevar la Buena Noticia a los pobres, a anunciar la liberación a los cautivos y la vista a los ciegos, a dar la libertad a los oprimidos y proclamar un año de gracia del Señor". Jesús cerró el libro, lo devolvió al ayudante y se sentó. Todos en la sinagoga tenían los ojos fijos en él. Entonces comenzó a decirles: "Hoy se ha cumplido este pasaje de la Escritura que acaban de oír". Todos daban testimonio a favor de él y estaban llenos de admiración por las palabras de gracia que salían de su boca. Y decían: "¿No es este el hijo de José?" Pero él les respondió: "Sin duda ustedes me citarán el refrán: 'Médico, cúrate a ti mismo'. Realiza también aquí, en tu patria, todo lo que hemos oído que sucedió en Cafarnaúm". Después agregó: "Les aseguro que ningún profeta es bien recibido en su tierra. Yo les aseguro que había muchas viudas en Israel en el tiempo de Elías, cuando durante tres años y seis meses no hubo lluvia del cielo y el hambre azotó a todo el país. Sin embargo, a ninguna de ellas fue enviado Elías, sino a una viuda de Sarepta, en el país de Sidón. También había muchos leprosos en Israel, en el tiempo del profeta Eliseo, pero ninguno de ellos fue curado, sino Naamán, el sirio". Al oír estas palabras, todos los que estaban en la sinagoga se enfurecieron y, levantándose, lo empujaron fuera de la ciudad, hasta un lugar escarpado de la colina sobre la que se levantaba la ciudad, con intención de despeñarlo. Pero Jesús, pasando en medio de ellos, continuó su camino (*Lucas* 4,16-30).

Al enterarse de que pasaba Jesús, el Nazareno, se puso a gritar: "¡Jesús, Hijo de David, ten piedad de mí!" (*Marcos* 10,47).

Cuando entró en Jerusalén, toda la ciudad se conmovió, y preguntaban: "¿Quién es éste?" Y la gente respondía: "Es Jesús, el profeta de Nazaret en Galilea" (*Mateo* 21, 10-11).

Jesús, sabiendo todo lo que le iba a suceder, se adelantó y les preguntó: "¿A quién buscan?" Le respondieron: "A Jesús, el Nazareno". Él les dijo: "Soy yo". Judas, el que lo entregaba, estaba con

---

[10] En la Biblia las palabras *hermanos* y *hermanas* tiene diversos significados: hijos de los mismos padres, parientes (primos, sobrinos, etcétera), miembros del mismo pueblo e incluso, de la misma religión.

ellos. Cuando Jesús les dijo: "Soy yo", ellos retrocedieron y cayeron en tierra. Les preguntó nuevamente: "¿A quién buscan?" Le dijeron: "A Jesús, el Nazareno". Jesús repitió: "Ya les dije que soy yo. Si es a mí a quien buscan, dejen que estos se vayan" (*Juan* 18,4-8).

Pilato redactó una inscripción que decía: "Jesús el Nazareno, rey de los judíos", y la hizo poner sobre la cruz (*Juan* 19,19).

Israelitas, escuchen: A Jesús de Nazaret, el hombre que Dios acreditó ante ustedes realizando por su intermedio los milagros, prodigios y signos que todos conocen, a ese hombre que había sido entregado conforme al plan y a la previsión de Dios, ustedes lo hicieron morir, clavándolo en la cruz por medio de los infieles. Pero Dios lo resucitó, librándolo de las angustias de la muerte, porque no era posible que ella tuviera dominio sobre él (*Hechos de los Apóstoles* 2,22-24).

Pedro le dijo: "No tengo plata ni oro, pero te doy lo que tengo: en el nombre de Jesucristo de Nazaret, levántate y camina" (*Hechos de los Apóstoles* 3,6).

Sepan ustedes y todo el pueblo de Israel: este hombre está aquí sano delante de ustedes por el nombre de nuestro Señor Jesucristo de Nazaret, al que ustedes crucificaron y Dios resucitó de entre los muertos (*Hechos de los Apóstoles* 4,10).

Cómo Dios ungió a Jesús de Nazaret con el Espíritu Santo, llenándolo de poder. Él pasó haciendo el bien y curando a todos los que habían caído en poder del demonio, porque Dios estaba con él. Nosotros somos testigos de todo lo que hizo en el país de los judíos y en Jerusalén. Y ellos lo mataron, suspendiéndolo de un patíbulo. Pero Dios lo resucitó al tercer día y le concedió que se manifestara, no a todo el pueblo, sino a testigos elegidos de antemano por Dios: a nosotros, que comimos y bebimos con él, después de su resurrección (*Hechos de los Apóstoles* 10,38-41).

AIN KAREM
"La casa de san Juan Bautista"

Transformación ecológica
Ain Karem significa: "fuente del viñedo". Está localizado al oeste de la ciudad nueva de Jerusalén y a unos seis kilómetros de la puerta de Jafa. La población era árida y con poca vegetación. Afortunadamente, en los últimos años se han plantado miles de árboles que han transformado no sólo el panorama, sino también el medio ambiente.

La esterilidad
En el pensamiento bíblico la maternidad en el matrimonio era considerada como un signo de bendición, por lo que, consecuentemente, la esterilidad

se tomaba como una maldición o castigo por los pecados personales y era motivo de deshonra no sólo para la mujer, sino también para la familia. Son varios los episodios en los que Dios muestra su poder haciendo que una mujer estéril dé a luz: Sara, la esposa de Abraham (*Génesis* 16,2), Ana, la madre del profeta Samuel (1 *Samuel* 1-15) e Isabel, prima de María.

La Visitación

Después de que el ángel Gabriel le anunció a María que ella sería la madre del Salvador, le dijo que Isabel, su prima, estaba encinta. Cuando María se enteró, se preocupó por su prima y decidió visitarla para ayudarle. Según la tradición viajó desde Nazaret, acompañada de José, hasta Ain Karem. A ese episodio se le conoce como La Visitación. En el encuentro, María proclamó el *Magníficat*. María permaneció acompañando y ayudando a Isabel durante los tres meses que le faltaban para que diera a luz a Juan el Bautista. Después del nacimiento, María y José regresaron a Nazaret.

La Iglesia de San Juan Bautista

En este lugar hubo un culto primitivo, en recuerdo de la casa donde nació Juan el Bautista. El emperador romano Adriano intentó borrar el culto cristiano e implantó un culto pagano. Como prueba de ello se encontró una estatua mutilada de Venus, hecha en mármol blanco. En el siglo IV se construyó sobre las ruinas romanas una iglesia bizantina y posteriormente un santuario cruzado. Los musulmanes saquearon y destruyeron el lugar hasta que, en 1675, los franciscanos reconstruyeron el santuario actual. Tiene tres naves con pilares y una cúpula. El interior está decorado con azulejos de Manises (Valencia), del tiempo del reinado de Isabel II. También los lienzos son pinturas españolas de distintas escuelas. Sobresale el cuadro que está sobre la puerta de la sacristía que representa la degollación de san Juan Bautista, hecho por Ribalta. Otros son de Claudio Cuello y Lucas Jordán. Por unas escaleras, al final de la nave derecha, se baja a una gruta que se cree fue parte de la casa de Zacarías. Debajo del altar se lee la inscripción: "Aquí nació el precursor del Señor".

Horario de visita:
Verano: 8:00 a 11:45 y 14:30 a 17:45
Invierno: 8:00 a 11:45 y 14:30 a 16:45

La Iglesia de la Visitación

Es la más antigua de las dos iglesias de la población. La tradición atribuye su construcción a santa Elena, madre de Constantino, la cual identificó el sitio como la casa de Zacarías y el lugar donde se ocultaron de los soldados de Herodes durante la matanza de los niños inocentes.

Tiempo después, los cruzados erigieron una nueva iglesia sobre las ruinas de la bizantina y la identificaron como el lugar donde se reunieron Isabel y María. Luego, la iglesia cayó en manos de los musulmanes y se fue deteriorando progresivamente, hasta que los franciscanos compraron el lugar en 1679. Hay dos iglesias superpuestas, y para 1862 sólo estaba restaurado el plano inferior de la iglesia. Los trabajos sobre el nivel superior comenzaron en 1938 y se concluyeron en 1955.

La iglesia actual fue diseñada por el arquitecto Antonio Barluzzi. En la fachada hay un mosaico que conmemora la Visitación, y el pasillo superior del Templo está dedicado a María; las paredes de ambos niveles están adornadas con frescos de C. Vagarini mientras que las columnas tienen grabados versos del *Magnificat*. Algunas paredes tienen tablas de cerámica con versos del *Magnificat* en diversos idiomas. Desde el patio se entra directamente en la capilla inferior o cripta. Los frescos representan el encuentro de María e Isabel, Zacarías ofreciendo el incienso en el Templo y, a la derecha, Isabel escondiendo al niño para librarlo de la muerte decretada por Herodes. Hay también una cisterna antigua en la que, según la tradición, bebieron Zacarías e Isabel. La piedra que se encuentra al lado habría servido para que la pareja escondiera a su hijo durante la matanza ordenada por Herodes.[11]

Horario de visita:
Verano: 8:00 a 12:00; 14:30 a 18:00
Invierno: 8.00 a 12:00; 14.30 a 17:00

Así lo mencionan las Sagradas Escrituras:

El anuncio del nacimiento
de Juan el Bautista

En tiempos de Herodes, rey de Judea, había un sacerdote llamado Zacarías, de la clase sacerdotal de Abías. Su mujer, llamada Isabel, era descendiente de Aarón. Ambos eran justos a los ojos de Dios y seguían en forma irreprochable todos los mandamientos y preceptos del Señor. Pero no tenían hijos, porque Isabel era estéril; y los dos eran de edad avanzada. Un día en que su clase estaba de turno y Zacarías ejercía la función sacerdotal delante de Dios, le tocó en suerte, según la costumbre litúrgica, entrar en el Santuario del Señor para quemar el incienso. Toda la asamblea del pueblo permanecía afuera, en oración, mientras se ofrecía el incienso. Entonces se le apareció el Ángel del Señor, de pie, a la derecha del altar del incienso. Al verlo, Zacarías quedó desconcertado y tuvo miedo. Pero el Ángel le dijo: "No temas, Zacarías; tu súplica ha sido

---

[11] El libro apócrifo del Protoevangelio de Santiago, en su capítulo XXII, menciona que durante la matanza de los inocentes Isabel y su hijo, Juan el Bautista fueron protegidos milagrosamente por la montaña, que se abrió para cubrirlos. En cuanto a María y el niño no menciona que hayan huido a Egipto, sino que la madre ocultó al niño en el pesebre de unos bueyes.

escuchada. Isabel, tu esposa, te dará un hijo al que llamarás Juan. Él será para ti un motivo de gozo y de alegría, y muchos se alegrarán de su nacimiento, porque será grande a los ojos del Señor. No beberá vino ni bebida alcohólica; estará lleno del Espíritu Santo desde el seno de su madre, y hará que muchos israelitas vuelvan al Señor, su Dios. Precederá al Señor con el espíritu y el poder de Elías, para reconciliar a los padres con sus hijos y atraer a los rebeldes a la sabiduría de los justos, preparando así al Señor un Pueblo bien dispuesto". Pero Zacarías dijo al Ángel: "¿Cómo puedo estar seguro de esto? Porque yo soy anciano y mi esposa es de edad avanzada". El Ángel le respondió: "Yo soy Gabriel, el que está delante de Dios, y he sido enviado para hablarte y anunciarte esta buena noticia. Te quedarás mudo, sin poder hablar hasta el día en que sucedan estas cosas, por no haber creído en mis palabras, que se cumplirán a su debido tiempo". Mientras tanto, el pueblo estaba esperando a Zacarías, extrañado de que permaneciera tanto tiempo en el Santuario. Cuando salió, no podía hablarles, y todos comprendieron que había tenido alguna visión en el Santuario. Él se expresaba por señas, porque se había quedado mudo. Al cumplirse el tiempo de su servicio en el Templo, regresó a su casa. Poco después, su esposa Isabel concibió un hijo y permaneció oculta durante cinco meses. Ella pensaba: "Esto es lo que el Señor ha hecho por mí, cuando decidió librarme de lo que me avergonzaba ante los hombres" (*Lucas* 1, 5-25).

María se entera que su prima está embarazada

El ángel le respondió [a María]: "El Espíritu Santo descenderá sobre ti y el poder del Altísimo te cubrirá con su sombra. Por eso el niño será santo y será llamado Hijo de Dios. También tu pariente Isabel concibió un hijo a pesar de su vejez, y la que era considerada estéril, ya se encuentra en su sexto mes, porque no hay nada imposible para Dios". María dijo entonces: "Yo soy la servidora del Señor, que se cumpla en mí lo que has dicho". Y el Ángel se alejó (*Lucas* 1,35-38).

La visita de María a Isabel

En aquellos días, María partió y fue sin demora a un pueblo de la montaña de Judá. Entró en la casa de Zacarías y saludó a Isabel. Apenas ésta oyó el saludo de María, el niño saltó de alegría en su seno, e Isabel, llena del Espíritu Santo, exclamó: "¡Tú eres bendita entre todas las mujeres y bendito es el fruto de tu vientre! ¿Quién soy yo, para que la madre de mi Señor venga a visitarme? Apenas oí tu saludo, el niño saltó de alegría en mi seno. Feliz de ti por haber creído que se cumplirá lo que te fue anunciado de parte del Señor".

El canto de la Virgen María

María dijo entonces: "Proclama mi alma la grandeza del Señor, y se alegra mi espíritu en Dios, mi Salvador; porque ha mirado la humillación de su esclava. Desde ahora me felicitarán todas las generaciones, porque el Poderoso ha hecho obras grandes en mí: su nombre es santo, y su misericordia llega a sus fieles de generación en generación. Él hace proezas con su brazo: dispersa a los soberbios de corazón, derriba del trono a los poderosos y enaltece a los humildes, a los hambrientos los colma de bienes y a los ricos los despide sin nada. Auxilia a Israel, su siervo, acordándose de su misericordia, como lo había prometido a nuestros padres en favor de Abraham y su descendencia por siempre". María permaneció con Isabel unos tres meses y luego regresó a su casa (*Lucas* 1, 46-56).

El nacimiento y circuncisión de Juan el Bautista

Cuando llegó el tiempo en que Isabel debía ser madre, dio a luz un hijo. Al enterarse sus vecinos y parientes de la gran misericordia con que Dios la había tratado, se alegraban con ella. A los ocho días, se reunieron para circuncidar al niño, y querían llamarlo Zacarías, como su padre; pero la madre dijo: "No, debe llamarse Juan". Ellos le decían: "No hay nadie en tu familia que lleve ese nombre". Entonces preguntaron por señas al padre qué nombre quería que le pusieran. Este pidió una pizarra y escribió: "Su nombre es Juan". Todos quedaron admirados. Y en ese mismo momento, Zacarías recuperó el habla y comenzó a alabar a Dios. Este acontecimiento produjo una gran impresión entre la gente de los alrededores, y se lo comentaba en toda la región montañosa de Judea. Todos los que se enteraron guardaban este recuerdo en su corazón y se decían: "¿Qué llegará a ser este niño?" Porque la mano del Señor estaba con él (*Lucas* 1, 57-66).

El canto de Zacarías

Entonces Zacarías, su padre, quedó lleno del Espíritu Santo y dijo proféticamente:

"Bendito sea el Señor, Dios de Israel, porque ha visitado y redimido a su pueblo suscitándonos una fuerza de salvación en la casa de David, su siervo, según lo había prometido desde antiguo por boca de sus santos profetas: Es la salvación que nos libra de nuestros enemigos y de la mano de todos los que nos odian; ha realizado así la misericordia que tuvo con nuestros padres, recordando su santa alianza y el juramento que juró a nuestro padre Abraham. Para concedernos que libres de temor, arrancados de la mano de nuestros enemigos, le sirvamos con santidad y justicia, en su presencia, todos nuestros días. Y a ti, niño [Juan], te llamarán profeta del Altísimo, porque irás delante del Señor a preparar sus caminos, anunciando a su pueblo la salvación, el perdón de sus pecados. Por la entrañable misericordia de nuestro Dios, nos visitará el sol que nace de lo alto, para iluminar a los que viven en tinieblas, y en sombra de muerte, para guiar nuestros pasos por el camino de la paz". El niño iba creciendo y se fortalecía en su espíritu; y vivió en lugares desiertos hasta el día en que se manifestó a Israel (*Lucas* 1, 67-80).

BELÉN
"Donde nació el Hijo de Dios"

✦

Lugar donde nació el "pan del cielo"

Belén es uno de los pueblos más antiguos de Palestina, situado unos ocho kilómetros al sur de Jerusalén. Fue un asentamiento de beduinos hace más de cinco mil años. Lo llamaban Éfrata (*Ephrathah*, ¿fructífera?). Su nombre en hebreo: *Beth lechem* significa "casa del pan". Está edificado sobre dos colinas; era una zona de grutas que se utilizaban como habitación para pastores y resguardo para el ganado. En la *Biblia* la ciudad se llama Belén de Judá, para distinguirla de otra localidad homónima de la tribu de Zabulón.

Raquel, segunda esposa de Jacob, muere al dar a luz a Benjamín y es sepultada en el camino de Éfrata. Jacob erigió allí el sepulcro de Raquel[12], que es muy venerado en la actualidad por los judíos, por ser ésta considerada como la madre de la nación. Ella es también venerada por cristianos y musulmanes, por lo que el lugar de su tumba sigue siendo objeto de continuas fricciones; actualmente, los judíos controlan el lugar. En la repartición del territorio entre las tribus, quedó asignada a la tribu de Judá. Al oriente de Belén está el pueblo de Beit Sahour, donde se encuentran los campos de Rut. Según la tradición, aquí ocurrió el relato bíblico del libro de *Rut*, en el que Booz,[13] un rico propietario local, se enamoró de una pobre viuda moabita, al llegar ésta acompañando a su suegra, Noemí.

Booz y Rut fueron bisabuelos del rey David. Hacia el 1037 a.C., este sitio fue cuna de David, del que según las profecías, descendería el Mesías. Los evangelios de Mateo y Lucas trazan el linaje de Jesús hasta David, para completar este requerimiento. El profeta Samuel ungió a David como rey de Israel en Belén, remplazando a Saúl.[14] La cisterna dentro de la Basílica de la Natividad, en el sitio en el que los cristianos pusieron una fuente bautismal, es el tradicional lugar del "pozo de David".[15] Roboam, nieto de David, gobierna entre el 928 y 911 a.C. y construye muros y torres de defensa en Belén, pero dos siglos más tarde ya la ciudad ha quedado devastada. El profeta Miqueas anuncia la promesa de Dios para Belén en el contexto de la destrucción de Samaria, la deportación de sus habitantes y de la invasión de Judea por parte de Senaquerib.

Un censo obligatorio

José y María vivían en Nazaret, pero para que se cumplieran las escrituras tuvieron que trasladarse a Belén y obedecer la orden de censo del emperador romano César Augusto. Todos deberían registrarse en la ciudad natal del padre de familia, y como José era oriundo de Belén, se vio obligado a viajar con María a la población. El recorrido fue de ciento cincuenta kilómetros hacia el sur. Bajo esas circunstancias se dio el nacimiento de Cristo.

---

12 "Murió Raquel y fue sepultada en el camino de Éfrata, que es Belén" (*Génesis* 35,19).

13 Booz se casó con Rut y de su unión nació Obed. Este último fue padre de Jesé y abuelo del rey David (*Rut* 4, 13-17).

14 *Cfr.* 1 *Samuel* 16, 1-14.

15 2 *Samuel* 23, 13-17.

Una gruta no mencionada en el Evangelio

Los evangelios se centran en el hecho de que Dios se hizo hombre y dejan de lado los detalles. No mencionan la hora, la fecha ni el sitio exacto. Se limitan a mencionar a Belén, lugar de la profecía. La información se ha complementado con textos del siglo II, que mencionan una gruta. El más antiguo es el de san Justino, filósofo y mártir cristiano: "Al momento del nacimiento del niño en Belén, José se detuvo en una gruta próxima al poblado, porque no había dónde alojarse en aquel lugar, y, mientras se encontraban allí, María dio a luz a Cristo y lo puso en un pesebre, donde los magos venidos de Arabia lo encontraron". El apócrifo *Protoevangelio de Santiago*[16] menciona la gruta[17] y ofrece más detalles: la Virgen llega montando una burra,[18] una nube cubre el momento del nacimiento[19] y una mujer llamada Salomé comprueba la virginidad de María después del parto.[20] La influencia de estos textos ha sido fuente de inspiración para los artistas, que han creado los típicos "nacimientos" o "belenes".

¿Jesús de Nazaret?

Aunque Jesús nació en Belén de Judá, y por lo tanto era judío; él vivió y creció en Nazaret, en Galilea, donde aprendió de José el oficio de carpintero. Quienes no sabían que Jesús era judío lo consideraban Nazareno, y por lo tanto le decían Jesús de Nazaret.

Intento de desaparecer rastros

Los primeros cristianos veneraron con gran afecto el lugar del nacimiento hasta que, en el año 134, el emperador Adriano, obstinado en borrar toda traza del cristianismo, plantó allí un bosque sagrado en honor de Adonis, símbolo del ciclo agrario que se renueva cada año. Así, en la gruta donde Cristo nació se lloraba al amante de Venus. Afortunadamente la memoria de los cristianos no olvidó el lugar.

La primera basílica

En el siglo IV se restableció el culto cristiano; el emperador Constantino I, el Grande, mandó construir en el lugar del nacimiento la basílica de la

---

[16] *El Protoevangelio de Santiago* fue escrito a mediados del siglo II por un cristiano de origen judío que probablemente vivía en Egipto. En él aparecen los nombres de los padres de María, así como algunos episodios, tan llenos de detalles curiosos, que sirvieron de gran inspiración a oradores, hagiógrafos, poetas y artistas, especialmente a partir del siglo IX.

[17] Capítulo XVIII.

[18] Capítulo XVII.

[19] Capítulo XIX.

[20] Capítulo XX.

Natividad. El historiador Eusebio de Cesarea[21] menciona que poco después del año 325 d.C., la gruta donde nació Jesucristo fue aislada y circundada por las construcciones del emperador Constantino y su madre, santa Elena. La basílica se consagró el 31 de mayo del 339.

Un huésped distinguido

En el 386, san Jerónimo se estableció cerca de la basílica, viviendo una vida monástica con el deseo de traducir la *Biblia* al idioma vulgar, el latín, ya que muy pocos conocían su escritura original: hebreo y griego. Esta primera traducción se conoce como *La Vulgata*, que llegó a ser oficial en la Iglesia de Occidente. El sepulcro del célebre traductor fue excavado en las inmediatas cercanías de la gruta, pero después sus restos fueron llevados a Roma.

El primer saqueo

La basílica fue saqueada y destruida durante la sublevación de los samaritanos, en el año 529.

La segunda basílica

En el siglo VI, el emperador bizantino Justiniano I transformó la Basílica de Constantino y le dio las dimensiones actuales, mayores a las de Constantino. En el 614 los soldados persas de Cosroas II destruyeron todos los santuarios de Palestina, pero afortunadamente respetaron la Basílica de la Natividad, porque cuando vieron el mosaico del frontispicio que representaba la Adoración de los Magos creyeron, por la indumentaria, que eran compatriotas suyos.[22] También se salvó de la saña del califa egipcio El Hakim, en el 1009. Ésta es la única basílica de tipo bizantino que se conservó hasta nuestros días en Tierra Santa.

Triunfo y pérdida

En 1099 los cruzados conquistaron la ciudad. Durante la Navidad de 1100 Balduino I, primer rey del Reino Latino de Jerusalén, fue coronado en Belén, y ese mismo año se estableció un Obispado Católico en la ciudad, aunque lamentablemente, 87 años después, los musulmanes recuperarían Belén.

---

[21] También conocido como Eusebius Pamphili, nació hacia el año 275 d.C. y murió el 30 de mayo del 339. Fue obispo de Cesarea y es reconocido como el padre de la Historia de la Iglesia, porque sus escritos están entre los primeros relatos de la Historia del cristianismo. Su nombre está unido a una curiosa creencia sobre una supuesta correspondencia entre el rey de Edesa, Abgaro, y Jesucristo. Eusebio habría encontrado las cartas e inclusive las copió, para su *Historia Ecclesiae*.

[22] Esta noticia se encuentra en una carta sinodal del Concilio de Jerusalén del año 836.

Mosaicos con oro y madreperla

Los cruzados restauraron la basílica entre los años 1165 y 1169 con la ayuda de Constantinopla y del obispo Raúl, de Belén. Rehicieron el techo cubriéndolo con armazón de madera de cedro y planchas de plomo. También sustituyeron el mosaico del pavimento por un enlosado de mármol blanco; mismo que robaron los turcos en el siglo XVI para colocarlo en el pavimento de la mezquita de la Roca, en Jerusalén. Los trabajos de embellecimiento llenaron las paredes con preciosos mosaicos incrustados de oro y de madreperla, escenas del Nuevo Testamento, la representación simbólica de los Concilios y los antepasados de Jesús. Algunas narraciones tardías hablan de un artístico campanario que no llegó hasta nuestros días. La gruta fue recubierta de mosaicos. Desafortunadamente, el 4 de julio de 1187 los cruzados fueron derrotados en la batalla de Hatin y esto dificultó a los cristianos el acceso al lugar venerado.

Una nueva época para compartir

A partir de 1347 se concedió a los franciscanos la posesión de la gruta y el mantenimiento de la basílica. Construyeron su convento a un lado de la basílica y también la iglesia de Santa Catalina, que atiende las necesidades de la comunidad católica local. Posteriormente se alternaron los derechos con los griegos en 1645, 1669 y 1757. Entre 1810 y 1829 los armenios ortodoxos adquirieron también derechos en la basílica. Desde entonces, la propiedad está condividida entre tres comunidades: católica latina, griega ortodoxa y armenia. A la comunidad siria ortodoxa sólo se le permite oficiar en la basílica durante las fiestas de Navidad y Pascua.

El siglo XX

Entre 1934 y 1935 se hicieron excavaciones que sacaron a la luz los mosaicos del pavimento de la primera basílica. En 1947, en el Plan de Partición de Palestina que propuso la ONU, se designó a Belén, al igual que a Jerusalén, como territorio internacional, el cual sería administrado por Naciones Unidas cuando expirara el mandato británico. Sin embargo, en el curso de la primera guerra árabe-israelí, que estalló inmediatamente después, la ciudad fue invadida por Transjordania y se anexó a Jordania junto con el resto de Judea y Samaria. En 1967 fue ocupada por los israelíes durante la Guerra de los Seis Días, al igual que el resto de Cisjordania. En 1994, a raíz de los Acuerdos de Oslo, fue transferida como parte del territorio autónomo administrado por la Autoridad Nacional Palestina. Desde entonces ha aumentado considerablemente la población árabe y ha disminuido drásticamente el número de católicos, que están a punto de desaparecer. El muro que rodea a Belén es una vergüenza para Tierra Santa. Iniciado en el 2004 y con una altura promedio de nueve metros, forma parte del Cinturón de Jerusalén, que se extenderá a lo largo de setecientos cincuenta kilómetros en Cisjordania.

La plaza
Desde la plaza que hay frente a la basílica, el visitante experimenta la sensación de estar frente a una fortaleza medieval de muros gruesos y contrafuertes, con pocas y pequeñas ventanas. El edificio que se ve a la derecha es el monasterio armenio.

Visita a la basílica
Las tres grandes puertas originales que conducían al nártex[23] fueron cerradas. Actualmente se entra por una pequeña puerta lateral, que obliga a los visitantes a inclinarse y pasar de uno en uno. Esto se hizo durante el periodo turco, para evitar profanaciones. Atravesada la puerta se entra al nártex de la basílica de Justiniano, hoy oscuro y taponado. Dando vuelta a la derecha se pasa por la puerta central (única que sobrevive de las tres que hubo) y así se entra a la nave central de la Iglesia Justiniana.

La iglesia tiene la forma de una cruz latina, con la nave central más larga que el transepto.[24] Mide 53.90 metros por 26.20, y su transepto 35.80. Cuatro filas de columnas monolíticas, de color rosáceo, con capiteles corintios en mármol blanco dividen el Templo en cinco naves. Aún conservan restos de pinturas del siglo XII con la representación de Cristo, la Virgen y los santos. En el pavimento, unas tarimas de madera protegen restos de mosaicos de la iglesia de Constantino, y en el pasillo aún se conservan algunos fragmentos con escenas del Nuevo Testamento e inscripciones latinas; en la nave se puede ver la representación simbólica de Concilios ecuménicos, con inscripciones en griego.

Los antepasados de Jesús, con expresiones latinas, están representados en una fila de medallones, sobre las columnas de la nave. En la pared izquierda, al pie de uno de los ángeles adoradores se ve una inscripción con el nombre del artista, el pintor Basilio,[25] en latín y en siríaco. El mosaico mejor conservado es del siglo VIII y está en el transepto norte, representa la incredulidad de Tomás y la Ascensión. Aparece la Virgen entre dos ángeles y los apóstoles. Finalmente, en el transepto sur queda un fragmento que representa la entrada triunfal de Jesús en Jerusalén. El techo actual se construyó en el siglo XVII y fue reparado en 1842. En el ábside o zona del altar hay un iconostasio[26] griego de madera, con 14

---

23 Especie de pequeño atrio interno cubierto, anterior a la nave del templo.
24 En arquitectura religiosa, designa la nave transversal que en las iglesias cruza a la principal.
25 *Basilius Pictor.*
26 Toda iglesia bizantina tiene en su interior tres partes distintas: vestíbulo, nave general

escenas evangélicas que fue realizado en 1764. Los dos grandes candelabros fueron hechos en Nuremberg en 1667.

El descenso a la gruta

Al fondo de la nave y bajo el presbiterio[27] está el lugar más sagrado del santuario: la Gruta de la Natividad. Se accede a él por las escaleras que se encuentran a los lados del presbiterio. Generalmente se utiliza la escalera del lado derecho para descender, y la del izquierdo para subir. La capilla de la gruta mide 12.30 metros por 3.50. El piso de la cueva ha sido cubierto de mármol y las paredes laterales son de piedra, pero están cubiertas bajo un tapiz de amianto que la protegen de cualquier incendio. Aún así, el humo de centenares de cirios y velas que ofrecen los peregrinos ha dejado su huella. En el extremo oriental hay un altar. El lugar del nacimiento está marcado por una estrella de plata que tiene un orificio, para poder ver el piso de piedra original. En la estrella están inscritas las palabras: *Hic De Virgine Maria Iesus Christus Natus Est* ("Aquí, de la Virgen María, nació Cristo Jesús"). En 1757 los griegos arrancaron la estrella del lugar, pero los católicos la remplazaron en 1853. Cincuenta y tres lámparas se mantienen aquí encendidas día y noche, pues es donde se celebra diariamente la Navidad. El pesebre es venerado en la capillita de al lado. El altar que está frente al pesebre está dedicado a los Reyes Magos; en él pueden celebrar misa los sacerdotes católicos previa reservación con los padres franciscanos. El muro posterior de la gruta es del periodo Bizantino y separa este ambiente sagrado de la tumba de san Jerónimo y otras grutas. Para visitarlas es necesario subir nuevamente y bajar por la nave derecha de la Iglesia de Santa Catalina.

Iglesia de Santa Catalina

Dedicada a santa Catalina de Alejandría mártir, fue construida durante la Edad Media. Es la parroquia católica de Belén, administrada por padres franciscanos. Ahí se celebra la misa de Navidad la noche del 24 de diciembre, presidida por el Patriarca latino de Jerusalén. En 1880 fue ampliada

---

y santuario. La nave y el santuario se separan mediante el iconostasio, semejante a una pared alta de madera o mármol, decorada con iconos. El iconostasio tiene tres puertas, una central y dos laterales. La central, más amplia y ornamentada, es la Puerta Real o Puerta Santa, reservada a los obispos y sacerdotes oficiantes. Si sus hojas no son lo suficientemente elevadas para ocultar el altar, se añade una cortina o velo que cierra la parte superior y que solamente se recorre en los momentos previstos por el ceremonial litúrgico, en los cuales los fieles pueden ver el altar.

[27] El presbiterio es el espacio que en un Templo católico precede al altar mayor. Hasta el Concilio Vaticano II estaba reservado al clero. Puede quedar separado de la nave central por gradas, escalinatas o una barandilla llamada comulgatorio. También se suele llamar así al lugar donde está el altar que reúne a los sacerdotes (presbíteros).

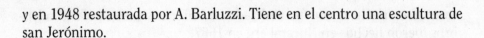

y en 1948 restaurada por A. Barluzzi. Tiene en el centro una escultura de san Jerónimo.

Grutas de san Jerónimo

Se desciende a ellas por la escalera que se encuentra al lado derecho de la iglesia de Santa Catalina. Hay testimonios que afirman que el santo vivió en estas grutas y las eligió como lugar para su sepultura. Una capilla está dedicada a san José y otra a los Santos Inocentes. En la capilla de la Purísima está la conocida imagen del Niño Jesús de Belén.

Campo y gruta de los pastores

El Campo de los Pastores está en la aldea de *Beit-Sahur* ("La casa de los vigías"), a tres kilómetros de Belén. Es el lugar donde iba Rut a espigar detrás de los segadores de Booz. En el siglo V, en recuerdo de los Santos Pastores, se levantó un santuario cuyas ruinas no se sabe hasta cuándo dejaron de atraer la atención de los peregrinos. Desde el periodo Bizantino se ha venerado en esta región la aparición del ángel a los pastores.

Los católicos romanos y los griegos ortodoxos tienen cada uno su propio "campo de los pastores". La Iglesia ortodoxa griega cuenta con una iglesia del siglo V construida sobre una cueva. En el siglo VI erigieron una gran basílica que sobrevivió hasta el siglo X y que fue reconstruida en el siglo XIV. El sitio de la Iglesia católica romana cuenta con una capilla franciscana. En 1859 el canónigo Juan Moritain fundó una casa latina con iglesia, escuela y habitaciones. Cerca de las ruinas del monasterio se construyó en 1953 el santuario del *Gloria in excelsis Deo*, con planos del arquitecto Antonio Barluzzi. En la parte exterior del muro, en forma de decágono de piedra gris-rosada, hay cinco muros apoyados con un plano inclinado que dan la apariencia de una tienda de nómadas. Sobre la puerta principal recibe a los peregrinos un ángel de bronce. Internamente, diez pilastras sostienen una bóveda con ventanas redondas, y encima de ella la cúpula que baña de luz el interior, recordando la luz que iluminó a los pastores. La acústica de la iglesia es excepcional y proporciona un ambiente sereno cuando se cantan los himnos. Las palabras del ángel a los pastores están reproducidas en mosaico de oro, alrededor de la bóveda de la cúpula. Las pinturas de los muros en los altares laterales muestran el momento en que el ángel hace el anuncio a los pastores, la adoración al niño Jesús y, el retorno feliz de los pastores.

Horario de visita: 8:00 a 11:30 y 14:30 a 17:00.

Souvenirs

En Belén son típicas las imágenes talladas en madera de olivo, en particular la del Niño Dios. También hay bellísimos trabajos realizados en concha nácar. Las primeras noticias del trabajo del olivo ligado a fuertes connotaciones religiosas, datan del siglo XIII; éste fue un trabajo iniciado por los frailes franciscanos. La artesanía del nácar, introducida también por ellos, se remonta a 1586.

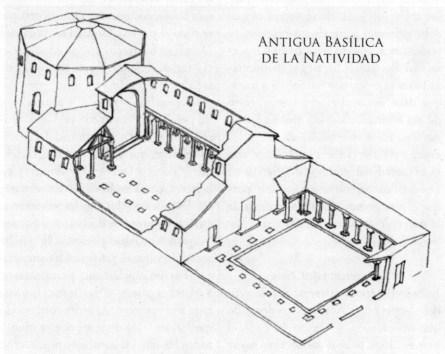

ANTIGUA BASÍLICA
DE LA NATIVIDAD

PLANTA ACTUAL DE LA BASÍLICA DE LA NATIVIDAD

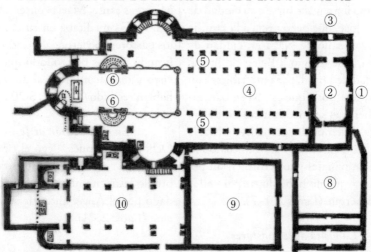

1, Entrada antigua, 2. Nártex, 3. Entrada actual, 4. Nave central, 5. Nave lateral,
6. Entrada y salida de la gruta subterránea, 7. Altar principal,
8. Convento franciscano, 9. Claustro, 10. Iglesia de santa Catalina

Así lo mencionan las Sagradas Escrituras:

La profecía del nacimiento del Salvador

Y tú, Belén Efratá, tan pequeña entre las tribus de Judá, de ti nacerá el que debe gobernar a Israel: sus orígenes se remontan al pasado, a un tiempo inmemorial. Por eso, el Señor los abandonará hasta el momento en que dé a luz la que debe ser madre; entonces el resto de sus hermanos volverá junto a los israelitas. Él se mantendrá de pie y los apacentará con la fuerza del Señor, con la majestad del nombre del Señor, su Dios. Ellos habitarán tranquilos, porque él será grande hasta los confines de la tierra. ¡Y él mismo será la paz! (*Miqueas* 5, 1-4).

El nacimiento de Cristo

En aquella época apareció un decreto del emperador Augusto, ordenando que se realizara un censo en todo el mundo. Este primer censo tuvo lugar cuando Quirino gobernaba la Siria. Y cada uno iba a inscribirse a su ciudad de origen. José, que pertenecía a la familia de David, salió de Nazaret, ciudad de Galilea, y se dirigió a Belén de Judea, la ciudad de David, para inscribirse con María, su esposa, que estaba embarazada. Mientras se encontraban en Belén, le llegó el tiempo de ser madre; y María dio a luz a su Hijo primogénito, lo envolvió en pañales y lo acostó en un pesebre, porque no había lugar para ellos en el albergue (*Lucas* 2, 1- 7).

La visita de los pastores

En esa región acampaban unos pastores, que vigilaban por turno sus rebaños durante la noche. De pronto, se les apareció el Ángel del Señor y la gloria del Señor los envolvió con su luz. Ellos sintieron un gran temor, pero el Ángel les dijo: "No teman, porque les traigo una buena noticia, una gran alegría para todo el pueblo: Hoy, en la ciudad de David, les ha nacido un Salvador, que es el Mesías, el Señor. Y esto les servirá de señal: encontrarán a un niño recién nacido envuelto en pañales y acostado en un pesebre". Y junto con el Ángel, apareció de pronto una multitud del ejército celestial, que alababa a Dios, diciendo: "¡Gloria a Dios en las alturas, y en la tierra, paz a los hombres amados por él!" Después que los ángeles volvieron al cielo, los pastores se decían unos a otros: "Vayamos a Belén, y veamos lo que ha sucedido y que el Señor nos ha anunciado". Fueron rápidamente y encontraron a María, a José, y al recién nacido acostado en el pesebre. Al verlo, contaron lo que habían oído decir sobre este niño, y todos los que los escuchaban quedaron admirados de lo que decían los pastores. Mientras tanto, María conservaba estas cosas y las meditaba en su corazón. Y los pastores volvieron, alabando y glorificando a Dios por todo lo que habían visto y oído, conforme al anuncio que habían recibido (*Lucas* 2, 8-20).

La circuncisión de Jesús

Ocho días después, llegó el tiempo de circuncidar al niño y se le puso el nombre de Jesús, nombre que le había sido dado por el Ángel antes de su concepción (*Lucas* 2, 21).

La visita de los Magos

Cuando nació Jesús, en Belén de Judea, bajo el reinado de Herodes, unos magos de Oriente se presentaron en Jerusalén y preguntaron: "¿Dónde está el rey de los judíos que acaba de nacer? Porque vimos su estrella en Oriente y hemos venido a adorarlo". Al enterarse, el rey Herodes quedó desconcertado y con él toda Jerusalén. Entonces reunió a todos los sumos sacerdotes y a los escribas del pueblo, para preguntarles en qué lugar debía nacer el Mesías. "En Belén de Judea, le respondieron, porque así está escrito por el Profeta: Y tú, Belén, tierra de Judá, ciertamente no eres la menor entre las principales ciudades de Judá, porque de ti surgirá un jefe que será el Pastor de mi pueblo, Israel". Herodes mandó llamar secretamente a los magos y después de averiguar con precisión la fecha en que había aparecido la estrella, los envió a Belén, diciéndoles: "Vayan e infórmense cuidadosamente acerca del niño, y cuando lo hayan encontrado, avísenme para que yo también vaya a rendirle homenaje". Después de oír al rey, ellos partieron. La estrella que habían visto en Oriente los precedía, hasta que se detuvo en el lugar donde estaba el niño. Cuando vieron la estrella se llenaron de alegría, y al entrar en la casa, encontraron al niño con María, su madre, y postrándose, le rindieron homenaje. Luego, abriendo sus cofres, le ofrecieron dones: oro, incienso y mirra. Y como recibieron en sueños la advertencia de no regresar al palacio de Herodes, volvieron a su tierra por otro camino (*Mateo 2*, 1-12).

CANÁ
"El primer milagro de Jesús"

Los dos primeros milagros de Jesús

Los evangelios apócrifos, escritos casi cien años después que los evangelios de la Biblia, presentan al niño Dios haciendo, a capricho, todo tipo de milagros. La *Biblia* muestra que Jesucristo no hizo milagros a capricho sino siempre con una finalidad y una enseñanza. En la población de Caná, región de Galilea, él realizó su primer milagro convirtiendo en vino el agua que contenían seis tinajas. El prodigio tuvo lugar durante una boda, por lo que esto puede tener varios significados: 1) Dios bendice el matrimonio. 2) Con la conversión de agua en vino, Jesús prepara un milagro mayor en el que convertirá el vino en su sangre: la eucaristía. 3) Como era responsabilidad del esposo ofrecer el vino durante la boda, Jesucristo se presenta en Caná como el esposo de la Iglesia: Dios que se une en alianza eterna con su Iglesia. 4) Jesús se presenta como el vino nuevo y mejor. El agua de las abluciones o purificaciones rituales simboliza la Antigua Alianza, incapaz de purificar totalmente al hombre. En cambio, el vino, es símbolo de la Nueva Alianza, sellada con la Sangre de Cristo que renueva y perfecciona la Antigua Alianza y purifica totalmente a la humanidad; dando inicio a una nueva creación. Se debe subrayar la actitud de María, que con la intención de servir y ayudar siempre intercede por los necesitados. Con su súplica obtiene el milagro de Cristo. Por ello es considerada por la Iglesia como la gran intercesora. Por eso le decimos en la oración: "ruega por nosotros ahora y en la hora de nuestra muerte". Y también aprendemos de ella a interceder por los más necesitados. Jesús realizó también en Caná su segundo milagro, a distancia, cuando sanó al siervo del centurión romano. El Evangelio de Juan informa que el apóstol Natanael, llamado también Bartolomé, era de Caná. Algunos autores afirman que este apóstol era el novio de las bodas.

La antigua población de Caná es llamada actualmente por los árabes *Kfar Kanna*. Está en la región de Galilea, a 7.5 kilómetros de Nazaret, en el camino entre Nazaret, Tiberiades y Cafarnaúm. Hay muchos testimonios que hablan de un santuario construido por los cristianos en Caná como memoria del primer milagro de Jesús. Un peregrino anónimo del siglo VI escribe:

(Habiendo salido de Séforis) después de tres millas llegamos a Caná, adonde el Señor fue a la boda, y nos sentamos sobre el mismo asiento, donde escribí el nombre de mis padres [...] todavía quedan dos hidrias; yo llené una de vino y, llevándola llena sobre la espalda, la ofrecí en el altar. En la misma fuente nos lavamos por devoción. Después fuimos a la ciudad de Nazaret.

A principios del siglo XVI, los peregrinos encontraron en Caná una habitación subterránea, a la cual se accede desde el interior de un edificio con columnas que ellos creían una iglesia construida por el emperador Constantino y su madre Elena. El santuario y el convento adosado fueron construidos por los franciscanos de 1879 a 1905 sobre los restos de una antigua iglesia, probablemente del siglo IV. Las excavaciones muestran lo siguiente: habitaciones privadas del siglo I al IV, una sinagoga hebrea con vestíbulo del siglo IV al V; sepulcros bizantinos del siglo V al VI, un edificio medieval del siglo XIV, la primera iglesia franciscana de 1880 y la iglesia actual, construida entre 1897 y 1905.

A la iglesia se ingresa a través de un patio. Su pórtico tiene tres arcos sostenidos por columnas y pilastras; las columnas pertenecieron a una construcción antigua, probablemente una sinagoga. La figura de Cristo está en el arco central, de los tres que se encuentran sobre el pórtico. La imagen de María corona la fachada y tanto la escultura de Cristo como la de María están flanqueadas por esculturas de ángeles. La iglesia tiene planta de cruz latina con dos torres laterales y una cúpula. En el centro de la Cripta se conservan restos de un antiguo lagar, excavado en la propia roca. Sobre ésta hay un ánfora de piedra que recuerda las tinajas de la boda. Junto a la puerta de la cripta, en un nivel inferior, se puede ver aún un fragmento de mosaico de los siglos IV-V con una inscripción en arameo:

"Bendita sea la memoria de José, hijo de Talhum, hijo de Butah, y sus hijos, que han hecho esta tabla (de mosaico). Que la bendición sea sobre ellos". Pudo ser parte de una iglesia sinagogal frecuentada por los judeocristianos. Al parecer la inscripción se hizo porque el tal José consiguió el permiso del emperador Constantino para construir iglesias en Galilea.

Horario de visita:
Verano: 8:00 a 12:00 y 14:00 a 18:00
Invierno: 8:00 a 12:00 y 14:00 a 17:00
Domingos cerrado

Iglesia de San Bartolomé
En 1885 se construyó, a unos 100 metros de distancia del santuario del milagro, una capilla en honor de uno de los doce discípulos de Jesús, oriundo de Caná y llamado Natanael o Bartolomé.

La comunidad griega ortodoxa construyó, en el siglo XVI, su propia iglesia para recordar el hecho evangélico.

Así lo mencionan las Sagradas Escrituras:

Las bodas de Caná
Tres días después se celebraron unas bodas en Caná de Galilea, y la madre de Jesús estaba allí. Jesús también fue invitado con sus discípulos. Y como faltaba vino, la madre de Jesús le dijo: "No tienen vino". Jesús le respondió: "Mujer, ¿qué tenemos que ver nosotros? Mi hora no ha llegado todavía". Pero su madre dijo a los sirvientes: "Hagan todo lo que él les diga". Había allí seis tinajas de piedra destinadas a los ritos de purificación de los judíos, que contenían unos cien litros cada una. Jesús dijo a los sirvientes: "Llenen de agua estas tinajas". Y las llenaron hasta el borde. "Saquen ahora, agregó Jesús, y lleven al encargado del banquete". Así lo hicieron. El encargado probó el agua cambiada en vino y como ignoraba su origen, aunque lo sabían los sirvientes que habían sacado el agua, llamó al esposo y le dijo: "Siempre se sirve primero el buen vino y cuando todos han bebido bien, se trae el de inferior calidad. Tú, en cambio, has guardado el buen vino hasta este momento". Este fue el primero de los signos de Jesús, y lo hizo en Caná de Galilea. Así manifestó su gloria, y sus discípulos creyeron en él (*Juan 2, 1-11*).

Jesús sana al siervo del centurión
Y fue otra vez a Caná de Galilea, donde había convertido el agua en vino. Había allí un funcionario real, que tenía su hijo enfermo en Cafarnaúm. Cuando supo que Jesús había llegado de Judea y se encontraba en Galilea, fue a verlo y le suplicó que bajara a curar a su hijo moribundo. Jesús le dijo: "Si no ven signos y prodigios, ustedes no creen". El funcionario le respondió: "Señor, baja antes que mi hijo se muera". "Vuelve a tu casa, tu hijo vive", le dijo Jesús. El hombre creyó en la palabra que Jesús le había dicho y se puso en camino. Mientras descendía, le salieron al encuentro sus servidores y le anunciaron que su hijo vivía. Él les preguntó a qué hora se había sentido me-

jor. "Ayer, a la una de la tarde, se le fue la fiebre", le respondieron. El padre recordó que era la misma hora en que Jesús le había dicho: "Tu hijo vive". Y entonces creyó él y toda su familia. Este fue el segundo signo que hizo Jesús cuando volvió de Judea a Galilea (*Juan* 4, 46-54).

Natanael originario de Caná
Estaban juntos Simón Pedro, Tomás, llamado el Mellizo, Natanael, el de Caná de Galilea, los hijos de Zebedeo y otros dos discípulos (*Juan* 21, 2).

RÍO JORDÁN
"El paso a la Tierra Prometida"

Es el río más grande de Tierra Santa, y uno de los más importantes de Canaán. Nace en las montañas del Antilíbano, cerca del monte Hermón, desde donde fluye atravesando el sureste del Líbano hacia el sur, entrando en Israel y desembocando en la costa norte del Mar de Galilea (*Kinneret* o Lago Genesaret), hasta llegar a su desembocadura final en la costa norte del Mar Muerto. Sirve de frontera (teórica) entre Israel y Jordania, y entre ésta y Cisjordania. La alimentación del Jordán es triple: por un lado, proviene de las lluvias de invierno, por otro, de las corrientes internas de los Montes Antilíbano y, por último, de la fusión primaveral de las nieves del Monte Hermón. La distancia, en línea recta, desde Hermón hasta su desembocadura en el Mar Muerto es de 215 kilómetros, pero tomando en cuenta sus quiebres tiene 360 kilómetros de longitud total. Su anchura media es de 27 a 45 metros y su profundidad de 1.5 a 3.5 metros.

El Río Jordán fue escenario de muchos eventos bíblicos: Lot, sobrino de Abraham, escogió las llanuras de ese río para sí; Josué dividió sus aguas para que los israelitas pudieran cruzar y así llegaran a la tierra prometida. Elías, el profeta, y Eliseo dividieron sus aguas también. Naamán sanó de la lepra al introducirse en él, y Juan el Bautista bautizó en sus aguas a quienes esperaban al Mesías. Y también bautizó a Cristo.

Actualmente una parte del río se utiliza para recibir o renovar el bautismo. El lugar se llama *Yardenit*, palabra que proviene del nombre hebreo del Jordán: *Yarden*. El nombre de la zona es "Valle del Río Jordán", en hebreo: *Emek Ha-Yarden*. Ahí existen varias fosas para celebrar diversos cultos litúrgicos. Los peregrinos pueden entrar en el agua auxiliados por pequeñas escaleras, rampas y pasamanos. En la entrada del lugar se pueden alquilar toallas o túnicas blancas. Hay también duchas y vestidores.

Así lo mencionan las Sagradas Escrituras:

Lot elige el valle del río

Lot observó todo el valle del río Jordán y vio que, hasta el pueblecito de Zoar, el valle tenía bastante agua y era como un gran jardín. Se parecía a Egipto (esto era antes de que el Señor destruyera Sodoma y Gomorra). Entonces Lot escogió todo el valle del Jordán, y se fue al oriente del lugar donde estaban. De esta manera, Abrahám y Lot se separaron (*Génesis* 13, 10-11).

Josué divide las aguas

Josué dijo a los israelitas: "Acérquense y escuchen las palabras del Señor, su Dios". Y añadió: "En esto conocerán que el Dios viviente está en medio ustedes, y que él expulsará delante de ustedes a los cananeos, los hititas, los jivitas, los perizitas, los guirgazitas, los amorreos y los jebuseos: el Arca de la Alianza del Señor de toda la tierra va a cruzar el Jordán delante de ustedes. Ahora elijan a doce hombres entre las tribus de Israel, uno por cada tribu. Y apenas los sacerdotes que llevan el Arca del Señor de toda la tierra apoyen sus pies sobre las aguas del Jordán, éstas se abrirán, y las aguas que vienen de arriba se detendrán como contenidas por un dique". Cuando el pueblo levantó sus carpas para cruzar el Jordán, los sacerdotes que llevaban el Arca de la Alianza iban al frente de él. Apenas llegaron al Jordán y sus pies tocaron el borde de las aguas —el Jordán se desborda por sus dos orillas durante todo el tiempo de la cosecha— las aguas detuvieron su curso: las que venían de arriba se amontonaron a una gran distancia, cerca de Adam, la ciudad que está junto a Sartán; y las que bajaban hacia el mar de la Arabá —el mar de la Sal— quedaron completamente cortadas. Así, el pueblo cruzó a la altura de Jericó. Los sacerdotes que llevaban el Arca de la Alianza del Señor permanecían inmóviles en medio del Jordán, sobre el suelo seco, mientras todo Israel iba pasando por el cauce seco, hasta que todo el pueblo terminó de cruzar el Jordán[...] Cuando todo el pueblo terminó de pasar el Jordán, el Señor dijo a Josué: "Elijan a doce hombres del pueblo, uno por cada tribu, y ordénenles lo siguiente: 'Retiren de aquí doce piedras, tómenlas de en medio del Jordán, del mismo lugar donde estaban apoyados los pies de los sacerdotes; llévenlas con ustedes y deposítenlas en el lugar donde hoy van a pasar la noche'". Entonces Josué llamó a los doce hombres que había hecho designar entre los israelitas, un hombre por cada tribu, y les dijo: "Vayan hasta el medio del Jordán, ante el Arca del Señor, su Dios, y cargue cada uno sobre sus espaldas una piedra, conforme al número de las tribus de Israel, para que esto quede como un signo en medio de ustedes. Porque el día de mañana sus hijos les preguntarán: '¿Qué significan para ustedes estas piedras?'. Y ustedes les responderán: 'Las aguas del Jordán se abrieron ante el Arca de la Alianza del Señor; cuando ella atravesó el Jordán, se abrieron las aguas del río. Y estas piedras son un memorial eterno para los israelitas'". Los israelitas cumplieron la orden de Josué: retiraron doce piedras de en medio del Jordán, según el número de las tribus de Israel, como el Señor se lo había ordenado a Josué; las trasladaron hasta el lugar donde iban a pasar la noche, y las depositaron allí. Después Josué hizo erigir doce piedras en medio del Jordán, en el lugar donde se habían apoyado los pies de los sacerdotes que llevaban el Arca de la Alianza, y allí quedaron hasta el día de hoy. Los sacerdotes que llevaban el Arca permanecieron de pie en medio del Jordán, hasta que se cumplió todo lo que Josué comunicó al pueblo por orden del Señor, conforme a las instrucciones que Moisés había dado a Josué. El pueblo se apresuró a pasar, y cuando terminó de hacerlo, también pasó el Arca del Señor, con los sacerdotes al frente del pueblo. Delante de los israelitas cruzaron los rubenitas, los gaditas y la mitad de la tribu de Manasés, equipados con sus armas, como lo había dispuesto Moisés. Eran cerca de cuarenta mil guerreros adiestrados, que avanzaban delante del Señor, preparados para combatir en la llanura de Jericó. Aquel día, el Señor engrandeció a Josué a los ojos de todo Israel, y desde entonces lo respetaron como habían respetado a Moisés durante toda su vida. Luego el Señor dijo a Josué: "Ordena a los sacerdotes que llevan el Arca de la Alianza que salgan del Jordán". Entonces Josué ordenó a los sacerdotes que llevaban el Arca: "Salgan del Jordán". Y cuando estos salieron, apenas sus pies tocaron el suelo firme, las aguas del Jordán volvieron a su cauce y prosiguieron su curso como antes, por encima de sus bordes (*Josué* 3, 9-17 y 4, 1-18).

Elías y Eliseo dividieron sus aguas

Elías le dijo: "Quédate aquí, Eliseo, porque el Señor me ha enviado a Jericó". Pero él respondió: "Juro por la vida del Señor y por tu propia vida que no te dejaré". Y llegaron a Jericó. La comunidad de profetas que había en Jericó se acercó a Eliseo y le dijeron: "¿Sabes que hoy el Señor va a arrebatar a tu maestro por encima de tu cabeza?" Él respondió: "Claro que lo sé; ¡no digan nada!" Elías le dijo: "Quédate aquí, porque el Señor me ha enviado al Jordán". Pero Eliseo respondió: "Juro por la vida del Señor y por tu propia vida que no te dejaré". Y se fueron los dos. Cincuenta hombres de la comunidad de profetas fueron y se pararon enfrente, a una cierta distancia, mientras los dos estaban de pie a la orilla del Jordán. Elías se quitó el manto, lo enrolló y golpeó las aguas. Estas se dividieron hacia uno y otro lado, y así pasaron los dos por el suelo seco. Cuando cruzaban, Elías dijo a Eliseo: "Pide lo que quieres que haga por ti antes de que sea separado de tu lado". Eliseo respondió: "¡Ah, si pudiera recibir las dos terceras partes de tu espíritu!". Dijo Elías: "¡No es nada fácil lo que pides!; si me ves cuando yo sea separado de tu lado, lo obtendrás; de lo contrario, no será así". Y mientras iban conversando por el camino, un carro de fuego, con caballos también de fuego, los separó a uno del otro, y Elías subió al cielo en el torbellino. Al ver esto, Eliseo gritó: "¡Padre mío! ¡Padre mío! ¡Carro de Israel y su caballería!" Y cuando no lo vio más, tomó sus vestiduras y las rasgó en dos pedazos. Luego recogió el manto que se le había caído a Elías de encima, se volvió y se detuvo al borde del Jordán. Después, con el manto que se le había caído a Elías, golpeó las aguas, pero estas no se dividieron. Entonces dijo: "¿Dónde está el Señor, el Dios de Elías?". El golpeó otra vez las aguas; estas se dividieron hacia uno y otro lado, y Eliseo cruzó. El grupo de profetas de Jericó, que lo habían visto de enfrente, dijeron: "¡El espíritu de Elías se ha posado sobre Eliseo!" (*2° Libro de los Reyes* 2, 4-15).

Naamán se cura de la lepra

Naamán, general del ejército del rey de Arám, era un hombre prestigioso y altamente estimado por su señor, porque gracias a él, el Señor había dado la victoria a Arám. Pero este hombre, guerrero valeroso, padecía de una enfermedad en la piel. En una de sus incursiones, los arameos se habían llevado cautiva del país de Israel a una niña, que fue puesta al servicio de la mujer de Naamán. Ella dijo entonces a su patrona: "¡Ojalá mi señor se presentara ante el profeta que está en Samaría! Seguramente, él lo libraría de su enfermedad". Naamán fue y le contó a su señor: "La niña del país de Israel ha dicho esto y esto". El rey de Arám respondió: "Está bien, ve, y yo enviaré una carta al rey de Israel". Naamán partió llevando consigo diez talentos de plata, seis mil siclos de oro y diez trajes de gala, y presentó al rey de Israel la carta que decía: "Al mismo tiempo que te llega esta carta, te envío a Naamán, mi servidor, para que lo libres de su enfermedad". Apenas el rey de Israel leyó la carta, rasgó sus vestiduras y dijo: "¿Acaso yo soy Dios, capaz de hacer morir y vivir, para que este me mande librar a un hombre de su enfermedad? Fíjense bien y verán que él está buscando un pretexto contra mí". Cuando Eliseo, el hombre de Dios, oyó que el rey de Israel había rasgado sus vestiduras, mandó a decir al rey: "¿Por qué has rasgado tus vestiduras? Que él venga a mí y sabrá que hay un profeta en Israel". Naamán llegó entonces con sus caballos y su carruaje, y se detuvo a la puerta de la casa de Eliseo. Eliseo mandó un mensajero para que le dijera: "Ve a bañarte siete veces en el Jordán; tu carne se restablecerá y quedarás limpio". Pero Naamán, muy irritado, se fue diciendo: "Yo me había imaginado que saldría él personalmente, se pondría de pie e invocaría el nombre del Señor, su Dios; luego pasaría su mano sobre la parte afectada y curaría al enfermo de la piel. ¿Acaso los ríos de Damasco, el Abaná y el Parpar, no valen más que todas las aguas de Israel? ¿No podía yo bañarme en ellos y quedar limpio?" Y dando media vuelta, se fue muy enojado. Pero sus servidores se acercaron para decirle: "Padre, si el profeta te hubiera mandado una cosa extraordinaria ¿no la habrías hecho? ¡Cuánto más si él te dice simplemente: Báñate y quedarás limpio!". Entonces bajó y se sumergió siete veces en el Jordán, conforme a la palabra del hombre de Dios; así su carne se volvió como la de un muchacho joven y quedó limpio. Luego volvió con toda su comitiva adonde estaba el hombre de Dios. Al llegar, se presentó delante de él y le dijo: "Ahora reconozco que no hay Dios en toda la tierra, a no ser en Israel. Acepta, te lo ruego, un presente de tu servidor" (*2º Libro de los Reyes* 5, 1-15).

Juan bautiza en sus aguas a quienes esperan al Mesías

En aquel tiempo se presentó Juan el Bautista, proclamando en el desierto de Judea: "Conviértanse, porque el Reino de los Cielos está cerca". A él se refería el profeta Isaías cuando dijo: Una voz grita en el desierto: Preparen el camino del Señor, allanen sus senderos. Juan tenía una túnica de pelos de camello y un cinturón de cuero, y se alimentaba con langostas y miel silvestre. La gente de Jerusalén, de toda la Judea y de toda la región del Jordán iba a su encuentro, y se hacía bautizar por él en las aguas del Jordán, confesando sus pecados. (*Mateo* 3, 1-6) (también: *Marcos* 1, 4-8; *Lucas* 3, 1-9,15-17 y *Juan* 1, 19-28).

Jesús es bautizado

Entonces Jesús fue desde Galilea hasta el Jordán y se presentó a Juan para ser bautizado por él. Juan se resistía, diciéndole: "Soy yo el que tiene necesidad de ser bautizado por ti, ¡y eres tú el que viene a mi encuentro!" Pero Jesús le respondió: "Ahora déjame hacer esto, porque conviene que así cumplamos todo lo que es justo". Y Juan se lo permitió (3,16). Ape-nas fue bautizado, Jesús salió del agua. En ese momento se le abrieron los cielos, y vio al Espíritu de Dios descender como una paloma y dirigirse hacia él. Y se oyó una voz del cielo que decía: "Este es mi Hijo muy querido, en quien tengo puesta toda mi predilección". (*Mateo* 3, 13-17) (también: *Marcos* 1, 9-11; *Lucas* 3, 21-22; *Juan* 1, 32-34).

CAFARNAÚM
"La casa de Pedro"

Centro del Ministerio Salvador

Kefar-Nahum es una palabra semita compuesta que significa: "pueblo de Nahum". El poblado se ubica a unos 210 metros bajo el nivel del mar. Dista dieciseis kilómetros de Tiberíades, tres kilómetros de Tabgha y cinco del punto en que el río Jordán vierte sus aguas al lago. Cuando Jesús cumplió treinta años abandonó su casa paterna y buscó un sitio estratégico para realizar su ministerio. Cafarnaúm tenía muchas ventajas: tenía Sinagoga, era lugar de pescadores y, por lo tanto, mercado al que acudían muchas personas a comprar pescado fresco, estaba cerca del lago y daba la posibilidad de recorrer fácilmente los pueblos de la orilla. Era una ciudad próspera e importante situada en la ruta de las caravanas, importante centro de comunicaciones terrestres y marítimas, de ahí que tuviese también una guarnición militar[28] y fuese un centro administrativo con oficina de recaudación donde estaba Leví o Mateo.[29] Quizás por ello Jesús la eligió como su segunda patria y centro de su ministerio apostólico en Galilea. Los evangelios ubican en este sitio el mayor número de espisodios de la vida del Salvador: unido a Pedro paga la tasa del Templo de Jerusalén; llama a sus primeros discípulos; cura a un endemoniado, a la suegra de Pedro a un paralítico y al criado del centurión y enseña en la Sinagoga. Probablemente también ocurrieron otros episodios como el de la hemorroisa, la hija de Jairo y la curación del hombre de la mano seca.

---

[28] Como lo hace notar *Mateo* 8, 5 y ss:
[29] *Cfr.Mateo* 9, 9 y ss:

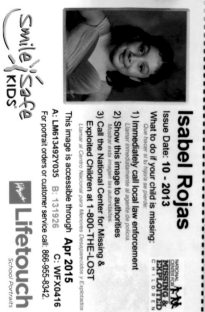

u hermano Andrés, y convirtió aquella ca-
ahí predicaba y enseñaba a sus discípulos.
pítulo tercero que cuando Jesús enseñaba
principal, los patios y la entrada. La casa de
habitaban varias familias, emparentadas,
en torno a dos patios interiores comuni-
ventanas que comunicaban con los patios
s carecían de batientes. Los suelos de las
nían poca luz. Los patios estaban uno ha-
otro en el lado sur. En ellos se desarrollaba
instalaban normalmente una serie de uten-
ún: prensas de aceite y molinos donde las
obtener la harina con la que amasar cada
el pan y preparar la comida. Todo ello creada aburrido. Estas imágenes alimentaron
zadas para su catequesis: "El reino de los
cielos es semejante a la levadura que tomó una mujer y la metió en tres
medidas de harina, hasta que fermentó todo" (*Lucas* 13, 18-19), "O, ¿qué
mujer teniendo diez dracmas,[30] si pierde una, no enciende una lámpara y
barre la casa y busca cuidadosamente hasta que la encuentra? Y habién-
dola hallado, convoca a sus amigas y vecinas, diciendo: alégrense conmigo, porque hallé la dracma que había perdido" (*Lucas* 15, 9) y "Al que sea
ocasión para que estos pequeñitos tropiecen, sería mejor que le ataran al
cuello una piedra de molino y lo arrojaran al mar" (*Marcos* 9, 42).

De casa a lugar de culto

A partir de la segunda mitad del siglo I d.C. se comenzaron a hacer cambios importantes en la casa. La habitación más espaciosa se convirtió en
lugar de veneración y culto por la primera comunidad cristiana del lugar,
por lo que se le llamó *Domus-ecclesiae*. Las paredes se revocaron y el
piso de tierra se sustituyó por un revestimiento de fino mortero blanco.
En el siglo IV se amplió y se reforzó con un gran arco central, se le añadió
un nuevo pavimento polícromo y se decoraron sus muros.

Un testimonio del siglo IV

A finales del siglo IV la peregrina Egeria visitó Tierra Santa y escribió: "En
Cafarnaúm está la casa del Príncipe de los Apostoles (Pedro) que fue tras-
formada en iglesia, aunque las paredes quedaron las mismas". Las excava-

---

30 En Palestina, la dracma tenía el mismo valor de un denario, que era el jornal de un día
de trabajo.

ciones arqueológicas han demostrado que el testimono era fiel. Los restos de revestimento que se han encontrado con grafitos en griego, arameo, siriaco y latín, en los que los peregrinos invocan a Jesucristo y a Pedro o que reproducen invocaciones litúrgicas y se adornan con cruces, confirman que el lugar era visitado y tenido en gran veneración por los cristianos.

Los cambios del siglo V
En la segunda mitad de este siglo se levantó sobre la *Domus-ecclesiae* una iglesia octogonal. Tenía un pórtico abierto que la circundaba por cinco de sus lados. Su pavimento era de mosaicos y en el centro tenía la representación de un pavo real con la cola totalmente abierta, símbolo de la vida eterna.

El abandono y la recuperación
Con la invasión árabe del siglo VII, comenzó el abandono del lugar que se hizo total a finales del siglo XI. Sólo permanecieron algunas familias beduinas. En 1838 se hicieron los primeras excavaciones arqueológicas. El renacer de Cafarnaúm se inició en 1894 con la llegada de los franciscanos de la Custodia de Tierra Santa. Desde entonces, las ruinas de la sinagoga y una parte de su entorno son parte de la comunidad de los franciscanos, que custodian Tierra Santa. Con esto se evitó que los beduinos y los habitantes de Tiberias continuaran destrozando las ruinas. La parte oriental de las ruinas fue comprada por la comunidad griega ortodoxa. Sobre ellas construyeron un pequeño convento y una iglesia que se distingue hoy por lo blanco de sus paredes y el rojo de sus cúpulas.

La arqueología confirma los evangelios
En 1968, en las excavaciones en la casa de Pedro encontraron tres niveles de distintas épocas. Primero se encontraron los restos de una iglesia octogonal del siglo V, posteriormente se levantó el mosaico y se encontraron, a una profanidad mayor, los restos de lo que fue la primera *Domus-ecclesiae*, es decir, la adaptación de la casa de Pedro para reuniones de culto. En ella se encontraron fragmentos de revestimento de color que adornaban la sala, lo que comprueba que, a diferencia de todas las casas de Cafarnaúm, el lugar se embelleció para el culto y que fue venerado desde la segunda mitad del siglo II. Finalmente, aparecieron los restos de casas privadas construidas en el siglo II a. C. que estuvieron habitadas hasta el siglo IV de nuestra era, entre ellas la de Pedro.

El Memorial
La capilla moderna que se encuentra sobre la casa de Pedro y protege las veneradas ruinas, es obra del arquitecto italiano Ildo Avesta. Su cuerpo

principal evoca la imagen de la barca de Pedro, al igual que las decoraciones murales con peces estilizados, olas y redes. De la misma manera en que Pedro hospedó a Jesús, El Memorial ofrece a los peregrinos la posibilidad de celebrar la Eucaristía en la ciudad en la que Jesús dijo: "Yo soy el pan bajado del cielo" (*Juan* 6, 41). La transparencia del vidrio de sus paredes y de parte del piso permite al peregrino gozar del entorno y sentirse invitado a la casa del príncipe de los apóstoles. Los dos paneles de madera del interior del Memorial, por la parte de la entrada, son obra del artista Raúl Visto: la Virgen entrando en casa de san Pedro entre símbolos que representan las obras corporales de misericordia, y san Pedro en la barca con símbolos de las obras espirituales de misericordia. Los dos paneles de los lados del presbiterio se deben al artista Juan Dragoni y reproducen a Cristo en la cruz y a Jesús en la casa de Pedro, aleccionando a los discípulos en el tema de la humildad.

El mosaico del altar, de Enzo Rossi, asocia el tema bíblico del maná en el desierto al de la multiplicación de los panes. En las paredes del presbiterio se ilustran algunos pasajes del discurso que Jesús pronunció en la sinagoga de Cafarnaúm sobre el pan de la vida, es decir, sobre la Eucaristía. El sagrario es obra de Igino Legnaghi y reproduce la letra hebrea *tau*. Las barandillas de bronce están adornadas con símbolos cristianos. El Memorial fue consagrado el 29 de junio de 1990 por el cardenal Lourdusamy. La fecha está grabada en el rótulo latino de la fachada: *"BEATO PETRO APOSTOLO A.D. MCMXC DICATUM"* ("Dedicado al bienaventurado apóstol Pedro en el año 1990"). El Papa Juan Pablo II envió un mensaje especial, del que se reproducen dos fragmentos en los flancos interiores de la entrada. Los textos antiguos de Egeria y del Anónimo de Piacenza, sumados también al rótulo dedicatorio de la fachada, subrayan la continuidad de la tradición cristiana acerca de este lugar que fue al mismo tiempo la casa de san Pedro, la casa de Jesús y la cuna de la cristiandad.

Horario de visitas: 8:00 a 17:00

La sinagoga

Existió una sinagoga del siglo I a la que asistió Jesús, de la que prácticamente no quedan restos. Sobre ella se levantan los restos de una sinagoga del siglo III o IV de estilo helenístico-romano. El edificio que actualmente se ve estaba rodeado de calles por los cuatro lados. A diferencia de las casas particulares, que se distinguían por sus negras piedras de basalto, la sinagoga fue construida casi enteramente con bloques cuadrados de piedra caliza blanca, traídos de canteras situadas a muchos kilómetros de distancia, y cuyo peso podía alcanzar en algunos casos las cuatro toneladas. Provocan admiración sus elementos decorativos: dinteles, comisas, capiteles, etc. La sala de oración es de planta rectangular y mide por dentro 23 metros por 17.28. Estaba decorada con revoque de color y estucos. La cabecera estaba en dirección a Jerusalén y el interior estaba dividido por dos filas de columnas en tres naves: encima de las naves laterales corría la galería para las mujeres con entrada externa en el ángulo noroeste; al oriente del edificio quedaba un atrio de forma irregular. Algunos visitantes se asombran de encontrar aún una sinagoga hebrea y un santuario cristiano, el uno al lado del otro. La ubicación de ambos edificios públicos fue sugerida por la preocupación de conservar y perpetuar la sacralidad de los dos lugares: la iglesia octogonal, en efecto, perpetuaba el sitio exacto de la casa de Pedro, y la sinagoga de finales del siglo IV fue erigida sobre las ruinas de las sinagogas anteriores.

Así lo mencionan las Sagradas Escrituras:

Jesús deja Nazaret
para vivir en Cafarnaúm

Cuando Jesús se enteró de que Juan había sido arrestado, se retiró a Galilea. Y, dejando Nazaret, se estableció en Cafarnaúm, a orillas del lago, en los confines de Zabulón y Neftalí, para que se cumpliera lo que había sido anunciado por el profeta Isaías: "¡Tierra de Zabulón, tierra de Neftalí, camino del mar, país de la Transjordania, Galilea de las naciones! El pueblo que se hallaba en tinieblas vio una gran luz; sobre los que vivían en las oscuras regiones de la muerte, se levantó una luz". A partir de ese momento, Jesús comenzó a proclamar: "Conviértanse, porque el Reino de los Cielos está cerca" (*Mateo 4, 12-17*).

La actividad de Jesús se desenvuelve en las orillas del lago, en la sinagoga y en la "casa de Pedro y Andrés, su hermano"

Cuando salió de la sinagoga, fue con Santiago y Juan a casa de Simón y Andrés (*Marcos 1, 29*).

María también estuvo en Cafarnaúm

Después de esto, descendió a Cafarnaúm con su madre, sus hermanos y sus discípulos, y permanecieron allí unos pocos días (*Juan 2, 12*).

Su madre y sus hermanos fueron a verlo, pero no pudieron acercarse a causa de la multitud. Entonces le anunciaron a Jesús: "Tu madre y tus hermanos están ahí afuera y quieren verte". Pero él les respondió: "Mi madre y mis hermanos son los que escuchan la Palabra de Dios y la practican" (*Lucas 8, 19-21*).

Jesús paga, con Pedro, el impuesto
del Templo de Jerusalén

Al llegar a Cafarnaúm, los cobradores del impuesto del Templo se acercaron a Pedro y le preguntaron: "¿El Maestro de ustedes no paga el impuesto?" "Sí, lo paga", respondió. Cuando Pedro llegó a la casa, Jesús se adelantó a preguntarle: "¿Qué te parece, Simón? ¿De quiénes perciben los impuestos y las tasas los reyes de la tierra, de sus hijos o de los extraños?" Y como Pedro respondió: "De los extraños", Jesús le dijo: "Eso quiere decir que los hijos están exentos. Sin embargo, para no escandalizar a esta gente, ve al lago, echa el anzuelo, toma el primer pez que salga y ábrele la boca. Encontrarás en ella una moneda de plata: tómala, y paga por mí y por ti" (*Mateo 17, 24-27*).

Llamado de los primeros discípulos

Mientras caminaba a orillas del mar de Galilea, Jesús vio a dos hermanos: a Simón, llamado Pedro, y a su hermano Andrés, que echaban las redes al mar porque eran pescadores. Entonces les dijo: "Síganme, y yo los haré pescadores de hombres". Inmediatamente, ellos dejaron las redes y lo siguieron. Continuando su camino, vio a otros dos hermanos: a Santiago, hijo de Zebedeo, y a su hermano Juan, que estaban en la barca con Zebedeo, su padre, arreglando las redes; y Jesús los llamó. Inmediatamente, ellos dejaron la barca y a su padre, y lo siguieron… Al irse de allí, Jesús vio a un hombre llamado Mateo, que estaba sentado a la mesa de recaudación de impuestos, y le dijo: "Sígueme". Él se levantó y lo siguió. (*Mateo* 4,18-22 y 9, 9) (también: *Marcos* 1, 16-20; 2, 13-17; *Lucas* 5, 1-9; 5, 27-32).

Curación de un endemoniado

Entraron en Cafarnaúm, y cuando llegó el sábado, Jesús fue a la sinagoga y comenzó a enseñar. Todos estaban asombrados de su enseñanza, porque les enseñaba como quien tiene autoridad y no como los escribas. Y había en la sinagoga un hombre poseído de un espíritu impuro, que comenzó a gritar: "¿Qué quieres de nosotros, Jesús Nazareno? ¿Has venido para acabar con nosotros? Ya sé quién eres: el Santo de Dios". Pero Jesús lo increpó, diciendo: "Cállate y sal de este hombre". El espíritu impuro lo sacudió violentamente y, dando un gran alarido, salió de ese hombre. Todos quedaron asombrados y se preguntaban unos a otros: "¿Qué es esto? ¡Enseña de una manera nueva, llena de autoridad; da órdenes a los espíritus impuros, y estos le obedecen!" Y su fama se extendió rápidamente por todas partes, en toda la región de Galilea (*Marcos* 1, 21-28) (también: *Lucas* 4, 31-37).

Curación de la suegra de Pedro

Cuando Jesús llegó a la casa de Pedro, encontró a la suegra de éste en cama con fiebre. Le tocó la mano y se le pasó la fiebre. Ella se levantó y se puso a servirlo (*Mateo* 8, 14-15) (también: *Marcos* 1, 29-31 y *Lucas* 4, 38-39).

Curación del paralítico

Entonces le presentaron a un paralítico tendido en una camilla. Al ver la fe de esos hombres, Jesús dijo al paralítico: "Ten confianza, hijo, tus pecados te son perdonados". Algunos escribas pensaron: "Este hombre blasfema". Jesús, leyendo sus pensamientos, les dijo: "¿Por qué piensan mal? ¿Qué es más fácil decir: "Tus pecados te son perdonados", o "Levántate y camina"? Para que ustedes sepan que el Hijo del hombre tiene sobre la tierra el poder de perdonar los pecados —dijo al paralítico— levántate, toma tu camilla y vete a tu casa". Él se levantó y se fue a su casa. Al ver esto, la multitud quedó atemorizada y glorificaba a Dios por haber dado semejante poder a los hombres (*Mateo* 9, 2-8) (también: *Marcos* 2, 1-12 y *Lucas* 5, 18-26).

Curación del criado del centurión

Al entrar en Cafarnaúm, se le acercó un centurión, rogándole: "Señor, mi sirviente está en casa enfermo de parálisis y sufre terriblemente". Jesús le dijo: "Yo mismo iré a curarlo". Pero el centurión respondió: "Señor, no soy digno de que entres en mi casa; basta que digas una palabra y mi sirviente se sanará. Porque cuando yo, que no soy más que un oficial subalterno, digo a uno de los soldados que están a mis órdenes: "Ve", él va, y a otro: "Ven", él viene; y cuando digo a mi sirviente: "Tienes que hacer esto", él lo hace". Al oírlo, Jesús quedó admirado y dijo a los que lo seguían: "Les aseguro que no he encontrado a nadie en Israel que tenga tanta fe. Por eso les digo que muchos vendrán de Oriente y de Occidente, y se sentarán a la mesa con Abraham, Isaac y Jacob, en el Reino de los Cielos; en cambio, los herederos del Reino serán arrojados afuera, a las tinieblas, donde habrá llantos y rechinar de dientes". Y Jesús dijo al centurión: "Ve, y que suceda como has creído". Y el sirviente se curó en ese mismo momento (*Mateo* 8, 5-13) (también *Lucas* 7, 1-9 y *Juan* 4, 46-54).

Jesús se declara en la sinagoga como el "pan del cielo"

Cuando la multitud se dio cuenta de que Jesús y sus discípulos no estaban allí, subieron a las barcas y fueron a Cafarnaúm en busca de Jesús. Al encontrarlo en la otra orilla, le preguntaron: "Maestro, ¿cuándo llegaste?" Jesús les respondió: "Les aseguro que ustedes me buscan, no porque vieron signos, sino porque han comido pan hasta saciarse. Trabajen, no por el alimento perecedero, sino por el que permanece hasta la Vida eterna, el que les dará el Hijo del hombre; porque es él a quien Dios, el Padre, marcó con su sello". Ellos le preguntaron: "¿Qué debemos hacer para realizar las obras de Dios?" Jesús les respondió: "La obra de Dios es que ustedes crean en aquel que él ha enviado". Y volvieron a preguntarle: "¿Qué signos haces para que veamos y creamos en ti? ¿Qué obra realizas? Nuestros padres comieron el maná en el desierto, como dice la Escritura: Les dio

de comer el pan bajado del cielo". Jesús respondió: "Les aseguro que no es Moisés el que les dio el pan del cielo; mi Padre les da el verdadero pan del cielo; porque el pan de Dios es el que desciende del cielo y da Vida al mundo". Ellos le dijeron: "Señor, danos siempre de ese pan". Jesús les respondió: "Yo soy el pan de Vida. El que viene a mí jamás tendrá hambre; el que cree en mí jamás tendrá sed. Pero ya les he dicho: ustedes me han visto y sin embargo no creen. Todo lo que me da el Padre viene a mí, y al que venga a mí yo no lo rechazaré, porque he bajado del cielo, no para hacer mi voluntad, sino la de aquel que me envió. La voluntad del que me ha enviado es que yo no pierda nada de lo que él me dio, sino que lo resucite en el último día. Esta es la voluntad de mi Padre: que el que ve al Hijo y cree en él, tenga Vida eterna y que yo lo resucite en el último día". Los judíos murmuraban de él, porque había dicho: "Yo soy el pan bajado del cielo". Y decían: "¿Acaso este no es Jesús, el hijo de José? Nosotros conocemos a su padre y a su madre. ¿Cómo puede decir ahora: 'Yo he bajado del cielo'?" Jesús tomó la palabra y les dijo: "No murmuren entre ustedes. Nadie puede venir a mí, si no lo atrae el Padre que me envió; y yo lo resucitaré en el último día. Está escrito en el libro de los Profetas: Todos serán instruidos por Dios. Todo el que oyó al Padre y recibe su enseñanza, viene a mí. Nadie ha visto nunca al Padre, sino el que viene de Dios: sólo él ha visto al Padre. Les aseguro que el que cree, tiene Vida eterna. Yo soy el pan de Vida. Sus padres, en el desierto, comieron el maná y murieron. Pero este es el pan que desciende del cielo, para que aquel que lo coma no muera. Yo soy el pan vivo bajado del cielo. El que coma de este pan vivirá eternamente, y el pan que yo daré es mi carne para la Vida del mundo". Los judíos discutían entre sí, diciendo: "¿Cómo este hombre puede darnos a comer su carne?" Jesús les respondió: "Les aseguro que si no comen la carne del Hijo del hombre y no beben su sangre, no tendrán Vida en ustedes. El que come mi carne y bebe mi sangre tiene Vida eterna, y yo lo resucitaré en el último día. Porque mi carne es la verdadera comida y mi sangre, la verdadera bebida. El que come mi carne y bebe mi sangre permanece en mí y yo en él. Así como yo, que he sido enviado por el Padre que tiene Vida, vivo por el Padre, de la misma manera, el que me come vivirá por mí. Este es el pan bajado del cielo; no como el que comieron sus padres y murieron. El que coma de este pan vivirá eternamente". Jesús enseñaba todo esto en la sinagoga de Cafarnaúm (*Juan* 6, 26-59).

Probablemente también otros episodios ocurrieron en Cafarnaúm como el de la hemorroisa y la hija de Jairo (*Marcos* 5, 21-43), la curación del hombre de la mano seca (*Marcos* 3,1-6).

LAGO DE GENESARET
"Cristo camina sobre las aguas"

Mar o lago
El nombre del lago ha variado a lo largo de la historia. En el Antiguo Testamento se le llama Kinneret debido a su forma de arpa primitiva o lira. En el Nuevo Testamento: Genesaret, Mar de Galilea o de Tiberiades, en referencia al emperador romano Tiberio.[31] Es citado cincuenta y un veces en los evangelios: cuarenta y seis como "mar" y cinco como "lago". En realidad es un lago de agua dulce. Tiene una superficie de 166 kilómetros cuadrados y una profundidad de 45 metros. Tiene 21 kilómetros de longitud de norte a sur y una anchura máxima de 11 kilómetros. La superficie del lago ésta a 210 metros bajo el nivel del Mediterráneo, siendo esta la causa de que sus riberas gocen de un clima suave en el invierno, sean un paraíso en primavera y un horno durante el verano. El caudal de agua procede principalmente del Río Jordán y de algunos manantiales que nacen en sus orillas o bajo la superficie del agua. Está rodeado de montañas, con excepción del norte y el sur, donde entra y sale el Jordán.

El pez de san Pedro
En el lago hay gran variedad de especies de peces. El más popular y el que suelen servir como plato típico en los restaurantes cercanos al lago es el

---

[31] Tiberio César Augusto, nacido con el nombre de Tiberio Claudio Nerón, reinó del año 14 hasta su muerte, en el año 37. Tras su muerte se convirtió en el segundo emperador romano perteneciente a la Dinastía Julio-Claudia.

Tilapia, conocido en la zona como pez de san Pedro. Además, de acuerdo con el libro del Levítico,[32] era considerado por los discípulos de Jesús como animal puro.

Cuando pierde la calma

Aunque generalmente el lago aparece como un mar tranquilo, a veces sus aguas dormidas pierden la calma por los vientos fríos que descienden del monte Hermón. Sin embargo, el oleaje fuerte y peligroso que se forma, no se extiende a todo el lago, sino que se localiza en áreas muy reducidas, pudiendo estar el resto del lago en tranquilidad.

En tiempos de Cristo

El historiador Flavio Josefo, en su obra *La Guerra de los Judíos*, del siglo I después de Cristo, hizo una descripción que nos permite imaginarnos el lugar en tiempos de Cristo:

"La comarca que rodea a este lago, tiene el mismo nombre de Genesaret, admirable por su belleza. En su fértil suelo se cultivan toda suerte de árboles plantados por los habitantes. El clima templado es favorable a gran variedad de especies: el nogal, de clima más frío, florece en enormes cantidades; la palmera, que requiere calor; y la higuera y el olivo, que necesitan una temperatura suave. Podría decirse que esa región es la armonía de la naturaleza, pues obliga a estos árboles, naturalmente contrarios, a vivir en unanimidad y concordia. Es una feliz rivalidad de las estaciones, como si cada una de ellas aspirase a ser la primera, pues no sólo se producen diferentes clases de frutos otoñales en mayor diversidad de la que es posible pensar, sino que las conserva mucho tiempo en su sazón. Durante diez meses el hombre disfruta de uva e higos, y el resto de los frutos madura todo el año. Disfruta de alta temperatura y está bañada por una fuente caudalosa llamada Cafarnaúm por los naturales. Algunos creen que es una vena del Nilo, porque produce peces semejantes a los del lago vecino a Alejandría [...] Ésta es la naturaleza del sitio"

Actualmente, crece en las riberas una vegetación subtropical y también hay árboles frutales. La descripción de Flavio

---

[32] "De los animales que viven en el agua, ya sean de mar o de río, pueden comer solamente de los que tienen aletas y escamas. Pero a los que no tienen aletas y escamas deben considerarlos animales despreciables, aunque sean de mar o río, lo mismo los animales pequeños que los grandes" (*Levítico* 11, 9-11).

Josefo nos ayuda a comprender cómo Cristo utilizó las imágenes de su entorno para sus parábolas: la pesca, la semilla de mostaza que crece y se convierte en refugio de aves, la semilla que cae en diversos terrenos, la vid y los sarmientos, la higuera, etcétera.

Así lo mencionan las Sagradas Escrituras:

La primera pesca milagrosa

En una oportunidad, la multitud se amontonaba alrededor de Jesús para escuchar la Palabra de Dios, y él estaba de pie a la orilla del lago de Genesaret. Desde allí vio dos barcas junto a la orilla del lago; los pescadores habían bajado y estaban limpiando las redes. Jesús subió a una de las barcas, que era de Simón, y le pidió que se apartara un poco de la orilla; después se sentó, y enseñaba a la multitud desde la barca. Cuando terminó de hablar, dijo a Simón: "Navega mar adentro, y echen las redes". Simón le respondió: "Maestro, hemos trabajado la noche entera y no hemos sacado nada, pero si tú lo dices, echaré las redes". Así lo hicieron, y sacaron tal cantidad de peces, que las redes estaban a punto de romperse. Entonces hicieron señas a los compañeros de la otra barca para que fueran a ayudarlos. Ellos acudieron, y llenaron tanto las dos barcas, que casi se hundían. Al ver esto, Simón Pedro se echó a los pies de Jesús y le dijo: "Aléjate de mí, Señor, porque soy un pecador". El temor se había apoderado de él y de los que lo acompañaban, por la cantidad de peces que habían recogido; y lo mismo les pasaba a Santiago y a Juan, hijos de Zebedeo, compañeros de Simón. Pero Jesús dijo a Simón: "No temas, de ahora en adelante serás pescador de hombres". Ellos atracaron las barcas a la orilla y, abandonándolo todo, lo siguieron (*Lucas* 5, 1-11).

Una parábola que hace referencia al lago

"El reino de los cielos es semejante a la red que se echa en el mar y recoge peces de todas clases; y una vez que está llena, la sacan a la orilla, se sientan y guardan los buenos en cestos y tiran los malos" (*Mateo* 13, 47-48).

Jesús calma la tempestad

"Un día, Jesús subió con sus discípulos a una barca y les dijo: 'Pasemos a la otra orilla del lago'. Ellos partieron, y mientras navegaban, Jesús se durmió. Entonces se desencadenó sobre el lago un fuerte vendaval; la barca se iba llenando de agua, y ellos corrían peligro. Los discípulos se acercaron y lo despertaron, diciendo: '¡Maestro, Maestro, nos hundimos!'. Él se despertó e increpó al viento y a las olas; éstas se apaciguaron y sobrevino la calma. Después les dijo: '¿Dónde está la fe de ustedes?'. Y ellos, llenos de temor y admiración, se decían unos a otros: '¿Quién es este que ordena incluso al viento y a las olas, y le obedecen?" (*Lucas* 8, 22-25) (también *Marcos* 4, 35-41).

Jesús camina sobre las aguas

"Enseguida, obligó a los discípulos que subieran a la barca y pasaran antes que él a la otra orilla, mientras él despedía a la multitud. Después, subió a la montaña para orar a solas. Y al atardecer, todavía estaba allí, solo. La barca ya estaba muy lejos de la costa, sacudida por las olas, porque tenían viento en contra. A la madrugada, Jesús fue hacia ellos, caminando sobre el mar. Los discípulos, al verlo caminar sobre el mar, se asustaron. 'Es un fantasma', dijeron, y llenos de temor se pusieron a gritar. Pero Jesús les dijo: 'Tranquilícense, soy yo; no teman'. Entonces Pedro le respondió: 'Señor, si eres tú, mándame ir a tu encuentro sobre el agua'. 'Ven', le dijo Jesús. Y Pedro, bajando de la barca, comenzó a caminar sobre el agua en dirección a él. Pero, al ver la violencia del viento, tuvo miedo, y como empezaba a hundirse, gritó: 'Señor, sálvame'. Enseguida, Jesús le tendió la mano y lo sostuvo, mientras le decía: 'Hombre de poca fe, ¿por qué dudaste?' En cuanto subieron a la barca, el viento se calmó. Los que estaban en ella se postraron ante él, diciendo: 'Verdaderamente, tú eres el Hijo de Dios'". (*Mateo* 14, 22-33) (también *Marcos* 6, 45-52 y *Juan* 6, 16-21).

Advertencia contra la actitud de los fariseos y de Herodes

Jesús se embarcó con ellos hacia la otra orilla. Los discípulos se habían olvidado de llevar pan y no tenían más que un pan en la barca. Jesús les hacía esta recomendación: "Estén atentos, cuídense de la levadura de los fariseos y de la levadura de Herodes". Ellos discutían entre sí, porque no habían traído pan. Jesús se dio cuenta y les dijo: "¿A qué viene esa discusión porque no tienen pan? ¿Todavía no comprenden ni entienden? Ustedes tienen la mente enceguecida. Tienen ojos y no ven, oídos y no oyen. ¿No recuerdan cuántas canastas llenas de sobras recogieron, cuando repartí cinco panes entre cinco mil personas?". Ellos le respondieron: "Doce". "Y cuando repartí siete panes entre cuatro mil personas, ¿cuántas canastas llenas de trozos recogieron?". Ellos le respondieron: "Siete". Entonces Jesús les dijo: "¿Todavía no comprenden?" (*Marcos* 8, 14-21).

TIBERÍADES
"Las barcas están listas"

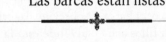

Herodes Antipas, tetrarca de Galilea, fundó en el año 18 o 19 d.C. una nueva capital para Galilea. La ubicó a la mitad de la ribera occidental del lago de Genesaret y la llamó Tiberias o Tiberíades en honor del emperador romano Tiberio. Como se construyó sobre un antiguo cementerio, los judíos la consideraron inicialmente impura, pero posteriormente, y gracias a su atractivo y sus baños termales, terminaron considerándola pura. Los evangelios la mencionan en sólo una ocasión. Llegó a ser considerada la cuarta Ciudad Santa del judaísmo después de Jerusalén, Hebrón y Sabed.

Según san Epifanio, el cristianismo se afianzó en Tiberíades de un modo manifiesto en el siglo IV, cuando un convertido del judaísmo, el conde José, obtuvo del emperador Constantino el permiso de construir una iglesia en el mismo lugar que ocupó el Templo pagano del tiempo de Adriano. Por él sabemos que, en Tiberíades, al igual que en Nazaret y Cafarnaúm, existían hebreos que creían en Jesucristo y conservaban y difundían los libros del Nuevo Testamento traducidos al hebreo.

El santuario dedicado a san Pedro es una iglesia del periodo cruzado que se había dedicado a otros usos y, no obstante, estaba muy bien conservada. Desde el siglo XVI había provocado el interés de los franciscanos pero fue hasta 1847 cuando la lograron adquirir. Se restauró totalmente en 1870. Tiene un pórtico con tres arcos. Y en el atrio hay una reproducción en bronce de la famosa escultura de san Pedro en la Basílica de San Pedro, del Vaticano. La original es obra de Arnolfo di Cambio.

Horario de visita: 8:00 a 11:45 y 14:30 a 17:30.

A partir del siglo XIX comenzaron a establecerse en la ciudad colonias judías que propiciaron un florecimiento a la ciudad. Desde la guerra de 1948 la población es completamente judía, a excepción de los pocos cristianos occidentales que mantienen ahí alguna fundación: convento franciscano con la Iglesia de San Pedro, iglesia y conventos griegos y una hospedería escocesa. Debido al lago y a su clima templado durante el verano se ha convertido actualmente es una ciudad turística y de descanso. Desde ahí los peregrinos pueden subir a una barca para hacer un recorrido por el lago y también degustar, en los restaurantes de la ribera, el tradicional pescado de san Pedro. A pocos kilómetros de Tiberíades se encuentran Magdala, Tabga y la Iglesia del Primado de Pedro.

Así lo mencionan las Sagradas Escrituras:

Al día siguiente, la multitud que se había quedado en la otra orilla vio que Jesús no había subido con sus discípulos en la única barca que había allí, sino que ellos habían partido solos. Mientras tanto, unas barcas de Tiberíades atracaron cerca del lugar donde habían comido el pan, después que el Señor pronunció la acción de gracias. Cuando la multitud se dio cuenta de que Jesús y sus discípulos no estaban allí, subieron a las barcas y fueron a Cafarnaúm en busca de Jesús (*Juan* 6, 22-24).

TABGA
"Donde se multiplicó el pan"
✦

Lugar del Milagro de la Multiplicación

El nombre es una deformación árabe del griego *Heptapegón*, que significa: "lugar de las siete fuentes", llamado así por sus aguas de cualidades terapéuticas. Pedro y los demás pescadores de su tiempo sabían que los peces preferían la zona de Tabga y Cafarnaúm. En este sitio se oyeron por primera vez las Bienaventuranzas y se alimentaron más de cinco mil personas con sólo cinco panes y dos peces, multiplicados en las manos de Jesús. En las laderas cercanas de esta ribera norte del lago, Jesús se retiraba a orar.

En el siglo IV la peregrina Egeria visitó Tagba y escribió lo siguiente:

> "No lejos de allí [de Cafarnaúm] se ven los escalones de piedra sobre los que estuvo de pie el Señor. Allí mismo, junto al mar, hay un campo cubierto de yerba con mucho heno y muchas palmeras, y junto a ellas siete fuentes, de cada una de las cuales brota agua abundantísima. En ese campo sació el Señor al pueblo con cinco panes y dos peces. Hay que saber que la piedra, sobre la cual puso el pan Señor, es ahora un altar. De esa piedra los peregrinos se llevan trocitos para su salud, y aprovecha a todos. La vía pública pasa junto a las paredes de esta iglesia [...] En el monte que está allí cerca hay una gruta, subiendo a la cual enseñó el Salvador las Bienaventuranzas".

Iglesia de la multiplicación

La iglesia que construyó la comunidad primitiva en el lugar fue destruida al finalizar el periodo Bizantino, con la invasión persa del año 614 y la ocupación árabe de Palestina poco después del año 638. Sin embargo, el lugar no dejó de ser visitado en los siglos siguientes. A finales del siglo XIX, el lugar fue adquirido por la Sociedad Católica de Colonia, Alemania y se iniciaron las investigaciones arqueológicas. En 1911 se descubrieron restos de la iglesia bizantina, la Piedra Venerada donde según la tradición Cristo multiplicó los panes y los peces, y también se descubrió el mosaico de los panes y los peces, contiguo al altar. En 1935 se encontraron restos de la iglesia del siglo IV. En 1956 se establecieron los benedictinos lazaristas. En mayo de 1982 se consagró la nueva iglesia que se hizo sobre los cimientos de la del siglo IV.

La visita al lugar comienza en la plaza, donde se puede admirar un baptisterio monolítico del siglo V con piscina en forma de cruz y escalones de bajada. La construcción de la iglesia estuvo a cargo de dos arquitectos de Colonia: A. Georgen y P. Baumann. Ellos respetaron la planta de la iglesia primitiva. Un punto de interés son los mosaicos del pavimento en los que su creador muestra una influencia del Valle del Nilo, al reproducir la flora y la fauna del entorno del lago: flor de loto, cisnes, patos, flamencos, garzas, serpientes. Sin embargo, el mosaico más famoso y profusamente reproducido fue hecho a fines del siglo V o principios del

VI, para recordar el milagro de la multiplicación. Éste representa un canastillo de panes flanqueado por dos peces. Debajo del altar está la roca donde, según la tradición, Jesús realizó el milagro.

Así lo mencionan las Sagradas Escrituras:

*Jesús llama a sus discípulos
después de orar en el monte*

Jesús se retiró a una montaña para orar, y pasó toda la noche en oración con Dios. Cuando se hizo de día, llamó a sus discípulos y eligió a doce de ellos, a los que dio el nombre de Apóstoles: Simón, a quien puso el sobrenombre de Pedro, Andrés, su hermano, Santiago, Juan, Felipe, Bartolomé, Mateo, Tomás, Santiago, hijo de Alfeo, Simón, llamado el Zelote, Judas, hijo de Santiago, y Judas Iscariote, que fue el traidor (*Lucas* 6, 13-16).

*La multiplicación de
los panes y los peces*

Los Apóstoles se reunieron con Jesús y le contaron todo lo que habían hecho y enseñado. Él les dijo: "Vengan ustedes solos a un lugar desierto, para descansar un poco". Porque era tanta la gente que iba y venía, que no tenían tiempo ni para comer. Entonces se fueron solos en la barca a un lugar desierto. Al verlos partir, muchos los reconocieron, y de todas las ciudades acudieron por tierra a aquel lugar y llegaron antes que ellos. Al desembarcar, Jesús vio una gran muchedumbre y se compadeció de ella, porque eran como ovejas sin pastor, y estuvo enseñándoles largo rato. Como se había hecho tarde, sus discípulos se acercaron y le dijeron: "Este es un lugar desierto, y ya es muy tarde. Despide a la gente, para que vaya a los campos y pueblos cercanos a comprar algo para comer". Él respondió: "Denles de comer ustedes mismos". Ellos le dijeron: "Habría que comprar pan por valor de doscientos denarios para dar de comer a todos". Jesús preguntó: "¿Cuántos panes tienen ustedes? Vayan a ver". Después de averiguarlo, dijeron: "Cinco panes y dos pescados". Él les ordenó que hicieran sentar a todos en grupos, sobre la hierba verde, y la gente se sentó en grupos de cien y de cincuenta. Entonces él tomó los cinco panes y los dos pescados, y levantando los ojos al cielo, pronunció la bendición, partió los panes y los fue entregando a sus discípulos para que los distribuyeran. También repartió los dos pescados entre la gente. Todos comieron hasta saciarse, y se recogieron doce canastas llenas de sobras de pan y de restos de pescado. Los que comieron eran cinco mil hombres (*Marcos* 6, 30-44) (también *Mateo* 14, 13-21).

IGLESIA DE LAS BIENAVENTURANZAS
"El Sermón de la Montaña"

En el lugar que la tradición recuerda el Sermón de la Montaña hay dos cuevas que se veneraron desde la antigüedad. En una de ellas los peregrinos recuerdan el lugar de la oración de Jesús. La otra fue excavada como parte de una iglesia y un monasterio del siglo V o VI en recuerdo del lugar del Sermón de la Montaña, que inició con las Bienaventuranzas.

La peregrina Egeria, del siglo IV así lo menciona: "En el monte que está allí cerca hay una cueva, subiendo a la cual pronunció el Señor las Bienaventuranzas".

Por razones estéticas y panorámicas, se eligió la cima del monte para una nueva iglesia como lugar teológico. Desde entonces el lugar tradicional del Sermón es poco frecuentado por los peregrinos

El actual Santuario de las Bienaventuranzas permite una vista panorámica del lago, a una altura aproximada de 200 metros. Es obra del arquitecto italiano Barluzzi y se consagró en 1938. Está construido con bloques de basalto negro local y con piedras blancas de Nazaret en los arcos y las cornisas. Su planta es octogonal, en homenaje a las ocho bienaventuranzas. En sus ocho ventanas se pueden leer cada una de las Bienaventuranzas. Tiene arcos abiertos en torno al altar y una hermosa cúpula. Corona la mesa del altar un arco de alabastro sostenido por columnas de granito o pórfido, con motivos vegetales en bronce dorado. El tabernáculo, sobre pedestal de pórfido tiene relieves de bronce dorado con fondo de lapislázuli, obra de Mistruzzi. El pavimento representa el río de la gracia que desciende del altar y produce las virtudes teologales y cardinales; además, en las paredes se ven escenas del Vía Crucis pintadas por D' Archiardi. La iglesia está circundada por una galería exterior rectangular. Las columnas del pórtico son de travertino. Es el mejor refugio para el visitante, que desde aquí disfruta al máximo del panorama.

Así lo mencionan las Sagradas Escrituras:

Las Bienaventuranzas

Al ver a la multitud, Jesús subió a la montaña, se sentó, y sus discípulos se acercaron a él. Entonces tomó la palabra y comenzó a enseñarles, diciendo: "Felices los que tienen alma de pobres, porque a ellos les pertenece el Reino de los Cielos. Felices los afligidos, porque serán consolados. Felices los pacientes, porque recibirán la tierra en herencia. Felices los que tienen hambre y sed de justicia, porque serán saciados. Felices los misericordiosos, porque obtendrán misericordia. Felices los que tienen el corazón puro, porque verán a Dios. Felices los que trabajan por la paz, porque serán llamados hijos de Dios. Felices los que son perseguidos por practicar la justicia, porque a ellos les pertenece el Reino de los Cielos. Felices ustedes, cuando sean insultados y perseguidos, y cuando se los calumnie en toda forma a causa de mí. Alégrense y regocíjense entonces, porque ustedes tendrán una gran recompensa en el cielo; de la misma manera persiguieron a los profetas que los precedieron" (*Mateo* 5, 1-12) (también *Lucas* 6, 20-23).

IGLESIA DEL PRIMADO
"Donde Cristo confirmó a Pedro"

Muy cerca de Tabga, el lugar del milagro de la multiplicación, se encuentra la Iglesia del Primado. Ahí se recuerda la aparición de Jesús a sus apóstoles después de su resurrección, cuando volvían desalentados luego de no pescar nada en una larga faena nocturna. Al cabo de la pesca milagrosa, Jesús dio a Pedro la encomienda de cuidar a su Iglesia. Como Pedro lo había negado tres veces antes de la Pasión, Jesús le da la oportunidad de que lo reconozca tres veces como su Señor. Con esa triple afirmación de Pedro, Cristo lo perdona y le da el primado.

El lugar ha recibido diversos nombres a lo largo de la historia, entre ellos el de "Doce Tronos", como alusión a la promesa que Cristo hizo a sus apóstoles: "Y en mi Reino, ustedes comerán y beberán en mi mesa, y se sentarán sobre tronos para juzgar a las doce tribus de Israel" (*Lucas* 22, 30). Dichos tronos están simbolizados a la orilla del mar, por seis piedras en forma de corazones que fueron basas de columnas de algún atrio de iglesia. El sitio también es conocido como "Carbones", en alusión a las brasas mencionadas en el evangelio.

La piedra donde Jesús dio de comer a sus apóstoles, a la orilla del lago, fue llamada por la tradición: *Mensa Christi*. Sobre ella se levantó una iglesia a mediados del siglo IV, y posteriormente se hizo una nueva a principios del siglo V. Durante la Edad Media fue visitada por los peregrinos, pero ya en 1102, Saewulfus escribió: "Al pie del monte está la iglesia de S. Pedro, muy hermosa pero abandonada". Fue definitivamente destruida en 1263 por los musulmanes. La iglesia actual fue construida por los franciscanos en 1933. En este lugar los peregrinos recuerdan que Cristo alimenta a todos sus discípulos con el pan de Vida, la buena nueva de su resurrección y la guía del sucesor de Pedro.

Afuera de la Iglesia, en la parte de pared lateral que da al mar, están los escalones excavados en la roca (aunque hoy muy gastados y protegidos por una pequeña verja) sobre los que, como nos transmite la peregrina Egeria, "estuvo de pie el Señor". Hay también un espacio semicircular con un altar central y gradas con asientos para los peregrinos. Una escultura moderna en bronce recuerda el diálogo en el que Jesús a confirma a Pedro como pastor de la Iglesia. Es obra del franciscano A. Martín.

Así lo mencionan las Sagradas Escrituras:

*Aparición de Cristo resucitado y la
segunda pesca milagrosa*

Después de esto, Jesús se apareció otra
vez a los discípulos a orillas del mar de
Tiberíades. Sucedió así: estaban juntos
Simón Pedro, Tomás, llamado el Mellizo, Natanael, el de Caná de Galilea,
los hijos de Zebedeo y otros dos discípulos. Simón Pedro les dijo: "Voy a
pescar". Ellos le respondieron: "Vamos
también nosotros". Salieron y subieron
a la barca. Pero esa noche no pescaron
nada. Al amanecer, Jesús estaba en la
orilla, aunque los discípulos no sabían
que era él. Jesús les dijo: "Muchachos,
¿tienen algo para comer?". Ellos respondieron: "No". Él les dijo: "Tiren la red
a la derecha de la barca y encontrarán".
Ellos la tiraron y se llenó tanto de peces
que no podían arrastrarla. El discípulo
al que Jesús amaba dijo a Pedro: "¡Es el
Señor!" Cuando Simón Pedro oyó que
era el Señor, se ciñó la túnica, que era
lo único que llevaba puesto, y se tiró al
agua. Los otros discípulos fueron en la
barca, arrastrando la red con los peces,
porque estaban sólo a unos cien metros de la orilla. Al bajar a tierra vieron
que había fuego preparado, un pescado
sobre las brasas y pan. Jesús les dijo:
"Traigan algunos de los pescados que
acaban de sacar". Simón Pedro subió a
la barca y sacó la red a tierra, llena de
peces grandes: eran ciento cincuenta y

tres y, a pesar de ser tantos, la red no
se rompió. Jesús les dijo: "Vengan a
comer". Ninguno de los discípulos se
atrevía a preguntarle: "¿Quién eres?",
porque sabían que era el Señor. Jesús se
acercó, tomó el pan y se lo dio, e hizo lo
mismo con el pescado. Esta fue la tercera vez que Jesús resucitado se apareció a
sus discípulos (*Juan* 21, 1-14).

Diálogo de Jesús con Pedro

"Después de comer, Jesús dijo a Simón
Pedro: "Simón, hijo de Juan, ¿me amas
más que éstos?" Él le respondió: "Sí, Señor, tú sabes que te quiero". Jesús le dijo: "Apacienta mis corderos". Le volvió a
decir por segunda vez: "Simón, hijo de
Juan, ¿me amas?" Él le respondió: "Sí,
Señor, sabes que te quiero". Jesús le dijo: "Apacienta mis ovejas". Le preguntó
por tercera vez: "Simón, hijo de Juan,
¿me quieres?" Pedro se entristeció de
que por tercera vez le preguntara si lo
quería, y le dijo: "Señor, tú lo sabes todo; sabes que te quiero". Jesús le dijo:
"Apacienta mis ovejas. Te aseguro que
cuando eras joven, tú mismo te vestías
e ibas a donde querías. Pero cuando
seas viejo, extenderás tus brazos, y otro
te atará y te llevará a donde no quieras". De esta manera, indicaba con qué
muerte Pedro debía glorificar a Dios. Y
después de hablar así, le dijo: "Sígueme"
(*Juan* 21, 15-19).

MAGDALA
"La mujer de los siete demonios"

Saliendo de Tiberias, a unos dos kilómetros bordeando el lago hacia el
norte se llega a lo que fue la antigua Magdala. Su nombre significa "torre" y es, probablemente, una corrupción de *Migdal'El*, que significaría

"la torre de Dios". Otros escritores romanos le dan el nombre griego de *Tariquea*, que significa "pesca salada" a causa de la industria de salado de la zona. Aunque fue una ciudad muy importante durante el periodo romano y muy conocida por su industria pesquera, sólo quedan algunas ruinas que los padres franciscanos excavaron a partir de 1971. Gracias a Teodosio, un peregrino del siglo VI, sabemos que el lugar era visitado por peregrinos que querían honrar el lugar del nacimiento de María "la de Magdala" o la Magdalena. Un monje del siglo IX, llamado Epifanio, señala la casa donde la Magdalena fue curada. En *La Vida de Santa Elena y Constantino*, escrita por un autor anónimo entre los siglos X y XI, menciona que Elena encontró la casa de María Magdalena y levantó allí un Templo. Lamentablemente, la ciudad tuvo una existencia muy corta, que inició en el siglo II antes de Cristo y terminó en el periodo Bizantino.

El nombre de la ciudad aparece asociado catorce veces en el evangelio al nombre de María de Magdala. De esta mujer salieron siete demonios, pero, tras su conversión, fue tal su fidelidad a Cristo que se convirtió en uno de los personajes más destacados de la comunidad cristiana primitiva. Ella fue testigo de la crucifixión y muerte de Jesús. Según los evangelios de Marcos y Juan fue la primera en ver a su Maestro resucitado, y de él recibió la misión de llevar a todos la noticia de la resurrección.

El proyecto del *Magdala Center* nació cuando los Legionarios de Cristo llegaron a Jerusalén, en 2004, por petición del Papa Juan Pablo II para hacerse cargo del Instituto Pontificio Notre Dame de Jerusalén. El 11 de mayo de 2009, Benedicto XVI bendijo la primera piedra. El 27 de julio del mismo año se iniciaron las excavaciones arqueológicas en el lugar dirigidas por Dina Avshalom-Gorni y Arfan Najar, de la Autoridad de Antigüedades de Israel. Un mes más tarde se encontraron los primeros vestigios de una sinagoga del siglo I, posiblemente destruida en los años de la revuelta de los judíos contra los romanos, entre los años 66 y 70 d.C. Lo más interesante del descubrimiento es una piedra esculpida que se encontró en el centro del edificio de aproximadamente 11 metros por 11 metros. Tiene esculpidos varios signos, entre los que sobresale una *menorá* (candelabro de siete brazos). Al parecer se trata de la menorá más antigua que se ha encontrado hasta la fecha en una sinagoga. Hay únicamente otras seis sinagogas descubiertas hasta la fecha de ese período (el período del Segundo Templo de Jerusalén).

Así lo mencionan las Sagradas Escrituras:

Curación de la Magdalena
Jesús recorría las ciudades y los pueblos, predicando y anunciando la Buena No-

ticia del Reino de Dios. Lo acompañaban los foce y también algunas mujeres que habían sido curadas de malos espíritus y enfermedades: María, llamada Magdalena, de la que habían salido siete demonios; Juana, esposa de Cusa, intendente de Herodes, Susana y muchas otras, que los ayudaban con sus bienes (*Lucas* 8, 1-3).

Aparición de Jesús a Magdalena

Jesús, que había resucitado a la mañana del primer día de la semana, se apareció primero a María Magdalena, aquella de quien había echado siete demonios. Ella fue a contarlo a los que siempre lo habían acompañado, que estaban afligidos y lloraban. (*Marcos* 16, 9-10)

María se había quedado afuera, llorando junto al sepulcro. Mientras lloraba, se asomó al sepulcro y vio a dos ángeles vestidos de blanco, sentados uno a la cabecera y otro a los pies del lugar donde había sido puesto el cuerpo de Jesús. Ellos le dijeron: "Mujer, ¿por qué lloras?" María respondió: "Porque se han llevado a mi Señor y no sé dónde lo han puesto". Al decir esto se dio vuelta y vio a Jesús, que estaba allí, pero no lo reconoció. Jesús le preguntó: "Mujer, ¿por qué lloras? ¿A quién buscas?" Ella, pensando que era el cuidador de la huerta, le respondió: "Señor, si tú lo has llevado, dime dónde lo has puesto y yo iré a buscarlo". Jesús le dijo: "¡María!" Ella lo reconoció y le dijo en hebreo: "¡Rabuní!", es decir, "¡Maestro!" Jesús le dijo: "No me retengas, porque todavía no he subido al Padre. Ve a decir a mis hermanos: "Subo a mi Padre, el Padre de ustedes; a mi Dios, el Dios de ustedes". María Magdalena fue a anunciar a los discípulos que había visto al Señor y que él le había dicho esas palabras. (*Juan* 20, 11-18).

MONTE TABOR
"La transfiguración"

En muchas culturas antiguas se creía que Dios se revelaba a la humanidad en lo más alto de los montes en virtud de su elevación al cielo. Para la sensibilidad religiosa, los montes están más cerca de lo divino que la llanura. En la *Biblia* también los montes son signo de encuentro con Dios: Horeb, Sinaí, Tabor, Carmelo, Sión, etc. El Monte Tabor, en hebreo, se conoce también como *Itabyrium* o *Yebel et Tur*, en árabe. Se sitúa en el límite sur de la Baja Galilea, al este del valle de Jezreel, a 17 kilómetros al oeste del mar de Galilea. Tiene una altura de 588 metros sobre el nivel del mar y se eleva a 400 metros con respecto a su entorno. Está cubierto por encinas, algarrobos, terebintos, pinos y lentiscos. Era un monte sagrado para los cananeos y luego para los israelitas, pues las tribus del norte levantaron aquí un altar de sacrificio como leemos en el Antiguo Testamento: "Invitarán a los pueblos a la montaña y allí ofrecieron un sacrificio de justicia" (*Deuteronomio* 33, 18-19). Según el libro de los Jueces (Zabulón y Neftalí) se reunieron hace tres mil años, al mando de Débora y Barac, quienes allí reunieron los ejércitos del Señor para combatir contra Jabín, rey de Azor. Fue el sitio de la batalla entre Barac y Sísara. En él asesinaron a los hombres de Gedeón. El profeta Jeremías profetizó la llegada de Cristo. Los salmos lo hacen proclamar el nombre de Dios. Oseas condenó en él la práctica del culto idolátrico. El evangelio menciona cinco episodios de la vida de Jesús en relación con un monte: cuando los nazaretanos intentaron precipitarlo desde el monte hacia el valle de Iksal, cuando resucitó al hijo de la viuda de Naín, cuando se transfiguró, cuando sanó en *Daburiyeh* (en la falda del monte) a un muchacho endemoniado y, cuando se apareció a los apóstoles después de la resurrección. Aunque en los evangelios no consta el lugar exacto de la transfiguración, la tradición arranca con el evangelio apócrifo de los "Doce apóstoles", del siglo I, corroborada posteriormente.

La transfiguración

Este acontecimiento aparece en tres de los evangelios: *Mateo, Marcos* y *Lucas*. Se considera un momento decisivo de la revelación de Jesucristo como Hijo de Dios. En la cima del monte aparecen Moisés y Elías, como testigos para confirmar que Cristo debe padecer, de acuerdo a la ley y a los profetas. Pero más allá del anuncio de su pasión y muerte, se anuncia su resurrección mediante una luz especial, una vestidura resplandeciente y la voz de Dios Padre. La celebración de la transfiguración se inició en la Iglesia de Oriente antes del siglo VII y se introdujo paulatinamente en la Iglesia de Occidente. En ésta se instituyó oficialmente en 1456 por el papa Calixto III, que fijó su fecha el 6 de agosto para conmemorar la victoria cristiana obtenida ese mismo año por el húngaro János Hunyadi sobre los turcos otomanos en Belgrado. Es una de las principales celebraciones de la Iglesia ortodoxa y de la Iglesia armenia.

La derrota y la muerte de Sísara

Esta historia se encuentra en el *Libro de los Jueces*, llamado así porque relata los acontecimientos protagonizados por los dirigentes temporales de Israel llamados "jueces" (siglos XIII a XI a.C). En esta narración, gracias a la ayuda de Dios, el pueblo de Israel vence al enemigo y así puede penetrar en la región de Canaán. Iabín, jefe enemigo, había oprimido al pueblo de Israel durante veinte años. Su general Sísara controlaba todo el territorio comprendido entre el monte Carmelo y el lago de Galilea, amenazando con aislar las tribus del norte de las del resto de Israel. Barac, animado por Débora, ataca a Sísara y consigue el triunfo.

Construcción y destrucción

Desde el siglo IV se erigió en la cima un monumento para recordar la transfiguración de Cristo. En el siglo VI había ya tres basílicas, en alusión a las tres tiendas de campaña que le propuso Pedro a Jesús. En el siglo VII habitaron el lugar varios monjes y tres siglos después, la cumbre contaba con un obispado y 18 monjes benedictinos al servicio de cuatro iglesias. En 1212, el sultán Malek al-Adel destruyó la iglesia benedictina. Durante la tregua propiciada por Federico II (1229-1239), se recuperó Jerusalén y los cristianos pudieron volver al Tabor. Encontraron sólo escombros y decidieron construir un nuevo santuario, al oeste del primero. Poco duró la paz para los cristianos. En 1263 el sultán Bibars, destruyó la Basílica de la Anunciación de Nazaret y también el nuevo santuario del Tabor.

Con parte del material destruido construyó una fortaleza y rodeó la cima con una muralla musulmana. Después de un largo periodo de abandono, el emir Fakhr ed-Din concedió a los franciscanos hacerse propietarios del lugar. Actualmente se ven en la cima los restos del monasterio del tiempo de las cruzadas, la nueva basílica, el convento y la hospedería franciscana. La construcción de la nueva basílica, de estilo neorrománica se hizo según el proyecto del arquitecto Antonio Barluzzi, sobre el santuario de los cruzados. Se inició en 1921 y se bendijo en 1924. La altura del monte permite gozar de una estupenda vista panorámica sobre el valle de Esdrelón, la depresión del Río Jordán, los montes de Samaria y las montañas del Carmelo.

El ascenso

Al santuario se sube en autos que funcionan como taxi. Es necesario esperar turno para el ascenso y descenso. La carretera serpentina lleva a una bifurcación. Por la derecha se llega a la Basílica de la Transfiguración, por el lado opuesto al santuario y convento de los griegos ortodoxos. En la parte alta recibe al peregrino un arco de la fortaleza medieval y una avenida flanqueada de altos y esbeltos cipreses. Antes de llegar al santuario se ve, al lado izquierdo, el cementerio para los religiosos franciscanos que mueren en el Tabor. También, sobre las ruinas del oratorio más antiguo, hay una pequeña capilla construida por el arquitecto Barluzzi, para recordar el descenso después de la transfiguración. A la derecha de la plaza se ve el convento franciscano, que ofrece hospedaje y comedor a los peregrinos que lo solicitan con anticipación. Ofrece una excepcional vista panorámica. El convento está unido directamente a la basílica mediante un corredor abierto en el lado interno del muro de la fortaleza. Desafortunadamente, del monasterio del Santísimo Salvador construido y habitado por los benedictinos desde 1101 sólo quedan las ruinas, que se ven delante de la nueva basílica.

El nuevo santuario

Cada uno en su tiempo, primero los sarracenos y luego el arquitecto Antonio Barluzzi, utilizaron las bases de la basílica primitiva para poner los fundamentos de los nuevos edificios. Barluzzi se inspiró en las iglesias de la Alta Siria. La basílica se levanta sobre la de época cruzada construida por Tancredo príncipe de Galilea. La fachada es austera y robusta. Las torres laterales respetaron los restos de antiguas capillas dedicadas a Moisés y Elías. Las capillas tienen pinturas al fresco, obra de Villani. La de Moisés recuerda el don de la Ley en el Sinaí. La de Elías, el desafío a los sacerdotes de Baal en el monte Carmelo. El escultor Tonnini hizo las puertas de bronce, las esculturas de san Francisco y la Inmaculada Concepción en los ábsides laterales, y también los candeleros en bronce de los altares.

El interior

La basílica es de tres naves divididas por dos filas de pilares blancos, que soportan arcos con incisiones. Un friso policromado encima de los arcos divide el muro de la nave central en dos cuerpos. Al fondo de la nave central, en el ábside, se ve un hermoso mosaico obra de G. Villani. Sobre un fondo dorado muestra el momento de la transfiguración. Elías y Moisés, sobre nubes, representan la Ley y los Profetas. La presencia de Dios Padre se hace evidente en un gran resplandor que muestra, al centro, la bóveda celeste.

Elementos antiguos en el santuario moderno

La bóveda primitiva del tiempo de los cruzados funciona actualmente como cripta. Su altar está formado por elementos de las construcciones anteriores. La bóveda está cubierta por otro mosaico de Villani que muestra las distintas transfiguraciones de Cristo: La primera recuerda la Encarnación, por la que siendo Dios, tomó la naturaleza humana convirtiéndose en un niño. La segunda recuerda cómo se transfigura en la Eucaristía convirtiéndose para sus fieles en pan y vino. La tercera presenta la resurrección que lo transfiguró de la muerte a la vida. Y finalmente, la cuarta nos muestra como se transfigura de cordero inmolado en cordero del Apocalipsis que juzgará al mundo al final de los tiempos: "Eres digno de tomar el libro y abrir sus sellos porque fuiste degollado y compraste para Dios con tu sangre hombres de toda raza, lengua, pueblo y nación; y has hecho de ellos para nuestro Dios un Reino de sacerdotes, y reinan sobre la tierra. (*Apocalipsis* 5,9-10).

Horario de visitas: 8:00 a 11:45 y 14:00 a 17:00.

El área greco-ortodoxa

En esta área se encuentra una iglesia y monasterio dedicados a san Elías. También hay una gruta dedicada a Melquisedec, donde los ortodoxos conmemoran el encuentro de Abrahám con Melquisedec.

Así lo mencionan las Sagradas Escrituras:

La transfiguración

En aquel tiempo, Jesús tomó consigo a Pedro, a Santiago y a Juan, el hermano de éste, y los hizo subir a solas con él a un monte elevado. Ahí se transfiguró en su presencia: su rostro se puso resplandeciente como el sol y sus vestiduras se volvieron blancas como la nieve. De pronto aparecieron ante ellos Moisés y Elías, conversando con Jesús. Entonces Pedro le dijo a Jesús: "Señor, ¡qué bueno sería quedarnos aquí! Si quieres, haremos aquí tres chozas, una para ti, otra para Moisés y otra para Elías". Cuando aún estaba hablando, una nube luminosa los cubrió y de ella salió una voz que decía: "Este es mi Hijo muy amado, en quien tengo puestas mis complacencias; escúchenlo" Al oir esto, los discípulos cayeron rostro en tierra, llenos de un gran temor. Jesús se acercó a ellos, los tocó y les dijo: "Levántense y no teman". Alzando entonces los ojos, ya no vieron a nadie más que a Jesús. Mientras bajaban del monte, Jesús les ordenó: "No le cuenten a nadie lo que han visto, hasta que el Hijo del hombre haya resucitado de entre los muertos" (*Mateo* 17, 1-9) (también *Marcos* 9, 1-8 y *Lucas* 9, 28-36).

Derrota y muerte de Sísara

Cuando informaron a Sísara que Barac, hijo de Abinóam, había subido al monte Tabor, reunió todos sus carros de guerra —novecientos carros de hierro— y a toda la gente de que disponía, y los condujo desde Jaróset Ha Goím hasta el torrente de Quisón. Débora dijo a Barac: "Levántate, porque ha llegado el día en que el Señor pondrá en tus manos a Sísara. El Señor va delante de ti". Entonces Barac bajó del monte Tabor, al frente de los diez mil hombres, y el Señor hizo que Sísara, todos sus carros y todo su ejército huyeran despavoridos delante de Barac. Sísara se bajó de su carro de guerra y huyó a pie. Barac persiguió a los carros y al ejército hasta Jaróset Ha Goím, y todo el ejército de Sísara cayó al filo de la espada. No quedó ni un solo sobreviviente. Mientras tanto, Sísara huyó a pie hasta la carpa de Jael, la esposa de Jéber, el quenita, porque Iabín, rey de Jasor, y el clan de Jéber, el quenita, estaban en buenas relaciones. Jael le salió al encuentro y le dijo: "Ven, señor mío, pasa por aquí. No temas". Él entró en su carpa, y ella lo tapó con una manta. Él le dijo: "Por favor, dame un poco de agua, porque tengo sed". Ella abrió un recipiente donde había leche y le dio de beber. Luego lo volvió a cubrir. Él le siguió diciendo: "Quédate a la entrada de la carpa, y si viene alguien y te pregunta: '¿Hay aquí algún hombre?', respóndele que no". Pero Jael, la esposa de Jéber, sacó una estaca de la carpa, tomó en su mano un martillo y, acercándose a él sigilosamente, le clavó la estaca en la sien, hasta hundirla en la tierra. Sísara estaba profundamente dormido, agotado por el cansancio. Cuando ya estaba muerto, llegó Barac, que venía persiguiendo a Sísara. Jael le salió al encuentro y le dijo: "Ven y te mostraré al hombre que buscas". Él entró junto con ella, y vio a Sísara que yacía muerto, con la estaca clavada en la sien. Así humilló Dios aquel día a Iabín, rey de Canaán, delante de los israelitas. El dominio de los israelitas sobre Iabín, rey de Canaán, se fue haciendo cada vez más fuerte, hasta que lo exterminaron por completo (*Jueces* 4, 12-24).

La venganza de Gedeón

Gedeón dijo a Zébaj y a Salmuná: "¿Cómo eran los hombres que ustedes mataron en el Tabor?". "Se parecían a ti, respondieron ellos; todos tenían aspecto de príncipes". Gedeón les respondió: "Ellos eran mis hermanos, hijos de mi madre. ¡Juro por la vida del Señor, que si ustedes les hubieran perdonado la vida, ahora no los mataría!". Entonces dijo a Iéter, su hijo mayor: "Mátalos aquí mismo". Pero el muchacho tuvo miedo de sacar la espada, porque todavía era muy joven. Zébaj y Salmuná dijeron: "Mátanos tú, porque un hombre se mide por su valor". Gedeón se levantó, mató a Zébaj y a Salmuná, y se guardó los adornos que sus camellos llevaban en el cuello (*Jueces* 8, 18-21).

Jeremías anuncia la llegada de Cristo

¡Juro por mi vida —oráculo del Rey cuyo nombre es Señor de los ejércitos— que alguien vendrá, como el Tabor entre las montañas y como el Carmelo sobre el mar! (*Jeremías* 46,18).

Corrupción de las clases dirigentes

¡Escuchen esto, sacerdotes, presta atención, casa de Israel, atiende, casa del rey, porque el juicio es con ustedes! Sí, ustedes han sido una trampa en Mispá y una red tendida sobre el Tabor. Ellos ahondaron la fosa de Sitím y yo los voy a corregir a todos (*Oseas* 5, 1.2).

El Tabor proclama el nombre de Dios

Tú has creado el norte y el sur, el Hermón y el Tabor aclaman tu Nombre (*Salmos* 89, 13).

Oración

Guía: El Padre, en la gloriosa transfiguración de Jesús, reveló la belleza incomparable de Cristo, Señor de la Historia y Salvador del hombre. Con el corazón y la mente iluminados por la fe en Cristo, elevemos nuestra oración al Padre diciendo:

Todos: Escúchanos, Señor.

1. Por la Iglesia para que lleve impresos en su rostro la divina belleza de Jesús, su Esposo y Señor. Oremos
2. Por todos lo que anuncian el Evangelio, para que su misterio sea acompañado de una amorosa contemplación del rostro de Cristo. Oremos
3. Por todos los cristianos para que dóciles a la invitación del Padre sigan dócilmente el ejemplo y las palabras de Jesús. Oremos
4. Por el pueblo de las promesas para que reconozca en Jesús el Mesías anunciado por la Ley y los Profetas. Oremos
5. Por nosotros, peregrinos en Tierra Santa, para que sepamos acoger y vivir todo el misterio de Cristo que a través de la cruz nos lleva a la gloria de la resurrección. Oremos

Guía: Oh, Señor, que en Cristo Jesús amas a todos los hombres, efunde sobre nosotros tu espíritu de sabiduría y atrae hacia ti nuestras mentes y corazón para que toda nuestra existencia se convierta en un luminoso testimonio de amor hacia ti. Por Cristo nuestro Señor. Amén.

JERUSALÉN
"La ciudad santa"

Antes de Cristo

La tradición afirma que Jerusalén fue fundada por Sem y Eber[33] antepasados de Abraham. Los jebuseos le llamaron Jebús y controlaron los terrenos cercanos a la ciudad hasta que, en torno al año 1004 a.C., el rey David la conquistó para los judíos y la convirtió en capital de su reino unificado. Salomón, su hijo, construyó el Templo donde se conservaban el Arca de la Alianza y las tablas de la ley que Dios entregó a Moisés, en el Monte Sinaí. En el año 922 a.C., aproximadamente, el pueblo elegido se dividió en dos partes: Israel y Judá. Entonces, Jerusalén se convirtió en la capital del reino de Judá.

Sufrió etapas de dominación extranjera. Los asirios sometieron al reino de Judá al pago del tributo. Los babilonios destruyeron la ciudad y el Templo en el siglo V a. C. Casi inmediatamente después la sometieron los persas (546-332), luego los macedonios (332-312 a.C.) y sus herederos los seléucidas (312-130 a.C.). Finalmente, después de un periodo de cierta independencia, la ciudad fue conquistada para Roma por Pompeyo en el 64 a.C. En tiempos de Cristo representaban al imperio Herodes y Poncio Pilato. Quien visita la Ciudad Santa de Jerusalén queda desconcertado ante lo que ve. De la época de Jesucristo prácticamente no queda nada. Desde aquellos días ha sido conquistada once veces y destruida totalmente cinco. La primera gran destrucción la predijo Cristo cuando lloró por ella:

Cuando estuvo cerca y vio la ciudad, se puso a llorar por ella, diciendo: '¡Si tú también hubieras comprendido en este día el mensaje de paz! Pero ahora está oculto a tus ojos. Vendrán días desastrosos para ti, en que tus enemigos te cercarán con empalizadas, te sitiarán y te atacarán por todas partes. Te arrasarán junto con tus hijos, que están dentro de ti, y no dejarán en ti piedra sobre piedra, porque no has sabido reconocer el tiempo en que fuiste visitada por Dios' (*Lucas* 19, 41-44).

Después de Cristo

A partir del año 33 d.C., aproximadamente, había una comunidad cristiana creciente. En torno al año 49 d.C. se celebró el llamado Concilio de Jerusa-

---

[33] De quien se deriva el nombre de "Hebreos".

lén. En el año 70 d.C. se cumplió la profecía de destrucción. En el año 66 d.C. una revuelta de los judíos contra los romanos hizo que las legiones de Tito respondieran atacando la ciudad. Derribaron la triple muralla, destruyeron el Templo y desolaron los alrededores en un radio de 18 kilómetros. Lo poco que quedó fue destruido totalmente por orden del emperador Adriano, entre los años 132 y 135, debido a la rebelión de Bar Kojba a la que el Imperio puso fin terminando así la última de las grandes guerras judeoromanas. Sobre las ruinas Adriano fundó la nueva ciudad: Aelia[34] Capitolina. Levantó una estatua de Júpiter en el antiguo emplazamiento del Templo y una de Venus al lado del Gólgota donde fue crucificado Jesucristo.

Construcción y destrucción

En el siglo IV la emperatriz Elena, madre de Constantino, construyó santuarios sobre los lugares santos. Posteriormente, hubo una sucesión de luchas constantes por la ciudad. En el año 614 fue destruida por los Persas. Fue conquista del califa Omar en el 637, de la dinastía turca de los seléucidas en 1072 y de los cruzados cristianos en 1099. En 1187, el sultán Saladino arrebató Jerusalén a los caballeros francos y en 1617 la ocuparon los turcos osmanlíes. En 1917 entró en la ciudad el ejército inglés. El territorio fue sometido a una partición aprobada por la Asamblea General de la ONU, el 29 de noviembre de 1947, en la que se establecían dos estados, uno árabe y otro judío, quedando la ciudad de Jerusalén compartida. Cada uno de los contrincantes quedaría con la parte que ocupaba en aquel momento. De esta manera los británicos se retiraron el 14 de mayo de 1948. Jerusalén quedó dividida en dos: la parte oeste quedó del lado israelí, mientras que la parte este quedó en manos de Jordania, incluyendo la Ciudad Vieja, con excepción de un enclave israelí en el Monte Scopus, donde se encontraba la Universidad Hebrea y el Hospital Hadasa, que tuvieron que suspender sus actividades. David Ben Gurión, líder de la comunidad judía, y después primer ministro de Israel, aceptó la propuesta, pero los palestinos y los países árabes circundantes la rechazaron. Ello dio origen a la guerra de independencia, que dejó a la ciudad separada, hasta su reunificación tras la Guerra de los Seis Días (1967). En esta guerra, Israel conquistó también la parte oriental de la ciudad, llamada Jerusalén Este.

La Ciudad Vieja

Se encuentra al este de Jerusalén, tiene los principales lugares religiosos del cristianismo y el judaísmo: la glesia del Santo Sepulcro, el Muro de los Lamentos y el Monte del Templo, donde estuvo el santuario más importante para los judíos y lugar también sagrado para los musulmanes,

---

34 En honor a su nombre real, que era Publio Elio Adriano, y Capitolina en honor al dios romano Júpiter.

por ser considerado el sitio desde el cual Mahoma ascendió al cielo. La Ciudad Vieja está dividida en cuatro barrios, de mayor a menor, el barrio árabe, el barrio judío, el barrio cristiano, y el barrio armenio. El barrio judío fue creciendo a partir de 1967.

Las tres grandes religiones

Jerusalén es considerada la Ciudad Sagrada por las tres grandes religiones monoteístas: judaísmo, cristianismo e islam. Para el judaísmo es el lugar donde Abraham sacrificaría a su hijo Isaac, la capital establecida por el Rey David y la tumba del mismo, el lugar donde Salomón construyó el Templo, o casa de Dios, que guardaba el Arca de la Alianza. Para el cristianismo es el lugar de la pasión y resurrección de Cristo. Los musulmanes, antes de dirigir su oración orientados hacia la Meca, como ahora lo hacen, dirigían su oración hacia Jerusalén. Entre los años 687 y 691, el noveno califa Abd al-Malik, construyó en el centro del Monte del Templo, sobre la roca donde Abraham iba a sacrificar a Ismael,[35] el santuario del Domo de la Roca (no es mezquita). Desde ese lugar, según la tradición, Mahoma ascendió hasta el trono de Dios en el curso de un viaje nocturno.

Lugares visitados por los cristianos

La Iglesia del Santo Sepulcro (lugar de la crucifixión, sepultura y resurrección de Cristo), El Cenáculo (lugar de la Última Cena), Basílica de las Naciones o de la Agonía (en el Huerto de los Olivos), Iglesia del *Dominus Flevit* ("Donde lloró el Señor"), Iglesia del Padre Nuestro (donde Cristo enseñó a orar a sus discípulos), San Pedro *in Gallicantu* ("Donde cantó el gallo"), *Litostrotos* ("Donde Cristo fue coronado de espinas"), Vía Dolorosa, Muro de los Lamentos, Basílica de la Dormición de la Virgen, Edícula de la Ascensión (Donde Cristo subió a los cielos).

EL TEMPLO DE JERUSALÉN
"La casa de Dios"

El Templo de Jerusalén, llamado en lengua hebrea *Beit Hamikdash*, fue el más importante santuario del pueblo de Israel. Estuvo situado en la explanada del monte Moriah, en la ciudad de Jerusalén, en el mismo lugar donde Abraham estuvo dispuesto a sacrificar a su hijo Isaac. Se puede hablar de dos etapas de construcción.

---

[35] Para los musulmanes fue Ismael, para los judíos fue Isaac.

El primer Templo

La construcción del primer templo estuvo a cargo del rey Salomón, entre el año 969 y el 962 a.C., aproximadamente. La Biblia lo describe en los capítulos tres y cuatro del Segundo libro de las Crónicas. Los sacerdotes levitas y el rey entraban en el Templo a través de una gran puerta chapada de oro, de aproximadamente diez metros de alto y cuatro de ancho. Tras esa puerta se encontraba el vestíbulo de entrada y después la estancia principal. La tercera cámara, Santo de los Santos o *Sancta Sanctorum*, se encontraba en la parte trasera, a un nivel más alto y sólo podía accederse a él subiendo por una escalera. En la parte más importante del Templo estaba el Arca de la Alianza. Después de la muerte de Salomón, el Templo sufrió profanaciones por las invasiones y la introducción de deidades siro-fenicias. Se restauró durante los reinados de Ezequías y Josías pero fue destruido en el 587 a.C. por Nabucodonosor II, rey de Babilonia, que llevó como cautivos a gran parte de los habitantes del Reino de Judá.

RECONSTRUCCIÓN DEL TEMPLO DE JERUSALÉN

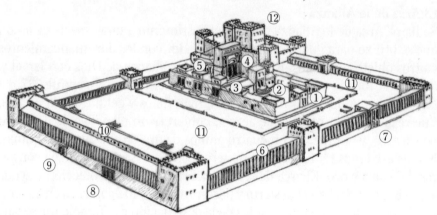

1. Puerta hermosa, 2. Patio de mujeres, 3. Atrio de Israel, 4. Atrio de los sacerdotes,
5. Santo de los santos, 6. Portico de Salomón, 7. Puerta de las ovejas,
8. Puerta triple, 9. Puerta doble, 10. Pórtico, 11. Atrio de los gentiles,
12. Torre Antonia

El segundo Templo

Después del cautiverio en Babilonia, en el año 517 a.C., los persas autorizaron a los judíos a reconstruir lo que sería el segundo Templo. Con las influencias helenísticas posteriores a Alejandro Magno, Antioco IV, Epífanes, conquistó Jerusalén y colocó en su Templo la estatua del dios griego Zeus. Esto condujo a la revuelta de los Macabeos encabezada por Judas Macabeo, hasta que se devolvió la libertad del país y se restauró el Templo a mediados del 150 a.C. Con la ascensión de la familia Asmonea y la llegada de los romanos, el Templo estuvo nuevamente amenazado de profanación, hasta que en el 20 a.C. el rey Herodes el Grande decidió restaurarlo respetando la planta física del edificio, ampliando los patios y añadiendo los muros exteriores. La superficie del Templo aumentó hasta aproximadamente 500 metros de largo por 300 de ancho. El patio interior del Templo se rodeó por un muro formado por tres capas de bloques de piedra cubiertas por vigas de madera de cedro. Posteriormente se añadió al norte la célebre Torre Antonia, fortaleza militar de construcción romana. Al patio interior podían entrar los peregrinos y las masas de fieles, pero el Santuario del Templo sólo era accesible al rey y a los sacerdotes. Todos los judíos tenían la obligación de acudir al Templo, por lo menos, en la fiesta anual de la Pascua. Así lo hizo Jesús acompañando a sus padres y después con sus discípulos. En los primeros años del cristianismo, Jesús de Nazaret y sus apóstoles predicaron en el Atrio de los Gentiles. Cuando Jesús expulsó a los vendedores del santuario, profetizó la destrucción del Templo, que ocurriría pocos años después de su muerte.

El Arca de la Alianza

Se llama Arca de la Alianza o Arca del Testimonio a una especie de arcón que se utilizó para guardar las tablas de la ley con los diez mandamientos y otros objetos sagrados. El Arca significa la alianza de Dios con Israel y, de alguna forma, su presencia en medio de ellos. En el capítulo 37 del *Éxodo*, Dios indica la forma, medidas, materiales y detalles de la misma. Fue realizada con madera de acacia, cubierta con planchas de oro puro por dentro, y por fuera, con cuatro anillos de oro en sus cuatro esquinas. En sus extremos tenía la figura de seres con alas. Se transportaba con varas de acacia y oro. El arca de la alianza brindó poder, protección y ayuda al pueblo de Israel en el desierto y posteriormente fue colocada en el Templo de Jerusalén. Al parecer, antes de la destrucción del Templo fue sacada y escondida en algún lugar desconocido hasta el momento. Algunos estudiosos la buscan en las cercanías de la Isla Elefantina, en Egipto.

La destrucción del Templo

La rebelión de los zelotes llevó a la guerra con el Imperio Romano, que culminó con la destrucción de la ciudad de Jerusalén y su Templo en el año 70 por las legiones de Tito. Después de su destrucción, los romanos intentaron reconstruir el Templo para convertirlo en templo del dios romano Júpiter, pero esto ocasionó una nueva rebelión entre los años 132 y 135, misma que ocasionó la prohibición para que los judíos vivieran en Jerusalén hasta el siglo VII, en tiempos del Imperio Bizantino.

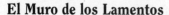

El Muro de los Lamentos

El llamado Muro de las Lamentaciones o Muro de los Lamentos, es el último resto del Templo destruido por los romanos en el año 70 d.C. Es el sitio más sagrado del judaísmo. Su nombre en hebreo significa "muro occidental". Los restos que aún quedan datan de la época de Herodes el Grande, quien mandó construir grandes muros de contención alrededor del Monte Moriá, en el año 37 a C. para ampliar la pequeña explanada sobre la cual habían sido edificados el primero y el segundo templo. Hasta 1967, mientras la ciudad estuvo bajo dominio árabe/musulmán, el Muro fue utilizado como el basurero de la ciudad. Desde entonces llegan los judíos a este punto para orar y a recordar con tristeza que su Templo fue destruido y, con ello, borrado el símbolo más fuerte de la presencia de Dios entre ellos. El lugar está abierto para todos pero las mujeres y los hombres tienen secciones separadas y no pueden entrar juntos. Los hombres, por respeto, deben ponerse el tradicional sombrerito llamado *Kipá*.[36] Quienes no lo llevan pueden utilizar los de cartón que se ofrecen en la entrada o cualquier sombrero o gorra. Los judíos, y casi todos los visitantes, suelen escribir sus oraciones y peticiones en pequeños papeles que insertan en las oquedades del muro. Los judíos suelen mover su cuerpo o balancearlo durante la oración para indicará que alaban a Dios con voz, mente y cuerpo. Los más ortodoxos cubren su cabeza y su espalda con el *Talit*, manto blanco con franjas azules. Otros siguen la costumbre rabínica que exige utilizar las correas de cuero llamadas Filacterias o *Tefilin*, sujetas al brazo izquierdo y a la frente. La parte de la frente lleva una cajita con cuatro pasajes de la Ley judía. Una cita del *Deuteronomio* explica este ritual, así como también la presencia de pequeños objetos que se ponen en la puerta de las casas judías con un fragmento del mismo texto:

> Escucha, Israel: el Señor, nuestro Dios, es el único Señor. Amarás al Señor, tu Dios, con todo tu corazón, con toda tu alma y con todas tus fuerzas. Graba en tu corazón estas palabras que yo te dicto hoy. Incúlcalas a tus hijos, y háblales de ellas cuando estés en tu casa y cuando vayas de viaje, al acostarte y al levantarte. Átalas a tu mano como un signo, y que estén como una marca sobre tu frente. Escríbelas en las puertas de tu casa y en sus postes (*Deuteronomio* 6, 4-9).

---

[36] La *kipá* es una pequeña gorra ritual empleada para cubrir parcialmente la cabeza, usada tradicionalmente por los varones judíos, y últimamente aceptada también, por las corrientes no ortodoxas, para uso femenino.

Así lo dicen las Sagradas Escrituras:

La construcción del Templo

Salomón comenzó a construir la Casa del Señor en Jerusalén, sobre el monte Moria, donde el Señor se había aparecido a su padre David, en el lugar que había preparado David sobre la era de Ornán, el jebuseo. Comenzó la construcción en el segundo mes, en el cuarto año de su reinado. Y estas son las bases fijadas por Salomón para edificar la Casa de Dios: el largo medía treinta metros, o sea, sesenta codos de la antigua medida, y el ancho era de diez metros. El vestíbulo que estaba al frente, cuya longitud cubría todo el ancho de la Casa, era de diez metros, y tenía una altura de sesenta metros. Además, lo recubrió por dentro de oro puro. A la nave central la revistió de madera de ciprés y luego la recubrió de oro fino, sobre el que hizo representar palmeras y guirnaldas. Recubrió la nave con un decorado de piedras preciosas, y el oro empleado era oro de Parvaim. También revistió de oro los postes, los umbrales, los muros y las puertas de la nave, e hizo grabar querubines sobre las paredes. Hizo asimismo el recinto del Santo de los santos: su longitud, que cubría todo el ancho de la Casa, era de diez metros, y tenía diez metros de ancho. Y lo revistió con seiscientos talentos de oro fino. El peso de los clavos era de cincuenta siclos de oro, y recubrió de oro el artesonado (*Segundo Libro de las Crónicas* 3, 1-9).

Los querubines

Hizo dos querubines, obra de escultores, en el interior del Santo de los santos, y se los revistió de oro. Las alas de los querubines medían diez metros de largo: un ala del primer querubín, de dos metros y medio, tocaba el muro de la Casa; la otra ala, de dos metros y medio, tocaba el ala del otro querubín. Un ala del otro querubín, de dos metros y medio, tocaba el muro de la Casa; la otra ala, de dos metros y medio, se juntaba con el ala del primer querubín. Así, las alas desplegadas de los dos querubines medían diez metros. Ellos estaban erguidos sobre sus pies, con el rostro vuelto hacia el interior. Salomón hizo además el velo de púrpura violeta y de púrpura roja, de carmesí y de lino, sobre el cual hizo bordar querubines (*Segundo Libro de las Crónicas* 3, 10-14).

Las columnas de bronce

Delante de la Casa hizo colocar dos columnas de diecisiete metros y medio de alto, rematadas por un capitel de dos metros y medio. Hizo guirnaldas en forma de collar y las puso en lo alto de las columnas; además, hizo cien granadas y las colocó en las guirnaldas. Y erigió las columnas al frente del Templo, una a la derecha y otra a la izquierda. A la columna derecha la llamó Iaquím, y a la izquierda, Boaz. (*Segundo Libro de las Crónicas* 3, 15-17).

El altar de bronce

Salomón hizo un altar de bronce, de diez metros de largo, diez de ancho y cinco de alto. Él hizo además una pila de metal fundido, que medía cinco metros de diámetro y tenía forma circular; su altura era de dos metros y medio, y una cuerda de quince metros medía su circunferencia. Debajo del borde, todo alrededor, había unas figuras de toros —diez cada cinco metros— que rodeaban todo el contorno del Mar; había dos hileras de toros, fundidos con la pila en una sola pieza. La pila estaba asentada sobre doce toros, tres vueltos hacia el norte, tres hacia el oeste, tres hacia el sur y tres hacia el este. La pila se elevaba por encima de ellos, que estaban con sus partes traseras vueltas hacia el interior. Su espesor medía un palmo, y su borde tenía forma de copa, semejante al cáliz de una azucena. Su capacidad era de más de cien mil litros. También hizo diez recipientes para el agua; los colocó cinco a la derecha y cinco a la izquierda, para las abluciones; en ellos se lavaba lo que servía para el holocausto, pero los sacerdotes hacían sus abluciones en la pila de bronce. Hizo asimismo los diez candeleros de oro, conforme al modelo prescrito, y los puso en la nave central, cinco a la derecha y cinco a la izquierda. Hizo diez mesas y las colocó en la nave central, cinco a la derecha y cinco a la izquierda. Hizo cien copas de oro. Hizo el atrio de los sacerdotes, y la gran explanada con sus puertas, a las que recubrió de bronce. En cuanto a la pila, la puso al lado derecho, hacia el sudeste (*Segundo Libro de las Crónicas* 4, 1-10).

Los otros utensilios del Santuario

Jurám hizo las ollas, las palas y los aspersorios. Así terminó el trabajo que debía hacer para el rey Salomón en la Casa de Dios: las dos columnas, las dos esferas de los capiteles que remataban las columnas, las dos redes para cubrir las dos esferas de los capiteles que estaban encima de las columnas; las cuatrocientas granadas para las dos redes, dos hileras de granadas para cada red, a fin de cubrir las dos esferas de los capiteles que esta-

ban encima de las columnas; los diez soportes y los diez recipientes sobre los soportes; el Mar único y los doce toros que estaban debajo de él; las ollas, las palas y los tenedores. Todos estos objetos, Jurám Abí los hizo para el rey Salomón, para la Casa del Señor, en bronce reluciente. El rey los hizo fundir en la región del Jordán, sobre el suelo arcilloso, entre Sucot y Seredá. Salomón hizo todos esos objetos en tal cantidad, que no se pudo calcular el peso del bronce. Salomón mandó hacer asimismo todos los objetos que estaban en la Casa del Señor: el altar de oro y las mesas sobre las que se ponía el pan de la ofrenda; los candeleros y sus lámparas, para encenderlas conforme al ritual ante el lugar santísimo, todo de oro fino; los cálices, las lámparas y las pinzas —¡todo del oro más puro!— los cuchillos, los aspersorios, las tazas y los incensarios de oro fino; la entrada de la Casa, sus puertas interiores para el Santo de los santos, y las puertas de la nave central, todo de oro. Así fue terminado todo el trabajo que hizo el rey Salomón para la Casa del Señor. Salomón llevó todas las ofrendas que había consagrado su padre David: la plata, el oro y los demás utensilios, y los depositó en los tesoros de la Casa de Dios (*Segundo Libro de las Crónicas* 4, 11-22) (también 1 *Reyes* 6, 1-37).

La presentación de Jesús en el Templo

Cuando llegó el día fijado por la Ley de Moisés para la purificación [40 días después del parto], llevaron al niño a Jerusalén para presentarlo al Señor, como está escrito en la Ley: Todo varón primogénito será consagrado al Señor. También debían ofrecer en sacrificio un par de tórtolas o de pichones de paloma, como ordena la Ley del Señor. Vivía entonces en Jerusalén un hombre llamado Simeón, que era justo y piadoso, y esperaba el consuelo de Israel. El Espíritu Santo estaba en él y le había revelado que no moriría antes de ver al Mesías del Señor. Conducido por el mismo Espíritu, fue al Templo, y cuando los padres de Jesús llevaron al niño para cumplir con él las prescripciones de la Ley, Simeón lo tomó en sus brazos y alabó a Dios, diciendo: "Ahora, Señor, puedes dejar que tu servidor muera en paz, como lo has prometido, porque mis ojos han visto la salvación que preparaste delante de todos los pueblos: luz para iluminar a las naciones paganas y gloria de tu pueblo Israel". Su padre y su madre estaban admirados por lo que oían decir de él. Simeón, después de bendecirlos, dijo a María, la madre: "Este niño será causa de caída y de elevación para muchos en Israel; será signo de contradicción, y a ti misma una espada te atravesará el corazón. Así se manifestarán claramente los pensamientos íntimos de muchos" (*Lucas* 2, 22-35).

Jesús niño entre los doctores del Templo

El niño iba creciendo y se fortalecía, lleno de sabiduría, y la gracia de Dios estaba con él. Jesús entre los doctores de la Ley. Sus padres iban todos los años a Jerusalén en la fiesta de la Pascua. Cuando el niño cumplió doce años, subieron como de costumbre, y acabada la fiesta, María y José regresaron, pero Jesús permaneció en Jerusalén sin que ellos se dieran cuenta. Creyendo que estaba en la caravana, caminaron todo un día y después comenzaron a buscarlo entre los parientes y conocidos. Como no lo encontraron, volvieron a Jerusalén en busca de él. Al tercer día, lo hallaron en el Templo en medio de los doctores de la Ley, escuchándolos y haciéndoles preguntas. Y todos los que lo oían estaban asombrados de su inteligencia y sus respuestas. Al verlo, sus padres quedaron maravillados y su madre le dijo: "Hijo mío, ¿por qué nos has hecho esto? Piensa que tu padre y yo te buscábamos angustiados". Jesús les respondió: "¿Por qué me buscaban? ¿No sabían que yo debo ocuparme de los asuntos de mi Padre?" Ellos no entendieron lo que les decía. Él regresó con sus padres a Nazaret y vivía sujeto a ellos. Su madre conservaba estas cosas en su corazón. Jesús iba creciendo en sabiduría, en estatura y en gracia delante de Dios y de los hombres (*Lucas* 2,40-52).

Las tentaciones

Luego el demonio llevó a Jesús a la Ciudad santa y lo puso en la parte más alta del Templo, diciéndole: "Si tú eres Hijo de Dios, tírate abajo, porque está escrito:

Dios dará órdenes a sus ángeles, y ellos te llevarán en sus manos para que tu pie no tropiece con ninguna piedra". Jesús le respondió: "También está escrito: No tentarás al Señor, tu Dios" (Mateo 4, 5-7) (también Lucas 4, 9-12).

Expulsión de los vendedores del Templo

Se acercaba la Pascua de los judíos. Jesús subió a Jerusalén y encontró en el Templo a los vendedores de bueyes, ovejas y palomas y a los cambistas sentados delante de sus mesas. Hizo un látigo de cuerdas y los echó a todos del Templo, junto con sus ovejas y sus bueyes; desparramó las monedas de los cambistas, derribó sus mesas y dijo a los vendedores de palomas: "Saquen esto de aquí y no hagan de la casa de mi Padre una casa de comercio". Y sus discípulos recordaron las palabras de la Escritura: El celo por tu Casa me consumirá. Entonces los judíos le preguntaron: "¿Qué signo nos das para obrar así?" Jesús les respondió: "Destruyan este Templo y en tres días lo volveré a levantar". Los judíos le dijeron: "Han sido necesarios cuarenta y seis años para construir este Templo, ¿y tú lo vas a levantar en tres días?" Pero él se refería al Templo de su cuerpo. Por eso, cuando Jesús resucitó, sus discípulos recordaron que él había dicho esto, y creyeron en la Escritura y en la palabra que había pronunciado (Juan 2, 13-22) (también Mateo 21, 12-17, Marcos 11, 15-19 y Lucas 19, 45-46).

Se rasga el velo del Templo

Entonces Jesús, clamando otra vez con voz potente, entregó su espíritu. Inmediatamente, el velo del Templo se rasgó en dos, de arriba abajo, la tierra tembló, las rocas se partieron (Mateo 27, 50-51) (también Marcos 15, 37-38 y Lucas 23, 44-46).

La Mezquita de Omar

Encima de la plataforma donde en otros tiempos estuvo el Templo, y exactamente sobre la roca donde Abraham iba a sacrificar a su hijo Isaac, se alza hoy la llamada Mezquita de Omar, llamada por los árabes *Kubbet es Sakhra* ("cúpula de la Roca"). Es un edificio octagonal construido por el noveno califa Abd al-Malik entre los años 688 y 692, unos 60 años después de la muerte del profeta Mahoma. Es una verdadera joya del gusto árabe: rica y hermosa, con colores variados y de muy agradable tonalidad. Es admirable el colorido de las vidrieras y de sus tapetes. El edificio está dividido en tres círculos concéntricos; en el más interior se puede ver la Roca sagrada sobre la cuál el pueblo de Israel inmoló tantas víctimas a su Dios y sobre la cuál creen los musulmanes que Mahoma ascendió al paraíso. La cúpula se levanta sobre la roca desnuda. Tiene un diámetro de 21.37 metros y descansa sobre un cimborrio o tambor cilíndrico que sirve de transición a la base octogonal. Los vértices del octógono están orientados según los puntos cardinales. Está cubierta por láminas de cobre pulido y dorado. Se caracteriza por haber sido realizada en madera en lugar de piedra, constituyendo uno de los pocos ejemplos que se conservan de la tradición maderera siria. Otra circunstancia por destacar es que fue uno de los primeros ejemplos de cúpula de doble capa, sistema que retomaría Brunelleschi en Santa María dei Fiore, Florencia. Detrás de la Roca se elevaba el lugar más santo del Templo de Jerusalén donde Zacarías, padre de Juan el Bautista recibió la noticia del nacimiento de su hijo. Para visitar el lugar es necesario entrar descalzo.

EL MONTE SIÓN
"La Jerusalén celeste"

Dos colinas y un mismo nombre

Monte Sión (en hebreo *Har Tziyyon*). El nombre se aplicó originalmente a una fortaleza jebusea situada en una colina del lado sureste de la actual Jersualén conquistada por el rey David. El Monte Sión es ya mencionado en la *Biblia* como centro espiritual y "madre de todos los pueblos" (*Salmo 87,2*). Después de la muerte de David, el nombre también se le dio a la colina donde estaba cimentado el templo, e incluso, al mismo Templo, como principal fortaleza de los judíos. Puede utilizarse para designar a la ciudad entera de Jerusalén y a la Tierra de Israel. En el Antiguo Testamento, Sión fue signo del poder de Dios y lugar de la tumba del rey David. En el Nuevo Testamento, es también símbolo de la Jerusalén Celeste. Después de la destrucción del Templo, los cristianos dieron ese nombre, como sinónimo de Monte Santo, a la colina occidental, en las afueras de la Ciudad Vieja, donde Jesús instituyó la Eucaristía, se apareció a sus discípulos y les envió al Espíritu Santo, y también donde murió la Virgen María.

Más que un solo monte

La Biblia usa con frecuencia la expresión "hija de Sión" para referirse a Jerusalén, cuya parte histórica y religiosamente más significativa es el monte Sión, o bien, a todos sus habitantes. Finalmente, a la Virgen María se le llama Hija de Sión, como personificación del Pueblo de Dios en los tiempos escatológicos, o en el Día de Yahvéh. El nombre se ha seguido utilizando a lo largo del tiempo como referencia no tanto a la ciudad como a la idea de Jerusalén en tanto centro espiritual del pueblo judío y, por extensión, a la llamada Tierra de Israel. El término fue adoptado en el siglo XIX por el sionismo, que es el movimiento de liberación nacional del pueblo judío, y se mantuvo el uso para designar no sólo a Jerusalén, su capital, sino a toda la Tierra de Israel. La sinuosa carretera que conduce al monte recibió en 1964 el nombre de Carretera del Papa (*Derej Ha'apifyor*), por la visita histórica de Pablo VI. Desde 1948 y hasta 1967, esta estrecha franja fue designada como "tierra de nadie" entre Israel y Jordania.

Visita a Pie

Hay varias opciones para visitar a pie este lugar y llegar a la Puerta de Sión:

1. Desde la Ciudad Antigua, la puerta de Damasco o el Santo Sepulcro, el camino más recto es el Zoco, atravesando después el barrio judío hasta salir a la puerta de Sión.
2. De la Puerta de Jafa se rodea la muralla por el exterior hasta la puerta de Sión.
3. De la Puerta de Jafa se puede ir por el interior de la muralla, siguiendo la calle del Patriarcado Armenio hasta la puerta de Sión. Este camino, más corto, ofrece un conveniente y un inconveniente: el camino es estrecho y circulan vehículos. Sin embargo, permite visitar la catedral armenia ortodoxa de Santiago el Mayor, lugar donde la tradición ubica el martirio del santo.

Así lo mencionan las Sagradas Escrituras:

Exilio y liberación de Sión
Y ahora ¿por qué lanzas alaridos? ¿Acaso no tienes un rey, o ha desaparecido tu consejero, para que te retuerzas como una parturienta? Retuércete y sufre, hija de Sión, como una parturienta, porque ahora vas a salir de la ciudad y habitarás al descampado. Tú llegarás hasta Babilonia y allí serás liberada; allí el Señor te redimirá de la mano de tus enemigos (*Miqueas* 4,9-10).

La victoria de Sión sobre las naciones
Ahora se han reunido contra ti numerosas naciones, que dicen: "¡Que sea profanada, para que nuestros ojos se regocijen a la vista de Sión!" Pero ellos no conocen los planes del Señor ni comprenden su designio: él los ha reunido como gavillas en la era. ¡Levántate y trilla, hija de Sión! Yo haré de hierro tu cuerno, y tus pezuñas, de bronce: triturarás a pueblos numerosos; consagrarás al Señor su botín, y sus riquezas al Señor de toda la tierra (*Miqueas* 4, 11-13).

La restauración de Jerusalén
¡Grita de alegría, hija de Sión! ¡Aclama, Israel! ¡Alégrate y regocíjate de todo corazón, hija de Jerusalén! El Señor ha retirado las sentencias que pesaban sobre ti y ha expulsado a tus enemigos. El Rey de Israel, el Señor, está en medio de ti: ya no temerás ningún mal. Aquel día, se dirá a Jerusalén: ¡No temas, Sión, que no desfallezcan tus manos! ¡El Señor, tu Dios, está en medio de ti, es un guerrero victorioso! Él exulta de alegría a causa de ti, te renueva con su amor y lanza por ti gritos de alegría, como en los días de fiesta (*Sofonías* 3, 14-18).

El Señor habitará en Sión
La palabra del Señor llegó en estos términos: Así habla el Señor de los ejércitos: Siento un gran celo por Sión y ardo de pasión por ella. Así habla el Señor: Yo he vuelto a Sión, y habitaré en medio de Jerusalén. Jerusalén será llamada "Ciudad de la Fidelidad", y la montaña del Señor de los ejércitos, "Montaña Santa" (*Zacarías* 8, 1-3).

El Señor entrará montado en un asno
¡Alégrate mucho, hija de Sión! ¡Grita de júbilo, hija de Jerusalén! Mira que tu Rey viene hacia ti; él es justo y victorioso, es

humilde y está montado sobre un asno, sobre la cría de una asna (*Zacarías* 9, 9).

El Cordero y su cortejo
Después vi al Cordero que estaba de pie sobre el monte Sión, acompañado de ciento cuarenta y cuatro mil elegidos, que tenían escrito en la frente el nombre del Cordero y de su Padre (*Apocalipsis* 14, 1).

EL CENÁCULO
"El lugar de la Última Cena en el Monte Sión"

La impresión del visitante

El peregrino puede sentirse un poco desilusionado al observar que no existe nada de la casa de tiempos de Cristo. El edificio identificado como el *Coenaculum* o Cenáculo es una estructura pequeña de dos pisos dentro de un gran complejo de edificios en la cima del Monte Sión. En el piso inferior se encuentra la supuesta tumba del Rey David. El piso superior fue construido por los franciscanos en el siglo XIV para conmemorar el lugar de la Última Cena. La sala ni siquiera es iglesia, es de tipo gótico, con arcos y nervaduras, ligeramente trapezoidal, dispuesta de oriente a poniente, está dividida en dos naves por tres columnas y tiene un nicho que señala hacia el lugar de la Meca. Sin embargo, no hay que dejarse llevar por la apariencia actual. Es necesario comprender que en aquella ubicación estuvo el edificio que fue testigo de momentos muy importantes de la vida de Cristo y de la Iglesia. El capitel que hay en el baldaquino de la escalera que desciende a la planta inferior muestra la figura de un pelícano[37] que alimenta con su propia sangre a sus polluelos. La imagen recuerda el sacrificio de Cristo, celebrado permanentemente en la Eucaristía que instituyó en este lugar.

Lugar de muchos eventos

Desde que Dios liberó al pueblo de Israel de la esclavitud de Egipto, en tiempo de Moisés, los judíos celebraban anualmente la Cena de la Pascua. Y desde que Jerusalén fue la capital, la celebraban en Jerusalén. Por esa razón Jesús iba cada año. En la Última Cena Jesucristo celebró el rito de la Pascua judía descrito en el capítulo 12 del libro del *Éxodo*. El rito exigía cordero, pan ácimo[38], vino, y hierbas amargas. La palabra latina

---

[37] Según la creencia, cuando el pelícano ve en peligro a sus polluelos no abandona el nido para buscar alimento. Con su pico abre su propio pecho y permite que se alimenten de él. Por esta razón se convirtió en imagen de Cristo.

[38] Sin levadura, porque la prisa no permitía esperar a que la levadura fermentara la masa.

Coenaculum (Cenáculo) indicaba el lugar que se utilizaba para cenar, pero también designaba el piso superior de una casa donde se brindaba hospedaje. El lugar donde Jesús celebró la Última Cena, en el monte Sión, fue un espacio en la planta alta de una casa que él pidió prestada a algún seguidor desconocido. En el Cenáculo, en el ambiente de la cena, Jesús lavó los pies a sus discípulos, instituyó el sacramento del Orden Sacerdotal y el de la Eucaristía, anunció la negación de Pedro[39] y la traición de Judas Iscariote. En el Cenáculo se apareció a sus discípulos después de la resurrección e instituyó también el sacramento de la Penitencia cuando les dio el poder de perdonar los pecados. En el mismo lugar también fue electo Matías para suplir a Judas, el traidor. En el cenáculo, los apóstoles y las santas mujeres, recibieron al Espíritu Santo el día de Pentecostés. Ahí vivió María con Juan, después de la Ascensión del Señor, y probablemente ahí fue la Dormición de la Virgen. Es muy posible que ahí se haya celebrado el Concilio de Jerusalén, en el año 48 (*Hechos de los Apóstoles* 15, 1-29). La comunidad cristiana de Jerusalén nunca olvidó este Lugar sagrado que fue considerado como el principio de la Iglesia de Jesús y testigo de tan grandes e importantes acontecimientos.

Diversos santuarios sobre el lugar

La destrucción de Jerusalén del año 70 convirtió el lugar en ruinas, pero los cristianos conservaron memoria del lugar. En tiempo del emperador Adriano (años 117-138) ya existía una pequeña iglesia. En la segunda mitad del siglo IV, el patriarca Juan II de Jerusalén, la transformó en una basílica que por su origen apostólico se denominó "Santa Sión" y "Madre de todas las iglesias". En ella, los cristianos conservaban el recuerdo de la cátedra o trono de Santiago el mayor, "hermano del Señor" y primer obispo de Jerusalén, y también la columna de la Flagelación de Jesús.[40] En el mismo santuario se veneraba el lugar de la dormición de la Virgen, que con el tiempo quedó totalmente separado. Dañada primero por los persas en el 614, fue finalmente destruida por el califa Hakim en 1009. Después de diversos periodos de destrucción y restauración, el santuario se reconstruyó desde los cimientos en la época cruzada (siglo XII) y se rebautizó con el título de "Santa María del Monte Sión". La demolición ordenada por el sultán El Hakem en 1219 dejó sólo en pie la capilla medieval del Cenáculo con la conmemorativa Tumba del rey David debajo.

Franciscanos, musulmanes y judíos en custodia

En 1335 los franciscanos recibieron en custodia temporal el santuario.

---

[39] Lucas y Juan ubican el anuncio de la negación de Pedro en el Cenáculo, Mateo y Marcos la mencionan camino al Huerto de los Olivos.

[40] Que actualmente se venera en la Basílica de Santa Práxedes, en Roma.

Los reyes de Nápoles, Roberto y Sancha de Mallorca lo habían comprado en 1336 y en 1342 lo cedieron en propiedad a los franciscanos, que levantaron un pequeño convento para 12 frailes y tres seglares. Desde entonces el Custodio de Tierra Santa lleva el título de Guardián del Monte Sión. Dos bulas papales del 1343 comunicaban al mundo católico que "después de difíciles negociaciones y grandes sumas de dinero" entre los soberanos de Nápoles y el sultán de Egipto Melek en-Naser Muhammed, el cenáculo fue dado en posesión a los franciscanos. Sin embargo, el convento tuvo que ser abandonado entre 1551 y 1552, cuando los franciscanos fueron expulsados por los musulmanes otomanos. Los invasores construyeron en el área una mezquita entre 1523 y 1524, aduciendo que ahí se encontraba la tumba del rey David, que para los musulmanes también fue un profeta. De la época en que fue mezquita queda el nicho construido en 1928 para indicar la dirección hacia La Meca. Los musulmanes le llaman Mihrab. El edificio se volvió propiedad de una familia árabe hasta que en 1967 fue incautado por el Ministerio del Culto israelí. Actualmente es propiedad de los judíos. Es sede de una escuela judía y una sinagoga. A través del claustro del convento franciscano de 1335 se accede al Museo de la Shoah, en recuerdo de las víctimas de los campos de exterminio nazi. Juan Pablo II celebró una misa privada en la capilla del Cenáculo durante su peregrinación a Tierra Santa en el año 2000. Fue la primera Eucaristía celebrada en varios siglos en ese lugar. Benedicto XVI lo visitó el 12 de mayo del 2009. Oró por la unidad de los cristianos y pidió ayuda para que los cristianos de Tierra Santa no se vean obligados a abandonar la tierra de Jesús.

El nuevo "Cenaculito"

En marzo de 1936 los franciscanos volvieron a vivir a pocos metros del Cenáculo. Recuperaron un viejo "horno" de la familia Dajani (propietaria también del Cenáculo), y lo transformaron en un convento dedicado a san Francisco y en la Iglesia *ad Coenaculum*, llamada popularmente Cenacolito. Esto permite que, a pocos pasos del Cenáculo original se pueda celebrar la misa. La capilla moderna tiene una escultura monumental de la Última Cena.

El Santo Grial

Las versiones sobre el Santo Grial son tan diversas como la fantasía lo permite. Así, unos piensan que el Santo Grial es el cáliz que utilizó Jesucristo en la Última Cena.[41] Otros opinan que fue un objeto que tuvo

---

[41] En Valencia, España se venera el cáliz que probablemente utilizó Cristo en la Última Cena.

contacto directo con la sangre derramada por Cristo en su pasión, objeto que puede ser una copa o vaso en la que Nicodemo, José de Arimatea o alguno de los discípulos, recogieron y conservaron la sangre vertida en el momento de la crucifixión, o incluso la lanza que el soldado romano Longinos utilizó para traspasar el costado de Cristo del que surgió sangre y agua. Finalmente hay quienes, muy fantasiosamente y sin prueba alguna, dicen que el Santo Grial es la sangre viviente de Cristo, que continúa a través de su descendencia procreada con María Magdalena o alguna otra de las mujeres de su tiempo. Esta fantasía no tiene ninguna relación con la historia y con Cristo, la mayoría son leyendas medievales que se han convertido en textos e incluso películas sobre el llamado Santo Grial. El aspecto que a muchos atrae es lo esotérico y lo mágico de estos objetos. No faltan las versiones en la que se acusa a la Iglesia de ocultar o encubrir la verdad con fines oscuros y malvados.

Así lo mencionan las Sagradas Escrituras:

La Última Cena

El primer día de los Ácimos, los discípulos fueron a preguntar a Jesús: "¿Dónde quieres que te preparemos la comida pascual?" Él respondió: "Vayan a la ciudad, a la casa de tal persona, y díganle: "El Maestro dice: Se acerca mi hora, voy a celebrar la Pascua en tu casa con mis discípulos". Ellos hicieron como Jesús les había ordenado y prepararon la Pascua. Al atardecer, estaba a la mesa con los Doce y, mientras comían, Jesús les dijo: "Les aseguro que uno de ustedes me entregará". Profundamente apenados, ellos empezaron a preguntarle uno por uno: "¿Seré yo, Señor?" Él respondió: "El que acaba de servirse de la misma fuente que yo, ese me va a entregar. El Hijo del hombre se va, como está escrito de él, pero ¡ay de aquel por quien el Hijo del hombre será entregado: más le valdría no haber nacido!" Judas, el que lo iba a entregar, le preguntó: "¿Seré yo, Maestro?" "Tú lo has dicho", le respondió Jesús. Mientras comían, Jesús tomó el pan, pronunció la bendi-

ción, lo partió y lo dio a sus discípulos, diciendo: "Tomen y coman, esto es mi Cuerpo". Después tomó una copa, dio gracias y se la entregó, diciendo: "Beban todos de ella, porque esta es mi Sangre, la Sangre de la Alianza, que se derrama por muchos para la remisión de los pecados. Les aseguro que desde ahora no beberé más de este fruto de la vid, hasta el día en que beba con ustedes el vino nuevo en el Reino de mi Padre" (*Mateo* 26, 17- 29).

Hermanos: Yo recibí del Señor lo mismo que les he transmitido: que el Señor Jesús, la noche en que iba a ser entregado, tomó pan en sus manos, y pronunciando la acción de gracias, lo partió y dijo: "Esto es mi cuerpo, que se entrega por ustedes. Hagan esto en memoria mía". Lo mismo hizo con el cáliz después de cenar, diciendo: "Este cáliz es la nueva alianza que se sella con mi sangre. Hagan esto en memoria mía siempre que beban de él". Por eso cada vez que ustedes comen de este pan y beben de este cáliz proclaman la muerte del

Señor, hasta que vuelva (*primera Carta a los Corintios* 11, 23-26).

Negación de Pedro

Simón, Simón, mira que Satanás ha pedido poder para zarandearlos como el trigo, pero yo he rogado por ti, para que no te falte la fe. Y tú, después que hayas vuelto, confirma a tus hermanos". "Señor, le dijo Pedro, estoy dispuesto a ir contigo a la cárcel y a la muerte". Pero Jesús replicó: "Yo te aseguro, Pedro, que hoy, antes que cante el gallo, habrás negado tres veces que me conoces" (*Lucas* 22, 31-34).

El lavatorio de los pies

Antes de la fiesta de Pascua, sabiendo Jesús que había llegado su hora de pasar de este mundo al Padre, él, que había amado a los suyos que quedaban en el mundo, los amó hasta el fin. Durante la Cena, cuando el demonio ya había inspirado a Judas Iscariote, hijo de Simón, el propósito de entregarlo, sabiendo Jesús que el Padre había puesto todo en sus manos y que él había venido de Dios y volvía a Dios, se levantó de la mesa, se sacó el manto y tomando una toalla se la ató a la cintura. Luego echó agua en un recipiente y empezó a lavar los pies a los discípulos y a secárselos con la toalla que tenía en la cintura. Cuando se acercó a Simón Pedro, este le dijo: "¿Tú, Señor, me vas a lavar los pies a mí?" Jesús le respondió: "No puedes comprender ahora lo que estoy haciendo, pero después lo comprenderás". "No, le dijo Pedro, ¡tú jamás me lavarás los pies a mí!". Jesús le respondió: "Si yo no te lavo, no podrás compartir mi suerte". "Entonces, Señor, le dijo Simón Pedro, ¡no sólo los pies, sino también las manos y la cabeza!" Jesús le dijo: "El que se ha bañado no necesita lavarse más que los pies, porque está completamente limpio. Ustedes también están limpios, aunque no todos". Él sabía quién lo iba a entregar, y por eso había dicho: "No todos ustedes están limpios". Después de haberles lavado los pies, se puso el manto, volvió a la mesa y les dijo: "¿Comprenden lo que acabo de hacer con ustedes? Ustedes me llaman Maestro y Señor; y tienen razón, porque lo soy. Si yo, que soy el Señor y el Maestro, les he lavado los pies, ustedes también deben lavarse los pies unos a otros. Les he dado el ejemplo, para que hagan lo mismo que yo hice con ustedes (*Juan* 13, 1-15).

Aparición a sus discípulos

Al atardecer de ese mismo día, el primero de la semana, estando cerradas las puertas del lugar donde se encontraban los discípulos, por temor a los judíos, llegó Jesús y poniéndose en medio de ellos, les dijo: "¡La paz esté con ustedes!". Mientras decía esto, les mostró sus manos y su costado. Los discípulos se llenaron de alegría cuando vieron al Señor. Jesús les dijo de nuevo: "¡La paz esté con ustedes! Como el Padre me envió a mí, yo también los envío a ustedes". Al decirles esto, sopló sobre ellos y añadió: "Reciban el Espíritu Santo. Los pecados serán perdonados a los que ustedes se los perdonen, y serán retenidos a los que ustedes se los retengan". Tomás, uno de los Doce, de sobrenombre el Mellizo, no estaba con ellos cuando llegó Jesús. Los otros discípulos le dijeron: "¡Hemos visto al Señor!" Él les respondió: "Si no veo la marca de los clavos en sus manos, si no pongo el dedo en el lugar de los clavos y la mano en su costado, no lo creeré". Ocho días más tarde, estaban de nuevo los discípulos reunidos en la casa, y estaba con ellos Tomás. Entonces apareció Jesús, estando cerradas las puertas, se puso en medio de ellos y les dijo: "¡La paz esté con ustedes!" Luego dijo a Tomás: "Trae aquí tu dedo: aquí están mis manos. Acerca tu mano: métela en mi costado. En adelante no seas incrédulo, sino hombre de fe". Tomás respondió: "¡Señor mío y Dios mío!" Jesús le dijo: "Ahora crees, porque me has visto. ¡Felices los que creen sin haber visto!" (*Juan* 20, 19-29).

Después de la Ascensión de Cristo

Los Apóstoles regresaron entonces del monte de los Olivos a Jerusalén: la distancia entre ambos sitios es la que está permitida recorrer en día sábado. Cuando llegaron a la ciudad, subieron a la sala donde solían reunirse. Eran Pedro, Juan, Santiago, Andrés, Felipe y Tomás, Bartolomé, Mateo, Santiago, hijo de Alfeo, Simón el Zelote y Judas, hijo de Santiago. Todos ellos, íntimamente unidos, se dedicaban a la oración, en compañía de algunas mujeres, de María, la madre de Jesús, y de sus hermanos (*Hechos de los Apóstoles* 1, 12-14).

La elección de Matías

Uno de esos días, Pedro se puso de pie en medio de los hermanos —los que estaban reunidos eran alrededor de ciento veinte personas— y dijo: "Hermanos, era necesario que se cumpliera la Escritura en la que el Espíritu Santo, por boca de David, habla de Judas, que fue el jefe de los que apresaron a Jesús. Él era uno de los nuestros y había recibido su parte en nuestro ministerio. Pero después de haber comprado un campo con el precio de su crimen, cayó de cabeza, y su cuerpo se abrió, dispersándose sus entrañas. El hecho fue tan conocido por todos los habitantes de Jerusalén, que ese campo fue llamado en su idioma Hacéldama, que quiere decir: "Campo de sangre". En el libro de los Salmos está escrito: Que su casa quede desierta y nadie la habite. Y más adelante: Que otro ocupe su cargo. Es necesario que uno de los que han estado en nuestra compañía durante todo el tiempo que el Señor Jesús permaneció con nosotros, desde el bautismo de Juan hasta el día de la ascensión, sea constituido junto con nosotros testigo de su resurrección". Se propusieron dos: José, llamado Barsabás, de sobrenombre el Justo, y Matías. Y oraron así: "Señor, tú que conoces los corazones de todos, muéstranos a cuál de los dos elegiste para desempeñar el ministerio del apostolado, dejado por Judas al irse al lugar que le correspondía". Echaron suertes, y la elección cayó sobre Matías, que fue agregado a los once Apóstoles (Hechos de los Apóstoles 1, 15-26).

Pentecostés

Al llegar el día de Pentecostés, estaban todos reunidos en el mismo lugar. De pronto, vino del cielo un ruido, semejante a una fuerte ráfaga de viento, que resonó en toda la casa donde se encontraban. Entonces vieron aparecer unas lenguas como de fuego, que descendieron por separado sobre cada uno de ellos. Todos quedaron llenos del Espíritu Santo, y comenzaron a hablar en distintas lenguas, según el Espíritu les permitía expresarse. Había en Jerusalén judíos piadosos, venidos de todas las naciones del mundo. Al oírse este ruido, se congregó la multitud y se llenó de asombro, porque cada uno los oía hablar en su propia lengua. Con gran admiración y estupor decían: "¿Acaso estos hombres que hablan no son todos galileos? ¿Cómo es que cada uno de nosotros los oye en su propia lengua? Partos, medos y elamitas, los que habitamos en la Mesopotamia o en la misma Judea, en Capadocia, en el Ponto y en Asia Menor, en Frigia y Panfilia, en Egipto, en la Libia Cirenaica, los peregrinos de Roma, judíos y prosélitos, cretenses y árabes, todos los oímos proclamar en nuestras lenguas las maravillas de Dios". (*Hechos de los Apóstoles* 2, 1-11).

LA TUMBA DEL REY DAVID

"David se fue a descansar con sus padres,
y lo enterraron en la Ciudad de David"
(*Primer Libro de los Reyes*, 2,10).

La tumba del rey se venera en la planta baja del Cenáculo. El cenotafio está recubierto con un tejido ricamente ornamentado con símbolos y escritos hebreos, especialmente con la estrella de David. Para visitar el lugar es obligatoria la separación de hombres y mujeres.

Algunos estudios afirman que la tumba no puede ser real porque el texto bíblico afirma que el rey fue sepultado en la "Ciudad de David", que corresponde a la colina del Ofel, junto al Cedrón, y no al Monte Sión. La verdad es que la tradición sobre esta tumba inició apenas durante la Edad Media y se extendió en el siglo XII por el judío Benjamín de Tudela. De cualquier manera, a los judíos les valió esto como pretexto para despojar a los franciscanos del lugar, en la parte baja del Cenáculo, y hacerse propietarios.

David significa en hebreo: "Amado". La Biblia registra su nacimiento en Belén de Judea aproximadamente en el año 1037 a.C. Su padre fue Jesé.[42] El nombre de su madre no se menciona. Fue el octavo y último hijo. El primer libro de Samuel lo describe como: bien parecido, de hermosa presencia.[43] Como pastor defendía valientemente su rebaño contra las fieras.[44] Fue reconocido y ungido por el profeta Samuel como el sucesor del rey Saúl. David tocó su arpa para su antecesor. Su acción más conocida fue la lucha contra Goliat, líder de los filisteos, a quien hizo caer con la piedra de una honda y luego le cortó la cabeza.[45] Este acto acrecentó su fama entre el pueblo y provocó los celos del rey Saúl,[46] que intentó asesinarlo. David vivió en el exilio hasta la muerte del rey y, des-

---

[42] Llamado también Isaí (*Rut* 4, 22).
[43] 1 *Samuel* 16, 12 y 17, 42.
[44] Mató a un león y a un oso (1 *Samuel* 17,34-35).
[45] 1 *Samuel* 17, 51
[46] 1 *Samuel* 18, 6-16.

pués, regresó a Hebrón donde fue reconocido como rey de Judá. Posteriormente fue reconocido por las tribus del norte y proclamado segundo rey de Israel. Conquistó Jerusalén y la convirtió en la capital. Colocó el Arca de la Alianza en el Monte Moriah, en el lugar donde Abraham había ofrecido a Isaac en sacrificio. Tuvo la firme intención de construir un Templo, pero Dios no lo autorizó porque había derramado sangre. Ofendió a Dios cometiendo adulterio con Betsabé, mujer de Urías, hombre valiente de su ejército. Cuando David se enteró que ella estaba encinta, le ordenó a su esposo que tuviera relaciones con ella, pero Urías no aceptó. Entonces, David, con la firme intención de que lo asesinaran, lo envió a una batalla al frente de sus filas. Su pecado le fue recriminado por el profeta Natán y como castigo vio morir trágicamente a cuatro de sus hijos: Amnon, Absalom, Adonyyah y el hijo de su adulterio con Betsabé, que murió a los 7 días del nacimiento. David tuvo hijos con diversas mujeres pero, especialmente con ocho esposas. Sus nombres en orden cronológico fueron Michal, Ahinoam de Jezreel, Abigaíl, Maachah, Haggith, Avital, Eglah y Bathsheba. De esta última nació Salomón. David reinó durante 40 años,[47] de los cuales reinó siete en Hebrón y treinta y tres en Jerusalén. Murió en Jerusalén, en el 967 a.C. Es reconocido como guerrero, músico y poeta. Su vida y sus normas se encuentran en los libros bíblicos de *Samuel, Primer Libro de Reyes y Crónicas*. Se le atribuye la autoría de muchos salmos. Se le menciona unas ochocientas veces en el Antiguo Testamento y sesenta en el Nuevo Testamento. La Biblia menciona que Dios reconoció las buenas acciones de David, al grado de prometerle que su línea sucesoria duraría por siempre. Muchas profecías del Antiguo Testamento indican que el Mesías descendería de la línea de David. Los Evangelios de Mateo y Lucas trazan el linaje de Jesús hasta David para completar este requerimiento.

El Corán reconoce a David como Dawud, y lo considera uno de los profetas del Islam. Los musulmanes creen que durante su reinado se colocaron los cimientos de la Cúpula de la Roca, donde Salomón construyó el Templo de Jerusalén.

Así lo mencionan las Sagradas Escrituras:

El Señor dijo a Samuel: "¿Hasta cuándo vas a estar lamentándote por Saúl, si yo lo he rechazado para que no reine más sobre Israel? ¡Llena tu frasco de aceite y parte! Yo te envío a Jesé, el de Belén, porque he visto entre sus hijos al que quiero como rey". Samuel respondió: "¿Cómo voy a ir? Si se entera Saúl, me matará". Pero el Señor replicó: "Llevarás contigo una ternera y dirás: 'Vengo a ofrecer un sacrificio al Señor'. Invitarás a Jesé al sacrificio, y yo te indicaré lo que debes ha-

---

[47] 1 *Reyes* 2, 10-11.

cer: tú me ungirás al que yo te diga". Samuel hizo lo que el Señor le había dicho. Cuando llegó a Belén, los ancianos de la ciudad salieron a su encuentro muy atemorizados, y le dijeron: "¿Vienes en son de paz, vidente?" "Sí, respondió él; vengo a ofrecer un sacrificio al Señor. Purifíquense y vengan conmigo al sacrificio". Luego purificó a Jesé y a sus hijos y los invitó al sacrificio. Cuando ellos se presentaron, Samuel vio a Eliab y pensó: "Seguro que el Señor tiene ante él a su ungido". Pero el Señor dijo a Samuel: "No te fijes en su aspecto ni en lo elevado de su estatura, porque yo lo he descartado. Dios no mira como mira el hombre; porque el hombre ve las apariencias, pero Dios ve el corazón". Jesé llamó a Abinadab y lo hizo pasar delante de Samuel, el cual dijo: "Tampoco a este ha elegido el Señor". Luego hizo pasar a Sammá; pero Samuel dijo: "Tampoco a este ha elegido el Señor". Así Jesé hizo pasar ante Samuel a siete de sus hijos, pero Samuel dijo a Jesé: "El Señor no ha elegido a ninguno de estos". Entonces Samuel preguntó a Jesé: "¿Están aquí todos los muchachos?". Él respondió: "Queda todavía el más joven, que ahora está apacentando el rebaño". Samuel dijo a Jesé: "Manda a buscarlo, porque no nos sentaremos a la mesa hasta que llegue aquí". Jesé lo hizo venir: era de tez clara, de hermosos ojos y buena presencia. Entonces el Señor dijo a Samuel: "Levántate y úngelo, porque es este". Samuel tomó el frasco de óleo y lo ungió en presencia de sus hermanos. Y desde aquel día, el espíritu del Señor descendió sobre David. Samuel, por su parte, partió y se fue a Ramá (1 Samuel 16, 1-13).

En el sexto mes, el Ángel Gabriel fue enviado por Dios a una ciudad de Galilea, llamada Nazaret, a una virgen que estaba comprometida con un hombre perteneciente a la familia de David, llamado José. El nombre de la virgen era María. El Ángel entró en su casa y la saludó, diciendo: "¡Alégrate!, llena de gracia, el Señor está contigo". Al oír estas palabras, ella quedó desconcertada y se preguntaba qué podía significar ese saludo. Pero el Ángel le dijo: "No temas, María, porque Dios te ha favorecido. Concebirás y darás a luz un hijo, y le pondrás por nombre Jesús; él será grande y será llamado Hijo del Altísimo. El Señor Dios le dará el trono de David, su padre, reinará sobre la casa de Jacob para siempre y su reino no tendrá fin" (Lucas 1, 26-33).

Cuando Jesús salió de Jericó acompañado de sus discípulos y de una gran multitud, el hijo de Timéo, Bartiméo, un mendigo ciego, estaba sentado junto al camino. Al enterarse de que pasaba Jesús el nazareno, se puso a gritar; "Jesús, hijo de David, ten piedad de mi". Muchos lo reprendían para que se callara. Pero él gritaba más fuerte; "¡Hijo de David, ten piedad de mí!". Jesús se detuvo y dijo; "llámenlo". Entonces llamaron al ciego y le dijeron, ánimo, levántate, él te llama. Y el ciego arrojando su manto se puso de pie de un salto, y fue hacia él. Jesús le preguntó; "¿Qué quieres que haga por ti?". El le respondió: "Maestro, que yo pueda ver". Jesús le dijo; "vete tu fe te ha salvado". Enseguida comenzó a ver y lo siguió por el camino (Marcos 10, 46 - 52) (también Mateo 15, 21-28).

Los discípulos fueron e hicieron lo que Jesús les había mandado; trajeron el asna y su cría, pusieron sus mantos sobre ellos y Jesús se montó. Entonces la ma-

yor parte de la gente comenzó a extender sus mantos sobre el camino, y otros
cortaban ramas de los árboles y lo cubrían con ellas. La multitud que iba delante de Jesús y la que lo seguía gritaba:
"¡Hosana al Hijo de David! ¡Bendito el
que viene en nombre del Señor! ¡Hosana en las alturas!" (*Mateo* 21, 6-9).

Iglesia de la Dormición

Un lugar conmemorativo

La tradición afirma que la muerte o "dormición de la Virgen María" fue
en el Cenáculo o en una casa muy cercana a él. Esta iglesia no es el lugar
físico, y sólo intenta recordar o conmemorar el tránsito de la Virgen de
este mundo a la vida eterna.[48] En 1898, mediante la gestión del emperador Guillermo II, los católicos alemanes consiguieron el terreno donde se
construyó la actual abadía benedictina con su iglesia, según el proyecto
de M. Renard y M. Gisler. Se consagró el 10 de abril de 1910.

Nivel superior

El estilo de la iglesia es románico alemán con rasgos bizantinos. Tiene
planta circular y cuatro torres. En su interior hay dos niveles. El superior
está coronado por una cúpula con mosaico monocromático; en el lado del
altar, el mosaico del ábside, muestra a la Virgen que sostiene en brazos
al Niño Jesús. Ambos portan vestidos regios. Ella, de color púrpura, él de
color oro. El libro que sostiene el niño tiene una inscripción en griego
con la frase: "Yo soy la luz del mundo". Bajo las figuras una inscripción
latina con la profecía de Isaías: "He aquí que la virgen concebirá y dará a
luz un hijo y le pondrá por nombre Emmanuel". Debajo se puede ver a
los ocho profetas menores que anunciaron al Mesías. Las capillas laterales están dedicadas a diversos santos: Bonifacio, Juan Bautista, José, los
Reyes Magos, Willebaldo y Benito.

La cripta

Las escaleras internas de las torres sirven para descender a la cripta. En
el centro se ve, una escultura yacente de la Virgen, protegida por una rejilla y seis columnas. Una pequeña cúpula con mosaico corona el santuario y muestra a Cristo en actitud de recibir a su madre. Rodean la imagen
de Cristo seis medallones con figuras de mujeres ejemplares de la Biblia:
Eva, Miriam llorando antes de sacrificar su virginidad por su padre Jefté,

---

[48]   Véase los textos sobre la muerte de María en La Tumba de María, pág.121.

Jael dando muerte a Sísara, Judit con la cabeza de Holofernes, Rut, y la reina Ester. En los altares laterales hay obsequios de diversos países o asociaciones. La imagen de la Guadalupana es obsequio de México.

EL MONTE DE LOS OLIVOS

El lugar se encuentra frente a la Ciudad de Jerusalén. Jesús acudía ahí frecuentemente para orar. Actualmente tiene varios santuarios que recuerdan diversos episodios de la vida de Jesús: cuando lloró por Jerusalén profetizando la destrucción de la ciudad, el momento de agonía en el huerto de Getsemaní y el momento en que Judas lo besa para entregarlo a sus enemigos.

DOMINUS FLEVIT
"Donde el Señor lloró"

Jesús amaba la ciudad de Jerusalén por todo lo que ella significaba: el lugar de la prueba de Abraham, la conquista del rey David, el Templo, la ciudad reconstruida después del exilio en Babilonia y muchos acontecimientos más. Desde su más tierna infancia, cuando la visitaba acompañado de sus padres, se había admirado de sus murallas y construcciones. Muchas veces, en su peregrinar hacia ella había cantado el salmo: "Qué alegría cuando me dijeron: ¡Vamos a la casa del Señor! Y ahora ya están pisando nuestros pies tus umbrales, Jerusalén". San Lucas recuerda el momento en que desde este monte Jesús contempló la ciudad y lloró por ella anunciando su destrucción. Es de los pocos textos que muestran a Jesús conmovido y lloroso. Para conmemorar este acontecimiento, los franciscanos adquirieron el terreno en 1886 y, en 1891, erigieron una pequeña capilla incorporada al actual convento. Está construida sobre los restos de un monasterio bizantino del siglo VII. La capilla fue diseñada por Antonio Barluzzi en 1954 con la forma de lágrima. Es de cruz griega con cúpula. El arquitecto colocó un ventanal detrás del altar para que los peregrinos que participan de la misa tengan una magnífica vista de Jerusalén y puedan evocar el texto de San Lucas. En el altar, la imagen de una gallina con sus polluelos recuerda la frase de Jesús: "¡Jerusalén, Jerusalén, que matas a los profetas y apedreas a los que te son enviados!

¡Cuántas veces quise reunir a tus hijos, como la gallina reúne bajo sus alas a los pollitos, y tú no quisiste!" (*Lucas* 13, 34).

Así lo mencionan las Sagradas Escrituras:

Cuando se fue acercando, al ver la ciudad, lloró por ella, y dijo: "¡Si en este día comprendieras tú también los caminos de la paz! Pero los ojos siguen cerrados. Pues llegará un día en que tus enemigos te rodearán con trincheras, te cercarán y te acosarán por todas partes; te pisotearán a ti y a tus hijos dentro de las murallas. No dejaran piedra sobre piedra en tu recinto, por no haber reconocido el momento en que Dios ha venido a salvarte" (Lucas 19, 41-44) (el anuncio se completa en Mateo 23, 37-39 y 24, 15).

LA ROCA DE LA AGONÍA

✛

Después da la Última Cena, Jesús con sus discípulos cruzó el torrente Cedrón[49] y se dirigió al Huerto de Getsemaní,[50] en el Monte de los Olivos. Necesitaba hacer oración para soportar el trago amargo de su pasión y muerte. Aunque lo acompañaron once de sus discípulos, les pidió especialmente a Pedro, Santiago y Juan que oraran junto a él. Los apóstoles se quedaron dormidos mientras él oraba angustiado en la llamada Roca de la Agonía. Hasta ahí llegó Judas Iscariote con la guardia del Sanedrín. Jesús fue hecho prisionero y llevado, primero, a la casa de Anás y luego, a la del sumo sacerdote, Caifás.

La iglesia bizantina

Los discípulos y la primitiva comunidad cristiana no olvidaron el lugar. Al comienzo del siglo IV, los cristianos de Jerusalén oraban en el lugar donde la tradición situaba la oración del Cristo agonizante. Hacia el año 330, Eusebio de Cesarea apunta "los fieles, todavía hoy, se muestran solícitos a orar" en el recinto de Getsemaní, "donde Cristo oró antes de su pasión". Los textos de la peregrina Egeria mencionan que la Iglesia de la Agonía era una parada obligatoria en las procesiones litúrgicas del siglo IV. Después de velar casi toda la noche del Jueves al Viernes Santo,

---

[49] Parecido a la mayoría de los torrentes o wadis palestinos, el Cedrón es, de hecho, un valle seco y no recibe agua más que durante las fuertes lluvias del invierno.

[50] *Getsemaní* significa "prensa de aceites". Es una forma helenizada de dos vocablos hebreos *Gath* ("prensa, lagar") y *shemânîm* ("aceites").

en el Monte de los Olivos, los fieles bajaban a la ciudad cantando himnos. Así lo describe: "Y se llega al lugar mismo en que oró el Señor, como está escrito en el Evangelio: y se apartó como un tiro de piedra y oró[...] En ese lugar hay una iglesia elegante. Entra en ella el Obispo y todo el pueblo, se dice allí una oración propia del lugar y se dice también un himno apropiado y se lee el mismo texto del Evangelio donde el Señor dijo a sus discípulos: velad para que no entréis en tentación. Se lee allí todo ese pasaje y se hace de nuevo oración".Y en el año 390, San Jerónimo escribe: "Getsemaní es el lugar donde oró el Salvador antes de su pasión. Se encuentra al pie del monte de los Olivos; en la actualidad, allí está construida una Iglesia". La hermosa basílica de tres naves y tres ábsides, y con pavimento de bellos mosaicos, fue destruida por un incendio, en el siglo VII. En 1909 los franciscanos iniciaron trabajos de limpieza en el lugar y encontraron las ruinas de una iglesia medieval que había sido levantada en el sitio de la iglesia bizantina, indicada por la peregrina Egeria y san Jerónimo.

La basílica moderna

Su fachada está dirigida hacia el torrente Cedrón. Tiene un pórtico con tres arcos sostenidos por pilastras flanqueadas por columnas. El tímpano muestra un mosaico, obra de Giulio Bargallini, en el que se ve a un ángel recibiendo el corazón que Cristo, como mediador, ofrece a Dios Padre por la humanidad. A un lado, se representa a los sabios y poderosos cuyo conocimiento y poder son insuficientes para alcanzar la salvación. Al otro los débiles y pobres que esperan todo del Salvador. Jesús hace oración por todos. Se construyó entre 1922 y 1924, con la colaboración de varios países, cuyos escudos se pueden ver en la bóveda y en los mosaicos de los ábsides (derecha: Estados Unidos, Alemania, Canadá y Bélgica; centro: Inglaterra, España, Francia e Italia; izquierda: México, Chile, Brasil y Argentina). La iglesia conserva la orientación y planta de la iglesia bizantina.

El interior

En el interior hay un ambiente de recogimiento provocado por la luz de las vidrieras y el mosaico azul de las doce cúpulas. El peregrino tiene la impresión de estar viviendo el momento nocturno de la agonía. La nave central está separada de las laterales por seis esbeltas columnas monolíticas mientras que el altar tiene forma de cáliz. Recuerda las palabras: "Haz que se aparte de mí este amargo cáliz, pero si no, que se haga tu voluntad". A los pies del altar, en el presbiterio, está la roca de la agonía. La artística reja que la rodea, semejante a una corona de espinas, fue un obsequio de Australia. El mosaico del ábside central, obra de Pietro D'

Achiardi, presenta la agonía en el huerto; los laterales, de Mario Barberis, el beso de Judas y el momento en que Jesús se presenta como aquel a quien buscan diciendo: "Soy Yo".

Así lo mencionan las Sagradas Escrituras:

La oración de Jesús en Getsemaní

Cuando Jesús llegó con sus discípulos a una propiedad llamada Getsemaní, les dijo: "Quédense aquí, mientras yo voy allí a orar". Y llevando con él a Pedro y a los dos hijos de Zebedeo, comenzó a entristecerse y a angustiarse. Entonces les dijo: "Mi alma siente una tristeza de muerte. Quédense aquí, velando conmigo". Y adelantándose un poco, cayó con el rostro en tierra, orando así: "Padre mío, si es posible, que pase lejos de mí este cáliz, pero no se haga mi voluntad, sino la tuya". Después volvió junto a sus discípulos y los encontró durmiendo. Jesús dijo a Pedro: "¿Es posible que no hayan podido quedarse despiertos conmigo, ni siquiera una hora? Estén prevenidos y oren para no caer en la tentación, porque el espíritu está dispuesto, pero la carne es débil". Se alejó por segunda vez y suplicó: "Padre mío, si no puede pasar este cáliz sin que yo lo beba, que se haga tu voluntad". Al regresar los encontró otra vez durmiendo, porque sus ojos se cerraban de sueño. Nuevamente se alejó de ellos y oró por tercera vez, repitiendo las mismas palabras. Luego volvió junto a sus discípulos y les dijo: "Ahora pueden dormir y descansar: ha llegado la hora en que el Hijo del hombre va a ser entregado en manos de los pecadores. ¡Levántense! ¡Vamos! Ya se acerca el que me va a entregar" (*Mateo* 26, 36- 46) (también *Marcos* 14, 32-42, *Lucas* 22, 39-46 y *Juan* 18, 1).

El arresto de Jesús

Jesús estaba hablando todavía, cuando llegó Judas, uno de los Doce, acompañado de una multitud con espadas y palos, enviada por los sumos sacerdotes y los ancianos del pueblo. El traidor les había dado esta señal: "Es aquel a quien voy a besar. Deténganlo". Inmediatamente se acercó a Jesús, diciéndole: "Salud, Maestro", y lo besó. Jesús le dijo: "Amigo, ¡cumple tu cometido!". Entonces se abalanzaron sobre él y lo detuvieron. Uno de los que estaban con Jesús sacó su espada e hirió al servidor del Sumo Sacerdote, cortándole la oreja. Jesús le dijo: "Guarda tu espada, porque el que a hierro mata a hierro muere. ¿O piensas que no puedo recurrir a mi Padre? Él pondría inmediatamente a mi disposición más de doce legiones de ángeles. Pero entonces, ¿cómo se cumplirían las Escrituras, según las cuales debe suceder así?" Y en ese momento dijo Jesús a la multitud: "¿Soy acaso un bandido, para que salgan a arrestarme con espadas y palos? Todos los días me sentaba a enseñar en el Templo, y ustedes no me detuvieron". Todo esto sucedió para que se cumpliera lo que escribieron los profetas. Entonces todos los discípulos lo abandonaron y huyeron (*Mateo* 26, 47-56) (también *Marcos* 14, 43-52, *Lucas* 22, 47-53 y *Juan* 18, 2-11).

LA TUMBA DE MARÍA
"La Iglesia de la Asunción"

Está a la izquierda y al pie del Monte de los Olivos. Se construyó sobre la tumba que recibió los restos mortales de la Virgen María. Desde ese lugar fue llevada al cielo, para que su cuerpo no sufriera la corrupción por las consecuencias del pecado. María sólo probó la tumba, pero al igual que Cristo, no se quedó en ella. Fue el lugar de su Asunción gloriosa al Cielo. En el siglo IV se construyó una iglesia bizantina sobre el lugar. En el siglo V, Juvenal, patriarca de Jerusalén (422-458) la reconstruyó. Posteriormente se construyó un nuevo santuario que dejó visible la cripta en la cual fue venerada la tumba. En el año 614 la iglesia fue destruida por los persas. En 1099, los Cruzados encontraron sólo una pequeña edícula sobre la Tumba y, en el 1130, reconstruyeron la iglesia. Lamentablemente, en el 1187, el sultán Saladino al conquistar Jerusalén destruyó la iglesia superior y el monasterio adjunto. Utilizó el material para fortalecer las murallas de Jerusalén. Por fortuna, respetó la cripta ya que los musulmanes veneran también a "la Madre Santa del profeta Jesús". Desde finales del siglo XIV, y hasta el siglo XVII, los franciscanos se ocuparon del mantenimiento del edificio hasta que las intrigas y violencia de los griegos ortodoxos expulsaron definitivamente a los representantes de la Iglesia católica de rito latino en 1757. En señal de protesta, los católicos no tienen servicios religiosos en el santuario. El Patriarca latino sólo puede celebrar oficialmente en este santuario tres veces por año, incluyendo el 15 de agosto, el banquete de la Asunción. Los musulmanes tienen un lugar especial para sus rezos, pero desde 1757 los griegos ortodoxos se consideran propietarios del lugar y lo comparten con los armenios. Los sirios, los coptos y los abisinios tienen derechos menores.

Descripción del lugar

La fachada de la tumba, toda de piedra, es de tiempos de los cruzados. Tres escalones conducen a la puerta decorada muy sobriamente con un gran arco y archivolta de tres molduras. Cada moldura arranca de una delicada columna. Después de cruzar la puerta el visitante encuentra una gran escalinata que conduce hasta el fondo del edificio. En la altura media hay dos capillas. La de la derecha está dedicada a san Joaquín y santa Ana, padres de la Virgen. Está coronada por una pequeña cúpula. Fue tumba de la reina Melisenda, esposa del tercer rey de Jerusalén: Foulques V de Anjou. La capilla de la izquierda, dedicada a san José, fue sepultura de María, esposa de Balduino II, y Constancia, madre de Bohemond III, príncipe de Antioquía. El ambiente se hace cada vez más oscuro por no haber más luces que la puerta, habiendo sido cegadas las ventanas que un día existieron. Al llegar al fondo de la escalera, una larga galería excavada en la roca se extiende a derecha e izquierda con ábsides en ambos extremos. En el brazo de la derecha, el más largo de la galería, y detrás de un altar armenio, se encuentra la edícula casi cuadrada que recogió los despojos mortales de la Virgen María. En sus inicios, el sepulcro estuvo excavado directamente en la roca pero, al igual que el santo sepulcro, cuando se construyó el primer santuario se aisló del entorno y de las otras cámaras sepulcrales del complejo funerario. El antiguo techo de roca se sustituyó por una cúpula de cantería. Las últimas restauraciones realizadas entre 1971 y 1974 dejaron al descubierto, debajo del altar, el lugar donde se depositaba el cuerpo.

Textos sobre la muerte de la Virgen María

Los evangelios de la Biblia se centran en la persona de Cristo, por lo que ofrecen pocos detalles sobre la vida y muerte de la Virgen María. Son la tradición y los libros apócrifos del *Transitus Marie* y el *Libro del Tránsito de la Santísima Virgen, Madre de Dios* los que dan información sobre la muerte de la Virgen. El *Transitus Marie* relata la muerte y la asunción de la Virgen María. De él se conoce una recensión en griego y dos en latín. El texto griego data del siglo IV o V, sin embargo la tradición puede ser bastante anterior. Las primeras versiones dieron lugar a numerosas reelaboraciones. Entre las más populares está El *Libro del Tránsito de la Santísima Virgen, Madre de Dios*, atribuido a Melitón, obispo de Sardes, en Lidia, del siglo II. El *Libro árabe del Tránsito*, en su parte final nos proporciona incluso la edad que tenía María cuando murió: 59 años. En cambio la *Leyenda dorada* menciona distintas edades: según san Epifanio, 72 años y según otros autores, 60.

Síntesis de los evangelios apócrifos:

1. Anuncio de su muerte: un ángel le anuncia a María que morirá dentro de tres días y le entrega una palma, como signo de la vida eterna. Ella le pide al ángel que estén presentes los apóstoles. Luego se vistió con ropas nuevas, tomó la palma y fue a orar al Monte de los Olivos.
2. San Juan es transportado desde Efeso a Jerusalén: Juan predicaba en Efeso cuando se produjo un gran temblor. Luego fue transportado, en una nube, hasta la casa de María. Ella le pide que, despues de su muerte, coloque la palma en su ataúd y que cuide su cuerpo, porque los judíos esperan su muerte para quemarlo.

3. Los otros apóstoles también llegan al lugar: los apóstoles, incluido san Pablo, son transportados en una nube hasta Jerusalén.

4. Oración y muerte de María: después de hacer oración, María se recostó en su cama y salió de ella un resplandor. Así entregó su espíritu. El cuerpo es depositado en el ataúd: Pedro y Pablo cargan el ataúd. Juan, por ser virgen, es elegido para llevar la palma delante de la procesión.

5. Aparecen ángeles cantando: una nube y ángeles cubren el ataúd de María. Un sacerdote judío pretende tirar el ataúd y como castigo se le secan los brazos.

6. El cuerpo de María es colocado en el sepulcro.

7. Los apóstoles depositan el ataúd en un sepulcro nuevo, en el valle de Josafat.

8. Miguel saca del sepulcro el cuerpo de María: Dios envía a la tierra al arcángel Miguel con la misión de llevar a María al cielo.

9. María es llevada al paraíso: el Señor besa a María y, luego, la entrega a los ángeles para que la conduzcan al paraíso. Cristo se despidió de los apóstoles y, después de subir a los cielos, hizo que regresaran al lugar donde predicaban.

Añadidos posteriores

El libro de *La Leyenda Dorada,* en la parte correspondiente a la "Asunción de la Bienaventurada Virgen María", se basa en los libros mencionados y, añade otros elementos que, con el tiempo, se fueron integrando a las narraciones primitivas. Se pueden citar los siguientes:

1. El apóstol Tomás no estuvo presente durante el momento de la muerte de la Virgen y su traslado al sepulcro, por lo que posteriormente los apóstoles lo condujeron al lugar. Quedaron admirados porque sólo encontraron las vestiduras de la Virgen María.

2. Una variante añade que, ante la duda de Tomás, María dejó caer desde el cielo su cinturón para que así santo Tomás lo viera y creyera. Otras variantes posteriores añadieron la presencia de flores dentro del sepulcro vacío. Según la *Leyenda dorada* las vestiduras que María dejó en el sepulcro se veneraron durante mucho tiempo en la catedral de Chartres, hasta que la misma Virgen las hizo desaparecer.

Jerusalén o Éfeso

Hay una tradición que afirma que la Virgen acompañó a san Juan a Éfeso y ahí murió, sin embargo, es más fuerte la tradición de Jerusalén.

El dogma de la Asunción

Aunque el arte había expresado desde mucho tiempo atrás esta creencia, el dogma de la Asunción fue proclamado por el papa Pío XII, hacia las doce del mediodía, el 1 de noviembre de 1950 con las siguientes palabras:

Para gloria de Dios omnipotente, para honor de su Hijo, Rey inmortal de los siglos, para aumento de gloria de la misma augusta Madre y gozo de toda la Iglesia; por la autoridad de Nuestro Señor Jesucristo, de los Santos Apóstoles Pedro y Pablo y nuestra, definimos ser dogma divinamente revelado: Que la Inmaculada Madre de Dios, siempre Virgen María, cumplido el curso de su vida terrestre, fue asunta en cuerpo y alma a la gloria celestial.

Lugar de la Ascensión

La tradición sitúa la Ascensión en la colina central del monte. San Lucas ofrece el único testimonio que se conserva en los Evangelios al mencionar que el hecho se dio en el Monte de los Olivos, junto al camino de Betania.

Poco antes del año 378, Poemenia, una noble mujer romana, construyó en el lugar el *Imbomon,* un edificio de planta circular, sin techo. En el 384 la peregrina Egeria dejó el siguiente testimonio: "A eso de la hora sexta de la noche, se sube al Imbomon con himnos al lugar desde donde el Señor subió al cielo. Y allí también se dicen lecciones, himnos y antífonas correspondientes al día. Se hacen además otras oraciones que dice el obispo, apropiadas al día y al lugar. Así, pues, cuando comienza el canto de los gallos, se baja del Imbomon cantando himnos".

Los persas destruyeron el Imbomon en el año 614. Entre los años 631 y 634, san Modesto, patriarca de Jerusalén restauró el lugar y lo embelleció con bóvedas sostenidas por columnas y dos pórticos. Por desgracia, en el siglo XIII los musulmanes cerraron con muros los espacios entre los arcos y cubrieron el sitio con una horrible cúpula. La piedad popular dice ver en la roca las huellas de Cristo.

Así lo mencionan las Sagradas Escrituras:

Después Jesús los llevó hasta las proximidades de Betania y, elevando sus manos, los bendijo. Mientras los bendecía, se separó de ellos y fue llevado al cielo. Los discípulos, que se habían postrado delante de él, volvieron a Jerusalén con gran alegría (*Lucas* 24, 50-52).

[Después de la Ascensión] Los Apóstoles regresaron entonces del monte de los Olivos a Jerusalén: la distancia entre ambos sitios es la que está permitida recorrer en día sábado. Cuando llegaron a la ciudad, subieron a la sala donde solían reunirse. Eran Pedro, Juan, Santiago, Andrés, Felipe y Tomás, Bartolomé, Mateo, Santiago, hijo de Alfeo, Simón el Zelote y Judas, hijo de Santia-go. Todos ellos, íntimamente unidos, se dedicaban a la oración, en compañía de algunas mujeres, de María, la madre de Jesús, y de sus hermanos (*Hechos de los Apóstoles* 1, 12-14).

IGLESIA DE MARÍA MAGDALENA

La iglesia y el convento ortodoxo ruso de santa María Magdalena, en Getsemaní, fueron construidos en 1888, como un monumento a la emperatriz María Alexandrovna por su hijo, el zar ruso Alexander III y sus hermanos. El gran Duque Sergei Alexandrovich, hermano del zar presidió la consagración de la iglesia como representante suyo. El estilo del edificio es "moscovita" y se caracteriza por el diseño de sus cúpulas doradas en forma de cebollas. En su interior sobresalen el mármol blanco, la madera y el bronce.Los grandes murales del interior son obra del conocido artista ruso Sergei Ivanov (1864-1910), y representan la vida de María Magdalena. Los iconos del iconostasio son obra del artista ruso, Vereshchaguin. Un tesoro de la Iglesia ortodoxa rusa fuera de Rusia son las reliquias de las santas mártires la gran princesa Isabel Fiódorovna y la monja Bárbara, asesinadas por los bolcheviques en 1918. Sus restos se trasladaron a este lugar en 1921 y descansan en sepulcros de mármol. En la parte derecha del iconostasio sobresale una imagen de la Madre de Dios "Hoidigitria" procedente de Líbano. Se considera milagroso por haber sobrevivido a un incendio en el siglo XVI y por haber salvado a muchas personas del cólera. Ahí celebran el culto diario las mujeres del convento adjunto, fundado en 1936 por la Madre María Robinson y bajo la jurisdicción de la Iglesia Ortodoxa Rusa en el extranjero. La comunidad cuenta con 30 monjas de diversas nacionalidades que, además de la oración, se dedican a la pintura de iconos, bordado de ornamentos y otros objetos para uso litúrgico. Los huevos y artesanías pintados a mano son famosos en todo el mundo.

CAPILLA DE LA FLAGELACIÓN Y CAPILLA DEL *LITÓSTROTOS*

La Torre Antonia y el Pretorio
Herodes el Grande construyó en Jerusalén una guarnición militar a la

que, en honor del emperador Marco Antonio se llamó Fortaleza Antonia o Torre de Antonio. Se erguía en el ángulo noroeste de la explanada del Templo; era un gran rectángulo de 150 por 80 metros, con torres en los ángulos. El Pretorio funcionaba en un área dentro de la Fortaleza Antonia. La Fortaleza fue destruida en el 70 d.C. por el ejército de Tito durante el sitio de Jerusalén. En latín, *Praetorium* era el cuartel general de la armada romana. Posteriormente fue utilizado como residencia del procurador (gobernador) de la provincia romana. En el Nuevo Testamento, se habla del pretorio como palacio de Poncio Pilato, procurador romano de Judea, que juzgó y condenó a Cristo a la crucifixión.

El empedrado

Litóstrotos es una palabra griega que significa "empedrado"; *Gabbata* es una palabra aramea que significa "elevación". Los enemigos de la historicidad de los Evangelios decían que la narración hablaba solamente de símbolos mitológicos acerca de los cuales se tejieron muchas especulaciones. Por fortuna entre 1927 y 1933, el arqueólogo francés L. H. Vincent descubrió el patio empedrado de la Torre Antonia, donde Pilato condenó a Jesús. Las excavaciones comprobaron que se trataba de un verdadero patio, empedrado al estilo romano. El *Litóstrotos* o *Gabbata*, tiene aproximadamente 2,500 metros cuadrados.

La posible amnistía

El procurador intentó liberar a Jesús mediante alguna de las dos clases de amnistía que con motivo de la Pascua contemplaba el derecho romano. La *Abolitio* consistía en liberar a un preso aún no sentenciado. La *Indulgentia* era el indulto a un condenado. Pilato le dio la oportunidad al pueblo de elegir entre la *Abolitio* a Jesús o la *Indulgentia* a Barrabás, un asesino. Los sacerdotes incitaron al pueblo para que pidiera la libertad de Barrabás. Entonces, Pilato se sentó en el *Litóstrotos*, su sede de juez en el tribunal, lo entregó a la terrible *flagelattio* romana con *flagrum*, para después crucificarlo.

La flagelación

Los romanos utilizaban dos tipos de instrumentos para la flagelación. El *flagelum* azotaba la piel, dejando laceraciones dolorosas y cicatrices permanentes pero no era causa de muerte; en cambio el *flagrum* descarnaba y provocaba la muerte del condenado en un feroz traumatismo consecuencia de deshidratación, cuantiosa pérdida de sangre y múltiples heridas por las porciones de carne arrancadas al cuerpo. El *flagrum* romano era un látigo de tres correas que, en el extremo de cada una, tenía tres puntas a las que se amarraban huesos de borrego o bolas de plomo con puntas. Al impactarse en el cuerpo del condenado se hundían en la carne y, al ser retiradas arrancaban porciones de carne. Otro tipo de *flagrum*, con navajas en los extremos, se usaba solo para desangrar y no para descarnar. Se sabe que Jesús, antes de su crucifixión, quedó desangrado y descarnado por el *flagrum* romano. Así, fue presentado por Poncio Pilato ante el pueblo con la frase: "¡*Ecce homo!*" ("He aquí al hombre"). Para los enemigos de Cristo no fue suficiente verlo hecho pedazos y solicitaron su muerte en cruz.

Dos santuarios en un mismo lugar

La tradición cristiana recuerda y venera en un mismo lugar dos momentos de la Pasión de Cristo: la flagelación y la condena a muerte. Los dos santuarios están junto al convento franciscano de la Flagelación. El pavimento de la iglesia del Litóstrotos conserva algunas piedras estriadas: La imposición de la cruz sobre los hombros de Jesús se recuerda en los muros exteriores de la iglesia del *Litóstrotos* que es donde comienza la segunda estación del *Via Crucis*.

La Capilla de la Flagelación

Fue construida por los cruzados en el siglo XII, aunque sufrió el abandono durante siglos. En 1838, gracias a la generosa ayuda de Maximiliano de Baviera, los franciscanos adquirieron, restauraron y abrieron al culto la iglesia. En 1929 fue restaurada por el arquitecto Barluzzi y conservó su estilo medieval. La fachada está adornada, debajo del tímpano, con motivos de la Pasión: flagelo, clavos, espinas, lavatorio de manos, etc. Sobre la puerta tiene un friso de espinas entretejidas. Las vidrieras, obra de A. Cambellotti, representan: el juicio de Pilato, la Flagelación de Jesús y la liberación de Barrabás. Sobre el altar mayor hay una corona de espinas en mosaico. El último altar a la derecha está dedicado a San Pablo. Recuerda la prisión del apóstol en la Torre Antonia.[51] La pintura, con el mismo tema, es de M. Barberis. En esta iglesia tiene su sede, desde 1923, el Instituto Bíblico Franciscano y la Facultad de Ciencias Bíblica y de Arqueología Bíblico-Cristiana.

Capilla de la Condena o *Litóstrotos*

Ocupa el lugar donde Pilato decretó la muerte e Jesús y donde le fue impuesta la cruz. Se construyó en 1904 sobre las ruinas de una iglesia medieval recién descubierta. El proyecto fue de Fr. Wendelin Hinterkreuser. En el ábside central, Jesús acaba de oír su sentencia a muerte y se le entrega el madero. A la izquierda el *Ecce Homo* y a la derecha Jesús ago-

---

[51] *Hechos de los Apóstoles* 21, 34 y ss.

biado con la cruz. En el muro meridional la escena del Encuentro. Aquí comienza el *Litóstrotos*, que continúa en la casa vecina de las Damas de Sión. Recibió el nombre de *Litóstrotos* en referencia a las grandes losas que se prolongan hasta el contiguo santuario del *Ecce Homo*. Al fondo de la capilla pueden verse las losas estriadas, y algunos diseños de juegos con que se divertían los soldados.

Así lo mencionan las Sagradas Escrituras:

Jesús ante Pilato

Jesús compareció ante el gobernador, y este le preguntó: "¿Tú eres el rey de los judíos?" Él respondió: "Tú lo dices". Al ser acusado por los sumos sacerdotes y los ancianos, no respondió nada. Pilato le dijo: "¿No oyes todo lo que declaran contra ti?" Jesús no respondió a ninguna de sus preguntas, y esto dejó muy admirado al gobernador (*Mateo* 27, 11-14).

En cuanto amaneció, los sumos sacerdotes se reunieron en Consejo con los ancianos, los escribas y todo el Sanedrín. Y después de atar a Jesús, lo llevaron y lo entregaron a Pilato. Este lo interrogó: "¿Tú eres el rey de los judíos?" Jesús le respondió: "Tú lo dices". Los sumos sacerdotes multiplicaban las acusaciones contra él. Pilato lo interrogó nuevamente: "¿No respondes nada? ¡Mira de todo lo que te acusan!" Pero Jesús ya no respondió a nada más, y esto dejó muy admirado a Pilato (*Marcos* 15, 1-5).

Después se levantó toda la asamblea y lo llevaron ante Pilato. Y comenzaron a acusarlo, diciendo: "Hemos encontrado a este hombre incitando a nuestro pueblo a la rebelión, impidiéndole pagar los impuestos al Emperador y pretendiendo ser el rey Mesías". Pilato lo interrogó, diciendo: "¿Eres tú el rey de los judíos?" "Tú lo dices", le respondió Jesús. Pilato dijo a los sumos sacer-dotes y a la multitud: "No encuentro en este hombre ningún motivo de condena". Pero ellos insistían: "Subleva al pueblo con su enseñanza en toda la Judea. Comenzó en Galilea y ha llegado hasta aquí". Al oír esto, Pilato preguntó si ese hombre era galileo. Y habiéndose asegurado de que pertenecía a la jurisdicción de Herodes, se lo envió. En esos días, también Herodes se encontraba en Jerusalén (*Lucas* 23, 1-7).

Desde la casa de Caifás llevaron a Jesús al pretorio. Era de madrugada. Pero ellos no entraron en el pretorio, para no contaminarse y poder así participar en la comida de Pascua. Pilato salió a donde estaban ellos y les preguntó: "¿Qué acusación traen contra este hombre?" Ellos respondieron: "Si no fuera un malhechor, no te lo hubiéramos entregado". Pilato les dijo: "Tómenlo y júzguenlo ustedes mismos, según la Ley que tienen". Los judíos le dijeron: "A nosotros no nos está permitido dar muerte a nadie". Así debía cumplirse lo que había dicho Jesús cuando indicó cómo iba a morir. Pilato volvió a entrar en el pretorio, llamó a Jesús y le preguntó: "¿Eres tú el rey de los judíos?" Jesús le respondió: "¿Dices esto por ti mismo u otros te lo han dicho de mí?" Pilato replicó: "¿Acaso yo soy judío? Tus compatriotas y los sumos sacerdotes te han puesto en mis manos. ¿Qué es lo que has hecho?" Jesús respondió: "Mi reino no es de este mundo. Si mi realeza fuera de este mundo, los que están a mi servicio habrían combatido para que yo no fuera entregado a los judíos. Pero mi reino no es de este mundo". Pilato le dijo: "¿Entonces tú eres rey?" Jesús respondió: "Tú lo dices: yo soy rey. Para esto he nacido y he venido al mundo: para dar testimonio de la verdad. El que es de la verdad, escucha mi voz". Pilato le preguntó: "¿Qué es la verdad?" (*Juan* 18, 28-38).

Jesús y Barrabás

En cada Fiesta, el gobernador acostumbraba a poner en libertad a un preso, a elección del pueblo. Había entonces uno famoso, llamado Barrabás. Pilato preguntó al pueblo que estaba reunido: "¿A quién quieren que ponga en libertad, a Barrabás o a Jesús, llamado el Mesías?" Él sabía bien que lo habían entregado por envidia. Mientras estaba sentado en el tribunal, su mujer le mandó decir: "No te mezcles en el asunto de ese justo, porque hoy, por su causa, tuve un sueño que me hizo sufrir mucho". Mientras tanto, los sumos sacerdotes y los ancianos convencieron a la multitud que pidiera la libertad de Barrabás y la muerte de Jesús. Tomando de nuevo la palabra, el gobernador les preguntó: "¿A cuál de los dos quieren que ponga en libertad?" Ellos respondieron: "A Barrabás". Pilato continuó: "¿Y qué haré con Jesús, llamado el Mesías?". Todos respondieron: "¡Que sea crucificado!" Él insistió: "¿Qué mal ha hecho?" Pero ellos gritaban cada vez más fuerte: "¡Que sea crucificado!" Al ver que no se llegaba a nada, sino que aumentaba el tumulto, Pilato hizo traer agua y se lavó las manos delante de la multitud, diciendo: "Yo soy inocente de esta san-

gre. Es asunto de ustedes". Y todo el pueblo respondió: "Que su sangre caiga sobre nosotros y sobre nuestros hijos". Entonces, Pilato puso en libertad a Barrabás; y a Jesús, después de haberlo hecho azotar, lo entregó para que fuera crucificado (*Mateo* 27, 15-26).

En cada Fiesta, Pilato ponía en libertad a un preso, a elección del pueblo. Había en la cárcel uno llamado Barrabás, arrestado con otros revoltosos que habían cometido un homicidio durante la sedición. La multitud subió y comenzó a pedir el indulto acostumbrado. Pilato les dijo: "¿Quieren que les ponga en libertad al rey de los judíos?" Él sabía, en efecto, que los sumos sacerdotes lo habían entregado por envidia. Pero los sumos sacerdotes incitaron a la multitud a pedir la libertad de Barrabás. Pilato continuó diciendo: "¿Qué quieren que haga, entonces, con el que ustedes llaman rey de los judíos?" Ellos gritaron de nuevo: "¡Crucifícalo!" Pilato les dijo: "¿Qué mal ha hecho?". Pero ellos gritaban cada vez más fuerte: "¡Crucifícalo!" Pilato, para contentar a la multitud, les puso en libertad a Barrabás; y a Jesús, después de haberlo hecho azotar, lo entregó para que fuera crucificado (*Marcos* 15, 6-15).

Pilato convocó a los sumos sacerdotes, a los jefes y al pueblo, y les dijo: "Ustedes me han traído a este hombre, acusándolo de incitar al pueblo a la rebelión. Pero yo lo interrogué delante de ustedes y no encontré ningún motivo de condena en los cargos de que lo acusan; ni tampoco Herodes, ya que él lo ha devuelto a este tribunal. Como ven, este hombre no ha hecho nada que merezca la muerte. Después de darle un escarmiento, lo dejaré en libertad". Pero la multitud comenzó a gritar: "¡Que muera este hombre! ¡Suéltanos a Barrabás!" A Barrabás lo habían encarcelado por una sedición que tuvo lugar en la ciudad y por homicidio. Pilato volvió a dirigirles la palabra con la intención de poner en libertad a Jesús. Pero ellos seguían gritando: "¡Crucifícalo! ¡Crucifícalo!" Por tercera vez les dijo: "¿Qué mal ha hecho este hombre? No encuentro en él nada que merezca la muerte. Después de darle un escarmiento, lo dejaré en libertad". Pero ellos insistían a gritos, reclamando que fuera crucificado, y el griterío se hacía cada vez más violento. Al fin, Pilato resolvió acceder al pedido del pueblo. Dejó en libertad al que ellos pedían, al que había sido encarcelado por sedición y homicidio, y a Jesús lo entregó al arbitrio de ellos (*Lucas* 23, 13-25).

Pilato salió nuevamente a donde estaban los judíos y les dijo: "Yo no encuentro en él ningún motivo para condenarlo. Y ya que ustedes tienen la costumbre de que ponga en libertad a alguien, en ocasión de la Pascua, ¿quieren que suelte al rey de los judíos?" Ellos comenzaron a gritar, diciendo: "¡A él no, a Barrabás!" Barrabás era un bandido (*Juan* 18, 39-40).

La coronación de espinas

Los soldados del gobernador llevaron a Jesús al pretorio y reunieron a toda la guardia alrededor de él. Entonces lo desvistieron y le pusieron un manto rojo. Luego tejieron una corona de espinas y la colocaron sobre su cabeza, pusieron una caña en su mano derecha y, doblando la rodilla delante de él, se burlaban, diciendo: "Salud, rey de los judíos". Y escupiéndolo, le quitaron la caña y con ella le golpeaban la cabeza.

Después de haberse burlado de él, le quitaron el manto, le pusieron de nuevo sus vestiduras y lo llevaron a crucificar (*Mateo* 27, 27-31).

Los soldados lo llevaron dentro del palacio, al pretorio, y convocaron a toda la guardia. Lo vistieron con un manto de púrpura, hicieron una corona de espinas y se la colocaron. Y comenzaron a saludarlo: "¡Salud, rey de los judíos!" Y le golpeaban la cabeza con una caña, le escupían y, doblando la rodilla, le rendían homenaje. Después de haberse burlado de él, le quitaron el manto de púrpura y le pusieron de nuevo sus vestiduras. Luego lo hicieron salir para crucificarlo (*Marcos* 15, 16-20) .

Pilato mandó entonces azotar a Jesús. Los soldados tejieron una corona de espinas y se la pusieron sobre la cabeza. Lo revistieron con un manto de color púrpura, y acercándose, le decían: "¡Salud, rey de los judíos!", y lo abofeteaban. Pilato volvió a salir y les dijo: "Miren, lo traigo afuera para que sepan que no encuentro en él ningún motivo de condena". Jesús salió, llevando la corona de espinas y el manto de color púrpura. Pilato les dijo: "¡Aquí tienen al hombre!" Cuando los sumos sacerdotes y los guardias lo vieron, gritaron: "¡Crucifícalo! ¡Crucifícalo!" Pilato les dijo: "Tómenlo ustedes y crucifíquenlo. Yo no encuentro en él ningún motivo para condenarlo". Los judíos respondieron: "Nosotros tenemos una Ley, y según esa Ley debe morir porque él pretende ser Hijo de Dios". Al oír estas palabras, Pilato se alarmó más todavía. Volvió a entrar en el pretorio y preguntó a Jesús: "¿De dónde eres tú?" Pero Jesús no le respondió nada. Pilato le dijo: "¿No quieres hablarme? ¿No sabes que tengo autoridad para soltarte y también para crucificarte?"Jesús le respondió: "Tú no tendrías sobre mí ninguna autoridad, si no la hubieras recibido de lo alto. Por eso, el que me ha entregado a ti ha cometido un pecado más grave". Desde ese momento, Pilato trataba de ponerlo en libertad. Pero los judíos gritaban: "Si lo sueltas, no eres amigo del César, porque el que se hace rey se opone al César". Al oír esto, Pilato sacó afuera a Jesús y lo hizo sentar sobre un estrado, en el lugar llamado "el Empedrado", en hebreo, "Gábata". Era el día de la Preparación de la Pascua, alrededor del mediodía. Pilato dijo a los judíos: "Aquí tienen a su rey". Ellos vociferaban: "¡Fuera! ¡Fuera! ¡Crucifícalo!". Pilato les dijo: "¿Voy a crucificar a su rey?" Los sumos sacerdotes respondieron: "No tenemos otro rey que el César". Entonces Pilato se lo entregó para que lo crucificaran, y ellos se lo llevaron (*Juan* 19, 1-16).

Horario de visita:
Verano: 8:00 -18:00
Invierno: 8:00 -17:00

La Via Dolorosa

El *Vía Crucis*[52] de 14 estaciones surgió en Europa en el siglo XIII como una práctica piadosa para acompañar espiritualmente a Cristo en el camino de la cruz. Sin embargo

Algo parecido había ya existido en Jerusalén desde los primeros siglos cristianos. El libro apócrifo 'Dormición de la Virgen' recuerda a María recorriendo los lugares de la Pasión. Y en el siglo IV la peregrina Egeria describe la procesión del viernes Santo, al alba, que descendía del monte de los Olivos y, antes de llegar a la basílica del Santo Sepulcro, la procesión se detenía en el lugar de la Agonía, en el de la traición de Judas y el del Prendimiento. En cada lugar se rezaba y se leía el evangelio apropiado. Con el correr de los años se incorporarían otras paradas o estaciones.[53]

Difusión del *Via Crucis*

Se atribuye a san Francisco de Asís o, por lo menos, a los franciscanos, su difusión por el mundo. No todas las estaciones aparecen en los evangelios. Algunas se mantuvieron en la memoria de los primeros cristianos y forman parte de la tradición. Más que un camino físico, el Vía Crucis es un itinerario espiritual. Las estaciones suelen marcarse con cruces, altares o hermosas representaciones plásticas en pintura o escultura. Aunque las representaciones son narrativas no descuidan el aspecto piadoso. Los

---

[52] Camino de la cruz.

[53] Florentino Diez Fernández, *Guía de Tierra Santa, Historia-Arqueología-Biblia*, Navarra, Verbo Divino, 1993.

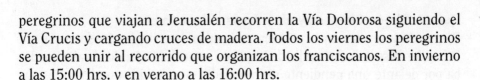

peregrinos que viajan a Jerusalén recorren la Vía Dolorosa siguiendo el Vía Crucis y cargando cruces de madera. Todos los viernes los peregrinos se pueden unir al recorrido que organizan los franciscanos. En invierno a las 15:00 hrs. y en verano a las 16:00 hrs.

Las 14 estaciones

El camino inicia en lo que fue la Torre Antonia y hoy es una escuela musulmana, "El Omaríeh", delante del convento franciscano.

Primera. Jesús es condenado a muerte

"Entonces, Pilato puso en libertad a Barrabás; y a Jesús, después de haberlo hecho azotar, lo entregó para que fuera crucificado" (*Mateo* 27,26).

"Pilato, para contentar a la multitud, les puso en libertad a Barrabás; y a Jesús, después de haberlo hecho azotar, lo entregó para que fuera crucificado" (*Marcos* 15, 15).

"Dejó en libertad al que ellos pedían, al que había sido encarcelado por sedición y homicidio, y a Jesús lo entregó al arbitrio de ellos" (*Lucas* 23,25).

"Entonces Pilato se lo entregó para que lo crucificaran, y ellos se lo llevaron" (*Juan* 19,16).

Segunda. Jesús es cargado con la cruz

La segunda estación se indica en el muro exterior de la capilla de la Condena o *Litóstrotos*.

"Jesús, cargando sobre sí la cruz, salió de la ciudad para dirigirse al lugar llamado 'del Cráneo', en hebreo, *Gólgota* (*Juan* 19,17).

Tercera. Jesús cae por primera vez

El camino desciende hasta el Tyropeón; doblando a la izquierda, formando esquina está la capilla de la tercera estación en medio de dos columnas.

Las caídas de Jesús no son recuerdo consignado en los Evangelios; pero las condiciones a que le redujeron los tormentos y el caso posterior del Cirineo justifican la piedad popular que habla de estas caídas.

Cuarta. Jesús encuentra su madre en la calle de la Amargura

Saliendo de la tercera estación, puerta con puerta se encuentra el patriarcado armenio. Caminando una treintena de metros sobre el Tyropeón, un bajo relieve del Nazareno y la Dolorosa a la izquierda, indica el lugar del encuentro.

Estación no mencionada en los Evangelios, pero presente en el recuerdo y la devoción de los primeros cristianos.

Quinta. Simón Cireneo ayuda a Jesús a llevar la cruz

Disponiéndose a tomar la primera calle de la derecha, haciendo esquina a la izquierda se halla la capilla de la quinta estación. Dejando el valle quedaba por delante una pendiente pronunciada, cuya subida pondría en grave peligro las fuerzas de Jesús. Esto no escapó a los ejecutores de la sentencia.

"Al salir, se encontraron con un hombre de Cirene, llamado Simón, y lo obligaron a llevar la cruz" (*Mateo* 27,32).

"Como pasaba por allí Simón de Cirene, padre de Alejandro y de Rufo, que regresaba del campo, lo obligaron a llevar la cruz de Jesús" (*Marcos* 15,21).

"Cuando lo llevaban, detuvieron a un tal Simón de Cirene, que volvía del campo, y lo cargaron con la cruz, para que la llevara detrás de Jesús" (*Lucas* 23,26).

Sexta. La Verónica enjuga el rostro de Jesús

A mitad de la subida, a la izquierda, está señalada la sexta estación. Jesús, aliviado de la Cruz, seguía al Cirineo; en su rostro no se adivinaban más que coágulos de sangre. Es tan lastimoso su aspecto que aun a los simples curiosos movía a compasión. Una mujer decidida avanza intrépida por entre la gente y enjuga el rostro de Jesús. La tradición popular dice que el rostro de Cristo quedó dibujado en el manto.

Estación no mencionada en los Evangelios.

Séptima. Jesús cae por segunda vez

En la intersección de esta subida con la calle que corre de norte a sur (el bazar), de frente, se encuentra la capilla de la séptima estación donde la tradición coloca la segunda caída de Jesús. Por aquí pasaba el muro que encerraba la ciudad y Jesús tuvo que cruzar los umbrales de la llamada Puerta Judiciaria, que ahí se abría para llegar al Calvario. La tradición dice que la sentencia de Jesús fue expuesta en público en ese lugar.

Estación no mencionada en los evangelios.

Octava. Jesús consuela a las mujeres de Jerusalén

Atravesando el bazar y caminando unos 30 metros por la calle que sube, se encuentra en el muro de la izquierda una pequeña cruz negra que indica el lugar de la octava estación.

Lo seguían muchos del pueblo y un buen número de mujeres, que se golpeaban el pecho y se lamentaban por él. Pero Jesús, volviéndose hacia ellas, les dijo: "¡Hijas de Jerusalén!, no lloren por mí; lloren más bien por ustedes y por sus hijos. Porque se acerca el tiempo en que se dirá: ¡Felices las estériles, felices los senos que no concibieron y los pechos que no amamantaron! Entonces se dirá a las montañas: ¡Caigan sobre nosotros!,

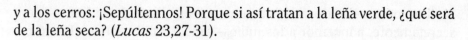

y a los cerros: ¡Sepúltennos! Porque si así tratan a la leña verde, ¿qué será de la leña seca? (*Lucas* 23,27-31).

Novena. Jesús cae por tercera vez

Regresando treinta metros, se regresa al bazar; volviéndose a la derecha, se camina por el bazar hasta encontrar una escalinata de dos cuerpos. Subiendo la escalinata, un camino en forma de Z conduce al lugar de la novena estación, señalada en una columna empotrada en el muro de la iglesia copta.

Estación no mencionada en los Evangelios.

Décima. Jesús es despojado de sus vestiduras

Se regresa al bazar; se continúa en la dirección que se traía; en el primer cruce, después de seguir por la derecha el curso anguloso de la calle, se dobla por fin a la derecha y se continúa en línea recta, dejando a la izquierda la iglesia (no católica) del Redentor, hasta dar con una puerta diminuta y sencilla. Entrando por ella, se llega a una plaza reducida que es la antesala a la basílica del Santo Sepulcro. En el interior de la basílica se hacen las estaciones restantes del Vía Crucis. La décima estación no es mencionada en los Evangelios.

Onceava. Jesús es clavado en la cruz

"Después de crucificarlo, los soldados sortearon sus vestiduras y se las repartieron" (*Mateo* 27:35).

"Después lo crucificaron" (*Marcos* 15, 24).

"Cuando llegaron al lugar llamado "La Calavera", lo crucificaron junto con los malhechores, uno a su derecha y el otro a su izquierda" (*Lucas* 23,33).

Doceava. Jesús muere en la cruz

"Entonces Jesús, clamando otra vez con voz potente, entregó su espíritu" (*Mateo* 27,50).

"Entonces Jesús, dando un gran grito, expiró" (*Marcos* 15,37).

"Jesús, con un grito, exclamó: "Padre, en tus manos encomiendo mi espíritu". Y diciendo esto, expiró" (*Lucas* 23,46).

"Después de beber el vinagre, dijo Jesús: "Todo se ha cumplido". E inclinando la cabeza, entregó su espíritu" (*Juan* 19,30).

Treceava. Jesús es bajado de la cruz

"Después de bajarlo de la cruz, lo envolvió en una sábana y lo colocó en un sepulcro cavado en la roca, donde nadie había sido sepultado" (*Lucas* 23,53).

"Después de esto, José de Arimatea, que era discípulo de Jesús —pero secretamente, por temor a los judíos— pidió autorización a Pilato para retirar el cuerpo de Jesús. Pilato se la concedió, y él fue a retirarlo" (*Juan* 19,38).

Catorceava. Jesús es llevado al sepulcro

"Entonces José tomó el cuerpo, lo envolvió en una sábana limpia y lo depositó en un sepulcro nuevo que se había hecho cavar en la roca. Después hizo rodar una gran piedra a la entrada del sepulcro, y se fue" (*Mateo* 27, 59-60).

"Este compró una sábana, bajó el cuerpo de Jesús, lo envolvió en ella y lo depositó en un sepulcro cavado en la roca. Después, hizo rodar una piedra a la entrada del sepulcro" (*Marcos* 15,46).

"Después de bajarlo de la cruz, lo envolvió en una sábana y lo colocó en un sepulcro cavado en la roca, donde nadie había sido sepultado" (*Lucas* 23,53).

"Tomaron entonces el cuerpo de Jesús y lo envolvieron con vendas, agregándole la mezcla de perfumes, según la costumbre de sepultar que tienen los judíos. En el lugar donde lo crucificaron había una huerta y en ella, una tumba nueva, en la que todavía nadie había sido sepultado" (*Juan* 19:40-41).

(Actualmente se sugiere una décimoquinta estación en tiempo de Pascua: la Resurrección de Cristo).

BASÍLICA DEL CALVARIO Y DEL SANTO SEPULCRO

La tumba judía

En tiempos de Cristo las normas prohibían estrictamente que se diera sepultura dentro de la ciudad. Los sepulcros deberían estar a no menos de cincuenta codos de distancia de las murallas. El sepulcro de Cristo era de tipo judío. Estaba compuesto de dos grutascomunicadas entre sí mediante una puerta muy baja: la primera servía como vestíbulo donde lloraban los parientes del difunto; en la segunda, dentro de un arco (arcosolio) excavado sobre la roca, se colocaba el cadáver yaciente. La entrada al sepulcro se cerraba con una gran piedra redonda que rodaba dentro de un canal.

ESQUEMA DE UNA TUMBA JUDÍA

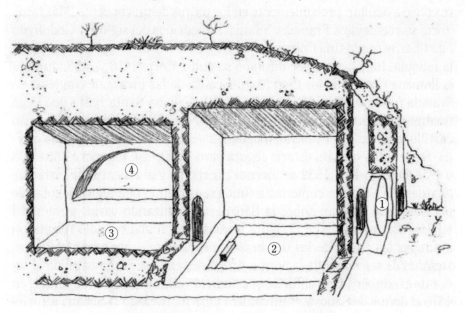

1. Piedra redonda para cerrar el sepulcro,
2. Antecámara sepulcral donde se reunían los dolientes, 3. Cámara sepulcral,
4. Arcosolio donde se colocaba al difunto

Un sepulcro fuera de la ciudad

El lugar que ocupan actualmente el Calvario y el Santo Sepulcro era en aquel tiempo campo abierto y se encontraba afuera de las murallas de Herodes. Sobre la pendiente de la colina había un huerto y cerca de él, varios sepulcros excavados. Entre ellos, el que José de Arimatea había preparado para sí y que sirvió de sepultura para Cristo. Debemos recordar que los judíos no podían trabajar, ni siquiera sepultar a los difuntos, después del atardecer del viernes, por lo que fue urgente encontrar un sepulcro cercano al lugar de la ejecución. Ahí, de prisa, depositaron el cuerpo de Cristo y cerraron la roca. Como no habían embalsamado el cuerpo correctamente, pensaron en regresar una vez terminadas las fiestas de la Pascua. Cuando lo hicieron, encontraron el sepulcro vacío.

La Sábana Santa

Se le llama Sábana Santa o *Santa Síndone* por su nombre en italiano, al lienzo que supuestamente cubrió el cuerpo de Cristo durante su sepultura, sobre el que quedó impresa milagrosamente su imagen (parte frontal y trasera). Las investigaciones históricas suponen que se veneró en la ciudad de Constantinopla, mostrándose a los fieles todos los viernes. Durante el saqueo de la IV cruzada (1202-1204) se ocultó por motivos de seguridad.

Después que los sarracenos tomaron Constantinopla en 1453, la reliquia se volvió a ocultar, probablemente en los muros de un convento. Más tarde inicia su recorrido a Francia y a Italia. A mediados del siglo XIV Godofredo I de Charny fundó una Colegiata en Lirey, Diócesis de Troyes a la que cedió la reliquia. Rapidamente se difundió su culto. Entre 1418 y 1438, durante la llamada Guerra de los Cien Años, a causa de las invasiones inglesas en Francia fue necesario cambiar de sitios la Sábana Santa hasta que llegó finalmente al ducado de Saboya, en Chambéry. El duque la guardó en un castillo, en medio del valle alpino, detrás del altar de una espléndida capilla. Se pensaba que ahí estaría segura pero no fue así. La noche entre el 3 y 4 de diciembre de 1532 se incendió la capilla y el relicario de plata que guardaba la Síndone comenzó a fundirse haciendo que algunas gotas de plata fundida cayeran sobre la Sábana, carbonizando varios puntos del tejido. Afortunadamente la figura principal no se dañó y solo resultaron afectadas las zonas de los dos brazos, un poco más arriba de los codos. Después de ser remendada por un grupo de religiosas fue restituida al señor de Chambéry. Con el fin de que pudiera verla san Carlos Borromeo, en 1578 el duque de Saboya, Emmanuel Filiberto, trasladó la Sábana a Turín, donde se conserva actualmente y se muestra a los fieles cada 25 años. Solo durante la Segunda Guerra Mundial se escondió en el monasterio benedictino de Montvergine. La Síndone es una tela de lino que mide 4.6 por 1.1 metros, correspondiente a la medida estandar utilizada en Palestina durante el siglo I. El dibujo del tejido es probablemente sirio, del siglo I; contiene algodón de una especie de Oriente Medio que no se encuentra en Europa, el *Gossypium herbaceum*. La edad del hombre que dejó sus huellas está comprendida entre los treinta y los treinta y cinco años; su cuerpo tiene señales de una serie de heridas que van desde simples golpes a zonas grandes de heridas profundas por donde ha habido pérdida de sangre. El cartílago de la nariz aparece roto y desviado a la derecha, efecto de un bastonazo o de una caída, pues se han encontrado restos microscópicos de tierra de las mismas características físicas que la de Jerusalén en esa zona de la nariz y también en la rodilla izquierda y en la planta de los pies. Hay marcas sangrantes de más de cincuenta orificios de una corona de espinas. Las heridas y contusiones a lo largo de todo el cuerpo son más de 600, y las marcas de azotes, unas 120. La herida del costado mide 4.4 por 1.4 centímetros. Sobre las afirmaciones de que la Sábana es una falsificación hecha en la Edad Media, podemos contestar que aparecen en ella elementos anatómicos que no se conocían en esa época, como el halo de suero alrededor de las manchas de sangre —no apreciable a simple vista—, las salpicaduras y sinuosidades de los regueros de sangre, la hinchazón del abdomen, típico de la asfixia. Además algunos aspectos de la imagen no corresponden e incluso contradicen las representaciones de Cristo, corrientes en la Edad Media, ajustándose perfectamente, en cambio, a la realidad de la muerte del Crucificado, como la corona de espinas en forma de casco, los clavos de las manos en el carpo y no en las palmas, la lanzada en el costado derecho y no en el izquierdo. Hay que destacar también que representar a Cristo completamente desnudo hubiera supuesto un escándalo en aquella época. Son interesantes los estudios que se hicieron sobre las monedas que le pusieron sobre los párpados al cadáver. Sobre el ojo derecho apareció la huella de una moneda con la inscripción griega *Tiberiou kaisaroi*. En un mercado de antigüedades se encontraron monedas de estas características. Esta moneda se llamaba *dilepton lituus*. Sobre la ceja izquierda se identificó un *lepton simpulum*, acuñado bajo Pilato en honor de Julia, madre de Tiberio, muerta en el año 29 d.C. Es una de las reliquias que más se ha estudiado por la ciencia durante el siglo XX. Con todo, la Iglesia no se puede pronunciar de manera definitiva sobre su autenticidad. Hay muchos indicios, pero no se puede dar una respuesta definitiva: lo único definitivo sobre la pasión de Cristo está en los evangelios.

Así lo mencionan las Sagradas Escrituras:

Al atardecer, llegó un hombre rico de Arimatea, llamado José, que también se había hecho discípulo de Jesús, y fue a ver a Pilato para pedirle el cuerpo de Jesús. Pilato ordenó que se lo entregaran. Entonces José tomó el cuerpo, lo envolvió en una sábana limpia y lo depositó en un sepulcro nuevo que se había hecho cavar en la roca. Después hizo rodar una gran piedra a la entrada del sepulcro, y se fue. María Magdalena y la otra María estaban sentadas frente al sepulcro" (*Mateo* 27, 57-61).

"Era día de Preparación, es decir, víspera de sábado. Por eso, al atardecer, José de Arimatea, miembro notable del Sanedrín, que también esperaba el Reino de Dios tuvo la audacia de presentarse ante Pilato para pedirle el cuerpo de Jesús. Pilato se asombró de que ya hubiera muerto; hizo llamar al centurión y le preguntó si hacía mucho que había

muerto. Informado por el centurión, entregó el cadáver a José. Este compró una sábana, bajó el cuerpo de Jesús, lo envolvió en ella y lo depositó en un sepulcro cavado en la roca. Después, hizo rodar una piedra a la entrada del sepulcro. María Magdalena y María, la madre de José, miraban dónde lo habían puesto. Pasado el sábado, María Magdalena, María, la madre de Santiago, y Salomé compraron perfumes para ungir el cuerpo de Jesús" (*Marcos* 15, 42 al 16, 1).

"Llegó entonces un miembro del Consejo, llamado José, hombre recto y justo, que había disentido con las decisiones y actitudes de los demás. Era de Arimatea, ciudad de Judea, y esperaba el Reino de Dios. Fue a ver a Pilato para pedirle el cuerpo de Jesús. Después de bajarlo de la cruz, lo envolvió en una sábana y lo colocó en un sepulcro cavado en la roca, donde nadie había sido sepultado. Era el día de la Preparación, y ya comenzaba el sábado. Las mujeres que habían venido de Galilea con Jesús siguieron a José, observaron el sepulcro y vieron cómo había sido sepultado. Después regresaron y prepararon los bálsamos y perfumes, pero el sábado observaron el descanso que prescribía la Ley" (*Lucas* 23, 50 -56).

Después de esto, José de Arimatea, que era discípulo de Jesús —pero secretamente, por temor a los judíos— pidió autorización a Pilato para retirar el cuerpo de Jesús. Pilato se la concedió, y él fue a retirarlo. Fue también Nicodemo, el mismo que anteriormente había ido a verlo de noche, y trajo una mezcla de mirra y áloe, que pesaba unos treinta kilos. Tomaron entonces el cuerpo de Jesús y lo envolvieron con vendas, agregándole la mezcla de perfumes, según la costumbre de sepultar que tienen los judíos. En el lugar donde lo crucificaron había una huerta y en ella, una tumba nueva, en la que todavía nadie había sido sepultado. Como era para los judíos el día de la Preparación y el sepulcro estaba cerca, pusieron allí a Jesús (*Juan* 19, 38-42).

Templos paganos sobre el lugar

El lugar del Santo Sepulcro nunca fue olvidado por los cristianos. Ni siquiera cuando el emperador romano Adriano, en el año 135, mandó construir sobre él un templo dedicado a la diosa Afrodita. San Jerónimo escribe en el siglo IV que el lugar no ha sido olvidado:

Desde la época de Adriano hasta el reino de Constantino, por espacio de unos ciento ochenta años, en el lugar de la resurrección se daba culto a una imagen de Júpiter, y en la roca de la cruz, a una estatua en mármol de Venus (Afrodita). Se imaginaban los autores de la persecución que nos quitarían la fe en la resurrección y en la Cruz si contaminaban algunos lugares sagrados con sus ídolos.

La construcción de Constantino

Santa Elena, madre del emperador Constantino, viajó a Jerusalén en el año 326 d.C. y ordenó destruir los templos paganos que se habían construido sobre el lugar del Calvario y el Santo Sepulcro. Los sucesos descritos a partir de 325-326 d.C., sobre el descubrimiento del sepulcro y la Vera Cruz por la emperatriz Elena, se deben al obispo de Cesarea (Palestina) e historiador Eusebio, llamado también "el Padre de la historia de la Iglesia". Una carta del emperador dirigida al obispo Macario, patriarca de Jerusalén ordenaba la construcción de una basílica en el lugar santo: "una basílica que sea superior a todas cuantas existen, y que, juntamente con el resto de la obra, supere a los monumentos más bellos de cualquier ciudad". Los arquitectos fueron Zenobio y Eustasio. La orientación del edificio fue de oriente a occidente. El ingreso estaba en el oriente. Se componía de un atrio con pórtico, por el que se tenía acceso a una basílica de cinco naves

(*Martyrium*). Le seguía un patio interior con pórtico y, finalmente, en el lugar del sepulcro, un grandioso mausoleo circular con cúpula, llamado *Anástasis*, que en griego significa "resurrección". La inauguración del templo fue del 13 al 20 de septiembre del año 335.

La primera destrucción y la ocupación árabe
En el año 614 los persas invadieron Palestina. A su paso incendiaron y destruyeron monasterios e iglesias. También incendiaron el Santo Sepulcro que quedó lleno de cadáveres. Veinte años después, el abad Modesto reconstruyó el santuario entre los años 634 y 638. En el año 638, cuando Sofronio era patriarca de Jerusalén, la ciudad se rindió al califa Omar, dando inicio a la ocupación árabe en Palestina.

El terremoto y el incendio
A inicios del siglo IX un terremoto dañó la cúpula de la *Anástasis*. Afortunadamente, en el 815, se pudieron reparar los daños con la ayuda de Carlomagno. En el año 841 un incendió dañó nuevamente el edificio.

Destrucción por musulmanes y judíos
En el año 935 los musulmanes intentaron construir una mezquita junto al lugar y lo dañaron levemente. Tres años después, durante la procesión del domingo de ramos, se amotinaron, saquearon el Calvario y la *Anástasis* e incendiaron sus puertas. En el año 965 los judíos se unieron a los musulmanes para saquear el Calvario y la *Anástasis*. Un año después, los musulmanes prendieron fuego al sitio como represalia por una derrota sufrida en Siria. En el año 1009, el califa Hakim ordena la destrucción del santuario construido por Constantino. Desaparece la basílica (*Martyrium*), el patio y el pórtico. El odio contra los cristianos llevó a la destrucción casi total de la tumba.

Una nueva edificación
Entre los años 1042 y 1048 el emperador Constantino Monómaco reconstruyó la *Anástasis*. No se reconstruyó la basílica de cinco naves. Se cubrió el patio que daba paso a la tumba. El ingreso del lado oriente se cambió por un ingreso del lado sur y, se hizo un nuevo patio que servía como pórtico flanqueado por capillas. Actualmente se ingresa por el mismo lugar. Entre 1130 y 1149 los Cruzados respetaron la *Anástasis* pero, en lo que había sido el patio cubierto, construyeron una nueva basílica de estilo románico con crucero. La fachada siguió estando en el sur.

Nuevo incendio y terremoto
El incendio del 12 de octubre de 1808 y el terremoto de 1927 ocasio-

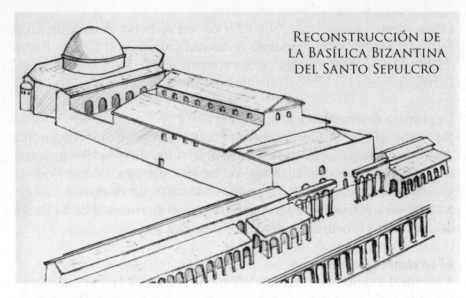

RECONSTRUCCIÓN DE
LA BASÍLICA BIZANTINA
DEL SANTO SEPULCRO

PLANTA DE LA BASÍLICA BIZANTINA DEL SANTO SEPULCRO

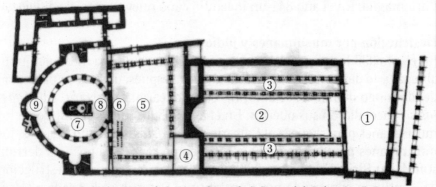

1. Atrio, 2. Nave central, 3. Nave lateral, 4. Roca del Calvario, 5. Patio
6. Triportico, 7. Rotonda de la anastasis, 8. Edicula con el santo sepulcro, 9. Ábside

PLANTA ACTUAL DE LA BASÍLICA DEL SANTO SEPULCRO

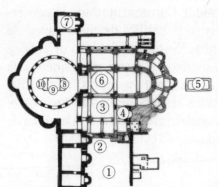

1. Atrio externo
2. Entrada actual
3. Piedra de la unción
4. Calvario
5. Capilla del Ángel (con restos de la piedra que cerraba el sepulcro)
6. Santo Sepulcro (1810)
7. Capilla de los Coptos
8. Anastasis constantiniana con restauraciones del siglo XI
9. Katholikon (coro de los griegos ortodoxos)
10. Capilla de la Aparición
11. Sacristia
12. Capilla de santa Elena (donde se encontro la cruz)

naron daños severos. La basílica tuvo que ser apuntalada hasta que, en 1959, las tres comunidades que la cuidaban hicieron acuerdos para su reparación.

Tres puertas hacia el barrio cristiano
El lugar donde sepultaron a Cristo se encuentra actualmente dentro de la muralla, en el barrio cristiano. Se puede acceder fácilmente por la Puerta de Damasco, siguiendo el *Suq Khan*, o por la Puerta de Jafa. Una tercera opción es la Puerta Nueva. Hoy en día el Santo Sepulcro se encuentra entre las construcciones de la antigua ciudad, rodeado por mercados, negocios de recuerdos y minaretes.

El exterior
Al llegar al lugar nos encontramos con el patio del siglo XI (de 25 por 17 metros) que precede a la basílica. Antes de entrar al santuario podemos ver, al lado occidental (o izquierdo) del patio, tres ábsides que corresponden a tres capillas de la comunidad griega. Están dedicadas a Santiago el Menor, san Juan y los 40 mártires. Del lado oriental (o derecho) está el monasterio griego de san Abraham, la iglesia armenia de san Juan y la etíope de san Miguel. A la derecha de la puerta de ingreso de la basílica, se ve una escalera de piedra que durante el periodo de los cruzados, daba acceso al Calvario. Debajo hay un oratorio dedicado a santa María la Egipciaca.

La puerta tapiada
El santuario tiene dos puertas, pero sólo una de ellas está en servicio. La del lado derecho fue tapiada cuando los cruzados perdieron Jerusalén en 1187. La que se abre está desde mediados del siglo XIII bajo la custodia de dos familias musulmanas. Con breves ceremonias, una tiene el derecho de abrirla y otra de cerrarla. La apertura se hace generalmente a las 4 de la mañana y el cierre a las 19 horas.

El interior
Diversas comunidades
En el interior la propiedad está repartida entre cinco comunidades: católica,[54] griega ortodoxa, armenia ortodoxa, copta y siria. Por si fuera poco, el entorno inmediato está bajo el cuidado de la comunidad etíope. Cada uno de estos grupos forma parte de una sola familia cristiana, pero procede de culturas y gustos diferentes. Es visible la división de los cristianos. En el lugar cada grupo celebra su culto en un lugar distinto, con

---

[54] Representada por los franciscanos.

un idioma diferente y un rito diverso. No debe extrañar al peregrino que, con cierta frecuencia, los encargados del lugar alcen la voz y discutan, es parte del modo de ser de la mentalidad oriental.

Desconcierto

Al ingresar al santuario, la primera impresión del visitante es de desconcierto porque no ve un espacio bien definido y se topa con un gran muro. Después comprende que ingresó por una puerta lateral que le impide ver completa la basílica y su parte central. Llama su atención una losa rectangular en el piso, de 1.30 por 2.70 metros, sobre la que cuelgan varias lámparas con aceite. La llamada Piedra de la Unción es propiedad de todas las comunidades que comparten el espacio sagrado. No es la piedra original donde se realizó el hecho histórico sino sólo un recuerdo. Detrás de ella la pared muestra un mosaico con la unción de Cristo antes de su sepultura.

El Calvario

A la derecha de la puerta hay una escalera empinada y muy estrecha que conduce al Calvario. Después de subirla encontramos dos pequeñas capillas que comparten el lugar, una católica y otra griega ortodoxa. La católica, bajo la custodia de los franciscanos, fue restaurada en 1937 por lo que su decoración es moderna. Sin embargo, conserva en la bóveda un fragmento de mosaico del siglo XII con la imagen de Cristo Salvador y un altar hecho en Florencia, Italia, en 1588. En la capilla de los Ortodoxos, bajo el altar, está marcado por una estrella de plata el lugar tradicional de la crucifixión y muerte de Cristo. Ese lugar fue venerado desde los orígenes hasta el año 134. A cada lado del altar hay un disco de mármol negro que recuerda el lugar de crucifixión de los ladrones. Los romanos intentaron borrar la memoria de este lugar. Para ello, en el año 135, construyeron encima santuarios paganos. Afortunadamente en el siglo IV se recuperó el lugar y desde entonces se sigue venerando.

Así lo mencionan las Sagradas Escrituras:

Cuando llegaron al lugar llamado Gólgota, que significa "lugar de la Calavera", le dieron de beber vino con hiel. Él lo probó, pero no quiso tomarlo. Después de crucificarlo, los soldados sortearon sus vestiduras y se las repartieron; y sentándose allí, se quedaron para custodiarlo. Colocaron sobre su cabeza una inscripción con el motivo de su condena: "Este es Jesús, el rey de los judíos". Al mismo tiempo, fueron crucificados con él dos bandidos, uno a su derecha y el otro a su izquierda. Los que pasaban, lo insultaban y, moviendo la cabeza, decían: "Tú, que destruyes el Templo y en tres días lo vuelves a edificar, sálvate a ti mismo, si eres Hijo de Dios, y baja de la cruz!" De la misma manera, los sumos sacerdotes, junto con los escribas y los ancianos, se burlaban, diciendo: "¡Ha salvado a otros y no puede salvarse a sí mismo! Es rey de Israel: que baje ahora de la cruz y creeremos en él. Ha confiado en Dios; que él lo libre ahora si lo ama, ya que él dijo: 'Yo soy Hijo de Dios'. También lo insultaban los bandidos crucificados con él. Desde el mediodía hasta las tres de la tarde, las tinieblas cubrieron toda la región. Hacia las tres de la tarde, Jesús exclamó en alta voz: "Eloí, Eloí, lemá sabactani", que significa: "Dios mío, Dios mío, ¿por qué me has abandonado?" Algunos de los que se encontraban allí, al oírlo, dijeron: "Está llamando a Elías". En seguida, uno de ellos corrió a tomar una esponja, la empapó en vinagre y, poniéndola en la punta de una caña, le dio de beber. Pero los otros le decían: "Espera, veamos si Elías viene a salvarlo". Entonces Jesús, clamando otra vez con voz potente, entregó su espíritu. Inmediatamente, el velo del Templo se rasgó en dos, de arriba abajo, la tierra tembló, las rocas se partieron y las tumbas se abrieron. Muchos cuerpos de santos que habían muerto resucitaron y, saliendo de las tumbas después que Jesús resucitó, entraron en la Ciudad santa y se aparecieron a mucha gente. El centurión y los hombres que custodiaban a Jesús, al ver el terremoto y todo lo que pasaba, se llenaron de miedo y dijeron: "¡Verdaderamente, este era Hijo de Dios!" Había allí muchas mujeres que miraban de lejos: eran las mismas que habían seguido a Jesús desde Galilea para servirlo. Entre ellas estaban María Magdalena, María —la madre de Santiago y de José— y la madre de los hijos de Zebedeo" (*Mateo* 27, 33-56).

Y condujeron a Jesús a un lugar llamado Gólgota, que significa: "lugar de la Calavera". Le ofrecieron vino mezclado con mirra, pero él no lo tomó. Después lo crucificaron. Los soldados se repartieron sus vestiduras, sorteándolas para ver qué le tocaba a cada uno. Ya mediaba la mañana cuando lo crucificaron. La inscripción que indicaba la causa de su condena decía: "El rey de los judíos". Con él crucificaron a dos bandidos, uno a su derecha y el otro a su izquierda. Los que pasaban lo insultaban, movían la cabeza y decían: "¡Eh, tú, que destruyes el Templo y en tres días lo vuelves a edificar, sálvate a ti mismo y baja de la cruz!" De la misma manera, los sumos sacerdotes y los escribas se burlaban y decían entre sí: "¡Ha salvado a otros y no puede salvarse a sí mismo! Es el Mesías, el rey de Israel, ¡que baje ahora de la cruz, para que veamos y creamos!" También lo insultaban los que habían sido crucificados con él. Al mediodía, se oscureció toda la tierra hasta las tres de la tarde; y a esa hora, Jesús exclamó en alta voz: "Eloi, Eloi, lamá sabactani", que significa: "Dios mío, Dios mío, ¿por qué me has abandonado?" Algunos de los que se encontraban allí, al oírlo, dijeron: "Está llamando a Elías". Uno corrió a mojar una esponja en vinagre y, poniéndola en la punta de una caña, le dio de beber, diciendo: "Vamos a ver si Elías viene a bajarlo". Entonces Jesús, dando un gran grito, expiró. El velo del Templo se rasgó en dos, de arriba abajo. Al verlo expirar así, el centurión que estaba frente a él, exclamó: "¡Verdaderamente, este hombre era Hijo de Dios!" Había también allí algunas mujeres que miraban de lejos. Entre ellas estaban María Magdalena, María, la madre de Santiago el menor y de José, y Salomé, que seguían a Jesús y lo habían servido cuando estaba en Galilea; y muchas otras que habían subido con él a Jerusalén (*Marcos* 15, 22-41).

"Cuando llegaron al lugar llamado "de la Calavera", lo crucificaron junto con los malhechores, uno a su derecha y el otro a su izquierda. Jesús decía: "Padre, perdónalos, porque no saben lo que hacen". Después se repartieron sus vestiduras, sorteándolas entre ellos. El pueblo permanecía allí y miraba. Sus jefes, burlándose, decían: "Ha salvado a otros: ¡que se salve a sí mismo, si es el Mesías de Dios, el Elegido!" También los soldados se burlaban de él y, acercándose para ofrecerle vinagre, le decían: "Si eres el rey de los judíos, ¡sálvate a ti mismo!" Sobre su cabeza había una inscripción: "Este es el rey de los judíos". Uno de los malhechores crucificados lo insultaba, diciendo: "¿No eres tú el Mesías? Sálvate a ti mismo y a nosotros". Pero el otro lo increpaba, diciéndole: "¿No tienes temor de Dios, tú que sufres la misma pena que él? Nosotros la sufrimos justamente, porque pagamos nuestras culpas, pero él no ha hecho nada malo". Y decía: "Jesús, acuérdate de mí cuando vengas a establecer tu Reino". Él le respondió: "Yo te aseguro que hoy estarás conmigo en el Paraíso". Era alrededor del mediodía. El sol se eclipsó y la oscuridad cubrió toda la tierra hasta las tres de la tarde. El velo del Templo se rasgó por el medio. Jesús, con un grito, exclamó: "Padre, en tus manos encomiendo mi espíritu". Y diciendo esto, expiró. Cuando el centurión vio lo que había pasado, alabó a Dios, exclamando: "Realmente este hombre era un justo". Y la multitud que se había reunido para contemplar el espectáculo, al ver lo sucedido, regresaba golpeándose el pecho. Todos sus amigos y las mujeres que lo habían acompañado desde Galilea permanecían a distancia, contemplando lo sucedido (*Lucas* 23,33-49).

Después, sabiendo que ya todo estaba cumplido, y para que la Escritura se cumpliera hasta el final, Jesús dijo: "Tengo sed". Había allí un recipiente lleno de vinagre; empaparon en él una esponja, la ataron a una rama de hisopo y se la acercaron a la boca. Después de beber el vinagre, dijo Jesús: "Todo se ha cumplido". E inclinando la cabeza, entregó su espíritu. Era el día de la Preparación de la Pascua. Los judíos pidieron a Pilato que hiciera quebrar las piernas de los crucificados y mandara retirar sus cuerpos, para que no quedaran en la cruz durante el sábado, porque ese sábado era muy solemne. Los soldados fueron y quebraron las piernas a los dos que habían sido crucificados con Jesús. Cuando llegaron a él, al ver que ya estaba muerto, no le quebraron las piernas, sino que uno de los soldados le atravesó el costado con la lanza, y en seguida brotó sangre y agua. El que vio esto lo atestigua: su testimonio es verdadero y él sabe que dice la verdad, para que también ustedes crean. Esto sucedió para que se cumpliera la Escritura que dice: No le quebrarán ninguno de sus huesos. Y otro pasaje de la Escritura, dice: Verán al que ellos mismos traspasaron (*Juan* 19,28-37).

El descenso del lugar del Calvario

Para continuar la visita es necesario bajar por otra escalera que se encuentra en el lado opuesto al del ascenso. Una vez abajo vemos, justo abajo del Calvario, una pequeña capilla del siglo VII conocida como la "capilla de Adán". Una antigua leyenda menciona que la cruz de Cristo se colocó exactamente sobre la tumba de Adán para que, al caer la sangre del salvador sobre sus restos toda la humanidad resultara redimida. Así también, el primer pecador sería el primer redimido. Esta reflexión poética, más que real dio origen a esta capilla. Lo importante del lugar es que permite ver, a través de una pequeña ventana, la roca del Calvario.

La Rotonda o *Anástasis*

Para visitar el Santo Sepulcro es necesario regresar hacia la entrada y, sin salir, pasar junto a la Piedra de la Unción. Casi inmediatamente a la derecha pasamos por dos grandes columnas y encontramos la Rotonda, también llamada *Anástasis* porque recuerda la resurrección de Cristo. Es una construcción circular del siglo IV en forma de mausoleo romano. La cúpula es de 1868. Su decoración de color azul y estrellas doradas ha desaparecido. En el centro de la Rotonda está una capilla rectangular de mármol que guarda el sepulcro de Nuestro Señor. Fue construida por Comninos de Mitilene en 1810. Mide 8.30 metros de largo por 5.90 de ancho. Sus paredes laterales están decoradas con 16 pilastras y coronadas por una balaustrada con columnillas coronadas por un cupulín de estilo moscovita. Sobre su fachada cuelgan lámparas de aceite con globos plateados. Flanquean la puerta grandes candelabros con la inscripción: "Venezia 1877". El pasillo hacia la entrada tiene pavimento de mármol con losas blancas y negras tipo ajedrez. El interior tiene dos pequeñas salas que recuerdan el esquema de la tumba original, casi destruida y profanada por El-Hakim en el año 1009. La primera sala o vestíbulo mide 3.40 metros por 3.90 En su centro tiene un relicario de mármol llamado popularmente "La piedra del ángel". La tradición afirma que en ese sitio estuvo sentado el ángel que dio la buena noticia a las santas mujeres en la mañana del día de la resurrección.

Así lo mencionan las Sagradas Escrituras:

Pasado el sábado, al amanecer del primer día de la semana, María Magdalena y la otra María fueron a visitar el sepulcro. De pronto, se produjo un gran temblor de tierra: el Ángel del Señor bajó del cielo, hizo rodar la piedra del sepulcro y se sentó sobre ella. Su aspecto era como el de un relámpago y sus vestiduras eran blancas como la nieve. Al verlo, los guardias temblaron de espanto y quedaron como muertos. El Ángel dijo a las mujeres: "No teman, yo sé que ustedes buscan a Jesús, el Crucificado. No está aquí, porque ha resucitado como lo había dicho. Vengan a ver el lugar donde estaba, y vayan en seguida a decir a sus discípulos: "Ha resucitado de entre los muertos, e irá antes que ustedes a Galilea: allí lo verán". Esto es lo que tenía que decirles" (*Mateo* 28, 1-7).

La tumba

La segunda sala o estancia mortuoria mide 2.07 metros por 1.93 Se accede a ella por una puerta baja y estrecha que mide 1.33 metros Al ingresar en ella vemos, al lado derecho, una losa de mármol que cubre los restos de la tumba de Cristo. En el siglo IV, las obras de Constantino separaron el sepulcro del entorno de la roca para dejarlo aislado en forma de relicario. El intento de destrucción de El-Hakim no pudo evitar que esas humildes rocas sigan hasta hoy predicando y siendo testigos de la resurrección del Salvador.

Así lo mencionan las Sagradas Escrituras:

El primer día de la semana, de madrugada, cuando todavía estaba oscuro, María Magdalena fue al sepulcro y vio que la piedra había sido sacada. Corrió al encuentro de Simón Pedro y del otro discípulo al que Jesús amaba, y les dijo: "Se han llevado del sepulcro al Señor y no sabemos dónde lo han puesto". Pedro y el otro discípulo salieron y fueron al sepulcro. Corrían los dos juntos, pero el otro discípulo corrió más rápidamente que Pedro y llegó antes. Aso-mándose al sepulcro, vio las vendas en el suelo, aunque no entró. Después llegó Simón Pedro, que lo seguía, y entró en el sepulcro: vio las vendas en el suelo y también el sudario que había cubierto su cabeza; este no estaba con las vendas, sino enrollado en un lugar aparte. Luego entró el otro discípulo, que había llegado antes al sepulcro: él vio y creyó. Todavía no habían comprendido que, según la Escritura, él debía resucitar de entre los muertos (*Juan* 20,3-9).

Espera paciente

Son miles los peregrinos que llegan a Jerusalén de todas partes del mundo para venerar el lugar de sepultura y resurrección de Cristo. Esto exige hacer largas filas y esperar pacientemente para ingresar. Sin embargo, la experiencia de arrodillarse unos segundos frente a la losa provoca una experiencia inolvidable. En su interior celebran misa tres comunidades: griegos, armenios y católicos (franciscanos). Los tres grupos son responsables del pequeño lugar.

Otra parte del sepulcro

Para quienes tienen prisa, existe otra opción. En la parte posterior del sepulcro, justo al lado opuesto de la entrada ordinaria, hay una pequeña capilla bajo la custodia de los coptos. Aunque no se tiene acceso a la sala de la losa se puede observar desde allí una parte de la roca de la sepultura.

La basílica

Al salir de la capilla del Sepulcro, aparece a los ojos del peregrino el *Cato-*

likon. Es la basílica construida durante el periodo de las Cruzadas (1130-1149). Pertenece a la comunidad cristiana griega y ante la vista parece ser la parte más ordenada del lugar. Vale la pena observar su pavimento y los hermosos iconos.

Sacristía
Saliendo del Sepulcro, a nuestra izquierda, está la sacristía de los padres franciscanos. Los sacerdotes pueden solicitar en este lugar la posibilidad de celebrar la Santa Misa. Junto a la sacristía se recuerda la aparición de Cristo a la Virgen María y a María Magdalena. Detrás de la sacristía está el convento franciscano.

Cripta de Santa Elena
Para llegar a este lugar, perteneciente a la comunidad armenia, es necesario descender por una larga escalera. Su pavimento fue colocado en 1980. Las paredes están marcadas con cientos de pequeñas cruces hechas por los peregrinos. Se continúa descendiendo por otra escalera hasta llegar a otra capilla construida entre la roca. La tradición reconoce este lugar como el sitio donde santa Elena encontró la cruz de Cristo. La estatua de la santa abrazando a la cruz es de bronce y fue un obsequio del archiduque Maximiliano de Austria.

La invención[55] de la cruz
La tradición cuenta que cuando santa Elena ordenó la excavación en el lugar del Calvario y el Santo Sepulcro, se descubrieron tres cruces y, aparte, el letrero[56] con la inscripción Jesús Nazareno Rey de los Judíos. La curación milagrosa de los enfermos y la vuelta a la vida de un difunto permitieron la identificación de la Vera Cruz. Un fragmento de la preciosa reliquia se dejó en Jerusalén y otro se trasladó a Roma, donde se construyó una basílica en su honor: la basílica de la Santa Cruz de Jerusalén. En 613 y 614, bajo el mando del rey persa Cosroes II,[57] Damasco y Jerusalén fueron tomados por el general Shahrbaraz que se llevó la Vera Cruz (verdadera cruz) como trofeo. La reliquia fue llevada a Ctesifonte, capital del imperio Persa,[58] y permaneció en manos del enemigo unos quince años, hasta que el emperador Heraclio la recuperó en el 629.[59] En el

---

[55] La palabra invención significa descubrimiento.
[56] Se conoce como titulus crucis.
[57] Conocido también como Khosro II.
[58] En el actual Iraq.
[59] Algunas fuentes mencionan el año 614, pero eso es imposible porque en 627, las fuerzas bizantinas derrotaron al ejército persa dirigido por Razates. Sin embargo, Cosroes siguió rehusando firmar la paz, y Heraclio continuó avanzando hasta Ctesifonte, capital del

mundo hay pequeñas astillas llamadas "reliquias de la Vera Cruz". San Cirilo, obispo de Jerusalén, menciona en sus instrucciones catequísticas del 346 que el madero de la Cruz, "fue cortado en pequeñísimas partes, en el sitio donde fue crucificado el Señor, y luego distribuidos por todo el mundo." Sin embargo muy pocas fueron parte de la cruz de Cristo, la mayoría son fragmentos de madera que fueron "tocados" a la cruz.

Las reliquias de la Pasión

La mayor parte se veneran en Roma en la Basílica de la Santa Cruz de Jerusalén. En ese sitio se conservan los mayores fragmentos de la Santa Cruz, parte del *Titulus crucis* o letrero con la inscripción, uno de los clavos de la cruz de Cristo y la parte horizontal de la cruz de Dimas el buen ladrón. Otros fragmento importante de la cruz se encuentra en el obelisco de la Plaza de San Pedro en el Vaticano. La reliquia de la corona de espinas se conserva en la catedral de Notre Dame, en París. La columna de la flagelación fue llevada, en 1223, desde Jerusalén hasta la Basílica de Santa Práxedes, en Roma. En Valencia, España se venera el cáliz (o Santo Grial) que probablemente utilizó Cristo en la Última Cena. En Manoppello, región italiana de Abruzzo se venera el manto de la Verónica con la imagen del rostro de Cristo. La Sábana Santa o Síndone se custodia y exhibe en Turín, Italia. En Oviedo, España se muestra el santo sudario que cubrió el rostro de Cristo en el sepulcro. El sudario no tiene imagen pero si su sangre y suero. Finalmente, en Argenteuil, Francia, se venera la túnica inconsútil (sin costura) que utilizó Cristo antes de la crucifixión. Esta túnica tiene el mismo tipo de sangre que la Sábana Santa y el sudario de Oviedo.

El *Titulus Crucis* (*INRI*)

Los cuatro evangelios mencionan la inscripción o *Titulus crucis* que mandó poner Poncio Pilato sobre la cruz como causa de la sentencia de la crucifixión de Cristo (*Juan* 19,19-24, *Mateo* 27,35-37, *Marcos* 15,26, *Lucas* 23,38). Para que todos comprendieran la causa del escarmiento el letrero estaba escrita en hebreo, griego y latín mostrando la siguiente inscripción: Jesús de Nazaret Rey de los Judíos. Como algunos pintores ignoraban la escritura del griego y del hebreo se limitaron a pintar el *Titulus crucis* con solo la inscripción en latín: *Iesus Nazarenus Rex Iudaeorum*, posteriormente la misma se redujo sólo a las iniciales de las

---

Imperio Persa. Antes de que llegase a la ciudad, la aristocracia persa depuso a Cosroes. Su sucesor firmó la paz con Heraclio devolviendo a Bizancio todos los territorios que habían conquistado los persas. El 14 de septiembre de 628 Heraclio entró en triunfo en Constantinopla. Por eso la exaltación de la Santa Cruz se festeja el 14 de septiembre.

palabras: INRI. Algunos masones pretenden con falsos argumentos que las cuatro letras se interpreten como *Igne Natura Renovatur Integra*, que significa "Por el fuego se renueva completamente la naturaleza".

El Monte Carmelo

Es una cordillera en Israel sobre el Mediterráneo. El monte Carmelo tiene forma triangular, mide unos 26 kilómetros de largo, unos 8 de ancho y alcanza una altura máxima de 550 metros. La ciudad de Haifa o Jaifa está parcialmente situada sobre el Monte Carmelo. Ésta es, después de Tel Aviv y Jerusalén, la tercera ciudad más importante del Israel. Su puerto es el más importante y fue construido artificialmente durante el Mandato Británico. Haifa es el primer centro industrial y laborioso del país. De ahí el refrán: "En Jerusalén se ora, en Tel-Aviv se divierte, en Haifa se trabaja". El monte Carmelo tiene rincones de gran belleza. Su nombre significa "jardín de árboles" o "viñedos de Dios". En la antigüedad estaba cubierto por viñedos y fue siempre famoso por su fertilidad.

El Antiguo Testamento nos informa que Elías se refugió en este lugar cuando huía del rey Ajab y su malvada esposa Jezabel, que obligaron al pueblo a adorar a Baal. Desde este lugar también el criado de Elías vio la "Nubecilla" que nacía del mar, imagen de la Virgen María, con la que llegó una abundante lluvia y terminó la sequía.

Así lo mencionan las Sagradas Escrituras:

El fin de la sequía

Elías dijo a su servidor: "Sube y mira hacia el mar". Él subió, miró y dijo: "No hay nada". Elías añadió: "Vuelve a hacerlo siete veces". La séptima vez, el servidor dijo: "Se eleva del mar una nube, pequeña como la palma de una mano". Elías dijo: "Ve a decir a Ajab: Engancha el carro y baja, para que la lluvia no te lo impida". El cielo se oscureció cada vez más por las nubes y el viento, y empezó a llover copiosamente. Ajab subió a su carro y partió para Izreel. La mano del Señor se posó sobre Elías; él se ató el cinturón y corrió delante de Ajab hasta la entrada de Izreel (*Primer Libro de los Reyes* 18, 43-46).

En otro lugar del monte, a 30 kilómetros de Haifa, hay otro monasterio carmelitano, llamado Muraká donde Elías demostró que el Señor de Israel es el verdadero Dios. Ahí se recuerda el reto que Elías hizo a los 400 sacerdotes del dios Baal. El Dios verdadero debería hacer llover fuego del cielo y consumir un carnero que se ofrecía en sacrificio. Los 400 sacerdotes de Baal invocaron a su Dios, pero no tuvieron respuesta. Cuanto tocó el turno a Elías, él hizo más difícil la prueba empapando de agua la víctima del sacrificio. No obstante, bajó fuego del cielo, secó el agua y redujo a cenizas el animal. Entonces Elías mató a los 400 sacerdotes de Baal y arrojó sus cadáveres al cercano torrente Cisón.

Así lo mencionan las Sagradas Escrituras:

El juicio de Dios en el monte Carmelo
Ajab mandó buscar a todos los israelitas y reunió a los profetas sobre el monte Carmelo. Elías se acercó a todo el pueblo y dijo: "¿Hasta cuándo van a andar rengueando de las dos piernas? Si el Señor es Dios, síganlo; si es Baal, síganlo a él". Pero el pueblo no le respondió ni una palabra. Luego Elías dijo al pueblo: "Como profeta del Señor, he quedado yo solo, mientras que los profetas de Baal son cuatrocientos cincuenta. Traigamos dos novillos; que ellos se elijan uno, que lo despedacen y lo pongan sobre la leña, pero sin prender fuego. Yo haré lo mismo con el otro novillo: lo pondré sobre la leña y tampoco prenderé fuego. Ustedes invocarán el nombre de su dios y yo invocaré el nombre del Señor: el dios que responda enviando fuego, ese es Dios". Todo el pueblo respondió diciendo: "¡Está bien!" Elías dijo a los profetas de Baal: "Elíjanse un novillo y prepárenlo ustedes primero, ya que son los más numerosos; luego invoquen el nombre de su dios, pero no prendan fuego". Ellos tomaron el novillo que se les había dado, lo prepararon e invocaron el nombre de Baal desde la mañana hasta el mediodía, diciendo: "¡Respóndenos, Baal!". Pero no se oyó ninguna voz ni nadie que respondiera. Mientras tanto, danzaban junto al altar que habían hecho. Al mediodía, Elías empezó a burlarse de ellos, diciendo: "¡Griten bien fuerte, porque es un dios! Pero es-

tará ocupado, o ausente, o se habrá ido de viaje. A lo mejor está dormido y se despierta". Ellos gritaron a voz en cuello y, según su costumbre, se hacían incisiones con cuchillos y punzones, hasta chorrear sangre. Y una vez pasado el mediodía, se entregaron al delirio profético hasta la hora en que se ofrece la oblación. Pero no se oyó ninguna voz, ni hubo nadie que respondiera o prestara atención. Entonces Elías dijo a todo el pueblo: "¡Acérquense a mí!". Todo el pueblo se acercó a él, y él restauró el altar del Señor que había sido demolido: tomó doce piedras, conforme al número de los hijos de Jacob, a quien el Señor había dirigido su palabra, diciéndole: "Te llamarás Israel", y con esas piedras erigió un altar al nombre del Señor. Alrededor del altar hizo una zanja, como un surco para dos medidas de semilla. Luego dispuso la leña, despedazó el novillo y lo colocó sobre la leña. Después dijo: "Llenen de agua cuatro cántaros y derrámenla sobre el holocausto y sobre la leña". Así lo hicieron. Él añadió: "Otra vez". Lo hicieron por segunda vez, y él insistió: "Una vez más". Lo hicieron por tercera vez. El agua corrió alrededor del altar, y hasta la zanja se llenó de agua. A la hora en que se ofrece la oblación, el profeta Elías se adelantó y dijo: "¡Señor, Dios de Abraham, de Isaac y de Israel! Que hoy se sepa que tú eres Dios en Israel, que yo soy tu servidor y que por orden tuya hice todas estas cosas. Respóndeme, Señor, respóndeme, para que este pueblo reconozca que tú, Señor, eres Dios, y que eres tú el que les ha cambiado el corazón". Entonces cayó el fuego del Señor: Abrazó el holocausto, la leña, las piedras y la tierra, y secó el agua de la zanja. Al ver esto, todo el pueblo cayó con el rostro en tierra y dijo: "¡El Señor es Dios! ¡El Señor es Dios!". Elías les dijo: "¡Agarren a los profetas de Baal! ¡Que no escape ninguno!". Ellos los agarraron: Elías los hizo bajar al torrente Quisón y allí los degolló (*Primer Libro de los Reyes* 18, 20-40).

Los carmelitas

Durante el siglo XII un grupo de hombres, inspirados en el profeta Elías, fundó en el monte Carmelo la orden de Nuestra Señora del Carmen o carmelitas. Éstos llevarían al mundo la devoción por la Virgen del Carmelo. Ahí se encuentra el santuario más célebre de la Virgen del Carmen y el convento carmelitano *Stella Maris,* Estrella del Mar.

El monasterio y la iglesia

Se construyó en 1827. La basílica está dentro del monasterio, pues las autoridades no permitieron que su fachada diera al exterior. La iglesia de Nuestra Señora del Carmelo es de cruz griega y estilo neoclásico italiano. Tiene una cúpula central, preciosos mármoles y hermosas pinturas. En las pinturas de la cúpula, pintadas por un hermano carmelita, se representan escenas alusivas a la vida del profeta Elías; la Sagrada Familia que según tradición pasó por aquí, en algunos de sus viajes de Nazaret a Jerusalén; profetas y evangelistas y santos de la orden. Debajo del altar está la gruta que recuerda al profeta Elías, pues según una tradición moró en ella el gran defensor de la religión, modelo de los carmelitas. Dos escaleras laterales suben al altar mayor, donde está entronizada la imagen de la Virgen del Carmen, que aquí no está vestida con el hábito del Carmen. Es obra de Caraventa de Génova (1820). En la plaza hay un monumento a la Virgen del Carmen, levantado por la devoción del pueblo chileno a su patrona, en 1894. Bajo la pirámide de enfrente del monasterio reposan los soldados franceses, víctimas de los turcos. En respuesta a Napoleón, que en su campaña para conquistar Acre utilizó el monasterio como hospital, los turcos destruyeron el monasterio y masacraron a la comunidad de carmelitas. Se puede contemplar desde el mirador la magnífica vista de Haifa y su puerto. En los días claros se llega a ver hasta Acre.

Por un sendero hacia el mar se llega en cinco minutos a una capilla dedicada a san Simón Stock, quien recibió en una aparición las promesas de la Virgen, para quienes utilizaran el escapulario.

Los *bahais*

Aquí, en Haifa, en esta parte de la ladera del Carmelo, están los jardines que ascienden a la Tumba de Bahai, como centro espiritual y religioso de todos los bahais del mundo. *Bahai* se deriva de la palabra árabe-persa *baha* que significa "gloria". Esta nueva religión, como sincretismo de todas las demás, fue fundada en Persia por un tal Mirza Ali Mohamed, quien estuvo preso en Acre durante casi toda su vida y murió ejecutado en 1850. Al morir fue enterrado aquí y su secta fue prohibida. Actualmente tres millones de adeptos en todo el mundo proclaman la fe *bahai*, basada en la hermandad, el amor y la castidad. Sus seguidores ven por igual a Moisés, a Cristo, a Buda y a Mahoma, como mensajeros enviados por Dios a distintas partes del mundo y en distintas épocas, y predicando más o menos una misma filosofía. Por eso, ellos abogan por un lenguaje y una religión común para todo el mundo: un sincretismo religioso.

EL MONTE SINAÍ

El Monte Sinaí, llamado también Monte Horeb o Monte de Yahveh, está situada al sur de la Península del Sinaí, al nordeste de Egipto, en Asia. Desde el Cairo se deben recorrer 430 kilómetros. El viaje en autobús[60] dura ocho horas aproximadamente. En automóvil la distancia se puede recorrer en seis horas. Otro punto de llegada puede ser a través del aeropuerto de Sharm el Sheich (Sharm el Sheikh s) en el extremo sur del Sinaí. Desde ahí la distancia es de 250 km pero solo se puede recorrer en vehículo privado porque no existe servicio de autobús.

Relación con Moisés y Elías

Según la Biblia, el Sinaí es el lugar donde Dios entregó a Moisés las tablas de la ley. Aunque los estudiosos disputan sobre la ubicación del lugar, desde la época de Santa Helena fue identificado con Jabal Musa, o Gebel Musa, que en árabe significa: Monte Moisés. Es considerado lugar sagrado por las tres grandes religiones monoteístas: judaísmo, cristianismo e islam. Moisés vivió allí al servicio de su suegro Jetró,[61] cuando huyó de Egipto después de asesinar a un egipcio. El lugar fue testigo del diálogo entre Dios y Moisés, la entrega de las tablas de la ley y la adoración al becerro de oro. Cuado los hebreos se liberaron de la esclavitud de Egipto, llegaron al lugar después de tres meses de Éxodo y acamparon ahí durante un año, aproximadamente. Los últimos veintidós capítulos del

---

[60] No hay servicio regular diario de autobús al Sinaí.
[61] También llamado en la Biblia Reuel y Hobab.

Éxodo, junto con todo el Levítico y el Libro de los Números (Capítulo 1, 1), ofrecen información de lo sucedido mientras permanecieron en el sitio. El lugar fue también refugio del profeta Elías cuando huyó de la ira de la malvada Jezabel.

El Monasterio

En tiempos bíblicos el lugar era conocido como lo refleja el escrito de Flavio Josefo

"Acampó en la montaña llamada Sinaí, dirigiendo a las multitudes para alimentarlas allá. Está en la más alta de las montañas del lugar, y es la de mejor pasto, pues la hierba es buena; y no había sido comida antes, a causa de la opinión que tenían los hombres de que Dios moraba allí, y los pastores no osaban subir hasta el lugar" (Flavio Josefo, Antigüedades Judías, Libro II, Capítulo 12").

Posteriormente se olvidó la ubicación de la montaña hasta que, cerca del 300 d.C. el descubrimiento de una zarza, en la boca de un cañón de difícil acceso, originó la veneración del lugar. Desde el siglo IV, una parte de los primeros cristianos buscaron un lugar para no ser sometidos a las persecuciones de las tribus nómadas de la región y, al mismo tiempo, un aislamiento como forma de transformación espiritual. Se asentaron en el Sinaí y tomaron el nombre de Eremitas o Anacoretas. Santa Elena, madre de Constantino mandó edificar una capilla donde, según la tradición, Dios habló a Moisés bajo la apariencia de una zarza ardiente. Entre el 527 y el 565, el emperador Justiniano I mandó construir un monasterio fortaleza junto a la capilla de Santa Elena para mantener a salvo a los que habitaban el lugar y la erección en su interior de una basílica. Su arquitecto fue Esteban de Aila (Etiene Ailisios). Es de los más conocidos santuarios coptos de Egipto. Su majestuoso emplazamiento, a 1570 metros de altura sobre el nivel del mar, dificulta su acceso pero al mismo tiempo lo convierte en un monumento con un aura muy singular. Está ubicado entre las dos montañas más altas del cordón del Sinaí: la Montaña Catalina, de 2642 metros de alto y el Monte de Sinaí, con 2285 metros. Es uno de los más antiguos y permanece aún habitado por monjes ortodoxos griegos. Tiene una basílica, una capilla, un osario (Capilla de San Trifón), un pozo, biblioteca, una galería, un jardín y una mezquita. La basílica tiene cinco naves laterales y unas torres en el extremo occidental. En el año 565-66, se colocó en el ábside de la basílica un magnífico mosaico de la Transfiguración de Jesús y el monasterio fue denominado oficialmente de la "Transfiguración de Cristo Salvador". A la derecha y a la izquierda del mosaico hay escenas de Moisés hablando a Dios y recibiendo las Tablas de la Ley. Debajo, los doce apóstoles y los diecisiete profetas y, en cada esquina, Justiniano y Teodora.

La Zarza Ardiente

El monasterio también es conocido como Monasterio de la Zarza Ardiente por la capilla del mismo nombre. Se entra en ella con los pies desnudos recordando que Dios le dijo a Moisés: "Quítate los zapatos de tus pies, ya que el lugar en que te encuentras es tierra santa." Las losas de la capilla están cubiertas de preciosos tapices. En la parte oriental se encuentra un maravilloso mosaico que representa la Anunciación. Esta capilla está dedicada a la Anunciación, ya que la "zarza ardiente que no se consume" simboliza a la Virgen recibiendo a Dios en sus entrañas. Debajo del altar se puede ver la losa de mármol que indica el sitio exacto en donde brilló la zarza ardiente ante los ojos de Moisés.

Santa Catalina de Alejandría

El nombre más popular del monasterio está dedicado a Santa Catalina, patrona de los teólogos y filósofos que nació en Alejandría en el 296 y fue martirizada por defender su fe en los comienzos del siglo IV. El cuerpo de la santa fue sepultado en ese monte y, en el año 800, descubierto en una gruta por los monjes del monasterio. Las preciadas reliquias se colocaron en un sarcófago de oro y convirtieron al monasterio en meta de grandes peregrinaciones. La mano de la santa está cargada de sortijas y una corona real adorna su cabeza.

Monasterio-Fortaleza

Para terminar el pillaje constante con el que los bandidos afectaban a los ermitaños, el monasterio se rodeó de poderosas fortificaciones. Sus muros de granito tienen una altura que va desde los 8 hasta los 35 metros y de 2.5 de grosor. Gracias a ello, el monasterio permaneció al margen de las grandes invasiones (persas, mongoles...), de las guerras, de los iconoclastas bizantinos (destructores de imágenes) y de los musulmanes. El monasterio se encuentra en posesión de una Carta de Privilegios supuestamente escrita por el mismo Profeta Mahoma, en la que concede su protección al monasterio y exige a los musulmanes ayudar a la comunidad. También concede excepción fiscal y militar. Estos privilegios fueron concedidos por el Profeta para agradecer el asilo político que le ofreció el monasterio a él. En correspondencia a estos privilegios, los monjes permitieron la conversión de una iglesia Cruzada de su interior en mezquita. Estos dos hechos fueron claves para la supervivencia de la comunidad durante los siglos de dominación musulmana de la región. Curiosamente la mezquita nunca se usó porque, por error, no está orientada hacia La

Meca. Actualmente se pueden ver los restos de la mezquita de los siglo X y XI. En uno de los edificios se encuentra la tumba de Nebi Salih, compañero de Mahoma. Las cruzadas aumentaron el interés de los peregrinos entre 1099 y 1270. El monasterio se mantuvo gracias a dependencias de Egipto, Palestina, Siria, Creta, Chipre y Constantinopla. El monasterio y sus dependencias exteriores constituyen la Iglesia Ortodoxa del Monte Sinaí, autónoma y encabezada por un arzobispo, abad del monasterio. Este arzobispo es consagrado por el Patriarca Ortodoxo de Jerusalén. En febrero de 2000 fue visitado por Juan Pablo II.

El Ascenso

Para acceder al monasterio hay dos rutas posibles: o subiendo 3.750 escalones, o los estrechos caminos de tierra en camello o a pie hasta llegar a los últimos 69 metros en los que 700 escalones de granito conducen a la cima. En total se tarda dos horas y media en alcanzar la meta. Suele ser recomendable subir una parte del trayecto en camello, ya que resulta muy agotador. La mayoría de las excursiones arriban al monasterio a la madrugada, para observar el amanecer desde la cima del monte. Un espectáculo sin dudas sobrecogedor que incluye una sorprendente vista sobre el mar Rojo y el golfo de Eilat.

Riqueza Artística

Las obras de arte están constituidas por los iconos rusos y griegos más antiguos del mundo, pintados entre los siglos V y VI, mosaicos, vestiduras litúrgicas, cálices y relicarios. Destacan el Pantocrátor del Sinaí, del siglo VII (con muchas semejanzas a la Sábana Santa), el Libro de la Escalera del Divino Ascenso, un icono del siglo XII del libro de San Juan Climacus, o el icono más antiguo sobre un tema del Antiguo Testamento. La biblioteca conserva la segunda colección más extensa de códices y manuscritos del mundo, sólo superada por la Biblioteca Vaticana. Cuenta con unos 3,500 volúmenes escritos en árabe, armenio, copto, georgiano, griego, hebreo, siríaco y otras lenguas.

Fragmento de la Homilía de Juan Pablo II durante su visita

"¡Cuántos han venido a este lugar antes de nosotros! Aquí acampó el pueblo de Dios (Éxodo 19, 2); aquí se refugió el profeta Elías en una cueva (1er Libro de los Reyes 19, 9); aquí encontró su última morada el cuerpo de la mártir santa Catalina; aquí, a lo largo de los siglos, multitud de peregrinos han escalado lo que san Gregorio de Nisa llamó "el monte del deseo" (Vida de Moisés, II, 232); aquí han velado y orado generaciones de monjes. Nosotros seguimos humildemente sus pasos en "la tierra sagrada", donde el Dios de Abraham, de Isaac y de Jacob ordenó a Moisés que librara a su pueblo (cf. Éxodo 3, 5-8)…Los diez mandamientos no son una imposición arbitraria de un Señor tirano. Fueron escritos en la piedra; pero antes fueron escritos en el corazón del hombre como ley moral universal, válida en todo tiempo y en todo lugar. Hoy, como siempre, las diez palabras de la ley proporcionan la única base auténtica para la vida de las personas, de las sociedades y de las naciones. Hoy, como siempre, son el único futuro de la familia humana. Salvan al hombre de la fuerza destructora del egoísmo, del odio y de la mentira. Señalan todos los falsos dioses que lo esclavizan: el amor a sí mismo que excluye a Dios, el afán de poder y placer que altera el orden de la justicia y degrada nuestra dignidad humana y la de nuestro prójimo. Si nos alejamos de estos falsos ídolos y seguimos a Dios, que libera a su pueblo y permanece siempre con él, apareceremos como Moisés, después de cuarenta días en el monte, "resplandecientes de gloria", envueltos en la luz de Dios". (Sábado 26 de febrero 2000)

Así lo mencionan las Sagradas Escrituras:

Huída de Moisés a Madián

En aquellos días, cuando Moisés ya fue mayor, fue a visitar a sus hermanos, y comprobó sus penosos trabajos; vio también cómo un egipcio golpeaba a un hebreo, a uno de sus hermanos. Miró a uno y a otro lado, y no viendo a nadie, mató al egipcio y lo escondió en la arena. Salió al día siguiente y vio a dos hebreos que reñían. Y dijo al culpable: "¿Por qué pegas a tu compañero?" El respondió: "¿Quién te ha puesto de jefe y juez sobre nosotros? ¿Acaso estás pensando en matarme como mataste al egipcio?" Moisés, lleno de temor, se dijo: "La cosa ciertamente se sabe." Supo Faraón lo sucedido y buscaba a Moisés para matarle; pero él huyó de la presencia de Faraón, y se fue a vivir al país de Madián. Se sentó junto a un pozo. Tenía un sacerdote de Madián siete hijas, que fueron a sacar agua y llenar los pilones para abrevar las ovejas de su padre. Pero vinieron los pastores y las echaron. Entonces, levantándose Moisés, salió en su defensa y les abrevó el rebaño. Al volver ellas a donde su padre Reuel, éste les dijo: "Cómo es que venís hoy tan pronto?" Respondieron: "Un egipcio nos libró de las manos de los pastores, y además sacó agua para nosotras y abrevó el rebaño." Preguntó entonces a sus hijas: "¿Y dónde está? ¿Cómo así habéis dejado a ese hombre? Llamadle para que coma." Aceptó Moisés morar con aquel hombre, que dio a Moisés su hija Séfora. Esta dio a luz un hijo y le llamó Guersom, pues dijo: "Soy forastero en tierra extraña." (*Exodo* 2, 11-22)

La Zarza Ardiente

Moisés era pastor del rebaño de Jetró su suegro, sacerdote de Madián. Una vez llevó las ovejas más allá del desierto; y llegó hasta Horeb, la montaña de Dios. El ángel de Yahveh se le apareció en forma de llama de fuego, en medio de una zarza. Vio que la zarza estaba ardiendo, pero que la zarza no se consumía. Dijo, pues, Moisés: "Voy a acercarme para ver este extraño caso: por qué no se consume la zarza." Cuando vio Yahveh que Moisés se acercaba para mirar, le llamó de en medio de la zarza, diciendo: "¡Moisés, Moisés!" El respondió: "Heme aquí." Le dijo: "No te acerques aquí; quita las sandalias de tus pies, porque el lugar en que estás es tierra sagrada." Y añadió: "Yo soy el Dios de tu padre, el Dios de Abraham, el Dios de Isaac y el Dios de Jacob." Moisés se cubrió el rostro, porque temía ver a Dios. Dijo Yahveh: "Bien vista tengo la aflicción de mi pueblo en Egipto, y he escuchado su clamor en presencia de sus opresores; pues ya conozco sus sufrimientos. He bajado para librarle de la mano de los egipcios y para subirle de esta tierra a una tierra buena y espaciosa; a una tierra que mana leche y miel, al país de los cananeos, de los hititas, de los amorreos, de los perizitas, de los jivitas y de los jebuseos. Así pues, el clamor de los israelitas ha llegado hasta mí y he visto además la opresión con que los egipcios los oprimen. Ahora, pues, ve; yo te envío a Faraón, para que saques a mi pueblo, los israelitas, de Egipto." Dijo Moisés a Dios: "¿Quién soy yo para ir a Faraón y sacar de Egipto a los israelitas?" Respondió: "Yo estaré contigo y esta será para ti la señal de que yo te envío: Cuando hayas sacado al pueblo de Egipto daréis culto a Dios en este monte." Contestó Moisés a Dios: "Si voy a los israelitas y les digo: 'El Dios de los padres de ustedes me ha enviado a vosotros'; cuando me pregunten: '¿Cuál es su nombre?', ¿qué les responderé?" Dijo Dios a Moisés: "Yo soy el que soy." Y añadió: "Así dirás a los israelitas: 'Yo soy' me ha enviado a vosotros." Siguió Dios diciendo a Moisés: "Así dirás a los israelitas: Yahveh, el Dios de vuestros padres, el Dios de Abraham, el Dios de Isaac y el Dios de Jacob, me ha enviado a vosotros. Este es mi nombre para siempre, por él seré invocado de generación en generación. Ve, y reúne a los ancianos de Israel, y diles: 'Yahveh, el Dios de vuestros padres, el Dios de Abraham, de Isaac y de Jacob, se me apareció y me dijo: Yo os he visitado y he visto lo que os han hecho en Egipto. Y he decidido sacaros de la tribulación de Egipto al país de los cananeos, los hititas, los amorreos, perizitas, jivitas y jebuseos, a una tierra que mana leche y miel'. Ellos escucharán tu voz, y tú irás con los ancianos de Israel donde el rey de Egipto; y le diréis: 'Yahveh, el Dios de los hebreos, se nos ha aparecido. Permite, pues, que vayamos camino de tres días al desierto, para ofrecer sacrificios a Yahveh, nuestro Dios.' Ya sé que el rey de Egipto no os dejará ir sino forzado por mano poderosa. Pero yo extenderé mi mano y heriré a Egipto con toda suerte de prodigios que obraré en medio de ellos y después os dejará salir. Yo haré que este pueblo halle gracia a los ojos de los egipcios, de modo que cuando partáis, no saldréis con las manos vacías, sino que cada mujer pedirá a su vecina y a la que mora en su casa objetos de plata, objetos de oro y vestidos, que pondréis a vuestros hijos y a vuestras hijas, y así despojaréis a los egipcios" (*Éxodo* 3).

Los Diez Mandamientos

Entonces pronunció Dios todas estas palabras diciendo: "Yo, Yahveh, soy tu Dios, que te he sacado del país de Egipto, de la casa de servidumbre. No habrá para ti otros dioses delante de mí. No te harás escultura ni imagen alguna ni de lo que hay arriba en los cielos, ni de lo que hay abajo en la tierra, ni de lo que hay en las aguas debajo de la tierra. No te postrarás ante ellas ni les darás culto, porque yo Yahveh, tu Dios, soy un Dios celoso, que castigo la iniquidad de los padres en los hijos hasta la tercera y cuarta generación de los que me odian, y tengo misericordia por millares con los que me aman y guardan mis mandamientos. No tomarás en falso el nombre de Yahveh, tu Dios; porque Yahveh no dejará sin castigo a quien toma su nombre en falso. Recuerda el día del sábado para santificarlo. Seis días trabajarás y harás todos tus trabajos, pero el día séptimo es día de descanso para Yahveh, tu Dios. No harás ningún trabajo, ni tú, ni tu hijo, ni tu hija, ni tu siervo, ni tu sierva, ni tu ganado, ni el forastero que habita en tu ciudad. Pues en seis días hizo Yahveh el cielo y la tierra, el mar y todo cuanto contienen, y el séptimo descansó; por eso bendijo Yahveh el día del sábado y lo hizo sagrado. 20:12 Honra a tu padre y a tu madre, para que se prolonguen tus días sobre la tierra que Yahveh, tu Dios, te va a dar. No matarás. No cometerás adulterio. No robarás. No darás testimonio falso contra tu prójimo. No codiciarás la casa de tu prójimo, ni codiciarás la mujer de tu prójimo, ni su siervo, ni su sierva, ni su buey, ni su asno, ni nada que sea de tu prójimo" (*Éxodo* 20, 1-17).

El viaje de Elías al monte Horeb

Ajab contó a Jezabel todo lo que había hecho Elías y cómo había pasado a todos los profetas al filo de la espada. Jezabel envió entonces un mensajero a Elías para decirle: "Que los dioses me castiguen si mañana, a la misma hora, yo no hago con tu vida lo que tú hiciste con la de ellos". Él tuvo miedo, y partió

en seguida para salvar su vida. Llegó a Berseba de Judá y dejó allí a su sirviente. Luego caminó un día entero por el desierto, y al final se sentó bajo una retama. Entonces se deseó la muerte y exclamó: "¡Basta ya, Señor! ¡Quítame la vida, porque yo no valgo más que mis padres!" Se acostó y se quedó dormido bajo la retama. Pero un ángel lo tocó y le dijo: ¡Levántate, come!" Él miró y vio que había a su cabecera una galleta cocida sobre piedras calientes y un jarro de agua. Comió, bebió y se acostó de nuevo. Pero el Ángel del Señor volvió otra vez, lo tocó y le dijo: "¡Levántate, come, porque todavía te queda mucho por caminar!" Elías se levantó, comió y bebió, y fortalecido por ese alimento caminó cuarenta días y cuarenta noches hasta la montaña de Dios, el Horeb. Allí, entró en la gruta y pasó la noche. Entonces le fue dirigida la palabra del Señor. El Señor le dijo: "¿Qué haces aquí, Elías?". Él respondió: "Me consumo de celo por el Señor, el Dios de los ejércitos, porque los israelitas abandonaron tu alianza, derribaron tus altares y mataron a tus profetas con la espada. He quedado yo solo y tratan de quitarme la vida". El Señor le dijo: "Sal y quédate de pie en la montaña, delante del Señor". Y en ese momento el Señor pasaba. Sopló un viento huracanado que partía las montañas y resquebrajaba las rocas delante del Señor. Pero el Señor no estaba en el viento. Después del viento, hubo un terremoto. Pero el Señor no estaba en el terremoto. Después del terremoto, se encendió un fuego. Pero el Señor no estaba en el fuego. Después del fuego, se oyó el rumor de una brisa suave. Al oírla, Elías se cubrió el rostro con su manto, salió y se quedó de pie a la entrada de la gruta.

Entonces le llegó una voz, que decía: "¿Qué haces aquí, Elías?" Él respondió: "Me consumo de celo por el Señor, el Dios de los ejércitos, porque los israelitas abandonaron tu alianza, derribaron tus altares y mataron a tus profetas con la espada. He quedado yo solo y tratan de quitarme la vida". El Señor le dijo: "Vuelve por el mismo camino, hacia el desierto de Damasco" (*Primer Libro de los Reyes* 19, 1-12).

EL MONTE NEBO

Es el lugar más venerado de Jordania. Forma parte de los montes de Moab, se encuentra a unos siete kilómetros de la ciudad de Mádaba, y alcanza una altura de 800 metros. Desde allí se puede divisar un panorama único de Tierra Santa: las montañas de Judea y Samaria, y en los días más claros podemos llegar a ver Belén, las cúpulas de Jerusalén, el Monte de los Olivos, el mar Muerto y el oasis de Jericó. Desde que Moisés salió de Egipto y a lo largo de 40 años tuvo que soportar el peso del día y del calor y la murmuración de aquel pueblo rebelde. Durante 40 años había abrigado la esperanza de entrar en la tierra prometida y ahora que la tenía delante de sus ojos, se le cerraban sus puertas. Desde este monte Moisés contempló la tierra prometida a la que su pueblo debería llegar ahora guiado por Josué. Algunas tradiciones judías mencionan que ahí Moisés murió o subió al cielo. Nunca se encontró rastro alguno de su cuerpo o tumba. Este monte recuerda al peregrino que toda la vida es una travesía por el desierto. Se nos indica la meta de esta marcha: la tierra prometida. Pero los caminos no son siempre los más rectos. Las dificultades abundan. Lo esencial es avanzar cada día a pesar de los obstáculos. La vida es una elección y la muerte tiene los colores de la fe que hemos profesado.

Así lo mencionan las Sagradas Escrituras:

Anuncio de la muerte de Moisés
Sube a esa montaña de los Abarim, al monte Nebo que está en el país de Moab, frente a Jericó, y contempla la tierra de Canaan que yo doy en propiedad a los israelitas. En el monte al que vas a subir morirás, e irás a reunirte con los tuyos...verás la tierra, pero no entrarás en ella, en esa tierra que yo doy a los israelitas" (*Deuteronimo* 32, 49-52).

La muerte y la sepultura de Moisés
Moisés subió de las estepas de Moab al monte Nebo, a la cima del Pisgá, frente a Jericó, y el Señor le mostró todo el país: Galaad hasta Dan, todo Neftalí, el territorio de Efraím y Manasés, todo el territorio de Judá hasta el mar Occidental, el Négueb, el Distrito y el valle de Jericó —la Ciudad de las Palmeras— hasta Soar. Y el Señor le di-

jo: "Esta es la tierra que prometí con juramento a Abraham, a Isaac y a Jacob, cuando les dije: 'Yo se la daré a tus descendientes'. Te he dejado verla con tus propios ojos, pero tú no entrarás en ella". Allí murió Moisés, el servidor del Señor, en territorio de Moab, como el Señor lo había dispuesto. Él mismo lo enterró en el Valle, en el país de Moab, frente a Bet Peor, y nadie, hasta el día de hoy, conoce el lugar donde fue enterrado. Cuando murió, Moisés tenía ciento veinte años, pero sus ojos no se habían debilitado, ni había disminuido su vigor. 34:8 Los israelitas lloraron a Moisés durante treinta días en las estepas de Moab. Así se cumplió el periodo de llanto y de duelo por la muerte de Moisés (*Deuteronomio* 34, 1-8).

Para conmemorar el lugar de la muerte de Moisés, el lugar se utilizó originariamente como cementerio. Posteriormente, en el siglo IV, los monjes cristianos construyeron en su cumbre un primer santuario con tres ábsides. La presencia de monjes en el Monte está atestiguada por la peregrina Egeria, del siglo IV, que escribió: "Llegamos pues, a la cima de aquel monte, donde hay ahora una iglesia no grande en la misma cima del Monte Nebo. Dentro de esta iglesia, en el lugar donde esta el púlpito, vi un lugar un poco más alto, que tenía las mismas dimensiones que suelen tener los sepulcros. Entonces pregunté a aquellos santos qué cosa era esto, y ellos respondieron: "Aquí fue puesto el santo Moisés…" El nártex estaba decorado con una gran cruz sobre fondo blanco. Dos puertas conducían a las capillas funerarias. El antiguo baptisterio se encuentra un metro más debajo de la iglesia. Tiene fuente bautismal en forma de cruz y está embellecido con mosaicos de diseños florales y escenas de la vida cotidiana: pastoreo, vendimia, pesca y caza".

La basílica

El templo fue ampliado por los monjes en la época bizantina, especialmente en los siglos VI y VII. Aprovecharon la antigua iglesia y la utilizaron como presbiterio de la nueva. También construyeron un nuevo baptisterio. A principios del siglo VII se destruyó parte importante del monasterio y se construyó la capilla dedicada a María, Madre de Dios. A inicios de 1932 llegaron los franciscanos y encontraron sólo un montón de ruinas. Compraron la cima y en 1933 iniciaron estudios arqueológicos. También construyeron una sencilla capilla y un monasterio. Después de tres años de excavaciones sacaron a la luz los restos de la primera iglesia y el monasterio. En torno al humilde monasterio quedan zonas repletas de ruinas y restos de columnas. En el exterior del santuario hay una gran cruz en forma de *tau* griega, que recuerda las palabras que Dios dirigió a Moisés: "Haz una serpiente de bronce, ponla en un asta y todos los que hayan sido mordidos y la miren, quedarán curados"(*Números* 21,8); y las palabras que Cristo dijo a Nicodemo: "Lo mismo que Moisés levantó la serpiente en el desierto, el Hijo del hombre tiene que ser levantado en lo alto para que todo el que crea en él tenga la vida eterna"(*Juan* 3, 14-15). Desde 1976 se celebra en el lugar la fiesta litúrgica de san Moisés, el 4 de septiembre. En el año 2000, Juan Pablo II quiso iniciar su peregrinación a Tierra Santa por el Monte Nebo, para evocar la figura de Moisés. La Iglesia necesita volver al desierto para escuchar la voz de Dios.

Segunda parte

Roma y el Vaticano

✠

La Sede de la Iglesia fuera de Jerusalén
Los cristianos fueron perseguidos por algunos judíos después de la muerte de Cristo y tuvieron que huir de Jerusalén. Más tarde, ante la destrucción provocada por el Imperio Romano en el año 70 d.C., también los judíos y cristianos huyeron de la Ciudad Santa, donde murió y resucitó Cristo. Del gran templo de Jerusalén sólo quedó el famoso Muro de las Lamentaciones. Al morir martirizados Pedro y Pablo en Roma, los primeros cristianos decidieron tomar la capital del Imperio como centro y sede de la Iglesia. Aunque después hubieran decidido regresar a Jerusalén no podrían haberlo hecho porque posteriormente la ciudad fue tomada por los musulmanes. La palabra latina *sedes*, significa "silla o trono". En la antigüedad sólo las personas importantes tenían una sede y así sucedió con el Papa. Con el paso del tiempo la palabra Santa Sede llegó a significar el territorio o diócesis presidido y gobernado por el pontífice, obispo de Roma.

El Vaticano, adivinos y carreras de caballos
El territorio al oeste del río Tíber que conforma la actual Ciudad del Vaticano, era conocido en la antigüedad como *Ager Vaticanus* ("campos del vaticano"). El lugar estaba a las afueras de Roma. Según algunos historiadores, en esa colina adivinadores y magos realizaban presagios o vaticinios, por lo que su nombre, lugar del vaticinio, se derivó del latín *vates*, "adivino". Otros opinan que el nombre se debe a un antiguo pueblo

etrusco llamado *Vaticum*. Hacia el año 40 a.C., Calígula inició en el sitio la construcción de un circo para carreras de caballos, que más tarde fue concluido por Nerón.

El obelisco del circo

El obelisco que se encuentra en la Plaza de San Pedro, en el Vaticano, procede de Alejandría, Egipto, donde fue levantado por el emperador Augusto. Ahí estuvo hasta el año 37, año en que Calígula ordenó que fuera llevado a Roma, para colocarlo en el centro del circo, al pie del Monte Vaticano. Mide 25.37 metros (15 metros más con la base) y pesa 331 toneladas. No tiene jeroglíficos y se desconoce quién fue el faraón, de la V dinastía, que lo construyó.

El lugar del martirio

En el año 64, san Pedro fue martirizado en el circo de Nerón y posteriormente sepultado en su cercanía. En el siglo IV, cuando terminó la persecución a los cristianos, el emperador Constantino edificó una basílica sobre el sepulcro del apóstol. Tenía cinco naves. Estaba decorada con elementos extraídos del antiguo foro romano y columnas supuestamente llevadas del templo de Jerusalén. La basílica tenía un hermoso mosaico absidal con la figura de Cristo flanqueada por san Pedro y san Pablo. El obelisco egipcio, de casi 26 metros, que se encuentra actualmente en la Plaza de san Pedro, es el mismo que embellecía el centro del circo de Nerón, donde murió San Pedro. Aunque el circo romano fue destruido con la construcción de la Basílica de San Pedro de Constantino, el obelisco se conservó como testigo del martirio del príncipe de los apóstoles.

RECONSTRUCCIÓN DEL CIRCO DE NERÓN

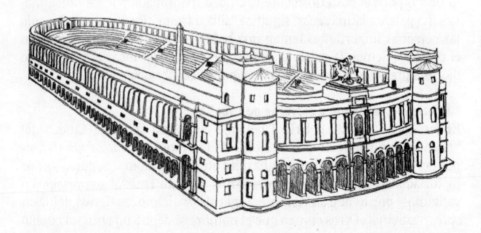

Roma, Anangni, Orvieto, Viterbo, Aviñón y el Vaticano

Por estar fuera de la ciudad de Roma, el Vaticano estuvo muchos siglos deshabitado y sólo se visitaba la antigua Basílica de San Pedro en los días de fiesta. La residencia de los pontífices estuvo generalmente en Roma, en los terrenos cercanos a la Basílica de San Juan de Letrán, catedral del Papa. Los pontífices de la Edad Media compraron el territorio y mandaron construir el puente *Pons Aelius* para comunicar el Vaticano con Roma. Por problemas de diversa índole cambiaron su residencia a las poblaciones italianas de Anagni, Orvieto y Viterbo. Residieron en Aviñón, Francia, durante el periodo comprendido entre 1309 y 1377. El papa Clemente V, presionado por Felipe IV de Francia, mudó la capital pontificia a Aviñón, que entonces pertenecía a los vasallos del Papa y que en 1348 se convirtió en propiedad pontificia. Los siete papas de este periodo fueron franceses, así como 111 de los 134 cardenales. A su regreso a Italia encontraron tan deterioradas las habitaciones de san Juan de Letrán que decidieron construir una nueva residencia en los terrenos del Vaticano. La nueva etapa incluiría lo que actualmente conocemos: habitaciones, capilla privada, biblioteca y capilla sixtina. Después de casi mil años de existencia, la basílica construida por Constantino estaba en tan mal estado que el Papa Julio II decidió demolerla para construir la actual. Colocó la primera piedra el 17 de abril de 1506. Pablo III, Sixto IV y Pablo V pusieron especial interés en su construcción y cada pontífice, aún en la actualidad sigue enriqueciendo la obra con elementos artísticos. La Basílica de San Pedro es la iglesia más grande del mundo con 211.50 metros de largo y 132.50 metros de alto. Su cúpula tiene un diámetro de 42 metros. En el Vaticano trabajaron grandes artistas, como Boticelli, el Perugino, Fra Angélico, Bramante, Rafael, Miguel Ángel y Bernini. La mayoría de los lugares pueden ser visitados por los peregrinos. Los tesoros del Vaticano son su arte, la colección de la Biblioteca con documentos y archivos históricos que contienen noticias de la presencia y relación de la Iglesia con el mundo entero. El actual territorio Vaticano con una superficie de apenas 44 hectáreas, es el estado independiente más pequeño del mundo.

Los Estados Pontificios

El Papa no puede estar sujeto al gobierno de ningún país. Para gobernar a la Iglesia con independencia y soberanía necesita radicar en un Estado totalmente independiente. El Vaticano responde a esta necesidad. Aunque está dentro de la ciudad de Roma, es autónomo. Los Estados Pontificios fueron territorios que pertenecieron a la Iglesia mediante donaciones y adquisiciones, con el fin de garantizar la soberanía del Papa. En el siglo XIX el sumo pontífice llegó a gobernar sobre 3 500 kilómetros cuadrados en Italia central. El Estado Vaticano tuvo que enfrentar a otros

Estados, y fue derrotado en cuatro ocasiones. En 1798 el ejército francés proclamó la República Romana y capturó al Papa Pío VI, que murió preso en Francia. En 1808, durante el Imperio de Napoleón, fue apresado el Papa Pío VII y la Iglesia perdió los Estados Pontificios, hasta que le fueron devueltos en 1815 por el Congreso de Viena. En 1849 los italianos proclamaron una segunda República Romana y las tropas francesas apoyaron al papa Pío IX. En 1870 se inició un conflicto con el gobierno italiano, que ocupó los Estados Pontificios. El conflicto terminó en 1929 con la firma del Tratado de Letrán.

Estado independiente, libre y soberano
La soberanía y personalidad jurídica-internacional del Estado de la Ciudad del Vaticano se reconoció el 11 de febrero de 1929 con el Tratado de Letrán, suscrito entre la Santa Sede, representada por el Papa Pío XI, y el Reino de Italia, por Victorio Emmanuel III y su ministro, Mussolini. Este Estado se constituyó como un ente distinto a la Santa Sede (el primero es el órgano de gobierno de la Iglesia Católica, y el segundo el territorio físico sobre el que se ejerce ese gobierno).

Sepultura de los Pontífices
La mayoría de sus restos están en la parte inferior y superior de la Basílica de San Pedro. Otros fueron sepultados en otras basílicas de Roma o en iglesias de Italia, España y Francia. En las catacumbas de San Calixto, en Roma hay una capilla con varias tumbas de pontífices. También en Roma hay cementerios comunes que guardan sus restos. Otras reliquias de ellos se encuentran en diversas partes del mundo. El cráneo de uno se venera en la capilla de las Reliquias de la catedral de México.

EL JUBILEO O AÑO SANTO

El Inicio
El 1300 el Papa Bonifacio VIII convocó a un año especial de perdón universal para cuantos, arrepentidos y reconciliados, visitaran las dos basílicas apostólicas de San Pedro y San Pablo. Para obtener la indulgencia, los romanos deberían visitar las basílicas 30 veces y, los extranjeros 15 veces. Se consideró que los jubileos tenían que seguirse celebrando cada 100 años. Ese fue el inicio de los Jubileos en los que los fieles pueden obtener gracias e indulgencias especiales. La peregrinación y la visita a la tumba de los apóstoles Pedro y Pablo tuvieron una nueva dimensión.

Segundo Año santo

A mediados del siglo XIV, los romanos solicitaron al Papa Clemente VI que redujera el tiempo entre los jubileos a 50 años. El pontífice tomó en cuenta la brevedad de la vida humana y promulgó el año 1350 como año jubilar.

Tercer Año Santo

Urbano VI redujo a 33 años el intervalo entre los jubileos, en memoria de la edad terrena de Cristo. Sin embargo, por diversas razones, el año Jubilar programado para 1383 no se pudo celebrar. Se pospuso hasta 1390 y fue celebrado bajo el pontificado de Bonifacio IX. Fue el primer Jubileo en que, para alcanzar la indulgencia se pidió a los peregrinos que visitaran las cuatro basílicas mayores (Véase explicación sobre las basílicas). Para prevenir el estallido de la peste, se decretó que los peregrinos sólo podían estar una semana en Roma.

Cuarto Año Santo

En 1400, con motivo del inicio de un nuevo siglo y por petición de los fieles, Bonifacio IX convocó al cuarto jubileo.

Quinto Año Santo

Martín V, continuó con la idea de que el Jubileo debería celebrarse cada 33 años y lo celebró en 1433.

Sexto Año Santo

Nicolás V promulgó el Jubileo en 1450. Sin embargo, la gran cantidad de peregrinos provocó el desplome del Puente Sant'Angelo, que comunica a Roma con el Vaticano. Murieron 200 personas. Por la peste, se decretó que la duración de los peregrinos en Roma debía ser de sólo cinco días.

Séptimo Año Santo

Paulo II fijó la frecuencia de los jubileos a cada 25 años. Estableció también que iniciara y terminara en la fiesta de Navidad. Su sucesor, Sixto IV, ratificó esta idea y lo celebró en 1475. Desde entonces se le llamó al Jubileo Año Santo, y se han seguido celebrando cada 25 años (sólo se suspendieron en 1800 y 1850).

Octavo jubileo

En 1500, Alejandro VI, utilizó por vez primera el ritual de apertura de la Puerta Santa en la Basílica de San Pedro. Tres legados suyos lo hicieron en las otras tantas basílicas. Desde entonces la apertura de la Puerta Santa y el paso a través de ella es uno de los actos más importantes del Año Santo.

Noveno jubileo

Convocado por Clemente VII en 1525. Se acuñaron por primera vez medallas conmemorativas. Por desgracia en este periodo se separaron los hermanos protestantes.

Décimo Año Santo

Proclamado por Pablo III, pero celebrado por su sucesor en 1550. Se caracterizó por la acción apostólica de san Felipe Neri. A la visita de las cuatro basílicas mayores se añadió la visita de tres más: San Sebastián, San Lorenzo Extramuros y la Santa Cruz en Jerusalén. El Papa le concedió al anciano Miguel Ángel hacer el recorrido a caballo por las siete iglesias.

Undécimo Año Santo

Proclamado por Gregorio XIII en 1575. Se caracterizó por el apogeo de la restauración católica.

Duodécimo Año Santo

En el Jubileo de 1625, Urbano VIII ofreció la facultad a todos los religiosos claustrales, a los enfermos y a los presos, de ganar las acostumbradas indulgencias aún quedándose en sus instituciones.

Décimo cuarto Año Santo

Celebrado por Inocencio X en 1650. El pontífice insistió en que para obtener las indulgencias era obligatorio hacer las 30 o 15 visitas a las cuatro basílicas jubilares.

Décimo quinto Año Santo

Convocado por Clemente X para 1675. Se celebró diariamente una fiesta de fe acompañada de solemnes y pintorescas procesiones, organizadas por instituciones de caridad.

Décimo sexto Año Santo

Iniciado en 1700 por Inocencio XII y, ante su fallecimiento, concluido por Clemente XI.

Décimo séptimo Año Santo

Convocado en 1725 por Benedicto XIII. Hubo mucha severidad en las exigencias y condiciones para obtener las indulgencias

Décimo octavo Año Santo

En el Año Santo de 1750, el Papa Benedicto XIV desarrolló y estableció definitivamente el ritual ceremonial del Jubileo, con cuatro constituciones.

Décimo noveno Año Santo

En 1774, Clemente XIV convocó al Jubileo de 1775. Sin embargo, falleció el 22 de septiembre y su sucesor, Pío VI tuvo que inaugurarlo hasta el 26 de febrero de 1775. Ha sido el más corto. Por lo mismo hubo pocos peregrinos. En 1800 se interrumpió por diversas circunstancias: la muerte de Pío VI, prisionero de Estado, la ocupación de Roma y la vacante de la sede apostólica hasta marzo de 1800.

Vigésimo Año Santo

Convocado en 1825 por León XII. Se celebró no obstante los temores y preocupaciones políticas del momento. El Jubileo de 1850 se consideró supletorio y por lo tanto está fuera de la serie oficial.

Vigésimo primero Año Santo

Proclamado en 1875 por Pío IX. No tuvo el normal y solemne desenvolvimiento de los anteriores. Incluso faltaron las peregrinaciones.

Vigésimo segundo Año Santo

Celebrado en 1900 bajo la autoridad de León XIII. Tuvo mucho éxito y marcó el renacimiento de los jubileos. Se pudo celebrar solemnemente no obstante las restricciones y las hostilidades latentes. El pontífice redujo a diez el número de visitas a las basílicas. Al final del Jubileo se consagró el siglo XX a Cristo Redentor.

Vigésimo tercero Año Santo

El Jubileo de 1925 tuvo mucho éxito. Pío XI le dio un carácter misionero, a través de la imponente Exposición misionera vaticana. El Jubileo y la Exposición representaron dos grandes visiones de fe y de caridad, dos magníficas escenas de fraternidad y de pacificación universal. En 1933 se celebró un Jubileo especial como Año de la Redención.

Vigésimo cuarto Año Santo

Proclamado por Pío XII en 1950. Se caracterizó por la proclamación del dogma mariano de la Asunción. El requisito para obtener la indulgencia se redujo a una visita de las basílicas.

Vigésimo quinto Año Santo

Proclamado por Pablo VI en 1975. El Papa expresó que "el humus cultural, la mentalidad moderna, el imparable proceso de secularización, dificultaban en principio la celebración y eran un obstáculo a la misma idea del jubileo, equivocadamente concebido como residuo anacrónico de la edad medieval" Sin embargo, se obtuvieron resultados muy satisfactorios, tanto por la gran afluencia de individuos y de grupos de todo origen y condición y especialmente por la gran participación de los jóvenes, lo que ha sido indudablemente uno de los aspectos más confortantes. En 1983, el Papa Juan Pablo II decidió celebrar un Año Santo extraordinario por el 1950 aniversario de la muerte de Jesús, y como una preparación para el Año Santo del 2000.

Vigésimo sexto Año Santo

Convocado en el año 2000 por Juan Pablo II para celebrar los dos mil años del nacimiento de Cristo. De acuerdo a la carta apostólica *Tertio Milenio Adveniente*, fue una gran plegaria de alabanza y agradecimiento, por el don de la encarnación del Hijo de Dios y de la redención obrada por Él. El jubileo se celebró contemporáneamente en Roma, Tierra Santa y en las Diócesis de todo el mundo. En su carta apostólica, el Papa propuso tres fases sucesivas de preparación: año 1997 dedicado a Jesucristo, 1998 al Espíritu Santo y 1999 dedicado a Dios Padre. Durante el jubileo del 2000, el Papa tuvo encuentros con todos los sectores de la sociedad: familias, esposos, jóvenes, niños, campesinos, obreros, científicos, políticos, artistas, etcétera.

Jubileos extraordinarios

Los Papas han convocado a 86 jubileos extraordinarios o menores, de los cuales 65 han sido universales, extendidos a toda la iglesia, y 21 particulares, o sea limitados a determinados países, regiones o ciudades. Responden a circunstancias y necesidades especiales. En ellos, los fieles pudieron obtener los mismos favores espirituales que se obtienen en los ordinarios. Algunos jubileos sólo duraron 15 días y otros un año completo.

La Puerta Santa

Primera vez en San Juan de Letrán

Según la descripción hecha en el año 1450 por Giovanni Rucellai de Viterbo, fue el Papa Martín V, en 1433, quien abrió, por primera vez en la historia de los años jubilares, la Puerta Santa en la basílica de San Juan de Letrán. En ese tiempo, los jubileos se celebraban cada 33 años. En la basílica vaticana la apertura de la Puerta Santa está atestiguada por primera vez en la Navidad de 1499. En esa ocasión, el Papa Alejandro VI quiso que la Puerta Santa fuera abierta no solamente en San Juan de Letrán, sino también en las demás basílicas mayores de Roma: San Pedro, Santa María la Mayor y San Pablo extramuros. Una puerta pequeña, probablemente de servicio, que se encontraba en la parte izquierda de la fachada de la Basílica de San Pedro, fue ensanchada y transformada entonces en Puerta Santa, precisamente en el lugar en que se encuentra aún hoy. Eso implicó la destrucción de una capilla adornada con mosaicos, que se encontraba dentro de la basílica y había sido dedicada por el Papa Juan VII a la Madre de Dios. Alejandro VI, además, quiso que quedaran bien definidas las normas del ceremonial del Año Santo, aún no precisadas por sus predecesores, y en particular los ritos de apertura y clausura de la Puerta Santa.

Abierta con un martillo

Durante la vigilia de la noche de Navidad, el pontífice reinante hace el rito solemne de apertura de la Puerta Santa en la Basílica de San Pedro. La ceremonia señala el inicio del Año Santo. La puerta no se abre con un una llave ordinaria sino, literalmente, se derriba bajo el gesto del golpe de un martillo. Esto significa que las puertas de la justicia y la misericordia divina se abren con la fuerza del arrepentimiento íntimo, ayudado por la plegaria. Cuando la puerta se abre, el Papa proclama la frase del salmo 118:[62] *Haec est porta Domini* ("Esta es la puerta del Señor") y los fieles contestan: *Iusti intrabunt per eam* ("Sólo los justos entran por ella"). La peregrinación va acompañada del signo de la Puerta Santa. Evoca el paso del pecado a la gracia que cada cristiano está llamado a dar. Jesús dijo: "Yo soy la puerta",[63] para indicar que nadie puede tener acceso al Padre sino a través suyo. Sólo Él es el Salvador enviado por el Padre. Pasar por aquella puerta significa confesar que Cristo Jesús es el Señor, fortaleciendo la fe en Él para vivir la vida nueva que nos ha dado.

Elementos del ritual de apertura
El muro

Desde 1500 y hasta 1975, la Puerta Santa de las cuatro basílicas estaba cerrada en el exterior por un muro y no por una puerta. En el momento de la apertura no se abrían las hojas de una puerta, sino que se derribaba un muro: el Papa tiraba simbólicamente una parte y los albañiles completaban el trabajo de demolición.

El martillo

En la Navidad de 1499, el pontífice utilizó el martillo para golpear en tres ocasiones el muro que cerraba la Puerta Santa. El martillo era igual al de los albañiles y el Papa verdaderamente golpeaba el muro. Con el paso del

---

[62]   (117) 118, 20.
[63]   *Juan* 10, 7.

tiempo los golpes fueron simbólicos, y el martillo se convirtió en un objeto artístico y precioso. En 1525 el martillo era de oro y en 1575, de plata dorada con mango de ébano.

La paleta

Para la clausura del Jubileo era necesario colocar un nuevo muro en la Puerta Santa. Está atestiguado que desde 1525 el Papa utilizaba en el ritual una paleta de albañil. El último que la utilizó fue Pío XII, en el rito de clausura del Año Santo de 1950.

Los ladrillos

Para la construcción del muro de clausura del Jubileo se usan ladrillos especiales, que suelen llevar el escudo pontificio. Un cronista de 1423 narra que era tal la devoción cuando se abría la Puerta Santa, que los peregrinos se lanzaban a recoger ladrillos y escombros como si fueran reliquias sagradas. En 1501 el rito de clausura pedía que dos cardenales pusieran un pequeño ladrillo de oro y otro de plata.

Las monedas

Desde el Jubileo de 1500 se introducen monedas en la mezcla que sellaba la Puerta Santa. Desde 1575 se colocan, como testimonio de la fecha, dentro de un cofre metálico.

La puerta de madera

La Puerta Santa se clausuraba por un muro que, en el interior de las basílicas estaba cubierto por una sencilla puerta de madera. Ésta se quitaba antes de derribar el muro y se volvía a colocar durante la noche, cuando no se permitía la visita de peregrinos. Las puertas de madera, sencillas, sin adornos, que hoy cierran las Puertas Santas de las basílicas de San Juan de Letrán, Santa María la Mayor y San Pablo extramuros, eran las antiguas puertas que hasta el Jubileo de 1975 se encontraban ante la Puerta Santa, dentro de la basílica. En cambio, en la Basílica de San Pedro la última puerta de madera, bendecida por Benedicto XIV en 1748, fue sustituida, el 24 de diciembre de 1949 por una puerta de bronce, obra del escultor Vico Consorti.

La *Recognitio*

La apertura de la Puerta Santa se prepara mediante el rito de la *Recognitio*, que facilita al Papa la apertura de la puerta. En medio de varios momentos de oración, se quita el muro de ladrillos en el interior de la basílica y se saca el cofre que se encerró en el jubileo anterior. Después de la *Recognitio* se presenta al Santo Padre el contenido de los cofres.

Los últimos cambios en el ritual

En la Navidad de 1975 el Papa no utilizó la paleta ni los ladrillos, sino que simplemente cerró las hojas de la puerta de bronce de 1950. El 24 de diciembre de 1999, Juan Pablo II ya no usó el martillo, porque no era necesario derribar un muro: solamente empujó la puerta para que se abriera. Estos cambios hicieron que la atención, que antes se centraba en el muro, pasara a la Puerta por lo que se enriqueció su sentido bíblico, teológico, litúrgico y pastoral

LA BASÍLICA DE SAN PEDRO EN EL VATICANO
"La tumba del Pescador"

Simón, el primero de los apóstoles

Simón vivía junto al Lago de Tiberíades, en Cafarnaúm[64]. Al igual que su Padre Juan, y su hermano Andrés, ejercía el oficio de pescador. Un día su hermano le presentó a Jesús y éste fijó en él su mirada y le dijo: "Tú eres Simón, el hijo de Juan. Tú serás llamado "Kefás", que quiere decir Pedro o piedra". El Evangelio menciona que después de una pesca milagrosa Cristo lo invitó a seguirlo y a convertirse en pescador de hombres. Pedro fue el primero en reconocer a Cristo como el hijo de Dios, por eso recibió la autoridad de ser su vicario,[65] misma que reciben sus sucesores. Pedro fue un ser entusiasta pero limitado. Se entusiasmó y luego tuvo miedo, intentando caminar sobre las aguas. Fue invitado por Cristo a la Transfiguración y a la Oración en el Huerto. Cuando capturaron a su maestro, intentó defenderlo con la espada e hirió a un hombre. Tuvo la valentía de acercarse a la casa de Caifás, donde el Sanedrín juzgaba a Cristo, pero por miedo, lo negó. Después de su negación lloró, pero no se desesperó como Judas y confió en que su Maestro lo perdonaría. El día de la resurrección fue el primero en entrar al sepulcro y creyó sin ver. Después, Cristo se apareció a los once y, después de preguntarle tres veces si lo amaba, confirmó su autoridad y le anunció que moriría crucificado. En Pentecostés, recibió junto a los apóstoles el Espíritu Santo y fue el primero en predicar a Cristo resucitado. Fue golpeado y llevado en varias ocasiones a la cárcel, pero se libró milagrosamente. Después de confirmar en la fe a los hermanos de Jerusalén, san Pedro partió para Roma, que entonces era tenida por la capital del mundo. Fue el obispo de Roma por espacio de unos 25

---

[64] Ver sección sobre Cafarnaúm.
[65] Representante.

años. Dice la tradición que cuando Nerón decretó la persecución contra los cristianos, los fieles consiguieron convencer a Pedro que se marchase temporalmente a un lugar menos peligroso. Cuando Pedro dejaba la ciudad, por la Vía Appia, se encontró a Cristo que caminaba hacia Roma cargando una cruz. Al verlo, le dijo: "*¿Quo Vadis, Domine?*" ("¿A dónde vas, Señor?") Y Cristo, le respondió: "Voy a Roma para ser crucificado otra vez". Cuando la visión desapareció, Pedro entendió la lección: la cruz que traía su maestro era su propia cruz, que debería aceptar valientemente. Regresó a Roma y fue condenado a morir crucificado. A Pedro le pareció que no era digno morir como su Maestro y suplicó la gracia de morir cabeza abajo. Murió en el Vaticano el día 29 de junio.

Así lo mencionan las Sagradas Escrituras:

En una oportunidad, la multitud se amontonaba alrededor de Jesús para escuchar la Palabra de Dios, y él estaba de pie a la orilla del lago de Genesaret. Desde allí vio dos barcas junto a la orilla del lago; los pescadores habían bajado y estaban limpiando las redes. Jesús subió a una de las barcas, que era de Simón, y le pidió que se apartara un poco de la orilla; después se sentó, y enseñaba a la multitud desde la barca. Cuando terminó de hablar, dijo a Simón: "Navega mar adentro, y echen las redes". Simón le respondió: "Maestro, hemos trabajado la noche entera y no hemos sacado nada, pero si tú lo dices, echaré las redes". Así lo hicieron, y sacaron tal cantidad de peces, que las redes estaban a punto de romperse. Entonces hicieron señas a los compañeros de la otra barca para que fueran a ayudarlos. Ellos acudieron, y llenaron tanto las dos barcas, que casi se hundían. Al ver esto, Simón Pedro se echó a los pies de Jesús y le dijo: "Aléjate de mí, Señor, porque soy un pecador". El temor se había apoderado de él y de los que lo acompañaban, por la cantidad de peces que habían recogido; y lo mismo les pasaba a Santiago y a Juan, hijos de Zebedeo, compañeros de Simón. Pero Jesús dijo a Simón: "No temas, de ahora en adelante serás pescador de hombres". Ellos atracaron las barcas a la orilla y, abandonándolo todo, lo siguieron (*Lucas* 5, 1-11).

Al llegar a la región de Cesarea de Filipo, Jesús preguntó a sus discípulos: "¿Qué dice la gente sobre el Hijo del hombre? ¿Quién dicen que es?" Ellos le respondieron: "Unos dicen que es Juan el Bautista; otros, Elías; y otros, Jeremías o alguno de los profetas". "Y ustedes, les preguntó, ¿quién dicen que soy?" Tomando la palabra, Simón Pedro respondió: "Tú eres el Mesías, el Hijo de Dios vivo". Y Jesús le dijo: "Feliz de ti, Simón, hijo de Jonás, porque esto no te lo ha revelado ni la carne ni la sangre, sino mi Padre que está en el cielo. Y yo te digo: Tú eres Pedro, y sobre esta piedra edificaré mi Iglesia, y el poder de la Muerte no prevalecerá contra ella. Yo te daré las llaves del Reino de los Cielos. Todo lo que ates en la tierra, quedará atado en el cielo, y todo lo que desates en la tierra, quedará desatado en el cielo" (*Mateo* 16, 13-19).

Una basílica sobre su sepulcro

San Pedro sufrió el martirio entre los años 64 y 67, durante la gran persecución emprendida por Nerón contra los cristianos. El apóstol fue crucificado de cabeza en el circo de Calígula y Nerón. Luego fue sepultado en tierra en las cercanías del lugar. Después del Edicto de Milán, del 313, el emperador Constantino inició en el 315 la construcción de la basílica en honor del apóstol. Fue necesario rellenar el terreno de la pendiente de la colina para conseguir el espacio necesario para la construcción. Tenía planta en forma de cruz, con cinco naves y crucero. Fue consagrada por el Papa Silvestre en el 326. En el atrio tenía una fuente para las abluciones con una gran Piña de bronce, que ahora se conserva en los patios del Museo Vaticano. En la noche de Navidad del año 800, la basílica constantiniana fue testigo de la coronación de Carlomagno como emperador del Sacro Imperio Romano Germánico. Cuando cambio a Aviñón la residencia del Papa (1309-1377) la basílica milenaria comenzó a sufrir problemas de estabilidad y conservación. A principios de 1500 era obligatorio restaurar el santuario, pero el Papa Julio II prefirió demolerlo y construir uno nuevo. Bramante siguió la orden y fue apodado "Maestro Ruinante" (Maestro de las ruinas).

PLANTA DE LA BASÍLICA DE SAN PEDRO DE CONSTANTINO

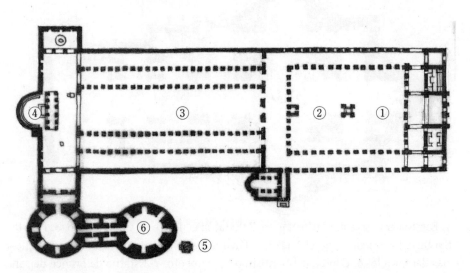

1. Atrio, 2. Piña en bronce, 3. Nave central de la Basilica 4. Abside con mosaico de cristo, 5.- obelisco del circo de Nerón, 6. Capilla donde estuvo la piedad de Miguel Ángel.

RECONSTRUCCIÓN DE LA BASÍLICA DE SAN PEDRO DE CONSTANTINO

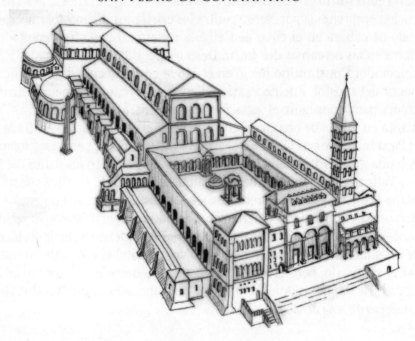

PLANTA ACTUAL DE LA BASÍLICA DE SAN PEDRO

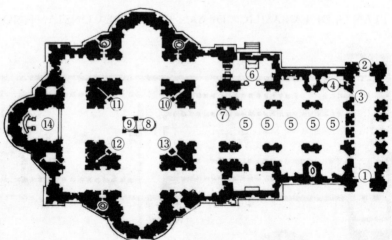

1. Estatua ecuestre de Carlo Magno, 2. Estatua ecuestre de Constantino, 3. Puerta Santa, 4. La Piedad (Miguel Ángel), 5. Pavimento con dimensiones de diversas iglesias del mundo, 6. Capilla del Santísimo Sacramento, 7. Estatua de bronce de san Pedro, 8. Tumba de san Pedro y altar papal, 9. Baldaquin (Bernini), 10. Escultura de san Longinos, 11. Escultura de santa Elena, 12. Escultura de la Verónica, 13. Escultura de san Andrés, 14. Catedra de san Pedro (Bernini), 15. Entrada a la Sacristia. 16. Ascensor a la cúpula, 17. Monumento a los Estuardo (Canova), 18. Bautisterio.

La nueva basílica

La desaparición de la basílica constantiniana y la construcción de la nueva fue gradual. Pasaron 150 años. La dirección de la construcción se fue alternando entre los artistas más famosos de la época: Bramante, Rafael Sanzio, Antonio da Sangallo "el Joven", Miguel Ángel, que diseño la cúpula, el Vignola, Giacomo Della Porta y Domenico Fontana, quien llevó a cabo, hacia 1588, el proyecto de la cúpula de Miguel Ángel. Su aspecto final se lo dio Carlo Maderno, al definir el aspecto de la fachada. Los trabajos concluyeron en 1626. La basílica, de planta de cruz latina, mide 187 metros de largo, el ancho sumado de las tres naves es de 58 metros y 140 en el crucero. Tiene capacidad para 20 mil fieles. La altura máxima de la bóveda en la nave central es de 46 metros (semejante a un edificio de 15 pisos). La cúpula tiene 136 metros de altura hasta la cruz. Para embellecer la plaza que la precede, Gian Lorenzo Bernini realizó entre 1656 y 1667 "La columnata" (pórtico monumental de columnas) y colocó en el centro el obelisco del circo de Calígula y Nerón.

La Plaza de San Pedro

Era necesario complementar la nueva basílica con una hermosa plaza. El proyecto estuvo a cargo de Bernini y se desarrolló entre 1656 y 1667. La plaza simboliza los brazos de la Iglesia que recibe a todos. Así lo escribió el autor: "siendo la Iglesia de San Pedro madre de todas las otras, su pórtico debía brindar una acogida maternal, de brazos abiertos, a los católicos, para confirmarlos en la fe, a los heréticos para reunirlos en la Iglesia y a los infieles para iluminarlos con la fe verdadera". La primera parte es un espacio trapezoidal y la segunda, de forma elíptica, está limitada por los hemiciclos de la columnata, que parecen abrazar al peregrino. Tiene un diámetro central de 240 metros. La columnata tiene una anchura en su totalidad de 17 metros y está formada por 284 columnas, alineadas en grupos de cuatro, y ocho pilares de travertino. Cada columna mide 13 metros de altura. Las columnas representan a los santos que construyen y sostienen la Iglesia. Por eso, también la balaustrada, hecha por los discípulos de Bernini hacia 1670, está coronada por 140 estatuas de santos, de 3.20 metros de altura. El obelisco, de granito rojo, mide 25.31 metros de altura y pesa 331 toneladas. Es el segundo de mayor tamaño, después del de San Juan de Letrán. A los lados del obelisco hay una fuente de Bernini (1675) y otra de Maderno (1614). A los pies de la escalinata, las esculturas de san Pedro y san Pablo dan la bienvenida a los fieles. En 1950 se abrió la vía de la Conciliación y se modificó el proyecto de Bernini. La calle nueva da acceso a la basílica vaticana, exaltando la vista majestuosa de la cúpula de San Pedro.

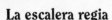

La escalera regia

Se llama así a la escalera que comunica la plaza con el Palacio Vaticano. Fue realizada por Bernini entre 1662 y 1666. Él la consideró: "… la cosa menos fea que he hecho". Tiene 60 metros, pero su elaboración, de tipo escenográfico, la hace parecer mucho más larga, por la aplicación de algunos recursos de perspectiva, como la disminución de la distancia entre las columnas del fondo. El acceso está custodiado por guardias suizos. En este lugar se solicitan, con anticipación, los boletos gratuitos para las audiencias o celebraciones papales.

La fachada de San Pedro

Obra del arquitecto Carlo Maderno (1607). Tiene 48 metros de altura y 114.69 metros de ancho. Presenta un orden de columnas y pilastras salientes corintias sobre las que se apoya un imponente frontón con tímpano central, coronado por una balaustrada con trece estatuas de seis metros de altura. La central representa al Redentor bendiciendo. La inscripción latina del arquitrabe recuerda que la obra se realizó en el séptimo año de pontificado de Paulo V, de la familia Borghese: *IN HONOREM PRINCIPIS APOST. PAULUS V BURGHESIUS ROMANUS PONT. MAX. AN. MDCXII PONT VII.* La ventana central o *"Loggia* de las bendiciones" se utiliza por el Papa para dar su mensaje y la bendición apostólica *Urbi et Orbi* ("a la ciudad y al mundo") inmediatamente después de su elección, en Navidad y Pascua.

Las puertas

De las cinco puertas, la central es la más antigua. Sobre ella está situado el famoso mosaico de *La Navecilla*, de Giotto, que formó parte de la antigua basílica. En él se representa el momento en que Cristo salva a Pedro de las aguas. La puerta de la extrema derecha es la Puerta Santa (Véase sección sobre la Puerta Santa). Se sugiere entrar por la nave derecha.

Interior

En el lado izquierdo del vestíbulo, antes de entrar, se ve el monumento ecuestre a Carlomagno, obra de Agostino Cornacchini (1725), y en el lateral derecho, la estatua del emperador Constantino, obra de Bernini (1670). El interior está decorado con estucos, mármol de colores, mosaicos y estatuas de estilo netamente barroco. El techo tiene estucos dorados. En la nave central se elevan grandes pilastras corintias acanaladas, entre las que se abren hornacinas en dos niveles con treinta y nueve esculturas de santos fundadores de órdenes y congregaciones religiosas. Los ángeles que sostienen las pilas de agua bendita, del tamaño de una persona, permiten comprender la monumentalidad del edificio. Se puede comparar el tamaño de esta basílica con las iglesias más grandes del mundo gracias a los nombres y medidas que se ven en el pavimento de

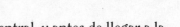

la nave central. Después de recorrer la nave central, y antes de llegar a la escultura sedente de san Pedro, se regresa al inicio de la nave derecha.

Nave derecha

En la primera capilla de la derecha está la escultura La Piedad, que Miguel Ángel hizo a la edad de 24 años, en 1499. La originalidad con la que trató esta pieza se nota en la ruptura con el dramatismo con el que hasta entonces se trataba esta iconografía, que siempre mostraba el gran dolor de la madre con el hijo muerto en sus brazos. Miguel Ángel, sin embargo, realizó una Virgen serena, concentrada y extremadamente joven, y un Cristo que parece estar dormido y sin muestras en su cuerpo de haber padecido algún martirio: el artista desplazó toda clase de visión dolorosa, con tal de conseguir que el espectador reflexionase sobre el gran momento de la muerte. Es la única obra de Miguel Ángel que firmó: lo hizo en la cinta que atraviesa el pecho de la Virgen: *MICHAEL. ANGELVS. BONAROTVS. FLORENT[INVS].FACIEBAT*. La capilla siguiente está dedicada al Santísimo Sacramento. Sólo se permite la entrada si se va a orar unos momentos. En el altar del centro está el tabernáculo de bronce dorado de Bernini (1674) flanqueado por dos ángeles arrodillados, y detrás la Trinidad de Pietro da Cortona. Al salir de la capilla y al final de la nave está el monumento fúnebre en honor de Gregorio XIII (1723), obra de Camillo Rusconi. Lo embellecen las figuras alegóricas de la Religión y la Fortaleza. Debajo del sarcófago se ve a un dragón, símbolo heráldico del pontífice. También se puede ver el cuerpo incorrupto del Papa Juan XXIII.

Volviendo a la nave central

Del monumento a Gregorio XIII se pasa a la nave central para observar, al lado derecho, la famosa estatua de bronce que representa a san Pedro bendiciendo, atribuida a Arnolfo di Cambio (1245-1302). La veneración de los fieles y la tradición de tocar su pie lo han desgastado notablemente. En el centro de la iglesia se ven dos niveles. El nivel inferior (La Confesión) conserva la tumba de san Pedro y un cofre con los palios que el Papa ofrece a los nuevos arzobispos. En ese lugar los peregrinos suelen hacer su profesión de fe, poniéndose de rodillas y recitando el Credo. Una reja de bronce permite el paso sólo al Papa y su comitiva y cierra el paso a los peregrinos que pueden descender por otro lugar. Sobre la tumba del apóstol está el altar papal. La mesa de piedra procede de un templo pagano del Foro Romano.

El baldaquín

Simula la forma de un palio. Fue hecho por Bernini entre 1624 y 1632 por encargo del Papa Urbano VIII, de la familia Barberini. Es de bronce y tiene 29 metros de altura. Lamentablemente el bronce se sustrajo del Panteón, edificio romano de gran importancia en la arquitectura universal. Esto dio origen al dicho *"Quod non fecerunt barbari fecerunt Barberini"* ("lo que no hicieron los bárbaros, lo hicieron los Barberini"). Sus columnas, de 14 metros de altura, están inspiradas en las que marcaban el área de la tumba del apóstol en la basílica anterior y que, supuestamente, formaron parte del Templo de Jerusalén.[66] Tienen estrías espirales y embellecidas con ramas de olivo y laurel. Su capitel es corintio. La cubierta, que imita los palios textiles es de extraordinaria elegancia y tiene un ángel en cada esquina. Culmina en una esfera de bronce dorado. Las borlas con abejas son el escudo heráldico de los Barberini. Son signo de su intensa actividad. En el interior del baldaquín hay una paloma dorada, símbolo del Espíritu Santo.

La cúpula

Concebida por Miguel Ángel, se terminó 24 años después de su muerte, según el diseño definitivo de Fontana y Della Porta. Tiene un diámetro de 42.5 metros y una altura de 132 metros, y se inspira en la cúpula de la catedral de Florencia. Los mosaicos del interior se hicieron entre 1603 y 1613, según los diseños de Giuseppe Cesari, llamado Cavalier d'Arpino. Representan las distintas jerarquías de santos en la gloria celestial. En la linterna central se ve la figura de Dios Padre. La inscripción que se ve como un cintillo en la base de la cúpula, dice: *TV ES PETRVS ET SVPER HANC PETRAM ÆDIFICABO ECCLESIAM MEAM ET TIBI DABO CLAVES REGNI CÆLORVM* ("Tú eres Pedro, y sobre esta piedra edificaré mi Iglesia y a ti te daré las llaves del Reino de los cielos") Las letras miden dos metros de altura.

Esculturas monumentales

En torno al baldaquín, en los ángulos de la nave con el crucero, se ven cuatro estatuas monumentales: Longinos, San Andrés, Santa Elena y La Verónica. En la parte alta de la zona de cada estatua hay un balcón que a manera de capilla conserva las siguientes reliquias: lanza de Longinos, fragmento de la cruz de Cristo, cabeza de san Andrés[67] y manto de la Verónica. La escultura de San Longinos, que traspasó con la lanza el costado de Cristo, es obra de Bernini (1638). Las otras tres son obra de sus discípulos: Santa Elena, madre del emperador Constantino, La Verónica, y San Andrés, hermano de Pedro, crucificado en Grecia. Atrás de cada una de las esculturas hay escaleras para descender al nivel de la tumba de Pedro.

---

[66] De ahí el nombre de Salomónicas.
[67] La cabeza de san Andrés, por petición de los griegos, fue devuelta por Paulo VI a Grecia.

En el crucero de la derecha destaca el monumento a Clemente XIII, obra de Antonio Canova (1784), el más célebre escultor neoclásico italiano. Continúa el modelo de sepulcros de Bernini, con el retrato del pontífice en la parte superior, y el sarcófago flanqueado por figuras alegóricas: la Religión con la cruz en la mano, y el Genio funerario que apaga la antorcha de la vida. Dos leones vigilan el sepulcro.

Gloria de Bernini

El Altar de la Cátedra, conocido como "La Gloria de Bernini", es una de las obras maestras del artista. Se hizo en honor de la Cátedra, trono o silla de san Pedro, que simboliza la predicación, enseñanza, testimonio y cuidado de la fe depositada en Pedro y sus sucesores. La cátedra está decorada con tres bajo relieves: la entrega de las llaves, el lavatorio de los pies y el momento en que Cristo le dice a Pedro: "apacienta a mis ovejas". Dentro de la Cátedra de bronce se conserva un trono de madera que, según la tradición, habría sido utilizada por Pedro.[68] El trono está sostenido por representantes de la Iglesia latina y griega. Al frente, san Ambrosio y san Agustín, con mitra, representan a la Iglesia latina; san Atanasio y san Juan Crisóstomo, en la parte posterior, sin mitra, a la griega. En la parte superior se extiende una extraordinaria nube de ángeles que coronan la cátedra. En la parte interna de la ventana ovalada, se ve una paloma, símbolo del Espíritu Santo. Los doce rayos que surgen de ella representan a los doce apóstoles. La obra fue terminada en 1666. En los laterales, se encuentran importantes monumentos fúnebres. A la izquierda, el de Paulo III, obra de Guglielmo della Porta. A la derecha, el de Urbano VIII, de Bernini.

Última obra de Bernini

En el crucero de la izquierda se puede ver el último trabajo que hizo Bernini, a sus ochenta años, bajo petición de Alejandro VII. Es el sepulcro del mismo pontífice que le pidió el altar de la cátedra. El esqueleto que se entrevé por debajo de los pliegues rojos del mármol, y el reloj de arena simbolizan el paso del tiempo y lo fugaz de la vida terrena.

Hacia la salida

En la nave izquierda de la basílica, se puede apreciar otra obra de Antonio Canova. Es el monumento dedicado a los últimos descendientes de la familia inglesa Estuardo o Stuart (1819). Se ven retratos de perfil por debajo de la ménsula. Más adelante, se ve el monumento al Papa Juan XXIII, del escultor Emilio Greco (1964-1967) y, finalmente cerca de la pila bautismal, un fragmento del pavimento con el escudo del papa Juan Pablo II.

---

[68] Los estudios han demostrado que no es la cátedra original y se trata, más bien, de un regalo que el rey francés Carlos el Calvo hizo al Papa en el 875.

Ascenso a la cúpula

Se puede subir a la parte superior de la basílica mediante cómodos elevadores. Vale la pena la vista de la plaza y la vista interior desde la base de la cúpula. Sin embargo, para llegar a la parte más alta de la cúpula se necesitan subir muchos escalones por el interior de la misma. Los amantes de la fotografía no pueden perderse la experiencia.

Descenso a las Grutas Vaticanas

Existe un nivel subterráneo, al nivel de la tumba de san Pedro, que se puede visitar. Se le conoce como Grutas Vaticanas. El recorrido permite ver de cerca la tumba de Pedro y las de otros Pontífices como Pablo VI, Juan Pablo I y Juan Pablo II. Junto a la tumba del apóstol está la capilla de la Virgen de Guadalupe. Se hizo a petición del cardenal Ernesto Corripio Ahumada y por concesión del Papa Juan Pablo II. El proyecto estuvo a cargo de los arquitectos Pedro Ramírez Vázquez, Andrés Giovanini García, Fray Gabriel Chávez de la Mora y Alejandro Errasti Ordaz. El altar se hizo con un bloque de piedra del cerro del Tepeyac y plata mexicana. La imagen de la Guadalupana se hizo en el Estudio del Mosaico de la Fábrica de San Pedro. La capilla fue inaugurada por Juan Pablo II el 12 de mayo de 1992 con la presencia de algunos obispos mexicanos.

MUSEO VATICANO
"Patrimonios de la Iglesia Universal"

Aunque no es obligatoria, la visita al museo puede enriquecer la experiencia cultural del peregrino. Se trata en realidad de la visita a varios museos dentro de un mismo recinto. La magnífica colección, principal riqueza del Vaticano y patrimonio de la Iglesia Universal, se inició con el Papa Julio II. Cabe mencionar que los papas fueron los primeros soberanos que instalaron colecciones de arte en palacios para ser expuestas al público. Además de la Capilla Sixtina, la Capilla Nicolaina y las Estancias de Rafael tiene la gran Biblioteca, galerías de Tapices y Mapas, Museo Egipcio, Museo Etrusco, Museo Profano, Museo Misionero-Etnológico, Colección de esculturas griegas y romanas y la famosa Pinacoteca con 18 salas, que ofrecen obras de Giotto, Fra Angélico, Filippo Lippi, Melozzo da Forlí, Bellini, Perugino, Rafael y Leonardo Da Vinci. El Vaticano tiene una política que prohíbe vender las obras de arte, entre las cuales se incluyen 460 pinturas de maestros como Giotto, Caravaggio y Rafael. Cuando se dispone de poco tiempo para la visita se debe limitar a las grandes obras: Capilla Sixtina y Estancias de Rafael. Hay indicaciones suficientes para encontrarlas.

Las Estancias de Rafael

Cuando Rafael llegó a Roma, el papa Julio II le pidió que hiciera la nueva decoración de sus cuatro habitaciones privadas, situadas en el segundo piso del Palacio Pontificio. Para ello tuvo que raspar las pinturas anteriores hechas por Perugino, Sodoma y otros. La decoración fue realizada entre 1508 y 1524 por Rafael y sus discípulos. El orden de las cuatro salas, tal como un visitante entraría en el apartamento es: Sala de Constantino, Sala de Heliodoro, Sala de la Signatura y Sala del Incendio del Borgo. No obstante, otro es el orden cronológico en que se pintaron los frescos.

Sala de la Signatura (Firma o Sello)

Fue pintada entre 1508 y 1511 y tiene las pinturas más armoniosas de toda la serie. La sala albergaba la biblioteca de Julio II. El tema central es la búsqueda de Dios (Verdad, Bien y Belleza) a través de cuatro elementos: la filosofía, la teología, la justicia y el arte. La búsqueda de Dios mediante la filosofía está representada en la escena de *La Escuela de Atenas*, donde Rafael pintó a los filósofos más representativos. Aristóteles y Platón (con rostro de Leonardo D'Vinci) están en el centro. La búsqueda de Dios mediante la revelación y la teología está representada en *La Disputa del Sacramento* o *Triunfo de la Eucaristía*. En este fresco el autor representa a la Iglesia militante alimentándose de la Eucaristía y de la revelación de Dios. Cuatro angelitos sostienen los cuatro evangelios. En la parte superior se observa la *Iglesia Triunfante*, que vive en comunión plena con Dios. La búsqueda de Dios mediante el arte se representa en *El Parnaso*, donde el dios Apolo, rodeado de las nueve musas, toca el violín. Aquí aparecen no sólo poetas de la antigüedad clásica, sino también contemporáneos de Rafael, como Dante. Finalmente, la búsqueda de Dios mediante la Justicia se representa, a los lados de la ventana, en dos acciones que permitieron el desarrollo del Derecho Canónico. A la izquierda, *La Entrega de las Pandectas al emperador Justiniano* y, a la derecha, *Entrega de las Decretales al papa Gregorio IX*. En el luneto están las virtudes: fortaleza, prudencia y templanza.

Sala de Heliodoro

Fue pintada entre 1512 y 1514; estaba destinada a las audiencias privadas del Papa. El tema general es el poder protector del papado y la Iglesia como institución que impone la paz. En todos los frescos, Rafael, de manera aduladora, incluye a su patrón, el papa Julio II, como participante u observador. La pintura más importante es la *Expulsión de Heliodoro del templo*. Según el *Libro de los Macabeos* (3, 24-34) Heliodoro, general del rey de Siria, decidió confiscar el tesoro del Templo de Jerusalén para las arcas reales. Apareció entonces un jinete a caballo, cubierto por una armadura de oro, que levantó contra él los cascos de su caballo, al tiempo que aparecieron otros dos jóvenes resplandecientes, que lo golpearon y azotaron. De esta manera, Heliodoro cayó en tierra, y tuvo que retirarse. El fresco simboliza la protección de Dios sobre la Iglesia amenazada en su patrimonio. Otro fresco representa la Misa de Bolsena. Narra un milagro de 1263 que dio origen a la fiesta del *Corpus Christi*. Ante un sacerdote que dudaba de la presencia de Cristo en la Eucaristía, la hostia manó sangre durante la consagración. Frente a él está representado el papa Julio II arrodillado, en atuendo guerrero, con sus tropas de suizos vistosamente vestidas. Así se representa la protección de Dios a la Iglesia amenazada en su fe. El fresco que representa la *Liberación de San Pedro* muestra en tres escenas distintas lo narrado en los *Hechos de los Apóstoles*, capítulo 12:7-10. En el centro se ve al ángel despertar al santo, a la derecha cómo escapan ambos y en la izquierda los soldados que se despiertan para perseguirlos. Con ello se pretende representar la milagrosa protección concedida por Dios a la Iglesia y a la persona del pontífice. El último fresco representa el triunfo de la Iglesia sobre Atila, rey de los bárbaros. Según la tradición Atila no llegó a Roma para saquearla porque vio en el cielo una aparición en la que Pedro y Pablo sostenían sendas espadas.

Sala del Incendio del Borgo

Era utilizada por el Papa para las reuniones del más alto tribunal de la Santa Sede. Fue pintada entre 1514 y 1517. Es la última que Rafael vio terminada. Aunque el Incendio del Borgo se basó en un acabado diseño de Rafael, fue ejecutado por sus ayudantes, especialmente Penni, que ejecutaron los otros tres frescos sin su guía. El papa Julio II murió el 21 de febrero de 1513. Después de su muerte, con dos habitaciones ya decoradas, el papa León X continuó el programa. Esta cámara fue ejecutada ya bajo los auspicios del nuevo papa, durante los años 1514 a 1517. El nuevo pontífice destinó esta cámara a sala de música. El fresco del *Incendio del Borgo* representa un milagro del 847, atribuido al papa León IV, en el que con la señal de la cruz, desde una ventana del Vaticano, logró sofocar un gran incendio. Ejemplificaría así el favor divino obtenido a través del pontífice. Al fondo del fresco se puede ver la fachada de la antigua basílica de san Pedro. En primer plano se ve a Eneas cargando a su padre Anquises. De este modo, Rafael compara el acontecimiento con la huida de Eneas, de Troya. Los otros frescos de la sala son: la *Coronación de*

Carlomagno, el día de Navidad del año 800; la *Justificación o Juramento de León III* y la *Batalla de Ostia*, en la que el papa obtuvo la victoria ante los sarracenos en el 849.

Sala de Constantino

Esta es la última sala que se pintó. A la muerte de Rafael, en 1520, sus ayudantes Gianfrancesco Penni, Giulio Romano y Raffaellino del Colle terminaron el proyecto según diseño previo del maestro. Es la habitación de mayor tamaño. Se dedicaba a recepciones y ceremonias oficiales. El tema principal es el triunfo del cristianismo sobre el paganismo. Para ello se usan escenas de la vida de Constantino. El fresco de la *Visión de la Cruz* describe la historia legendaria de una gran cruz que se apareció a Constantino, al tiempo que marchaba para enfrentarse a su rival, Majencio. La visión en el cielo está pintada con las palabras "Εν τούτω νίκα" ("Con este signo, vencerás") escritas a su lado. Otro fresco muestra la *Batalla de Constantino contra Majencio* o *Batalla del puente Milvio* o *Derrota de Majencio*, que tuvo lugar el 28 de octubre del 312. Se trata de una de las más grandes composiciones militares existentes. El tercer fresco muestra la *Donación de Roma* y, finalmente, el *Bautismo de Constantino* es la última pintura. Es obra probablemente de Gianfrancesco Penni, y muestra al emperador en su lecho de muerte. En la bóveda de la sala hay una alegoría del *Triunfo de la religión cristiana*.

La Capilla Sixtina

Construida por Giovanni d'Dolci entre 1471 y 1484, en la época del papa Sixto IV, que le dio su nombre. Tiene forma rectangular y mide 40.93 metros de longitud por 13.41 de anchura (las dimensiones del Templo de Salomón según el Antiguo Testamento). Su altura es de 20.7 metros. En ella se celebra el cónclave ("con llave") para elegir al nuevo pontífice. Su decoración pictórica al fresco estuvo a cargo de grandes pintores del renacimiento.

Frescos laterales

Se pintaron primero los retratos de algunos pontífices y los frescos laterales dedicados a la Vida de Moisés y a la Vida de Cristo. Los autores fueron Perugino, Botticelli, Ghirlandaio, Rosselli, y Signorelli. Lamentablemente, de las series se perdieron cuatro: dos sobre la pared del altar y dos sobre la pared de ingreso. Del lado del altar se rasparon para dar mayor espacio al *Juicio Final*; los del ingreso se destruyeron cuando se cayó la pared en 1522. Estos últimos se volvieron a pintar por Matteo de Leche y Hendrick van den Broeck. Representan *La Contienda por el cuerpo de Moisés* y *La Resurrección de Cristo*.

Vida de Moisés: 1) *La Circuncisión*; un ángel detiene con su espada a Moisés, por haber omitido la circuncisión de sus hijos. Séfora celebra la ceremonia. 2) *Historias de Moisés*; Representa varios episodios de su vida juvenil. En el centro, saca agua para las hijas de Jetro, después de haber ahuyentado a los pastores y dado muerte al egipcio; a la izquierda guía a los israelitas en el desierto. 3) *El Paso del Mar Rojo*; recuerda las plagas y el paso de la esclavitud a la libertad. 4) *Dios entrega las tablas de la Ley a Moisés* que las presenta al pueblo, pero las rompe cuando ve que éste adora al becerro de oro. 5) *Coré, Dathan y Abiron*: Recuerda el castigo que Dios dio a los que se rebelaron contra Moisés. El incensario voló milagrosamente para golpearlos y la tierra se hundió bajo ellos (Capítulo 16 del *libro de los Números*). El fresco se hizo también para recordar un acontecimiento de la época: Andrés Zamomelic, arzobispo de Carniola, en vista de que no había sido elegido cardenal, reunió en Basilea un concilio contra el papa, pero fue recluido en una prisión, donde se suicidó. 6) *Testamento y muerte de Moisés*; Moisés observa desde el monte Nebo la tierra prometida, lee su testamento, elige como sucesor a Josué y, al fondo, a la izquierda, es sepultado.

Vida de Cristo: 1) *El Bautismo de Cristo*. En los extremos; *Juan el Bautista predicando* (izquierda) y *El Redentor* (derecha). En el valle se observan monumentos romanos. 2) *La Tentación de Cristo*: sobre un edificio, Satanás, con hábito franciscano, tienta a Jesús, diciéndole: "Si tú eres hijo de Dios, arrójate"; a la izquierda le pide que transforme las piedras en pan; a la derecha, vuelve a tentarlo ofreciéndole toda la magnificencia del mundo. En el extremo superior izquierdo cura a un leproso que, posteriormente, se presenta con túnica blanca ante el sacerdote, en el centro de la escena. 3) *La Llamada de los Apóstoles*; Cristo llama a Pedro y a Andrés al apostolado. 4) En el *Sermón de la montaña*; hay dos escenas: el sermón y la curación de un enfermo. 5) *Cristo entrega las llaves a San Pedro*: al fondo se ven dos arcos de triunfo y en el centro un edificio octogonal. 6) *La Última Cena*: Judas es el único que tiene aureola negra y está sentado del otro lado de la mesa. El mismo fresco tiene tres escenas de la pasión: la *Oración en el huerto de Getsemaní*, el *Beso de Judas* y el *Calvario*.

Los tapices

Debajo de los murales laterales cuelgan en ocasiones especiales diez tapices diseñados por Rafael, llamados *Los hechos de los Apóstoles*. Se tejieron en Bruselas en 1515. Los arazzi o tapices originales se sustrajeron de la Capilla Sixtina durante el Saqueo de Roma de 1527, y no se devolvieron al Vaticano hasta el siglo XIX.

Bóveda

Tiene aproximadamente 520 metros cuadrados. Fue decorada en 1484 por Pier Matteo d'Amelia, con un cielo raso de estrellas doradas sobre un fondo azul (simbología que se aplicaba al manto de la Virgen). Por petición del Papa Julio II, Miguel Ángel la dividió en varias secciones y la pintó al fresco con escenas del Antiguo y Nuevo Testamento. Desde 1508 hasta el otoño de 1512 Miguel Ángel estuvo trabajando solo, sin ayudantes. El 1 de noviembre de 1512 se celebró la primera misa en la capilla, después de acabada la pintura de la bóveda.

ESQUEMA BÓVEDA CAPILLA SIXTINA

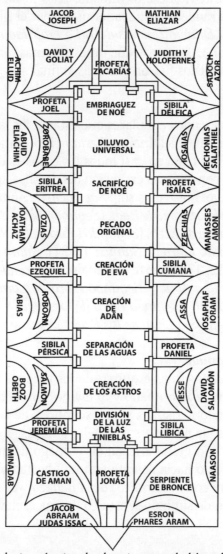

Miguel Ángel destruyó estos dos lunetos cuando hizo el Juicio Final

Escenas del *Génesis*

Están en la parte central del techo. El artista diseñó una complicada arquitectura simulada, donde incluyó el desarrollo de las historias. La lectura se inicia del lado del altar: 1) *Dios separa la luz de las tinieblas* (se dice que Miguel Ángel se autorretrató pintando el techo y apoyando su rodilla en el andamio). 2) *Dios crea los Astros y los planetas*. 3) *Dios separa la Tierra de las Aguas*. 4) *Creación de Eva*. 5) *Creación de Adán*. 6) *El Pecado Original*. 7) *El Sacrificio de Noé*. Miguel Ángel pintó la escena del Sacrificio de Noé antes del Diluvio, cuando se sabe que el Sacrificio que hizo fue precisamente para dar gracias a Dios por haberse salvado del Diluvio y porque este hubiese terminado. Esto lo hizo, probablemente, porque el espacio grande necesitaba ser usado por el Diluvio para resaltar este aspecto. 8) *El Diluvio Universal*. 9) *La embriaguez de Noé* (descubrimiento del vino). Las escenas que muestran más movimiento y mayor vigor en la figura de Dios fueron pintadas al final.

Medallones

Dentro de los diez escudos circulares que están a los lados de las escenas del *Génesis*, hay escenas del *Antiguo Testamento* pintadas para asemejar relieves en bronce. El tema en casi todos los casos es de los más penosos episodios bíblicos, con la única excepción del de Elías, que se elevó al cielo en un carro de fuego. Los temas son: *Sacrificio de Abraham*, (*Génesis* 22, 9), *Destrucción de la imagen de Baal*, (*Segundo Libro de los Reyes* 10, 25), Exterminio de la tribu de Acab, (*Segundo Libro de los Reyes* 10, 17), *Muerte de Urías*, (*Segundo Libro de Samuel* 11, 24), *Natán y David*, (*segundo Libro de Samuel* 12, 17), Muerte de Absalón, (*Segundo Libro de Samuel* 18), *Joab da muerte a Abner*, (*Segundo Libro de Samuel* 3, 27), *Muerte de Joram, hijo de Acab* (*Segundo Libro de los Reyes* 9, 21), *Elías sobre el carro de fuego*, (*Segundo Libro de los Reyes* 2) y uno incompleto.

Los desnudos o *Ignudi*

Los jóvenes desnudos en las esquinas de las escenas del *Génesis* representan la unión entre lo humano y lo divino, son la equivalencia de los ángeles de la tradición cristiana y de los amores, de la tradición platónica. Miguel Ángel solía pintar a sus ángeles sin alas. Todos muestran una actitud diferente, con gran variedad en el juego de brazos y piernas, se inclinan hacia atrás o hacia delante en una libertad total, con una clara relación de los conceptos platónicos de la *Belleza* y de *Eros*, se le ha dado una interpretación de símbolo sensual o de una esclavitud.

Las Pechinas

Las esquinas de la bóveda muestran cuatro momentos decisivos de la salvación del pueblo de Israel: 1) *La serpiente de bronce* (*Libro de los Números* 21, 4). La historia recuerda el momento en que el pueblo judío sufrió un ataque de serpientes. Para salvarlos, Dios ordenó a Moisés que hiciera una serpiente de bronce y la levantara sobre un palo. Quienes vieron el signo divino y creyeron en Dios se salvaron. La serpiente levantada sobre un madero es también signo de Cristo muerto y resucitado. 2) *David y Goliat*. Muestra el triunfo de David sobre Goliat y la decapitación de este último. 3) *El castigo de Amán*. La historia explica que Ester, una judía, fue proclamada reina de Persia por el rey Asuero, en tanto Amán, su primer ministro, intentó destruir al pueblo judío, cosa que Ester impidió. Como castigo, Amán fue crucificado. 4) *Judith y Holofernes*. En la parte izquierda se ve un guardia dormido, en la derecha se ve la figura de Holofernes yacente, decapitado, y en la parte central las figuras de Judith con su sirvienta están cubriendo con una tela la cabeza de Holofernes, que transportan en una bandeja. (Se dice que esta cabeza es un autorretrato del propio Miguel Ángel.)

Profetas y Sibilas

Son las figuras más grandes del conjunto. Los siete profetas y las cinco Sibilas significan el anuncio del Mesías, encarnando las esperanzas de la humanidad cristiana. Todos están sentados en grandes tronos. Las sibilas, aunque no proceden de la fuente bíblica, se integraron en la iconografía cristiana en la Edad Media. Algunos místicos interpretaron sus oráculos como profecías sobre Cristo. 1) *Jonás*. Está sobre el altar, acompañado por un gran pez, tiene un movimiento mayor a las otras figuras. Por haber salido del monstruo marino al tercer día, es signo de Cristo resucitado. 2) *Sibila Líbica*. Era la sacerdotisa del oráculo de Zeus en el desierto de Libia. 3) *Daniel*. Se encuentra en actitud de escribir. 4) *Sibila Cumana*. La sibila de Cumas se muestra anciana porque, según la mitología, Apolo le concedió larga vida, pero no la juventud. 5) *Isaías*. Se apoya en su libro, inclinado sobre la visión de las cosas divinas; él ha visto el triunfo del pueblo israelita, la liberación de Babilonia y la llegada de Cristo. 6) *Sibila Délfica*. Es una de las figuras femeninas más bellas pintadas por Miguel Ángel. 7) *Zacarías*. Considerado uno de los profetas menores, está representado como un anciano con grandes barbas blancas y leyendo un libro. La postura de Zacarías permite que los ángeles a su espalda puedan ver las Escrituras. 8) *Joel*. Su figura se hace solemne por su mirada penetrante y la gran concentración hacia el rollo desplegado. 9) *Sibila Eritrea*. Se dice que fue la adivinadora de la Guerra de Troya, y que realizó composiciones poéticas con acrósticos sobre hojas de palmera. Está representada como una mujer joven y se encuentra sentada girando su cuerpo hacia un libro. 10) *Ezequiel*. Representado como un anciano corpulento que habla con el joven que se encuentra a su lado. 11) *Sibila*

Pérsica. Representada como una mujer anciana enmarcada dentro de una composición circular. 12) *Jeremías*. Su gran concentración, su forma compacta y recogida expresan la dimensión de su pensamiento.

Desnudos de bronce

Están en el espacio entre profeta y sibila, en los triángulos sobre los antepasados de Cristo y a los lados del cráneo de carnero. Representan a los demonios que se alimentan de la muerte y el pecado (representados por el cráneo). Los que están entre el profeta Ezequiel y la sibila Pérsica intentan destruir la gran armonía de la Capilla Sixtina.

Antepasados de Cristo

Los antepasados de Cristo, según el evangelio de *Mateo* (1, 1-16) están en los lunetos y en los triángulos que separan a profetas y sibilas. Con estos grupos de esposos e hijos se completan las trescientas figuras que componen toda la representación de la bóveda de la Capilla Sixtina. Son: Zorobabel, Exequias, Azarías, Roboam y Abies, Salomón, Jesé, David y Salomón, Betsabé, madre de Salomón, Jacob y Joseph, Azor y Sadoc, Aquim y Eliud, Josías, Jeconías y Salatiel, Zorobabel, Abihud y Eliachim, Ezequías, Manasés y Amon, Azarías, Jotán y Acaz, Salmón, Booz y Obed, Naasson, Amminadab, Fares, Hesron y Aram, Abraham, Isaac, Jacob y Judá.

El Juicio Universal

Veinticuatro años después de haber pintado la bóveda, Miguel Ángel, a sus sesenta y un años, recibió el encargo de pintar el *Juicio Final* o *Juicio Universal* en la pared del altar, que mide casi 226 metros cuadrados de superficie. Inició el trabajo en 1535 y lo concluyó seis años después, en 1541. El tema se inspira en el *Apocalipsis de San Juan* y en la parábola del Juicio Final del *Evangelio de San Mateo* (25, 31-46), donde el rey pondrá a los justos a su derecha y a los injustos a su izquierda. Para hacer el gigantesco fresco, Miguel Ángel tuvo que tapar dos ventanas tapiadas y destruir frescos anteriores: *La Inmaculada Concepción*, del Perugino (Patrona de la capilla); los primeros papas de la serie de los pontífices, a Abraham, Isaac, Jacob, Judá y otros más de la serie de los antepasados de Cristo. De la serie de la *Vida de Moisés y de Cristo*, destruyó la escena de *Moisés salvado de las aguas* y el *Nacimiento de Cristo*.

La composición

El fresco no tiene ninguna división, como las otras partes de la capilla. Cristo es la figura central, que aparece sentado como Rey y Juez sobre un trono de nubes. Su poder se subraya con su cuerpo tipo "Hércules" y el color amarillo a sus espaldas, que a manera de luz representa su divini-

Esquema del Juicio Final de Miguel Angel

A. **Mundo celestial**
1. Cristo Juez
2. La virgen María
3. san lorenzo
4. san Andrés
5. san Juan Bautista (con pieles)
6. Personificación de la maternidad
7. Ángeles que llevan la cruz
8. Ángeles que llevan la columna
9. san Pablo (vestido de rojo)
10. san Pedro (con las llaves)
11. san Bartolomé (con el cuchillo)
12. La piel de san Bartolomé con la faz de Miguel Ángel
13. san Simón
14. El buen ladrón Dimas (con la cruz)
15. san Blas (con los garfios)
16. santa Catalina de Alejandría (con la rueda)

17. san Sebastián (con las flechas)
18. El Cirineo (con la cruz)

B. **Ángeles con trompetas**
19. El libro del bien
20. El libro del mal

C. **Resurrección de los muertos**

D. **Juzgados que ascienden al cielo**
21. El rosario instrumento de salvación

E. **Juzgados arrastrados a los infiernos**
22. Un condenado por desesperación
23. La puerta del infierno
24. El demonio Caronte
25. Minos (con los rasgos de Blas de Cesena)

185

dad. La acción representada en el fresco parece iniciar cuando él levanta enérgicamente su mano derecha para separar a justos y pecadores. Ha terminado el tiempo del arrepentimiento y la conversión. Es el momento del Juicio Final, en el que ya no hay misericordia, sino justicia. La Virgen María, al lado suyo, y todos los santos se muestran admirados, e incluso, temerosos e impotentes ante el resultado final. En la parte alta los ángeles sin alas muestran los signos de la pasión: cruz, corona de espinas, columna de la flagelación y caña con vinagre. Su presencia explica que Cristo es el único que puede juzgar a la humanidad, porque padeció y murió por salvarla. Quienes no valoraron su amor y sacrificio serán condenados. En la parte baja un grupo de ángeles tocan las trompetas que indican el fin del mundo terreno. Uno de ellos tiene en sus manos un pequeño libro, con los nombres de quienes se salvarán. Otro tiene un libro de mayor tamaño, con los nombres de los condenados. Los libros hacen alusión al esfuerzo necesario para poder entrar en la puerta estrecha de la salvación. Del lado de la mano derecha de Cristo surgen de la tierra los muertos y salen de sus sepulcros. Algunos esqueletos van recuperando la carne. Otros levitan, ante el gesto poderoso del juez. Los justos se muestran solidarios y ayudan a otros a elevarse. Una cadena de oro, que representa el rosario, ayuda a elevarse a quienes parecen no tener los suficientes méritos; en el lado opuesto no hay ascenso. Los malos son arrojados a los abismos donde los espera Caronte, con la barca, y Minos, el juez infernal, rodeado por una serpiente, signo del pecado. Alrededor de Cristo están los santos: profetas, apóstoles, vírgenes y mártires que pueden reconocerse por sus atributos. A la derecha de Cristo está san Andrés con una cruz en forma de X y Juan Bautista cubierto con una minúscula piel. A su izquierda se ve a Pedro con las llaves y a Pablo con una túnica roja. A los pies de Cristo están dos patrones de Roma: san Lorenzo, con la parrilla y san Bartolomé, que en su martirio fue despellejado; este santo lleva colgada en su mano su propia piel, donde se reconoce el autorretrato de Miguel Ángel.

Censura y restauración

La obra causó gran admiración pero también protesta por la "inmoralidad" de sus desnudos. El maestro de ceremonias papal, Biagio da Cesena, dijo que la pintura era deshonesta y Pietro Aretino opinó que se debía de "hacer una hoguera con la obra". En 1559 el papa Pablo IV pidió a Daniele da Volterra que cubriera las "vergüenzas" de las figuras desnudas. El pintor murió al cabo de dos años, sin haber podido completar su trabajo, pero recibió el sobrenombre de "*il Braghettone*" (el calzonero). Las miles de veladoras y el humo provocado por la quema de papeletas en los cónclaves ocasionaron que con el paso de los años los frescos se oscurecieran por el hollín. La capilla fue restaurada entre 1980 y 1994 con la ayuda de Japón, que sufragó los gastos de la obra, valorados en 50 millones de dólares. La restauración quitó la pátina de grasa, humedad y humo que opacaba al conjunto pictórico, quedando a la vista los colores originales de Miguel Ángel. Sin embargo, la obra no puede verse como la dejó el artista porque, aunque se eliminaron algunos repintes de Volterra, las partes que fueron raspadas son irrecuperables.

SAN JUAN DE LETRÁN
"La catedral del papa"

Su nombre completo es Archibasílica del Santísimo Salvador, de San Juan Bautista y San Juan Evangelista. Se dedicó primero a Cristo y, posteriormente, en el siglo IX a Juan Bautista (por el baptisterio) y, en el siglo XII al Evangelista. Es la más antigua y la de rango más alto entre las cuatro basílicas mayores o papales de Roma. Por ser la catedral del Papa tiene el título honorífico *Omnium urbis et orbis ecclesiarum mater et caput* "Madre y Cabeza de todas las Iglesias de Roma y del Mundo". Se construyó en el siglo IV en los terrenos que habían pertenecido a los Laterani, una noble familia romana. De ahí el nombre de Letrán. En ella se llevaron a cabo los Concilios Ecuménicos de 1123, 1138, 1159, 1179, 1215 y el que se celebró entre 1512 y 1517. Actualmente, el Papa celebra la misa en esta basílica dos o tres veces al año (el Jueves Santo y la fiesta del Corpus Christi; esta última tiene lugar en el atrio, desde donde parte la procesión eucarística). En 1927, Giuseppe Tonnini realizó, frente a la fachada principal, el monumento a san Francisco de Asís, que recuerda la visita que el santo hizo al Papa en este lugar.

La construcción y destrucción
La antigua basílica era de cinco naves, pero actualmente se encuentra modificada a causa del pillaje de los vándalos en el año 455, el temblor del año 896 y los terribles incendios de 1308 y 1360. Fue restaurada y transformada por Borromini para el año santo de 1650. La antigua cátedra del Papa, del siglo IV, se conserva en el claustro. El proyecto para la nueva fachada estuvo a cargo de Alessandro Galilei y se hizo en 1735. La fachada tiene un sólo orden de semicolumnas y pilastras corintias, un pórtico central prominente, balaustrada y 15 esculturas de siete metros de altura. Al centro la figura del Salvador flanqueada por Juan Bautista y Juan Evangelista. Las

otras representan a los doctores de la iglesia griega y latina. Tiene cinco puertas. La Puerta Santa es la última de la derecha. A la izquierda se puede ver una escultura del emperador Constantino proveniente de las termas del Quirinal y colocada en 1737. Encima de las puertas se pueden admirar hermosos altorrelieves del siglo XVIII con escenas de la vida del Bautista.

El interior

Su planta es de cruz latina. La nave central mide 130 metros. El techo, con casetones de madera labrada y dorada, tiene el escudo del Papa Pío IV. El piso es de estilo cosmatesco con mármoles de colores. A los lados hay nichos de mármol verde antiguo con estatuas colosales de los doce apóstoles, obra de la escuela de Bernini, del siglo XVIII. De la misma época son los doce óvalos entre las ventanas con la figura de doce profetas. A la derecha los siguientes apóstoles y profetas: Judas Tadeo y Nahum, Mateo y Jonás, Felipe y Amós, Tomás y Oseas, Santiago el Mayor y Ezequiel, Pablo y Jeremías. A la izquierda: Simón y Miqueas, Bartolomé y Abdías, Santiago el Menor y Joel, Juan Evangelista y Daniel, Andrés y Baruc, Pedro e Isaías.

El altar papal y la imagen del primer Año Santo

En la nave intermedia de la derecha está una joya del lugar protegida por un cristal: se trata de un fragmento de fresco atribuido a Giotto. Representa a Bonifacio XVIII proclamando el Jubileo del año 1300. El altar papal fue restaurado en 1851. Detrás de las láminas de madera dorada se conserva el altar de madera donde, según la tradición, celebraron los primeros papas (del siglo I al IV). El tabernáculo que lo cubre es de estilo gótico tardío. Tiene doce recuadros al fresco, del siglo XIV, que representan al *Buen Pastor, La Crucifixión, La Virgen* y diversos santos. Los bustos de plata dorada sobre el enrejado de madera de la parte superior representan a Pedro y Pablo. Contienen reliquias de estos apóstoles. En la parte inferior del altar (*La Confesión*) está la tumba del papa Martín V, bajo cuyo pontificado se abrió por primera vez la Puerta Santa en esta basílica.

El crucero

Está decorado al fresco con escenas varias y la fundación de la basílica hecha por Constantino; son obra del Cavalier D'Arpino. Una de las más importantes obras de arte es el tabernáculo del altar del Santísimo Sacramento, hecho en bronce dorado y embellecido con piedras preciosas.

El ábside

El mosaico está formado por dos partes de diversas épocas. La parte superior con el busto de Cristo; y la línea inferior con el río Jordán, son parte del mosaico de la basílica de Constantino rehecho por los franciscanos

Jacopo Torriti y Jacobo de Camerino a fines del siglo XIII. Las otras secciones se hicieron en 1884. En el centro se ve al Espíritu Santo en forma de paloma, que hace descender sus dones sobre una cruz enjoyada y posada sobre un río. En el medallón de la cruz está la escena del bautismo de Cristo. Dos ciervos y varias ovejas beben de los cuatro ríos, que recuerdan los del Paraíso (Tigris, Éufrates, Gijón y Pisón)[69] son figura del bautismo y de la vida eterna. Al lado izquierdo: la Virgen María, el Papa franciscano Nicolás IV (de menor tamaño y de rodillas), san Francisco de Asís (en escala menor), san Pedro y san Pablo. A la derecha: san Juan Bautista, san Antonio de Padua (en escala menor), san Juan Evangelista y san Andrés. La presencia de san Francisco y san Antonio se explica porque el Papa en turno era franciscano y también quienes lo hicieron. En el río Jordán se pueden ver cisnes, peces y barcos. En el nivel inferior hay nueve de los doce apóstoles (ya que Pedro, Juan y Pablo están en la parte superior). Los autores de la obra se autorretrataron en este nivel en un tamaño reducido y portando sus instrumentos de trabajo: martillo, compás y escuadra.

Leyendas romanas

Los romanos cuentan varias leyendas sobre el lugar. Dicen que es llamada "Del Salvador" porque el día de la consagración apareció el rostro de Cristo que se conserva en la capilla de la Escalera Santa. Cuentan también que durante la segunda consagración de la basílica, un judío golpeó la imagen del Salvador y ésta sangró milagrosamente. Otra leyenda afirma que cuando muere un pontífice, suda y cruje una piedra del monumento al papa Silvestre II, por eso le llaman *"pietra sudante"*.

El claustro[70]

Después de visitar la basílica se pasa, por una puerta de la nave izquierda, al claustro. Su belleza es producto de 17 años de trabajos, de 1215 a 1232. Obra de los Vassalletto, quienes también hicieron el claustro de la basílica de San Pablo en estilo *cosmati* o cosmatesco. Está compuesto de pequeñas arcadas que se apoyan en esbeltas columnas emparejadas y adornadas con mosaicos. Llaman la atención las cabezas zoomorfas, los leones y los diversos órdenes arquitectónicos. En las paredes se exhiben elementos de la antigua basílica, inscripciones, piedras sepulcrales o elementos arquitectónicos de época romana y paleocristiana que se descu-

---

[69] "De Edén salía un río que regaba el jardín, y desde allí se repartía en cuatro brazos. El uno se llama Pisón: es el que rodea todo el país de Javilá, donde hay oro. El oro de aquel país es fino. Allí se encuentra el bedelio y el ónice. El segundo río se llama Guijón: es el que rodea el país de Kus. El tercer río se llama Tigris: es el que corre al oriente de Asur. Y el cuarto río es el Éufrates" (*Génesis* 2, 10-14).

[70] La palabra *claustro* viene del latín *claudere*, con el significado de "cerrar".

brieron durante las excavaciones. Para continuar la visita se regresa a la basílica y se sale por el extremo opuesto, por la fachada lateral que da a la plaza de San Juan de Letrán.

Fachada lateral

Las dos series de cinco arcos son de finales del siglo XVI. Los campanarios gemelos que se elevan a los lados de la Logia de las Bendiciones son del siglo XI (misma que aparece en el fresco de Giotto en el interior).

El Palacio de Letrán

Fue la residencia permanente de los papas desde tiempo de Constantino hasta el año 1304, cuando el papa se alejó de Roma huyendo del caos en que se encontraban la ciudad y los estados papales. Cuando el papado regresó a Roma en 1376, el Palacio de Letrán estaba en tan mal estado que el pontífice eligió el Vaticano como la nueva residencia permanente. Del antiguo Palacio papal sólo se conserva la escalera (*scala santa*) y el triclíneo,[71] que ahora funciona como capilla.

La Escalera Santa

La tradición dice que es la escalera del pretorio de Pilato por donde Cristo subió y bajó durante su juicio. Fue llevada a Roma, desde Jerusalén por santa Elena. Tiene veintiocho peldaños de mármol, forrados de madera para evitar el desgaste, mientras que pequeños vidrios protegen algunas manchas que se cree fuesen huella de la sangre de Cristo. Los peregrinos la suben de rodillas para obtener indulgencia. Quienes no desean arrodillarse pueden subir por las escaleras laterales. En la parte superior está la capilla de San Lorenzo o *Sancta Sanctorum*, llamada también la "Sixtina del Medioevo", donde se guarda una imagen de Cristo del siglo VI que según la tradición, no fue pintada por mano humana. Esta capilla es lo que queda del primitivo Palacio de Letrán. Las esculturas del siglo XIX en mármol reproducen *El Beso de Judas*, el *Ecce Homo*, *Jesús en el Huerto de Getsemaní*, *Jesús en la Columna de la Flagelación* y *El Descendimiento*.

El baptisterio

Al inicio del siglo IV, sólo las catedrales tenían baptisterio, porque sólo en ellas se administraba el sacramento. En las diócesis lo administraban los obispos y en Roma el Papa. Poco a poco otras iglesias tuvieron baptisterio hasta que, en los siglos VII y VIII las parroquias de ciudades y zonas rurales también tuvieron una fuente bautismal. El baptisterio de San Juan de Letrán es el primero y más antiguo de Roma y de todo el occidente. Fue

---

[71] Estancia dedicada a la celebración de cenas o al reposo.

construido por orden de Constantino, en el siglo IV. Sixto III (432-449) lo reconstruyó completamente y le agregó un atrio. La última restauración es del siglo XVII y fue efectuada por Borromini. El interior es típico y se puede considerar como el prototipo de los baptisterios cristianos: de planta octogonal,[72] presenta un anillo de ocho columnas de pórfido. Al centro está la pila de basalto verde, cubierta con un remate de bronce del siglo XVII. Muy interesante es la bóveda de la Capilla, dedicada a San Juan Evangelista. En el centro, en un mosaico del siglo V, esta la figura de un cordero en pie, símbolo de Cristo Resucitado.

El obelisco

Los emperadores romanos se llevaron varios obeliscos egipcios a Constantinopla y Roma. Esta última tiene el récord del mundo con trece obeliscos (doce en Roma y uno en Ciudad de Vaticano). Con la caída del Imperio Romano, también sus obeliscos comenzaron a caer y quedaron enterrados. El Renacimiento despertó interés por ellos y a fines del siglo XVI, el Papa Sixto V, los utilizó como marcas para los peregrinos que visitaban Roma. Los cristianizó, añadiéndoles una cruz en lo alto y los hizo erigir delante de las basílicas mayores, para que los peregrinos pudieran verlos desde grandes distancias. El obelisco de San Juan de Letrán es el más alto y antiguo de Roma. Procede de Karnak. Es de granito rojo, mide 32.18 metros y pesa casi 500 toneladas. Constantino el Grande deseaba colocarlo en Constantinopla, su nueva capital, pero él murió antes de que el obelisco dejara Egipto y su hijo y sucesor, Constantino II, se lo llevó a Roma, donde fue colocado en la parte central del Circo Máximo,[73] alrededor del año 357. Fue el primer gran monumento erigido en Roma cuando el cristianismo se estableció como religión oficial, por lo que simbolizó la victoria sobre el paganismo. Después que se estableciera el cristianismo como religión oficial, en el año 1588, el papa Sixto V lo hizo erigir cerca de su catedral.

BASÍLICA DE SAN PABLO EXTRAMUROS
"La tumba de Pablo"

Saulo de Tarso

Pablo nació en la ciudad de Tarso (actual Turquía), unos diez años después del nacimiento de Cristo. Su nombre era Saulo, de familia de judíos,

---

[72] El número 8 es signo de la nueva creación y renovación del bautizado.
[73] Principal lugar para carreras de caballos en Roma.

de la tribu de Benjamín y de la secta de los fariseos. Fue educado bajo la rigidez de las doctrinas de los fariseos y aprendió muy bien el griego, idioma que hablaba la gente culta de Europa. En su juventud viajó a Jerusalén para ser discípulo de Gamaliel, el sabio judío más famoso de su tiempo. Después de la muerte de Jesús, Pablo regresó a Jerusalén. Enterado de que los seguidores de Jesús se estaban multiplicando, emprendió con otros judíos, una feroz persecución contra los cristianos. Al primero que atraparon fue al diácono san Esteban. Saulo cuidó sus vestidos mientras lo apedreaban.

La conversión

Con órdenes de apresar a otros cristianos, Saulo salió hacia Damasco. En el camino lo envolvió una luz que venía del cielo. Cayó al suelo y oyó una voz que le decía:"Saulo, Saulo ¿por qué me persigues?". Él preguntó: "¿Quién eres tú? y la voz le respondió: "Yo soy Jesús, el que tú persigues". Pablo añadió: "¿Señor, qué quieres que yo haga?". Jesús le ordenó que fuera a Damasco, porque ahí le indicarían lo que tenía que hacer. Saulo quedó ciego y así estuvo por tres días. En Damasco, Ananías, un discípulo de Jesús, lo instruyó y lo bautizó. Entonces, recuperó la vista. Desde ese momento se convirtió en apóstol cristiano. Se retiró a Arabia donde estuvo tres años orando, meditando e instruyéndose en la doctrina del cristianismo. (*Hechos de los Apóstoles* 9, 2-5).

La predicación

De regreso en Damasco comenzó a predicar en las sinagogas. Los judíos, desilusionados por su conversión, intentaron asesinarlo. Los discípulos, para salvarlo, aprovecharon la oscuridad de la noche y lo descolgaron de lo alto de las murallas de la ciudad en un canasto. Ningún peligro hizo que dejara de predicar la doctrina cristiana. Para ello se reunió con Pedro en el primer Concilio de Jerusalén y realizo tres viajes apostólicos. Después de su tercer viaje regresó a Jerusalén y, después de ser acusado de traidor, fue encarcelado en Cesarea. Pidió ser juzgado por el emperador romano y fue llevado como prisionero a Roma. Después de ser juzgado salió libre pero, cuando estalló la persecución de Nerón contra los cristianos, fue sentenciado a la muerte.

Un templo sobre su sepulcro

San Pablo fue decapitado en la Vía Ostiense, fuera de los muros (extramuros) de Roma, en el 67 d.C. La tradición cuenta que su cabeza cayó y tocó tres partes del suelo donde milagrosamente brotaron tres fuentes. Esto hizo que a la zona se le llamara: *Tre fontane.* El apóstol fue sepultado en el área sepulcral adyacente a la zona. Desde entonces su sepulcro es meta de peregrinaciones. En el 324, Constantino edificó una primera basílica que entre el 384 y el 386 fue renovada y embellecida por los emperadores del momento. En el siglo XI se embelleció con el portón de bronce de la puerta principal y el campanario.

El incendio y la nueva basílica

La noche del 15 de julio de 1823, la imprudencia de dos obreros que restauraban el techo provocó un incendio que ocasionó la destrucción de una gran parte del edificio. En septiembre de 1824 se inició la reconstrucción del edificio. Los arquitectos, en sucesión, fueron: José Valadier, Pasquale Belli, Luigi Poletti, Pietro Basio, Pietro Camporese y Virginio Vespignani. El 10 de diciembre de 1854 se consagró. La nueva fachada (1856) está decorada con mosaicos, según dibujos de Filippo Agrícola. En el tímpano, o parte alta, la figura de Cristo bendice a Pedro y a Pablo. En la zona media está el *Agnus Dei*, o Cordero del Apocalipsis, sobre el Monte Santo, en cuyas aguas sacia su sed el rebaño de los fieles, entre las ciudades bíblicas de Belén y Jerusalén. En la parte baja, entre los ventanales, aparece la figura de los profetas Isaías, Jeremías, Ezequiel y Daniel. El atrio o nártex se construyó entre 1873 y 1884 y tiene diez columnas de granito rosa. El cuadripórtico, con 46 columnas de granito blanco, se concluyó hasta 1928.

La Puerta Santa

Se hizo a petición del cónsul de Amalfi, cuyo retrato se ve en uno de los páneles. La obra, colocada en el año 1070, fue realizada en Constantinopla. Después del incendio se mantuvo guardada y fue colocada nuevamente en la clausura del Año Santo de 1967. Tiene incrustaciones de plata con escenas de la Navidad a Pentecostés, los doce apóstoles y su martirio y doce profetas.

El interior

Tiene planta de cruz, con cinco naves. Las ventanas de alabastro dan un tono especial al interior. En los muros de las naves y del crucero están los mosaicos con los retratos de los 265 pontífices, de Pedro hasta Benedicto XVI, así como el ciclo de las escenas de la vida de Pablo. Se iniciaron a partir de 1857 por diversos artistas de la escuela romana. El arco triunfal está sostenido por dos columnas monolíticas de granito de 14 metros. En el centro tiene un círculo con el busto de Cristo en actitud de bendecir. Dos ángeles se inclinan ante él. En la parte alta, los símbolos de los cuatro evangelistas (toro, anciano, león y águila). En la parte baja, los 24 ancianos del Apocalipsis presentan la corona de sus obras.

El Ciborio o Baldaquín

Sobre el altar papal está el Ciborio,[74] de 1285, obra de Arnolfo di Cambio.[75] Sus columnas son de pórfido. En los nichos de las esquinas están las esculturas de san Pedro, san Pablo, san Timoteo (compañero de san Pablo) y san Benito (porque la basílica está a cargo de los padres benedictinos).

Mosaico del Ábside

Obra de artistas venecianos del siglo XIII. En el centro, la figura de Cristo sentado en trono. Junto a su nimbo o aureola las letras *IC* y *XC*, que son las abreviaturas griegas de Jesús y Cristo. Bendice a la manera bizantina y abre un libro con el texto: *"Venite Benedicti Patris Mei, percipite regnum Q. V. P. A. O. M.* [quod vobis paratum (est) ab origine mundi]". ("Vengan, benditos de mi Padre, y reciban en herencia el Reino que les fue preparado desde el comienzo del mundo") (*Mateo* 25, 34). A la derecha de Cristo san Pablo y san Lucas, a su izquierda, san Pedro y san Andrés. Cerca del pie derecho del Redentor, la minúscula figura del Papa Honorio III, que encargó el mosaico. Bajo el trono, la imagen de la cruz y otros atributos de la pasión, flanqueados por dos ángeles, apóstoles y santos. Las palmeras son signo de inmortalidad y vida eterna.

El candelabro pascual

Este tipo de candelabros se convirtieron en elemento fundamental de la liturgia del Sábado Santo, a partir del siglo X. Fue hecho en el siglo XII, en mármol, por Nicola D'Angelo y Pietro Vassalletto. Tiene 5.60 metros de altura. De acuerdo con la época, tiene figuras paganas: monstruos antropomorfos alternados con figuras femeninas. Lo más importante son las escenas de la Pasión, Resurrección y Ascensión.

El altar de la Virgen

Tiene cuatro columnas corintias que sostienen un arquitrabe con inscripciones. La imagen que representa el sepulcro vacío y la asunción de María (Véase la sección sobre la Tumba de María en Tierra Santa) es un mosaico que reproduce la obra pictórica de Julio Romano y Penni, que se conserva en el Museo Vaticano. Las esculturas que la flanquean son san Benito y, su hermana, santa Escolástica.

---

[74] El ciborio fue usado desde el siglo IV sobre los altares de las basílicas cristianas. Estaba provisto de cortinas laterales, que se corrían para ocultar a los fieles el momento de la Consagración. Ésta práctica se sigue utilizando en la Iglesia Ortodoxa.

[75] Que también hizo la famosa escultura de san Pedro, en el Vaticano, a quien los peregrinos tocan o besan el pie.

Presencia de los benedictinos

A partir del siglo VIII, la basílica fue atendida por una comunidad de benedictinos que ocupan, desde entonces, el monasterio contiguo. Esto explica la capilla y las imágenes de san Benito y su hermana Escolástica.

Altar de la Conversión

El cuadro de *La Conversión* es obra de Vicente Camuccini. La mesa del altar es de malaquita y lapislázuli, con ángeles en bronce dorado. Fue regalo del zar Nicolás I (1825 a 1855). Las esculturas son de san Gregorio Magno y san Bernardo.

El claustro

Es uno de los más bellos de Roma. Fue terminado entre 1212 y 1235. Probablemente su autor es el mismo del candelabro pascual. Está decorado con mosaico estilo cosmatesco o *cosmati*. Sus columnas binadas, o pares, tienen diversas formas: lisas, salomónicas, entrelazadas y acanaladas.

Oración a san Pablo

Oh, glorioso san Pablo, Apóstol lleno de celo, mártir por amor a cristo, intercede para que obtengamos una fe profunda, una esperanza firme, un amor ardiente al señor, para que podamos decir contigo, no soy yo el que vive, sino es Cristo quien vive en Mí, ayúdanos a convertirnos en Apóstoles que sirvan a la iglesia con una conciencia pura, testigos de su verdad, y de su belleza en medio de la oscuridad de nuestro tiempo, alabamos junto contigo, a Dios nuestro Padre, a Él la gloria en la Iglesia y en Cristo por los siglos de los siglos. Amén.

BASÍLICA DE SANTA MARÍA LA MAYOR
"La Virgen de la Nieve"

✛

Un milagro blanco

La construcción del templo fue propiciada por un milagro. La noche entre el 4 y 5 de agosto del 352, la Virgen se apareció al Papa Liberio y a un rico ciudadano, llamado Juan. Les pidió que, en su honor, construyeran una iglesia en el sitio que ella les indicaría con un milagro: "Donde encuentren nieve deberán construir mi iglesia". Agosto es el mes de mayor calor en Roma, por lo que una nevada parecía imposible. Sin embargo, el 5 de agosto por la mañana, el lugar elegido por la Virgen apareció cubierto de nieve. Los romanos conmemoran el milagro en cada aniversario lanzando pétalos de rosa blanca desde la bóveda. El santuario se construyó finalmente y recibió el nombre de Santa María *Liberiana*, en recuerdo del Papa. También se le conoce como Santa María de las Nieves o Santa María *ad praesepe*, porque bajo el altar principal se venera lo que la piedad popular reconoce como los restos del pesebre del niño Jesús. El Papa preside en este lugar la Fiesta de la Asunción de la Virgen, que se celebra el 15 de agosto.

Basílica actual

En el siglo V, poco después de que el Concilio de Éfeso (431) proclamara el dogma de la maternidad divina de María, el Papa Sixto III construyó otra iglesia sobre lo anterior y también lo consagró a la Virgen. Es el lugar más grande e importante de los dedicados en Roma al culto mariano. Muestra diversos estilos arquitectónicos, desde el paleocristiano hasta el barroco. Tiene dos hermosas fachadas, una hacia la Plaza de Santa María, otra al lado opuesto. La posterior, llamada comúnmente Tribuna de Santa María la Mayor, se levanta encima de unas largas gradas. La principal, aunque encerrada entre los edificios laterales, logra sobresalir gracias a su ligero saliente y a elementos que la aíslan. Los mosaicos de la fachada son del siglo XIV. El campanario, de 75 metros, es el más alto de Roma. La columna mariana al frente de la basílica es lo único que queda de la Basílica de Majencio, del foro romano. Entre 1611 y 1614 se le añadió una estatua de bronce representando a la Virgen y el Niño. En su base, la fuente, obra de Maderno, combina las águilas y los dragones heráldicos de Pablo V.

El interior

La basílica tiene tres naves separadas por columnas jónicas de fuste liso monolítico y mármol veteado ateniense. Es muy probable que procedan de la antigua basílica o de un edificio de la antigua Roma. Destaca el ciclo de mosaicos del siglo V, que muestra la Vida de la Virgen. Los mosaicos del arco triunfal son más próximos al arte bizantino y presentan escenas de la infancia de Cristo, según los evangelios apócrifos. En el centro, el Salvador en trono, a la izquierda la Anunciación, la Epifanía, la muerte de los Inocentes y Jerusalén. A la derecha, la Presentación en el templo, la Huida a Egipto, los Magos ante Herodes y Belén. El mosaico del ábside con la Coronación de María, obra del monje franciscano Jacopo Torriti, es de 1295. Debajo de éste, una escena de la dormición de María. El piso, de estilo cosmatesco,[76] es de época medieval. El artesonado del techo es

---

[76] El estilo cosmatesco o *cosmati* es un suelo típico de la época medieval en Italia, especialmente usado en Roma y sus alrededores. El nombre deriva del apellido Cosmati, uno de los grupos de artesanos que crearon obras tomando mármol de antiguas ruinas romanas y colocando los fragmentos en decoraciones geométricas.

renacentista, del siglo XVI, bajo diseño de Giuliano da Sangallo y con delicadas láminas de oro proveniente de México.

Capilla Sixtina

En la nave de la derecha se construyó la capilla del Santísimo Sacramento conocida también como Capilla Sixtina, por ser el lugar de sepultura del papa Sixto V. El monumento de Sixto V y el de san Pío V, Papa de la Batalla de Lepanto, son muy parecidos.

Capilla Paulina

Es también llamada Capilla Borghese, por su constructor, el Papa Pablo V, Borghese. Custodia el famoso icono de la Virgen llamado *"Salus Populi Romani"* o salud de los romanos, porque ayudó milagrosamente a mantener alejada la plaga de la ciudad. El icono tiene al menos mil años de antigüedad, y según la tradición fue pintado del natural por Lucas, el Evangelista. Recientes dataciones por medio de la radiación del carbono han establecido que el icono tiene aproximadamente dos mil años, con lo que se refuerza esta tradición sagrada. La capilla está decorada con hermosos frescos, oro, ágatas, lapislázulis, jaspes y amatistas. En las paredes laterales están las tumbas papales de Clemente VIII y Pablo V.[77] También está la tumba de Paulina Bonaparte, hermana de Napoleón. El bajorrelieve del frontispicio que representa al papa Liberio es obra de Maderno.

Cripta de Belén y otras tumbas importantes

Bajo el altar está la cripta de Belén, con la reliquia del pesebre. Ahí celebró su primera misa san Ignacio de Loyola el 25 de diciembre de 1538. En la cripta está enterrado san Jerónimo, Doctor de la iglesia, quien tradujo la Biblia al latín en el siglo IV. También están sepultados en la basílica Pío V y Gian Lorenzo Bernini. La tumba del artista se halla a la derecha del altar, bajo una gastada losa de mármol blanco.

Obras de arte sobresalientes

Estatua de Felipe IV de España, en el pórtico, según diseño de Bernini. *Monumento funerario del papa Nicolás IV*, diseñado en 1574 por Domenico Fontana. *San Cayetano sosteniendo al Niño santo*, de Bernini. Frescos de la capilla paulina, de Guido Reni. Esculturas del altar, *Confessio* y Pesebre, obras de Arnolfo di Cambio, hacia 1290.

---

[77] Quien mandó poner su nombre con letras gigantes en la fachada de la Basílica de San Pedro.

La peregrinación de las siete iglesias

El tradicional recorrido que siguen los peregrinos en su visita a los lugares santos de Roma se debe a San Felipe Neri, que en el siglo XVI invitó a todos los fieles a visitar los lugares santos. El itinerario se hacía en un solo día y partía de la casa del santo, en el corazón de la ciudad. Recorría los siguientes puntos: San Pedro, San Pablo extramuros, se atravesaba la campiña hacia San Sebastián, se retomaba la Vía Appia y se pasaba por la Muralla Aureliana hasta llegar a San Juan de Letrán y a la Santa Cruz, en Jerusalén. Después se visitaba San Lorenzo extramuros y finalmente Santa María la Mayor. La peregrinación, de más de veinte kilómetros, se hacía entre cantos y oraciones.

Basílica de la Santa Cruz en Jerusalén[78]
"Las reliquias de la Pasión"

Llamada también *Sessoriana* o *Eleniana,* fue construida por santa Elena antes de su peregrinación a Jerusalén. Sin embargo, a su regreso hizo añadir una capilla semisubterránea, hoy dedicada a ella, bajo cuyo pavimento esparció la tierra del Calvario, traída con las otras reliquias. Por esto, a la basílica se le llama extrañamente: en Jerusalén.

De la primera construcción, del siglo IV, queda muy poco. El campanario fue añadido por el papa Lucio II en la mitad del siglo XII. La basílica se rehizo en 1743 por encargo del papa Benedicto XIV. Su fachada, del siglo XVIII, está rematada por estatuas de santos. El interior es de tres naves. El pavimento *cosmati* o cosmatesco recuerda su arquitectura anterior. En el techo hay un fresco de Conrado Giaquinto, *La subida al cielo de Santa Elena.* El fresco del ábside, del siglo XV, es de Antoniazzo Romano y muestra el Hallazgo de la Cruz.

Las reliquias
Los valiosísimos fragmentos contenidos en preciosos relicarios, fueron trasladados en el siglo XX a la moderna Capilla de las Reliquias, proyectada en 1930 por el arquitecto Florestano Di Fausto. Se trata, entre otros,

---

[78] Ver página 128, en el Santo Sepulcro, para saber cómo se encontró la Santa Cruz y qué significa el *Títulus).*

de tres fragmentos de la cruz, un clavo, una parte del *Títulus* (letrero con el INRI) y dos espinas de la corona. Al comienzo de la escalera está colocado, detrás de una rejilla, el brazo transversal de la cruz del Buen Ladrón. Mientras las partes de las cruces, el clavo, y las espinas corresponden a las reliquias traídas por santa Elena, del *Títulus* no se tenía noticia alguna hasta que se encontró fortuitamente, en 1492, en una caja sellada, detrás de una inscripción en mosaico, en el curso de algunos trabajos de restauración de la basílica.

San Lorenzo extramuros
"La basílica bombardeada"

El santo de la parrilla

Lorenzo significa: "coronado de laurel". Era uno de los siete diáconos de Roma y, por tanto, uno de los siete hombres de confianza del Sumo Pontífice. Estaba encargado de distribuir la ayuda a los pobres. En el año 257 el emperador Valeriano publicó un decreto de persecución contra todo cristiano. El 6 de agosto el papa san Sixto fue asesinado con cuatro de sus diáconos mientras celebraba la misa en un cementerio de Roma. Cuatro días después sería martirizado su diácono Lorenzo. Al ver que se acercaba el peligro, Lorenzo repartió todos los bienes de la Iglesia entre los pobres. Vendió los cálices de oro, copones y candeleros valiosos, y con el dinero ayudó a los más necesitados. El alcalde de Roma llamó a Lorenzo y le dijo: "Me han dicho que los cristianos emplean cálices y patenas de oro en sus sacrificios, y que en sus celebraciones tienen candeleros muy valiosos. Ve, recoge todos los tesoros de la Iglesia y me los traes, porque el emperador necesita dinero para costear una guerra que va a empezar". Lorenzo le pidió tres días de plazo para reunir los tesoros de la Iglesia, y en esos días fue invitando a todos los pobres, lisiados, mendigos, huérfanos, viudas, ancianos, mutilados, ciegos y leprosos que él ayudaba con sus limosnas. Al tercer día los hizo formar en filas, y mandó llamar al alcalde diciéndole: "Ya tengo reunidos todos los tesoros de la Iglesia. Le aseguro que son más valiosos que los que posee el emperador". El alcalde llegó muy contento pensando llenarse de oro y plata, pero al ver semejante colección de miseria y enfermedad, se disgustó enormemente. Entonces Lorenzo le dijo: "¿Por qué te disgustas? ¡Estos son los tesoros más apreciados de la Iglesia de Cristo!" El alcalde ordenó que lo ataran a una parrilla y lo martirizaran lentamente con fuego. Era el 10 de agosto del año 258.

El primer santuario

El emperador Constantino construyó en el año 330 un pequeño oratorio sobre el lugar del martirio. Hacia el año 580, el papa Pelagio II construyó una basílica utilizando el primer oratorio como presbiterio. El mismo pontífice hizo que los restos del protomártir san Esteban viajaran desde Constantinopla, para ser colocados junto a los de san Lorenzo. Con el paso del tiempo el entorno de la basílica se convirtió en un recinto fortificado que incluía dos conventos, iglesias, bibliotecas, termas y edificios asistenciales para la atención a los pobres y a los peregrinos. Al conjunto se le llamó *Laurenziopoli*.

La actual basílica

El papa Honorio III (1216-1227) le dio el aspecto actual y convirtió la primitiva iglesia en el presbiterio de la nueva. El campanario de estilo románico es del siglo XII. La fachada cobra carácter gracias al pequeño y armonioso pórtico de 1220, con seis columnas jónicas, realizado por los Vassaletto, célebres marmolistas romanos. La pared del fondo del pórtico está decorada por frescos del siglo XIII que representan episodios de la vida de san Lorenzo y de san Esteban; a la derecha hay un sólido bloque de mármol cuya inscripción recuerda el bombardeo del 19 de julio de 1943 en que 270 aviones aliados bombardearon las barriadas periféricas de Roma. El papa Pío XII acudió en ayuda de los romanos, víctimas del desastre y manchó de rojo su blanca vestidura por la sangre de los heridos. En el trágico bombardeo se destruyeron el pórtico, la fachada y gran parte de la nave central, que fueron reconstruidas en 1949 con materiales originales.

El interior

Está dividido en tres naves por 22 columnas de granito y cipolino de estilo jónico, procedentes de antiguos monumentos romanos. El pavimento, los ambones y el candelabro para el cirio pascual son obras de arte cosmatesco. En el centro, sobre el altar mayor está el valioso ciborio o baldaquín de 1148. Debajo del altar mayor se abre la cripta de la Confesión, en cuyo interior están guardadas las reliquias de los santos Lorenzo y Esteban, traídas desde Constantinopla por el papa Pelagio II. Detrás del altar mayor hay un altar papal con una inscripción que menciona a los artesanos, la familia *cosmati*, fechado en 1148. Debajo del presbiterio, situado en un nivel más elevado, se extiende parte de la primera basílica. El paramento interno del arco triunfal está decorado con un hermoso mosaico que pertenecía a la iglesia de Pelagio, que representa a Cristo bendiciendo entres santos. El claustro, obra de los Vassalletto,[79] de estilo

---

[79] Mismos de las otras grandes basílicas.

Cosmati es de finales del siglo XIII. En la basílica están sepultados los pontífices Hilario y Pío IX.

SAN SEBASTIÁN EXTRAMUROS
"Un soldado valeroso"

✛

Sebastián, hijo de familia militar y noble, era oriundo de Narbona, pero se había educado en Milán. Llegó a ser capitán de la primera corte de la guardia pretoriana. Era respetado por todos y apreciado por el emperador, que desconocía su cualidad de cristiano. Cumplía con la disciplina militar pero no participaba en los sacrificios idolátricos. Además, como buen cristiano, ejercitaba el apostolado entre sus compañeros, visitaba y alentaba a los cristianos encarcelados por causa de Cristo. Fue denunciado ante el emperador, y obligado a elegir entre ser soldado o cristiano, Sebastián eligió la milicia de Cristo; desairado, el emperador lo amenazó de muerte, pero Sebastián se mantuvo firme en su fe. Hacia el año 300 fue condenado a morir asaeteado. Los soldados lo desnudaron, lo ataron a un árbol y lanzaron sobre él una lluvia de flechas, dándolo por muerto. Sin embargo, sus amigos descubrieron que aún estaba vivo y lo llevaron a casa de Irene, una noble cristiana romana. Ella lo mantuvo escondido en su casa y le curó, las heridas hasta que quedó restablecido. Sus amigos le aconsejaron que se ausentara de Roma, pero el santo se negó rotundamente porque deseaba seguir predicando a Cristo. Se presentó con valentía ante el emperador, que lo daba por muerto, y le reprochó su conducta por perseguir a los cristianos. El emperador mandó que lo azotaran hasta darle muerte. Esa vez los soldados cumplieron la condena y tiraron su cuerpo en un lodazal. Los cristianos lo recogieron y lo enterraron en la *Via Appia*.

La basílica *ad catacumbas*
El cementerio en la *Via Appia*, que conserva su tumba, es seguramente el más conocido de la cristiandad. Fue el único que permaneció siempre accesible a los fieles en el transcurso de los siglos. Guardó durante un breve periodo, en la segunda mitad del siglo III, las reliquias de san Pedro y san Pablo. En el siglo IV Constantino construyó sobre él una iglesia a la que se llamó *ad catacumbas,* por la depresión u hondonada del terreno sobre el cual se levantó. También se le conoce como "extramuros" por estar fuera de la Muralla Aureliana. Los restos del santo fueron removidos en torno al año 35, para evitar su profanación. También, en el 826, antes que los sarracenos destruyeran gran parte de la basílica de San Sebastián,

los restos se transfirieron temporalmente a San Pedro, en el Vaticano. La primera basílica tenía tres naves y dos ábsides. Las dos naves laterales se comunicaban entre sí por medio de un pasillo o deambulatorio, que giraba por detrás del ábside de la nave central. Después de la destrucción que hicieron los sarracenos, en el año 826, el papa Nicolás I (858-867) restauró la basílica. La reducción de la iglesia a una sola nave se hizo en tiempos del papa Honorio (1216-1227). En el siglo XVII, el cardenal Scipione Borghese la renovó totalmente con proyectos de Flaminio Ponzio y la dirección artística de Guido Reni.

La nueva basílica

La actual basílica ocupa únicamente lo que fue la primitiva nave central. Su fachada es sencilla. Muestra seis columnas que sostienen los tres arcos de ingreso. En el nivel medio tres ventanas dan luz al interior. Tiene una sola puerta. Es notable el techo de madera. La primera capilla, a la izquierda está dedicada a san Sebastián y corresponde a la cripta de la catacumba que está debajo. Se hizo en 1672 bajo encargo del Cardenal Francesco Barberini. Se puede observar el altar con la urna que contiene los restos de san Sebastián y la estatua esculpida por Giuseppe Giorgetti, que representa al santo con las huellas del martirio.

Capilla de las reliquias

De frente, al lado derecho de la nave, se encuentra la Capilla de las Reliquias, decorada en 1625 por encargo de Maximiliano, duque de Baviera. Conserva una flecha del martirio del santo, la columna a la que fue atado y la piedra del "*Quo vadis Domine?*", con las huellas de los pies de Cristo, según el episodio apócrifo que narra que el Señor se le apareció a Pedro mientras huía de Roma por miedo al martirio.

Capilla Albani

A la derecha del altar mayor está la Capilla Albani, construida en 1706 por el Papa Clemente XI, de la familia Albani. Destacan los preciosos mármoles policromados, según el diseño de Carlo Fontana, con decoraciones dedicadas al Papa mártir san Fabián (236-250). Los portones de madera que se encuentran a los lados de la basílica son el acceso a lo que queda de la nave externa de la antigua basílica. En la entrada de las catacumbas se puede ver una rica colección de sarcófagos encontrados durante las excavaciones del cementerio subterráneo.

Las Catacumbas de San Sebastián

Las catacumbas de San Sebastián están articuladas en doce kilómetros de galerías subterráneas, dispuestas en tres niveles. En el segundo nivel está la cripta del mártir, que conservó sus reliquias hasta su traslado a la basílica. En el siglo XVIII se puso un busto del santo atribuido a Bernini.

Horario de visita 9:00 a 12:00 y 14:00 a 17:00. Las Catacumbas están abiertas todo el año excepto domingos, Navidad y Año Nuevo, del 15 de noviembre al 15 de diciembre.

Visitas especiales

Es necesario hacer reservación para la visita de grupos (superior a 20 personas); para la celebración de la misa en la catacumba (máximo 30 personas) o en la iglesia. En la reservación hay que especificar número de personas, idioma, fecha y horario de llegada, visita y misa o solamente la visita.

LAS CATACUMBAS
"Sepulturas de fe"

Tumbas fuera de la ciudad

La Roma antigua prohibía, salvo raras excepciones, que los restos de los difuntos estuvieran dentro de la ciudad. Era obligatorio que los cadáveres, osamentas o cenizas fueran sepultados fuera de las murallas. Había cementerios junto a los caminos que salían de Roma o en los campos cercanos. Cuando las tumbas llegaron a ser muy numerosas se buscó una solución: tumbas subterráneas. Los romanos en general y otros grupos preferían incinerar el cuerpo y guardar sólo las cenizas. Egipcios, judíos o cristianos prefirieron sepultar el cuerpo completo. Los paganos llamaban al lugar de enterramientos "necrópolis" (ciudad de los muertos), y a las galerías subterráneas, *hipogeos*.[80] Los cristianos prefirieron usar la palabra *cementerio*, derivada del verbo griego *koimáo*, que significa "dormir". Así expresaban el sueño de los justos que esperan la resurrección.

Hondonada y cementerio

La palabra *catacumba*, proviene del griego *kata* ("debajo") y *kumbe* ("excavación"). Se dio inicialmente a una zona a las afueras de Roma, cuyo terreno tenía una hondonada. En el siglo III se excavó en aquel lugar uno de los cementerios más importantes y extensos de la ciudad, al que se llamó: *"cymiterium catacumbas"*. A partir de entonces se aplicó el término catacumba a todos los cementerios subterráneos. Las catacumbas son cementerios subterráneos con una densa y articulada cadena de galerías

---

[80] Hipogeo (del griego Ὑπόγαιον) se denomina a la galería subterránea, o a los pasajes excavados en laderas rocosas, de carácter funerario.

y cubículos. Sus pasillos son muy estrechos y tienen nichos para albergar cenizas o cuerpos. Los pisos se excavaban cada vez más profundamente, por lo que hay varios niveles.

Cristianos y paganos

Algunas catacumbas fueron exclusivamente para paganos, otras fueron mixtas, con mayor presencia de judíos o de cristianos. A mayor riqueza, mayor espacio y decoración. Los cristianos utilizaron las catacumbas exclusivamente para la sepultura y el culto funerario de los miembros de las primeras comunidades. No fueron lugares de refugio, como lo cuentan algunas leyendas.

Diversas formas

La forma más sencilla de sepultura consistía en colocar las cenizas o el cuerpo en un nicho rectangular llamado *lóculo* (plural: *lóculi*) y después cerrar el espacio con una loza de mármol. Quienes pagaban más eran sepultados en un sarcófago de mármol o en la parte baja de la pared, a la que se dejaba libre la parte alta para hacer un arco decorado. Este tipo de sepultura se llamaba *arcosolio*. Los cuartos que guardaban varias sepulturas recibían el nombre de *cubículo*. En estos espacios se solía enterrar a las personas insignes o a los mártires.

Arte funerario

Al principio las paredes no tenían ningún tipo de ornamentación. Sólo se colocaban en los muros monedas y camafeos para indicar la fecha. Posteriormente, las paredes se fueron llenando de pintura al fresco. La decoración inicial tuvo influencia del helenismo con temas vegetales, animales o de la mitología. Posteriormente el pensamiento cristiano se vio reflejado en signos. La paloma es signo del alma; el pavo real y la palmera significan eternidad; la barca representa a la Iglesia; la vid o la espiga hacen referencia a la Eucaristía y, el ancla es signo de la cruz. A Cristo se le representó como Buen Pastor o como Maestro, al estilo de los filósofos grecorromanos, y también bajo la figura de un sencillo pez.

El acróstico del pez

Los cristianos utilizaron un acróstico para que la palabra o figura de un pez fuera un signo secreto de Cristo. Veamos con calma: la palabra *pez* en griego se escribe ΙΧΘΥΣ o ίχθύς (*Ichthys*). Si separamos cada una de sus letras y las ponemos en forma vertical quedan así:

I = I
X = C
Θ = T

$$Y = Y$$
$$\Sigma = S$$

Con cada una de las letras escribieron una nueva palabra, haciendo el siguiente acróstico:

Iesous – Jesús
Christos – Cristo
Theou – de Dios
Yios – Hijo
Soter – Salvador

Que se puede traducir como: Jesús Cristo, Hijo de Dios, Salvador. La figura del pez acompañó a la Iglesia católica durante varios siglos, en las catacumbas, en la celebración de la santa misa, en los signos de los papas, etcétera. También se utilizó el monograma de Cristo, compuesto por las dos primeras letras griegas del nombre OC3EI_E (Cristo). Las letras X y P se entrelazaron y dieron origen al monograma ✶.

Nuevas imágenes
En el siglo III aparecieron imágenes del Antiguo Testamento: el sacrificio de Isaac, la entrega de las tablas a Moisés, el paso del Mar Rojo, Daniel en el foso de los leones, Jonás, etcétera. También aparecieron imágenes del Nuevo Testamento, como los milagros de Cristo: curación al ciego de nacimiento, al paralítico o a la hemorroisa; resurrección de Lázaro o la hija de Jairo; multiplicación de los panes y conversión del agua en vino. Utilizaron un modelo ideal para las imágenes de Cristo, la Virgen María y los santos. La Virgen es representada como madre o trono, con el Niño sentado en su regazo.

El abandono
Ante la invasión de bárbaros que profanaban las catacumbas buscando tesoros, los pontífices decidieron sacar de allí las reliquias y depositarlas en las basílicas dentro de la ciudad, para cuidarlas mejor. Entonces, los hipogeos dejaron de ser frecuentados. Se fue perdiendo su ubicación y su entrada. Durante la Edad Media, sólo permanecieron en uso las que tenían en su zona una basílica donde los cuerpos de los mártires no fueron extraídos: san Sebastián, san Lorenzo, san Pancracio, santa Inés y san Valentín. Sin embargo, sólo era transitable una parte muy reducida.

El redescubrimiento
A mediados del siglo XVI se inició una etapa de valoración de las catacumbas con exploración y estudio. Del siglo XVII al XIX se estudiaron con

mero interés anticuario, en relación con los signos y con los accesorios que conservaban. Lamentablemente, en ese tiempo sufrieron saqueo de los *corpisantari*, que se encargaron de extraer supuestos cuerpos de mártires. La apertura sistemática se realizó durante la segunda mitad del siglo XVII y a principios del XIX, por lo que casi todas las tumbas están vacías. En 1851, el papa Pío IX, constituyó la Comisión Pontificia de Arqueología Sagrada, para tutelar y explorar científicamente las catacumbas. Hasta la fecha se han encontrado más de 60.

Los nombres

Algunos cementerios toman su nombre de los santos que fueron sepultados ahí; tal es caso de santa Inés o san Pancracio. Otros cementerios conservan el nombre primitivo de la localidad. Otros, del nombre de los propietarios del terreno bajo del cual se hicieron los enterramientos, o bien el nombre de sus fundadores o de algún personaje que lo amplió. A partir de la época de Constantino muchos perdieron poco a poco sus primitivos nombres y se convirtieron en santuarios o lugares consagrados a algún santo importante. Así, la catacumba de Domitila (que era una propietaria), se convirtió en cementerio de los santos Nereo, Aquiles y Petronila. El de Balbina se llamó de San Marcos y el de Calixto fue San Sixto y Santa Cecilia.

Principales catacumbas de Roma

No todas las catacumbas o necrópolis, ni todas sus zonas, se pueden visitar. Para visitar la necrópolis de San Pedro, en el Vaticano u otras de difícil acceso se necesita permiso especial. Sin embargo, los peregrinos pueden visitar más fácilmente las principales: San Calixto, San Sebastián, Santa Priscila (Prisca), Santa Lucía, Santa Domitila o San Pretextato. La experiencia de descender a una catacumba es única. Por su cercanía, facilidad de acceso y las visitas guiadas en diversos idiomas se sugiere visitar la de San Calixto, cerca de la *Via Appia*. En menos de una hora el peregrino puede conocer espacios tan importantes como la tumba de santa Cecilia y el sepulcro de nueve pontífices. Las catacumbas de Santa Priscila tienen la representación más antigua de la Virgen María, pero se encuentran más lejos de la ciudad.

SAN PIETRO IN VINCOLI
"Moisés y las cadenas de Pedro"

Una basílica relicario

La basílica fue erigida en el siglo V por la emperatriz Eudoxia, sobre otra basílica preexistente para guardar la reliquia de las cadenas (*Vincoli*) de san Pedro encontradas en Jerusalén. Según cuenta la leyenda, la emperatriz Eudoxia (esposa del emperador Valentiniano III) ofreció las cadenas como regalo al papa León I. Cuando éste las comparó a las cadenas del primer encarcelamiento de san Pedro, en la cárcel *Mamertina* en Roma, las dos cadenas se unieron milagrosamente. Las cadenas se guardan en un relicario bajo el altar principal de la basílica.

El interior
Su pórtico es del siglo XV. Sufrió grandes modificaciones durante la restauración que le hizo Francisco Fontana en el siglo XVIII. El interior de la basílica está formado por una planta de tres naves, con tres ábsides divididos por columnas de estilo dórico. Las naves están remachadas por bóvedas de crucería, mientras que la nave central cuenta con un techo con paneles del siglo XVIII. En el centro hay un fresco de Giovanni Battista Parodi que muestra el *Milagro de las cadenas* (1706). En el altar principal se exhiben las cadenas dentro de una urna de bronce dorado, del siglo XIX. También son objeto de veneración las reliquias de los siete hermanos Macabeos, custodiadas en un sarcófago paleocristiano colocado en la cripta, decorado con episodios del Nuevo Testamento.

La tumba de Julio II
La basílica conserva la tumba del papa Julio II, protector de los artistas y bajo cuyo mandato se inició la construcción de la Nueva Basílica de San Pedro. Él solicitó a Miguel Ángel las pinturas de la bóveda de la capilla sixtina y, en 1505, el proyecto para su sepultura bajo la cúpula de San Pedro. El proyecto inicial incluiría una cuarentena de estatuas. La famosa estatua del Moisés debía constituir parte importante del grandioso mausoleo. La tradición y la leyenda aseguran que Miguel Ángel estaba tan contento con el mármol que había esculpido, que cuando terminó el Moisés le golpeó cariñosamente la rodilla derecha con el martillo y le ordenó: ¡Habla! En 1513, cuando Miguel Ángel terminó la pintura de la bóveda de la Capilla Sixtina y creía que ya podría esculpir los mármoles del sepulcro, falleció el papa Julio II. El artista sufrió mucho porque se aplazó la ejecución durante dos décadas más. Se realizaron seis proyectos diferentes y finalmente de 1542 a 1545 el sepulcro fue construido como un retablo con sólo siete estatuas, y se instaló en la iglesia de San Pietro in Vincoli y no en la basílica del Vaticano. Se trata de una fachada en medio de la cual, en la parte alta está una sibila, la Virgen María sobre el sarcófago del papa y un profeta. En la parte baja está el Moisés; aun cuando el monumento está muy lejos del soberbio sueño del gran artista, la figura poderosa de Moisés es una de las imágenes más importantes de

todo el arte occidental. Muestra la autoridad de guía y líder que Dios le otorgó en el monte Sinaí. Sería difícil encontrar otra estatua en que una actitud de reposo revele de tal manera la energía contenida. Con la mirada furibunda clavada en algún lugar hacia la izquierda observa a los judíos dar culto al becerro de oro, los músculos en tensión, las venas sobresaliendo de manos y brazos y los dedos mesándose una barba que cae como un torrente, el legislador hebreo da la impresión de estar a punto de levantarse y montar en cólera con justa indignación. Al espectador actual le puede llamar la atención un par de cuernos que sobresalen de la cabeza de Moisés. Estos cuernos eran ya tradicionales en las representaciones cristianas del legislador y se debían a una mala traducción del término, debido a la semejanza en latín entre las palabras *rayo* y *cuerno*. Además, esto facilitaba el trabajo del escultor, porque esculpir unos cuernos es mucho más concreto que esculpir luz abstracta, y quienes lo vieran lo entenderían como el resplandor de la cara de Moisés y no como cuernos. A los lados del Moisés, las figuras de Lía[81] y Raquel,[82] esposas de Jacob. Raquel dirige su mirada a lo alto y representa la vida contemplativa, mientras que Lía con su mirada hacia la tierra representa la vida activa. Las otras esculturas son obra de los ayudantes del artista.

LA CÁRCEL *MAMERTINA*
"La cárcel de Pedro y Pablo"

La cárcel *Mamertina* (también llamada el *Tullianum*) era una prisión ubicada en el foro romano en la Antigua Roma. Estaba ubicada en la ladera del monte Capitolino, frente a la Curia. Los orígenes del nombre de la prisión no son seguros. Tradicionalmente se consideraba que el nombre clásico, *Tullianum*, derivaba del rey romano Tulio Hostilio o Servio Tulio); hay una teoría alternativa que habla del latín arcaico, *tullius* "un chorro de agua", en referencia a la cisterna que después se convirtió en cárcel (*carcer*). El nombre *Mamertina* es de origen medieval, y puede hacer referencia al cercano templo de Marte o a la historia de san Pedro, que estuvo encarcelado en este lugar antes de su martirio: dice la tradición que los santos Martiniano y Proceso, soldados que lo custodiaban, se convirtieron y fueron bautizados por Pedro antes de ser martirizados también.

---

[81] Lea o Lía fue la primera esposa de Jacob, del que tuvo seis hijos: Rubén, Simeón, Leví, Judá, Isacar y Zabulón. Era hija de Labán y la hermana mayor de Raquel.

[82] Raquel fue la segunda esposa y favorita de Jacob y madre de José y Benjamín. Era hija de Labán y hermana menor de Lía.

Cisterna, prisión y santuario

La prisión fue construida hacia el 386 a.C. Originalmente fue una cisterna que tenía dos niveles subterráneos. En el más profundo estaban los prisioneros. Como la ley romana no reconocía la prisión en sí como uno de los tipos de pena, sólo se mantenía en la cárcel a los prisioneros importantes, normalmente comandantes extranjeros derrotados que se convertían en la pieza central de un desfile militar romano. Éstos permanecían encarcelados hasta el momento del desfile, donde se les estrangulaba en público, a menos que murieran de causas naturales. En esta prisión estuvieron san Pedro, san Pablo y el Papa Sixto II. Cuando la prisión dejó de utilizarse, en la Edad Media, se convirtió en centro de devoción cristiana. Actualmente está ocupado por dos iglesias superpuestas: arriba *San Giuseppe dei Falegnami* (San José de los carpinteros) y en la cripta *San Pietro in Carcere* (San Pedro en la cárcel). La cruz del altar de la capilla inferior está al revés, puesto que según la tradición, a san Pedro lo crucificaron cabeza abajo. La tradición popular dice que el perfil de Pedro quedó grabado en la roca cuando los soldados lo aventaron contra ella.

Tercera Parte

Santuarios europeos

✦

Guadalupe en España
"Una imagen de madera"

✦

¿Cuántas vírgenes hay?

Aunque hay diversidad de imágenes de la Virgen María todas ellas representan a una sola mujer, la que fue madre de Jesucristo. Los pintores y escultores la han representado de diversas maneras para darle un homenaje y hacerla sentir más cercana a los fieles. Así, le han pintado con diversos colores de piel y de cabello. También la han vestido con diferentes ropajes y en diferentes posturas. Sólo existe una sola Virgen María, madre de Jesucristo. Las imágenes de la Virgen de Guadalupe, de Fátima, Lourdes, Zapopan, San Juan de los Lagos, etcétera, son diversas imágenes que representan a la única Virgen María.

Antigua leyenda de Nuestra Señora de Guadalupe[83]

San Lucas es el evangelista que ofrece más detalles sobre la Virgen María. Es el único que nos habla de la Anunciación y la Visitación. Por esta razón recibió el título de "El pintor de la Virgen", porque con sus pincela-

---

[83] La primera mitad de la leyenda, que abarca trece siglos, desde la creación de la imagen hasta finales del siglo XIII no tiene una documentación histórica; la historia apoyada en documentos comienza a partir del hallazgo. Para mayor información: Sebastián García, O.F.M. *Guadalupe, Santuario y Monasterio*, Madrid, Guadalupe, 1997, pp. 6-9.

das en la escritura nos permite conocer mejor a la madre de Jesucristo. Quizás sea éste el origen por el que se le considera autor de dos imágenes de gran veneración: la *Salus Populi Romani*, pintura que se venera en la Basílica de Santa María la Mayor, en Roma y la escultura de la Virgen de Guadalupe que se venera en Cáceres, España. Algunos códices antiguos afirman que cuando Lucas murió en Acaya (Asia Menor), las imágenes le acompañaron en su sepultura. En el siglo IV, viajaron con él cuando su cuerpo fue trasladado a Constantinopla. Y en el siglo VI, a petición del cardenal Gregorio, legado en Constantinopla del papa Pelagio, viajaron con él hasta Roma.

En la ciudad de Roma

Pocos años después, en el 590, el cardenal Gregorio fue electo como el Papa Gregorio Magno, y por su devoción a las imágenes, las expuso en su oratorio. La veneración popular de las dos imágenes comenzó con un hecho que puso de manifiesto la protección de María. Una fuerte epidemia afectaba a la gente de Roma que, desesperada esperaba una gracia divina. El papa Gregorio organizó y presidió una solemne procesión para solicitar la mediación de la Virgen María. En la procesión estaban presentes las dos imágenes. De forma milagrosa el pueblo vio cómo cesaba la peste, mientras aparecía un ángel sobre un castillo, limpiando la sangre de una espada. Desde entonces se le llamó al castillo Sant'Angelo.

En la ciudad de Sevilla

El Papa ordenó que en recuerdo de este milagroso acontecimiento, la pintura de la *Salus Populi Romani*, se conservara en la Basílica de Santa María la Mayor y que la escultura fuera enviada a San Leandro, arzobispo de Sevilla, por medio de su hermano Isidoro. En la travesía desde Roma a Sevilla, se calmó una fuerte borrasca del mar, permitiendo que la imagen llegara al puerto fluvial sin problema alguno. San Leandro la recibió con entusiasmo y la entronizó en la iglesia principal, donde comenzó a ser venerada hasta el año 711, inicio de la invasión árabe.

En Extremadura

En el año 714, unos clérigos que huían de Sevilla tomaron la imagen y otras reliquias. Para protegerla del peligro de los sarracenos la escondieron en las márgenes del río Guadalupe, cerca de la falda sur de los montes de Altamira, no muy lejos de las Villuercas. Así, durante seis siglos, se perdió toda información y culto a la efigie. Fue hasta el tiempo de la reconquista de España, a finales del siglo XIII o los primeros años del siglo XIV, que se descubrió su escondite. La tradición menciona que: "un sencillo pastor, vecino de Cáceres, contando el rebaño a la hora del encierro, advirtió que le faltaba una vaca. Marchó en su búsqueda por bosques y robledales hasta topar con un río de pocas aguas, bastante escondido. Después de tres jornadas encontró la vaca muerta, pero intacta. Quiso aprovechar la piel y, al hacer en el pecho del animal la señal de la cruz con incisiones de cuchillo se levantó viva la vaca. En ese momento se le apareció María al pastor, hablándole así: 'No Temas, que yo soy la Madre de Dios, Salvador del linaje humano; toma tu vaca y llévala al hato con las otras, y vete luego para tu tierra; y dirás a los clérigos lo que has visto y decidles de mi parte que te envío yo allá, y que vengan a este lugar donde ahora estás, y que caven donde estaba tu vaca muerta debajo de estas piedras y hallarán ende una imagen mía. Y cuando la sacaren, diles que no la muden ni lleven de este lugar donde ahora está, mas que hagan una casilla en la que la pongan. Ya tiempo vendrá que en este lugar se haga una iglesia y una casa muy notable y pueblo asaz grande'. Tras estas palabras, la Virgen desapareció. El pastor vio enseguida su vaca resucitada, paciendo debajo de un árbol, mostrando las cicatrices de una herida. Siguiendo el mandato de la Señora, marchó a Cáceres para avisar al clero. Cuando llegó a su casa, encontró a su mujer llorando por un hijo que acababa de fallecer. Encomendó el pastor a la Señora su pena y el hijo muerto volvió a la vida. Este prodigio, difundido por la ciudad, fue suficiente para persuadir a los clérigos de la verdad de la aparición. Así, acompañando al vaquero por sendas abruptas, peregrinaron al lugar del milagroso suceso, donde excavaron la roca y encontraron la imagen de María con algunos objetos y documentos que probaban el origen de este icono glorioso. Construyeron allí una pequeña ermita y entronizaron en ella la prodigiosa efigie. Entonces, María recibió un nuevo nombre: Guadalupe, que significa río escondido, porque en sus márgenes acontecieron la aparición de Nuestra Señora y el encuentro de su imagen. El primero que puso nombre al pastor fue Fray Diego de Ecija en el siglo XVI, llamándole Don Gil de Santa María. En el siglo XVIII, el códice 12 de nuestro archivo, escrito hacia 1710, presenta al pastor con el nombre de Gil Cordero, con el que ahora se le conoce".

La imagen

La imagen tiene 59 centímetros de altura y pesa casi tres kilos. Es una talla labrada en madera de cedro y policromada por autor desconocido. Representa a la Virgen María como madre y reina, sentada en su trono de gloria y sosteniendo al Niño Dios en su regazo. Por su estilo puede afirmarse que es del periodo románico del final del siglo XII. Viste túnica de color verde olivo, con decoración en color bermellón, sobrecuello que imita bordado en hilo, puños de la manga dorados y manto de color marrón-ocre. Tiene la mano izquierda entreabierta y colocada sobre la rodilla. La mano derecha no es original y fue sustituida en el siglo XV para sostener el cetro que le colocaron al vestirla. Calza zapatos puntiagudos de color negro, apoya sus pies sobre un escabel color verde, que puede representar una pradera o huerto cerrado, símbolo de su vida interior. Su cabeza lleva una toca o velo color blanco con orla de color bermellón, que baja desde la cabeza a los hombros. Tiene en el cuello un reducido escote del mismo color de la cara. La túnica está decorada con cuatro flores tetralobuladas. Pertenece al grupo de Vírgenes Negras de la Europa Occidental del siglo XII inspiradas en el texto del *Cantar de los Cantares*: "Tengo la tez morena, pero hermosa, muchachas de Jerusalén, como las tiendas de Cadar, como los pabellones de Salomón. No os fijéis en mi tez oscura, es que el sol me ha bronceado" (1, 5-6). Generalmente está vestida a la manera de las Vírgenes Amponas. Está posada en un moderno trono esmaltado que fue diseñado en 1953. El vestido sólo permite ver su rostro y aumenta grandemente el tamaño de su cuerpo.

El monasterio

La primera ermita se hizo inmediatamente después del hallazgo. Hacia el 1335, Alfonso XI contempló la pequeña iglesia en estado ruinoso y solicitó al Papa la autorización para restaurarla. El 2 de junio del mismo año el papa Benedicto XII expidió la bula *Dum ad personam*, en la que nombraba rector de la iglesia al cardenal Pedro Gómez Barroso y le daba la encomienda de levantar un santuario. En 1337 y 1347 se expidieron documentos que declaraban la fundación de Guadalupe. Los religiosos de la orden de San Jerónimo iniciaron la construcción del monasterio en 1389, y continuaron su aspecto de fortaleza hasta que fueron exclaustrados en 1835. En su construcción se utilizó preferentemente la mampostería y el ladrillo. En 1835 el monasterio se convirtió en parroquia de la arquidiócesis de Toledo, atendida por el clero diocesano. En 1879 fue declarado Monumento Nacional. En 1908 se entregó a la orden franciscana. En 1955 recibió el título de basílica.

El conjunto arquitectónico del monasterio cubre una superficie de 22 mil metros cuadrados, aproximadamente. Tiene elementos del románico, gótico, mudéjar, renacentista, barroco y neoclásico de los siglos XIII al XVIII. Cuenta con el templo gótico (siglos XIV-XV); las capillas (Santa Ana, siglo XV, nave de Santa Paula, siglo XV, Santa Catalina, siglo XV, San Gregorio, siglo XV, relicario, siglo XVI, camarín, siglo XVII; panteón o capilla de los Siete Altares, siglo XVII); su famosa sacristía (siglo XVII); los claustros (mudéjar uno, siglo XV, gótico otro, siglo XVI, y un tercero más recoleto, también mudéjar, siglo XV); el pabellón de la librería, siglo XV (sala capitular alta y sala del Capítulo en la parte baja, restaurada en 1998); el templo de la Santísima Trinidad (siglo XVIII), convertido actualmente en auditorio. Además cuenta con tres museos que exhiben colecciones de bordados, libros de canto miniados, pinturas y esculturas antiguas. El museo de miniados está considerado entre los mejores del mundo.

La visita al monasterio se hace por la antigua portería del siglo xv. Destaca su claustro mudéjar o "de los Milagros", construido entre 1389 y 1405, en torno al cual se sitúan los dormitorios y el refectorio. Tiene forma rectangular con arcos de herradura apuntados o túmidos de pilares cuadrados con aristas en chaflán. En el centro del patio se encuentra un templete mudéjar construido en 1405 por Fray Juan de Sevilla. Las paredes del claustro exhiben una colección de lienzos que cuentan la historia de la imagen y sus milagros. El museo de escultura y pintura muestra obra del Greco y Francisco de Zurbarán, el pintor más insigne del monasterio. El camarín de la virgen, de estilo barroco, contiene pinturas de Luca Giordano. Pero sobresale el conjunto de pinturas de Zurbarán, único de toda su carrera que subsiste actualmente en su emplazamiento original, la sacristía y una sala anexa. El relicario o Tesoro de Nuestra Señora exhibe vestidos y los mejores objetos artísticos del tesoro de la Virgen.
Horario de visita: 8:30 a 21:00. El Camarín de la Virgen se puede visitar de 10:30 a 13:30 y de 16:30 a 19:00.

Virgen del Pilar
"Compañera del apóstol Santiago"

La primera aparición de la Virgen
Después de que los apóstoles recibieron en Pentecostés al Espíritu Santo, se dispersaron por el mundo para cumplir el mandato de Cristo: "Vayan por todo el mundo y prediquen el Evangelio a toda criatura" (*Marcos* 16,15). Antes de partir para la Península Ibérica, Santiago el Mayor le pidió a la Virgen María su bendición: "Ve, le dijo amorosa la Madre, cumple el mandamiento de tu Maestro y por él te encargo que en aquella ciudad en que mayor número de habitantes convirtieres a la fe, edifiques una iglesia en mi honor, como yo mismo iré a indicártelo".[84] El apóstol Santiago salió de Jerusalén y se dirigió a España, recorrió Galicia y, pasando por Castilla, llegó a Aragón para predicar el evangelio en la ciudad de César Augusta, llamada así por ser predilecta del César Augusto. Una noche, mientras el santo se encontraba en oración, se le apareció la Virgen María sobre un pilar de mármol, acompañada por una multitud de

---

[84] Edelvives, *Reina y Madre*, Zaragoza, Luis Vives S.A., 1957, p. 522.

ángeles. Se dirigió a Santiago con estas palabras: "Este es, hijo mío, el lugar que he elegido para morada; aquí me edificarás un templo y erigirás un altar junto a esta columna en que mis pies descansan. Me la ha enviado mi Hijo desde el cielo por ministerio de los ángeles, y en dicha obrará el Altísimo grandes maravillas a favor de los que aquí me invocaren con confianza; yo moraré en este lugar y nunca faltarán cristianos que adoren a su Dios aquí donde posaron mis plantas".[85] La tradición afirma que esto sucedió el 2 de enero del año 40 de nuestra era. Según la misma tradición el apóstol inició la construcción de un pequeño oratorio sobre el pilar. Sin embargo, documentalmente no hay pruebas de un culto mariano en el lugar hasta que en 1297, una bula del papa Bonifacio VIII habla por primera vez de la advocación del "Pilar".

El pilar y la imagen

El pilar sobre el que descansa la imagen es un fuste de columna de jaspe de forma cilíndrica, sin molduras ni adorno, de 1.67 metros de altura y 25 centímetros de diámetro; es de jaspe y está colocado sobre una especie de basa de piedra de color más oscuro que la columna. El pilar está encerrado dentro de una cubierta de cobre recubierta de plata.[86] La imagen, de 38 centímetros de altura, es una talla en madera dorada de estilo gótico tardío franco-borgoñón, se calcula que del 1435. Se atribuye a Juan de la Huerta. La imagen muestra a la Virgen coronada, y con túnica y manto. Sujeta con la mano derecha el manto que le cae por la espalda, mientras sostiene al niño Jesús en el brazo izquierdo. La túnica interior va cerrada hasta la garganta con unos botones que bajan hasta la cintura, ceñida con una correa. La talla original ha sido ornamentada con una gran corona de radiantes destellos. El niño Jesús tiene las piernas cruzadas: en la mano izquierda aprieta un pajarillo y con la derecha recoge el manto de la Virgen. Algunos documentos demuestran que la imagen ya existía en el año 1434 y que se salvó de un gran incendio. Probablemente la imagen fue donada por Dalmacio de Mur con el mecenazgo de Blanca de Navarra, mujer de Juan II de Aragón, a raíz de la curación de una enfermedad que había aquejado a la reina.

Zaragoza

El nombre de Zaragoza procede del antiguo topónimo romano, *Caesaraugusta*, nombre que recibió en honor al emperador César Augusto en el 14 a.C. Está a orillas de los ríos Ebro, Huerva y Gállego. Su privilegiada situación geográfica —a unos 300 kilómetros de Madrid, Barcelona, Va-

---

[85] Edelvives, *Reina y Madre*, Zaragoza, Luis Vives S.A., 1957, p. 522 y 523.
[86] Andrés Pardo, *El libro del Culto a la Virgen*, Valencia, Alfredo Ortells, S.L., 1998, p. 465.

lencia, Bilbao y Toulouse— la convierte en un importante nudo de comunicaciones. La ciudad tiene dos basílicas, la del Pilar y la del Salvador.

Diversas etapas constructivas

El templo, dedicado a la Virgen del Pilar, es considerada por algunos como el primero de la cristiandad, por haber sido edificado en el lugar de la primera aparición de la Virgen María. La tradición afirma que el primer santuario fue construido por el apóstol Santiago y los siete primeros convertidos de la ciudad del Ebro. Diversas circunstancias y la presencia de varios grupos, como los musulmanes, lo hicieron caer en ruinas. Después de la conquista de Zaragoza por el rey Alfonso I de Aragón en 1118, el templo surgió de las ruinas y se acondicionó para el culto con una construcción de tipo románico, que se concluyó hasta el siglo XIII. En 1293 se inicia la construcción de un nuevo edificio gótico-mudéjar, que concluyó en 1515. En 1681 se iniciaron las construcciones de tipo barroco. Finalmente, tras la ampliación del templo culminada a mediados del siglo XVIII, la basílica alcanzó las actuales dimensiones.

Catedral Basílica de Nuestra Señora del Pilar

El actual santuario, construido entre 1681 y 1961, mide 130 metros de largo por 67 de ancho. Su exterior es de ladrillo caravista. Sigue la tradición de construcción aragonesa con ladrillo en el exterior y recovado en estuco en el interior. Tiene once cúpulas techadas con tejas vidriadas de colores verdes, amarillos, azules y blancos. Entre los contrafuertes se cierran capillas rematadas con linternas. Las torres, de más de noventa metros de altura datan en su mayor parte del siglo XX y fueron concluidas hasta 1961. La basílica se articula en tres naves, de igual altura cubiertas con bóvedas de cañón en las que se intercalan cúpulas y bóvedas de plato, que descansan sobre robustos pilares. Tiene varias capillas laterales. La nave central está dividida por la presencia del altar mayor bajo la cúpula central, que está presidido por el gran retablo mayor dedicado a la Asunción de la Virgen. Éste perteneció a la iglesia anterior, es de estilo gótico y fue realizado en alabastro policromado, con guardapolvo de madera, por Damián Forment entre 1515 y 1518. Bajo las otras dos cúpulas elípticas de la nave central están la Santa Capilla de la Virgen del Pilar, el coro y el órgano, procedentes también de la iglesia gótica anterior. El coro fue labrado por Esteban de Obray, Juan de Moreto y Nicolás Lobato entre 1542 y 1548. En la parte inferior de los asientos hay trabajos de taracea con incrustaciones de boj amarillo. La basílica tiene pinturas al fresco de diversos artistas, entre los que se distingue Francisco de Goya, que decoró la cúpula dedicada a la *Regina Martirum* (Reina de los Mártires) y en 1772 la bóveda del Coreto donde pintó la *Adoración del Nombre de Dios*.

En la basílica están sepultados la mayoría de los arzobispos de Zaragoza de la Edad Moderna. Durante la Guerra Civil, en la madrugada del tres de agosto de 1936, un bombardero del ejército republicano español lanzó tres bombas sobre el templo, pero ninguna de ellas explotó. Una de las bombas quedó clavada en la calle a pocos metros de la basílica, otra atravesó el techo del templo y la última cayó en el marco dorado del mural de Goya en el Coreto. Esto se consideró un milagro. Actualmente se exhiben dos de los proyectiles en uno de los pilares cercanos a la Santa Capilla.

La Santa Capilla del Pilar

Es una construcción independiente dentro del conjunto de naves de la catedral. Es de estilo barroco clasicista, con cúpulas recortadas, rompimientos de gloria, entablamentos curvados, y numerosas esculturas y medallones de mármol. Se hizo bajo diseño de Ventura Rodríguez entre 1750 y 1765. Las banderas de España y Latinoamérica recuerdan que la Virgen del Pilar es patrona de la hispanidad. Los días dos, doce y veinte de cada mes aparece la columna visible en toda su superficie, en la fachada posterior de la capilla se abre el humilladero, donde los fieles pueden venerar a la Santa Columna a través de un óculo abierto al jaspe. En el Museo Pilarista destaca el llamado Joyero de la Virgen con la colección de más de 350 mantos, coronas, diademas y resplandores con piedras preciosas. La fiesta de la Virgen del Pilar se celebra el 12 de octubre. En la plaza se cantan y bailan jotas mientras se cubre de flores el gran manto de la Virgen. Los lugareños suelen asistir vestidos con el traje de baturro, típico de Aragón. Por la calle bailan gigantes y cabezudos.

Catedral del Salvador de Zaragoza

La Catedral del Salvador en su Epifanía de Zaragoza es una de las dos catedrales metropolitanas de Zaragoza. Se le llama "la Seo" para no confundirla con la de "el Pilar". Se construyó entre 1119 y 1704, por lo que tiene estilo románico, gótico y mudéjar. Es una iglesia de cinco naves y seis tramos cubiertos por bóvedas de crucería de la misma altura, lo que da al recinto aspecto de iglesia de planta cuadrangular de salón. En la cabecera se sitúan dos ábsides (de los cinco originales) y, en el lado de la epístola, sobre dos de los desaparecidos, se emplazó la sacristía. El material constructivo fundamental es el ladrillo, habitual en la arquitectura aragonesa. Al extremo del lado del evangelio se construyó la "Parroquieta" para albergar el sepulcro del arzobispo Lope Fernández de Luna. El conjunto de la catedral, en su aspecto exterior, no refleja la estructura interna debido al cerramiento con muros de varios espacios circundantes como dependencias o residencias de los miembros del cabildo.

VIRGEN DE MONTSERRAT
"La Virgen de la montaña"

El santuario está situado en una montaña, aproximadamente a 20 kilómetros al noroeste de Barcelona. Su nombre proviene de la configuración especial de la montaña, cuya cresta se asemeja a una sierra. Mucho antes del año 1000 se establecieron en la montaña algunos anacoretas que construyeron varias ermitas. Una de ellas fue dedicada a la Virgen María. En la primera mitad del siglo XI el abad Oliva de Ripoll transformó el lugar en un pequeño cenobio[87] benedictino. En el siglo XII se inició la veneración a la Virgen María a través de su imagen e inmediatamente comenzaron a realizarse milagros. El Papa León XIII declaró a la Virgen de Montserrat como patrona de Cataluña.

Descubrimiento

Según la leyenda, en el año 880, un sábado por la tarde, unos pastores vieron descender del cielo una fuerte luz, acompañada por una hermosa melodía. El sábado siguiente la visión se repitió. Los cuatro siguientes sábados los acompañó el rector de Olesa, que pudo dejar constancia de esa visión. Cuando el obispo se enteró de la noticia, organizó una visita al lugar. Estando ahí encontraron una cueva de la que salían cantos y resplandores. Curiosos, se dirigieron al lugar y en su interior descubrieron la imagen. El obispo organizó una procesión y ordenó que la imagen fuese llevada a Manresa. Muchos fueron los intentos para trasladarla pero, en cada ocasión, la imagen se tornaba demasiado pesada. El obispo interpretó este fenómeno como el deseo de la Virgen de quedarse en ese lugar y ordenó construir una ermita en el sitio. La ermita fue el sitio que los benedictinos eligieron para construir su monasterio.

Descripción de la imagen

La talla en madera mide 95 centímetros y es un buen ejemplo del arte románico. Representa a la Virgen María con el niño Jesús sentado en su regazo. Ambos tienen una corona sobre su cabeza. Ella está sentada, con figura esbelta, cara alargada y delicada expresión. Tiene túnica y manto de diseño dorado y sencillo. Debajo de la corona tiene un velo que cae ligeramente sobre sus hombros. El velo, también dorado, tiene diseños geométricos de cuadrados, estrellas y rayas acentuadas con sombras te-

---

[87] La palabra significa: "vida comunitaria". Se deriva del griego koinós: "común" y βίος, bíos: "vida". Un grupo de monjes viviendo en comunidad o bajo una regla.

nues. La mano derecha de la Virgen sostiene una esfera, mientras la izquierda se extiende hacia adelante con un gesto gracioso. El Niño Jesús está vestido de modo similar. Levanta su mano derecha en actitud de bendecir, y con la izquierda sostiene un objeto semejante a un cono de pino. La cara y manos de ambos tienen un color entre negro y castaño. En virtud de su color negro, la Virgen también está catalogada entre las Vírgenes Negras, cuyos hacedores se inspiraron en el *Cantar de los Cantares*: "Tengo la tez morena, pero hermosa, muchachas de Jerusalén, como las tiendas de Cadar, como los pabellones de Salomón. No os fijéis en mi tez oscura, es que el sol me ha bronceado" (1, 5-6). Sin embargo, a diferencia de muchas esculturas de la Edad Media, que son negras por el tipo de madera utilizada (ébano) o el color de su pintura original, en el caso de Montserrat el color se atribuye al hollín de innumerables velas y lámparas ofrecidas en el santuario y a la descomposición del barniz que cubre a la imagen. Esto hace que sus fieles le llamen, de cariño, La Morenita. Los responsables del santuario la vistieron durante mucho tiempo con los típicos vestidos hampones españoles. Sólo después de la guerra civil española (1939) se comenzó a exhibir la talla sin vestidos de tela.

El monasterio

Se fundó a principios del siglo XI sobre la ermita de la Virgen. A finales del siglo XII se amplió el número de monjes a doce, mínimo requerido para que se considerara abadía. Fue incendiado en dos ocasiones por las tropas napoleónicas, en 1811 y en 1812; y en 1835 sufrió la exclaustración. El monasterio fue saqueado e incendiado y se perdieron muchos de sus tesoros. En 1844 se restableció la vida en el monasterio, pero se tuvo que restaurar porque sólo habían quedado las paredes. Desde entonces no ha dejado de crecer en su acervo artístico e histórico. Contiene una de las mejores bibliotecas de España. La congregación actual está formada por unos 80 monjes. Además, en el monasterio residen los niños que componen la Escolanía de Montserrat, considerada la escuela de canto de más antigüedad en Occidente, ya que fue fundada en el siglo XIII. Durante la guerra civil el monasterio volvió a ser cerrado y fueron martirizados 23 religiosos. El monasterio se liberó en 1939. El monasterio se liberó en 1939 y se dedicó una capilla en honor de los monjes mártires. El conjunto está formado por dos bloques de edificios con funciones distintas: por un lado la basílica con las dependencias monacales; y por otro los edificios destinados a atender a peregrinos y visitantes. Estos últimos incluyen diversos restaurantes, tiendas y una zona de alojamiento. Por la piedra utilizada y el estilo neorrománico del monasterio y la basílica la apariencia del conjunto es de tipo medieval.

La basílica

Es de una sola nave. Se comenzó a construir en el siglo XVI y fue reconstruida por completo en el XIX (año 1811), después de la destrucción de la guerra de independencia. La fachada se realizó en 1901. Alrededor de la única nave se sitúan diversas capillas. La nave está sostenida por columnas centrales, con tallas realizadas en madera por Josep Llimona. En la cabecera está situado el altar mayor y la zona del coro. En 1881 el papa León XIII le otorgó la condición de "basílica". Justo encima del altar mayor se sitúa el camarín de la Virgen, al que se accede después de atravesar una portalada de alabastro en la que aparecen representadas diversas escenas bíblicas.

El claustro y el refectorio

Es de dos pisos sostenidos por columnas de piedra. El piso inferior se comunica con el jardín y dispone de una fuente en su zona central. En las paredes del claustro se pueden ver piezas antiguas, algunas del siglo X. El refectorio del siglo XVII fue reformado en 1925. La parte central cuenta con un mosaico que representa a Cristo, mientras que en la zona opuesta se puede ver un tríptico con escenas de la vida de san Benito. El museo está dividido en tres secciones: arqueología del oriente bíblico, pintura antigua (con obra del Greco y Caravaggio entre otros) y pintura moderna (con obra de Rusiñol, Picasso, Dalí, Renoir, Monet, Sisley y Degas).

Escolanía

La Escolanía de Montserrat es uno de los coros de niños cantores más antiguos de Europa. Documentos del siglo XIV atestiguan su existencia. Participa en las celebraciones litúrgicas y la plegaria comunitaria que se realiza en la basílica.

La Santa Cueva

Es el lugar en el que apareció la Virgen. Para acceder a él y al Via Crucis que existe cerca se puede usar un funicular. También hay servicio de funicular para subir hasta Sant Joan, desde donde se puede obtener una de las mejores vistas de lugar.

Rosario monumental y *Via Crucis*

Se encuentra en el camino que conduce del monasterio a la cueva donde se encontró la imagen. El camino se excavó en la montaña entre 1691 y 1704 patrocinado por Gertrudis de Camporrell, marquesa de Tamarit. Entre 1896 y 1916 se colocaron en el trayecto diversos grupos escultóricos dedicados a los misterios del rosario. Intervinieron artistas del modernismo catalán. En 1983 se hizo nuevamente el misterio de La Visitación. Entre 1904 y 1916 se construyó en otra ladera de la montaña el *Via Crucis* Monumental compuesto por 14 estaciones. El *Via Crucis* fue destruido en 1936 durante la Guerra Civil Española, quedando en la actualidad un único vestigio, la base de la Crucifixión, así como la capilla de la Soledad, que sobrevivió a la destrucción. En los años 1950 se proyectó un nuevo *Vía Crucis* que, dañado en los últimos años por algunos desprendimientos, ha sido retirado.

Aromas de Montserrat

Según la tradición, el licor Aromas de Montserrat fue inventado por los monjes benedictinos de Montserrat para solucionar problemas estomacales. Para su fabricación utilizaron doce hierbas de la montaña entre las que están: canela, tomillo, clavo, enebro, lavanda y cilantro a las que mezclaron con agua, azúcar y alcohol. Su técnica de elaboración no ha cambiado desde hace por lo menos 200 años.

VIRGEN DE LA COVADONGA
"La Virgen de la cueva"

✦

Una cueva misteriosa

La palabra Covadonga es una palabra asturiana que significa *cova longa* o "cueva larga". Cuenta la tradición que mucho tiempo antes de la invasión árabe los cristianos rendían culto, en una cueva, a la Virgen María. Sin embargo, después de la aparición que tuvo Don Pelayo y la Batalla de Covadonga, el sitio aumentó su fama y se convirtió en meta de peregrinos. La batalla de Covadonga del año 722 se llevó a cabo en un paraje próximo a Cangas de Onís (Asturias), entre el ejército de Don Pelayo y tropas musulmanas, que resultaron derrotadas. Esta acción bélica es considerada como el arranque de la Reconquista. Antes de la batalla la Virgen María había prometido a Don Pelayo su protección y la victoria. La cueva se conoce actualmente como la "Cueva de Nuestra Señora". A la capilla de la cueva se accede por una escalera de más de cien peldaños o a través de un túnel excavado en la roca, en cuyo extremo se hallan las tumbas de Don Pelayo y de Alfonso I. Según la tradición, ahí se refugiaron Don Pelayo y sus hombres durante la batalla. Son muchos los peregrinos que para hacer una petición o para dar gracias por un favor recibido suben las escaleras de rodillas.

La imagen

Antes de la actual imagen se veneraba una de estilo románico. Lamentablemente se perdió en 1777 por un incendio que destruyó la iglesia de la cueva.[88] Un año después la catedral de Oviedo donó la actual imagen de la Virgen a la que, en recuerdo de la batalla de Pelayo, se bautizó como la "Virgen de las Batallas" o, por su pequeño tamaño, "La Santina". Es de madera policromada y está vestida con túnica y manto, sobre su brazo izquierdo se sienta el niño Dios y con la mano derecha sostiene una flor dorada. Su cabeza tiene un resplandor y una corona con perlas y brillantes. La peana que la sostiene tiene cabezas de querubines.

La basílica

La Basílica de Santa María la Real está situada en Covadonga, Principado de Asturias, junto a la capilla de la cueva. Después del incendio de 1777 se decidió hacer un nuevo santuario dedicado a la Virgen. Se edificó entre 1877 y 1901 por el arquitecto Federico Aparici, siguiendo el proyecto de Roberto Frassinelli. Se construyó íntegramente en piedra caliza, con estilo neorrománico y dispuesta sobre una gran terraza. Recibió el título de basílica el 11 de septiembre de 1901. Su fachada principal está flanqueada por dos esbeltas torres terminadas en agujas. El pórtico tiene tres arcadas que dan paso a las puertas. Tiene tres naves con un transepto y en la cabecera tres ábsides escalonados. Las naves están cubiertas con bóvedas de aristas. En el interior de la basílica hay una imagen de la Virgen que crea confusiones frecuentes entre los peregrinos. No es la Virgen de Covadonga, sino una talla llamada la Virgen con el Niño, donde la Virgen está cabizbaja y en actitud reflexiva. Es prácticamente contemporánea a la basílica.

La explanada

En la explanada se puede ver la estatua de bronce de Don Pelayo, obra que Eduardo Zaragoza hizo en 1964. También está "La Campanona" enorme campana de tres metros de altura y cuatro mil kilos de peso. Fue fundida en 1900, en la Fábrica de La Felguera por el escultor italiano Sortini y donada por el conde italiano Sizzo-Norice. Ganó el primer premio de la Expo de París. El obelisco con la replica de la Cruz de la Victoria fue levantado en 1857 por los duques de Montpensier en "El Repelao", lugar donde la tradición dice que Don Pelayo fue coronado rey. El Monasterio de San Pedro fue fundado por Alfonso I, pero sufrió transformaciones posteriores. De la época románica conserva parte de sus muros, sus tres ábsides escalonados y semicirculares. En el siglo XVII se construyó el nuevo claustro con dos niveles, el inferior de arcos de medio punto y el superior con arcos carpaneles[89]. En 1687 se añadió la portada barroca, coronada con

---

[88] En un pequeño santuario burgalés situado a orillas del Ebro, se halla una talla gemela de la primera Virgen de Covadonga, y se le conoce como la Virgen de Cillaperlata.

[89] Varios arcos de circunferencia tangentes entre sí y trazados desde distintos centros: el arco carpanel se utilizó en el siglo XIV.

un frontón. En el siglo XVIII se reformó con una sola nave y una cubierta de madera.

El agua para el matrimonio

A la izquierda del torrente está la fuente de "Los 7 caños". La leyenda afirma que quien bebe de todos sus caños consigue pronto matrimonio. Hacen la tarea más difícil quienes exigen que no se respire hasta haber terminado de beber en todos. Las coplas populares dicen: "La Virgen de Covadonga tiene una fuente muy clara; la niña que de ella bebe dentro del año se casa. Al llegar a Covadonga no bebas agua, morena, si, como dijiste ayer prefieres vivir soltera".

El lago Ercina

El 22 de julio de 1918 se creó el Parque Nacional de la Montaña de Covadonga. Esto se hizo con motivo del 12 centenario de la batalla de Covadonga. Fue el primer Parque nacional de España, que en 1995 con su ampliación al resto de los picos de Europa, se llamó Parque nacional de los Picos de Europa.

VIRGEN DE LORETO
"La casa transportada por ángeles"

La leyenda

A finales del siglo XI, Jerusalén y toda la Tierra Santa habían caído en manos de los musulmanes, quienes profanaban los lugares venerados por los cristianos. En estas circunstancias, afirma la tradición que Dios Nuestro Señor, en la noche del 10 de mayo de 1291, ordenó a los ángeles que trasladaran la casa que habitó la Sagrada Familia durante su permanencia en Nazaret. Así, milagrosamente, la casa fue llevada primero a la costa oriental del Adriático y colocada en una colina de Dalmacia, entre Tersato y Fiume, ante la mirada absorta de unos pastores que la vieron pasar llena de luz. Al amanecer todos acudieron a contemplar la casa y se admiraron de que el párroco del lugar, quien había sido desahuciado, había sido curado milagrosamente: "...gravemente enfermo el cura Alejandro, párroco de Tersato y cuando ya no se tenía ninguna esperanza de su vida, la Virgen Santísima se le presentó y le dijo que en un poblado vecino se hallaba la Santa Casa de Nazaret. Entonces se levantó el párroco de improviso, ya sano de sus dolencias, y comunicó a los circunstantes la visión que tuvo y enseguida todos se encaminaron al sitio señalado. Allí en efecto, estaba la

Santa Casa en un lugar en donde antes no había ningún edificio. Entraron en ella y vieron un altar con un nicho en la pared, en el cual estaba –hecha de cedro– una imagen de María con el Niño en los brazos. Esta escultura era en sus formas la misma figura que se le había aparecido al cura".[90] El gobernador de Dalmacia envió a Nazaret a cuatro comisionados para averiguar si la casa había desaparecido. Tres años después, el 10 de diciembre de 1294, la casa nuevamente fue trasladada por los ángeles cruzando el Adriático hasta la ribera opuesta y colocada en un bosque de laureles, propiedad de una mujer piadosa llamada Lauretta (de donde surge el nombre de Loreto), posteriormente en el campo de dos hermanos y finalmente después de su cuarto traslado, los ángeles la colocaron en el camino que conduce al puerto de Recanati, cerca de Ancona.

Más allá de la leyenda

La ciudad de Loreto, provincia de Ancona, Italia, es una de las más importantes metas de peregrinación para el mundo católico. Lo han visitado cientos de santos y numerosos pontífices. El papa Juan XXIII, primer Papa en salir de Roma en más de un siglo lo visitó a pocos días de la apertura del Concilio Vaticano II, el 4 de octubre de 1962, para invocar la protección de la Virgen en tan magno acontecimiento. La historia del santuario inicia en el siglo XIII, el 10 de diciembre de 1294, con la llegada de la casa que habitó la Virgen en Nazaret. Según la tradición, la casa donde vivieron Jesús, María y José, fue trasladada por "ministerio angélico" en 1291, primero a Tersato, en tierras croatas, y poco después en 1294 a una colina en un bosque de laureles en Ancona, Italia, a orillas del Mar Adriático. La realidad es que ante la expulsión de los cruzados de Palestina, luego de la pérdida del puerto de San Juan de Acre en 1291, éstos decidieron trasladar la pequeña edificación a un lugar seguro. No podían permitir que se profanara el lugar donde se produjeron los misterios de la Inmaculada Concepción, los esponsales con san José, la anunciación del ángel a María, y la encarnación del Hijo de Dios. Éste fue el gran milagro: trasladar la estructura para intentar conservarla en su integridad simbólica. Estudios históricos y arqueológicos han comprobado que la antigua casa de María estaba constituida en dos partes; una gruta excavada en la roca, que se venera actualmente en la Basílica de la Anunciación de Nazaret, y una casita de mampostería adosada a la gruta, misma que fue trasladada por los Cruzados. La casa estaba constituida sólo por tres paredes, ya que la parte oriental encastraba con la gruta de piedra. Los estudios recientes sobre las piedras, grafitos y otros documentos han purificado la tradición de los elementos legendarios y confirman la autenticidad de la Santa Ca-

---

90 Juan Croisset, *Año Cristiano*, t. XII, p. 153. Editorial Librería Religiosa, 1854, Barcelona.

sa. Las excavaciones arqueológicas que se hicieron en el lugar entre 1962 y 1965, y estudios filológicos e iconográficos han avanzado en la hipótesis de que la estructura lauretana se transportó por mar.

La basílica

En 1468 el obispo Nicolo delle Aste decidió construir un templo sobre la Casa de la Virgen. Los trabajos se iniciaron en 1469 bajo el cuidado del Papa Paulo II, que milagrosamente se había curado en el lugar. El proyecto, probablemente de Marino de Marco Cedrino, le dio un estilo tardo gótico. La cúpula se construyó entre 1499 y 1500. La fachada, en estilo tardo renacentista, fue terminada por Lattancio en 1587, bajo el pontificado del papa Sixto V, cuyo nombre está escrito en la cornisa superior. El campanario, de 1755, es obra de Vanvitelli y alberga a nueve campanas. Las tres puertas de bronce se hicieron con motivo del Jubileo de 1600. El tema central es el misterio de la encarnación, del que hace memoria la casa. Fueron elaboradas en la fundición de Recanati. La central es obra de Antonio di Girolamo Lombardo. La del lado derecho, considerada por muchos la más bella, es de Antonio Calcagni. La de la izquierda es de Tiburcio Vergelli.

La Santa Casa

Actualmente la Santa Casa se encuentra debajo del crucero de la basílica lauretana, mide en su interior 9.52 metros de largo, 4.10 de ancho y 4.32 de alto. No tiene cimientos propios. En su núcleo original está constituida por sólo tres paredes. La parte donde está el altar era la entrada de la gruta que daba hacia Nazaret, por lo que no existía como muro. De las tres paredes originales la sección inferior, de casi tres metros de altura, está constituida en su mayoría por hileras de piedras areniscas de la zona de Nazaret. Algunas de ellas están pulidas externamente con la técnica de los Nabateos, difundida en Palestina y en Galilea en los tiempos de Jesucristo. Se han reconocido unos sesenta grafitos que, a juicio de los expertos, fueron hechos por judeocristianos de Tierra Santa. Las secciones superiores añadidas sucesivamente y, por lo tanto espurias, están hechas de ladrillos de la localidad. La bóveda (techo) se construyó en 1536. Estas secciones, de menor valor histórico y devocional, fueron cubiertas en el siglo XIV con pinturas al fresco, mientras las secciones originales de piedra se dejaron siempre a la vista, expuestas para la veneración de los fieles. El crucifijo pintado sobre madera, en la llamada "Ventana del Ángel", es del siglo XIII. Algunos especialistas dicen que proviene de la región de Spoleto; otros, en cambio creen que es obra de Giunta Pisano.

La imagen

La primera imagen venerada era un icono pintado sobre madera, de probable origen bizantino, lamentablemente desapareció a inicios del siglo XVI y se sustituyó por una estatua de madera del siglo XIV. En 1798 el santuario fue profanado por la invasión francesa y la imagen se relegó en un museo de antigüedades de París. En 1801 Napoleón restituyó la imagen. El Papa Pío VII consideró una buena oportunidad para coronarla canónicamente. Actualmente la imagen venerada está en lo alto del altar. Es una talla en madera de cedro del Líbano. Sustituye a la del siglo XIV, que se destruyó cuando se incendió la casa, en la noche del 22 al 23 de febrero de 1921. Se hizo por mandato del Papa Pío XI que, en 1922, la coronó en el Vaticano y después la hizo transportar solemnemente a Loreto. Fue modelada por Enrique Quattrini y pintada por Leopoldo Celani con una coloración acentuadamente negra. Desde el siglo XVI está vestida con un manto llamado "dalmática". En la parte inferior del altar, está una inscripción en letras de oro: *HIC VERBUM CARO FACTUM EST*: Aquí el Verbo se hizo carne. A la entrada de la Santa Casa se lee esta inscripción: "Los impuros tiemblen al penetrar en este Santuario. El mundo nada tiene más santo".

El revestimiento de mármol

La Santa Casa se halla recubierta por bellísimo mármol de Carrara. Está encerrada como perla en su concha en un estuche de mármol, realizado por Julio II[91] para sustituir el llamado "muro de ladrillos de los recanatenses" (siglo XIII) sobre diseño de Bramante y otros artistas del renacimiento italiano. De 1513 a 1527 trabajaron en su hechura Andrea Sansovino, Ranieri Nerucci y Antonio da Sangallo, el joven. En los nichos se colocaron estatuas de Sibilas y Profetas.[92] El revestimiento está constituido por un basamento con ornamentación geométrica, del que se levantan columnas estriadas, con capitel corintio, que sostienen una gran cornisa. La balaustrada fue añadida por Antonio da Sangallo en 1534 con el fin de esconder la parte alta de la casa. Arden alrededor de esta estructura 10 lámparas de oro y 40 de plata. En 1536 se le agregó una bóveda para lograr un ambiente mas apto al culto.

Otros elementos de la basílica

La cúpula tiene frescos del siglo XV de Cristoforo Roncalli, llamado "el Pomarancio". Entre 1895 y 1907 Cesare Maccari pintó partes que se habían perdido. El crucifijo de madera de la capilla del Crucifijo es de 1637, obra de Innocenzo da Petralia. Tiene grandes capillas embellecidas por distintas

---

[91] Gran protector de artistas. Bajo su pontificado se hizo la actual Basílica de San Pedro y se pintó la Capilla Sixtina.

[92] Siguiendo la idea de la Capilla Sixtina.

naciones. En las dos naves laterales hay doce pequeñas capillas, seis por lado. La más importante es la del Baptisterio con pinturas del Pomarancio y el baptisterio en bronce de Tiburzio Vergelli de inicios del siglo XVII.

Grandes capillas:

1. Del Sacramento. Pintada por Charles Lamiere entre 1896 y 1903, con la ofrenda de la comunidad francesa.
2. Eslava de los santos Cirilo y Metodio. Decorada con las ofrendas de Croacia. Los frescos con la vida de los santos fueron pintados entre 1912 y 1913 por Biagio Biagetti. El tríptico del altar es de Stanislao de Witten (1897).
3. De la Asunción. Decorada por Beppe Steffanina entre 1953 y 1970 con las ofrendas de los americanos de lengua inglesa. Las pinturas están dedicadas a la proclamación del dogma de la Asunción, la glorificación de la Virgen Lauretana y la historia de la aviación, desde el mítico Ícaro, Leonardo da Vinci y los modernos astronautas.
4. Del Coro. Se decoró entre 1892 y 1902 por Ludovico Steiz, gracias a las ofrendas de los alemanes.
5. Del Sagrado Corazón. Decorada entre 1912 y 1939 por Arturo Gatti con donativos de la comunidad polaca.
6. De los Duques de Urbino. Decorada entre 1571 y 1584 por Federico Zuccari.
7. San José. Dcorada entre 1886 y 1890 por Modesto Faustino, con ofrendas de la comunidad española.
8. San Joaquín y Santa Ana. Pintada por Carlo Donati entre 1935 y 1938 con las ofrendas de la comunidad suiza.

Las sacristías y la Sala del Tesoro (o del Pomarancio)

La sacristía custodia los frescos que Luca Signorelli pintó entre 1481 y 1485: ocho ángeles músicos, los cuatro evangelistas intercalados con cuatro doctores de la Iglesia, diez apóstoles, la Incredulidad de santo Tomás y la Conversión de san Pablo. El lavamanos es obra de Benedetto da Maiano. Los armarios de mano florentina son del siglo XVI. La Sacristía de san Marcos o *del Melozzo* es famosa por los frescos que Melozzo da Forlì pintó entre 1477 y 1479. En su cúpula se ven profetas y ángeles con símbolos de la pasión. La sala del tesoro se construyó por petición del Papa Clemente VIII para guardar las ofrendas de los peregrinos. Por desgracia, su tesoro fue saqueado primero por Napoleón, en 1797, y más recientemente, en 1974 por varios ladrones. Lo poco de valor que se conserva se exhibe en el museo. La bóveda de esta sala está pintada al fresco con escenas de la vida de la Virgen pintadas por Cristóforo Roncalli, llamado el Pomarancio, entre 1605 y 1610.

Horario de visita:
La basílica se abre, de abril a septiembre de 6:00 a 20:00, de octubre a marzo de 6:15 a 19:30. La Santa Casa permanece cerrada todos los días de 12:30 a 14:30.

La plaza
Además del Santuario de la Casa, los principales monumentos de Loreto ocupan los cuatro lados de la plaza: el colegio de los jesuitas, el Palazzo Comunale (anteriormente Palazzo Apostólico), diseñado por Bramante con una galería de arte con obras de Lorenzo Lotto, Simon Vouet y Annibale Carracci, así como una colección de mayólica. La ciudad tiene además una maciza línea de murallas diseñadas por Antonio da Sangallo el Joven, que se erigieron en 1518 y se reforzaron en el siglo XVII. La fuente, de 1614, es obra de Carlo Maderno y su tío Giovanni Fontana. Tiene esculturas en bronce de Tarquinio y Pietro Paolo Jacometti, de 1622. La escultura en bronce de Sixto V, de 1587, es obra de Antonio Calcagni y Tiburcio Vergelli. Colaboraron para su hechura ocho cardenales creados por él.

LETANÍAS
"Alabanzas populares"

Se llama así al conjunto de oraciones de súplica, breves invocaciones a Jesús, a la Virgen o a los santos, dirigidas por una sola voz, a la que contesta el pueblo.[93] Fueron bien acogidas por el pueblo en Oriente desde el año 400 para pedir auxilio divino en calamidades, peste, guerra, sequía o alguna otra necesidad. También se utilizaron en procesiones penitenciales. Se introdujeron y extendieron en Europa por los monjes irlandeses. De todas las letanías dedicadas a la Virgen María, fueron dos las que más perduraron: las llamadas venecianas y las lauretanas. Las venecianas procedentes de la Basílica de San Marcos tuvieron gran aceptación hasta los inicios del siglo XIX, en que fue decayendo su uso. Llegaron a juntarse hasta 43 invocaciones de alabanza a María, por su virginidad y por su maternidad.

Letanía lauretana
La lauretana, utilizada por los peregrinos a Loreto es la única que ha

---

[93] Escalada, Xavier, *Enciclopedia Guadalupana*, México, 1995, Tomo III pp. 503 y 504.

llegado hasta nuestros días, invoca a María como Madre, como Maestra, como Virgen, como realizadora de símbolos bíblicos, termina invocándola como Reina de ángeles y diversas categorías de santos: apóstoles, mártires, confesores, etcétera. Ante cada invocación el pueblo responde con la fórmula deprecatoria: "ruega por nosotros". Quien peregrina a Loreto no puede dejar de aclamar a María con la letanía. Algunos papas, como Sixto V (+1590) y Clemente VIII (+1605) concedieron indulgencias a quienes las reciten, y también han añadido a la letanía lauretana invocaciones nuevas como "Auxilio de los Cristianos" (por la victoria en Lepanto) y "Reina concebida sin pecado original" (por el dogma de la Inmaculada Concepción), "Reina del Sacratísimo Rosario" y "Madre del Buen Consejo", (estas dos últimas por decisión del Papa León XIII (+1903). El papa Benedicto XV añadió "Reina de la paz", al final de la primera guerra europea en 1917; y finalmente el papa Pío XII, en 1950, introdujo la invocación "Reina asunta al cielo".

La letanía actual contiene las siguientes invocaciones a María:
Santa María
Santa Madre de Dios
Santa Virgen de las vírgenes

- Exaltan su Maternidad: Madre de Jesucristo, Madre de la Iglesia, Madre de la divina gracia, Madre purísima, Madre castísima, Madre virgen, Madre sin mancha, Madre inmaculada, Madre amable, Madre admirable, Madre del buen consejo, Madre del Creador, Madre del Salvador.
- Exalta su Virginidad: Virgen prudentísima, Virgen digna de veneración, Virgen digna de alabanza, Virgen poderosa, Virgen clemente, Virgen fiel.
- Se le compara con símbolos bíblicos: Espejo de justicia, Trono de la eterna Sabiduría, Causa de nuestra alegría, Vaso espiritual de elección, Vaso precioso de la gracia, Vaso de verdadera devoción, Rosa mística, Torre de David, Torre de marfil, Casa de oro, Arca de la alianza, Puerta del cielo, Estrella de la mañana.
- Se le pide intercesión ante las necesidades: Salud de los enfermos, Refugio de los pecadores, Consoladora de los afligidos, Auxilio de los cristianos.
- Se le invoca romo reina: Reina de los ángeles, Reina de los patriarcas, Reina de los profetas, Reina de los apóstoles, Reina de los martires, Reina de los confesores, Reina de las vírgenes, Reina de todos los santos, Reina concebida sin pecado original, Reina llevada al cielo, Reina del santísimo rosario y Reina de la paz.

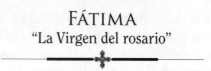

FÁTIMA
"La Virgen del rosario"

El lugar es visitado anualmente por cuatro millones de Peregrinos. En su entorno se han establecido más de 50 casas de religiosas y unas 15 congregaciones masculinas que incluyen un seminario. En este lugar la Virgen se apareció en repetidas ocasiones, entregó tres mensajes que algunos llaman "secretos". El primero fue una visión del infierno. El segundo una petición para reconvertir el mundo a la cristiandad. El texto del tercero, por petición de la vidente, se mantuvo en secreto durante muchos años hasta, que el 26 de junio del 2000 fue revelado al Papa Juan Pablo II. Algunas personas afirman que el segundo misterio pronosticó la reconversión de Rusia al cristianismo. Y creen que con la desintegración de la URSS, en 1990, la profecía se cumplió. Sobre el tercer mensaje se han inventado muchos documentos apocalípticos falsos y no faltan quienes creen que profetizaba el atentado contra el papa Juan Pablo II ocurrido el 13 de mayo de 1981. La Virgen predijo el final de la Primera Guerra Mundial (que terminó al año siguiente) y la muerte prematura de los videntes Francisco y Jacinta.

Tres humildes pastores

El 5 de mayo de 1917, el Papa benedicto XV invitó a todos los católicos del mundo a unirse en una cruzada de oración para obtener, por intercesión de la Virgen María, el fin de la Primera Guerra Mundial. A los ocho días, el 13 de mayo la Virgen María respondió con una revelación a tres humildes pastorcitos. En un campo llamado Cueva de Iria, en el pueblo de Fátima, Portugal, ella eligió a dos niñas y un niño. Lucía era la mayor y tenía diez años. Francisco tenía nueve y Jacinta siete. Francisco y Jacinta eran primos de Lucía. Los tres ayudaban mucho a los pobres y constantemente hacían oración a la Virgen María. La primera aparición se dio al mediodía. Mientras estaban rezando el rosario vieron que sobre un árbol cercano aparecía una señora muy hermosa, vestida de blanco con las manos juntas, y un rosario en sus brazos. Ella les dijo que venía del cielo y los felicitó por hacer oración.

Cada día 13

Les pidió que regresaran a ese lugar el día 13 de cada mes durante seis meses, y al final de ese tiempo ella les diría quién era y lo que quería. Cuando la Señora desapareció, Lucía le pidió a sus primos que no dijeran nada, pero al regresar a su casa Jacinta contó a sus padres lo que había visto. Ellos, desconcertados, fueron a comentarlo con la mamá de Lucía, quien creyó que todo había sido un invento de la pequeña, por lo que le prohibió que siguiera inventando esas historias. Al mes siguiente, el 13 de junio, los niños regresaron al lugar. Se les apareció la señora y les advirtió que tendrían que sufrir mucho, pero que ella les ayudaría para que no tuvieran miedo. También les pidió que aprendieran a leer y a escribir, que rezaran el rosario y que hicieran sacrificios por los pecadores. En esa ocasión habían seguido a los niños unas 70 personas, y al no poder ver lo que los niños decían ver, se sintieron decepcionados y pensaron que los niños mentían. Sólo algunos vieron una nubecilla blanca salir del árbol.

Dios o el demonio

El párroco del lugar se mostró incrédulo cuando la madre de Lucía la llevó con él. Le hizo a la niña una pregunta que la dejó inquieta: "¿Estás segura de que esa aparición proviene del cielo y no del demonio?". Esta pregunta impactó tanto a la niña, que empezó a sentir que el responsable de la visión era Satanás. Con este pensamiento, Lucía decidió no ir a la Cueva de Iria al mes siguiente. El 13 de julio Lucía estaba muy atemorizada y no quería ir a ver a la Señora, pero sus primos le insistieron tanto que la convencieron de regresar al lugar. Sería la tercera revelación. Para esa ocasión eran cinco mil los curiosos que acompañaban a los niños esperando ver algún prodigio especial. Después de un relámpago blanco, los niños vieron a la señora. Ella les pidió que siguieran rezando el rosario para obtener la paz del mundo y el fin de la guerra. Asustada por la idea del demonio, Lucía le dijo: "Quisiera pedirle que nos diga quién es usted y que haga un milagro para que todos crean que se nos aparece a nosotros". Entonces la señora le respondió: "Sigan viniendo aquí todos los meses. En octubre les diré quien soy y lo que deseo. Haré un milagro que podrán ver todos para creer".

La cárcel y el psiquiatra

Después de la tercera aparición, el alcalde y el gobernador decidieron dar un escarmiento a los "niños mentirosos" por alterar el orden público, por lo que desde el 13 de agosto por la mañana hasta el 15 de agosto, los retuvieron en Ourem. Empleando severos interrogatorios, amenazas de cárcel y de muerte, intentaron que los niños aceptaran que no habían visto nada y que todo había sido inventado por ellos. Incluso se llamó a un psiquiatra para que atestiguara que estaban locos. Sin embargo, nada de esto hizo que ellos negaran lo que habían visto.

Faltaron a su cita

El 13 de agosto de 1917 eran más de 20 mil los asistentes a la Cueva de

Iria, pero los niños no asistieron por estar en manos del gobernador. Los curiosos regresaron desconsolados a sus hogares, pero más desconsolados estaban los tres niños, que no habían podido acudir a la cita con la señora. El domingo 19 de agosto, después de acudir a Misa, ellos fueron a rezar el rosario en la Cueva de Iria. Un poco más tarde, en un campo cercano llamado los Valiños, se les apareció la señora y les dijo: "Quiero que sigan yendo a la Cueva de Iria todos los días 13 de cada mes y que sigan rezando el rosario diariamente. El último mes haré un milagro para que todos crean[...]San José vendrá con el Niño Jesús a dar la paz al mundo. Nuestro Señor bendecirá al pueblo. Vendrá Nuestra Señora del Rosario con un ángel a cada lado. Y vendrá Nuestra Señora de los Dolores rodeada de un arco de flores".

Semejante a un OVNI

El 13 de septiembre de 1917 fueron casi treinta y cinco mil las personas reunidas en la Cueva de Iria. Por primera vez asistieron sacerdotes y seminaristas. Lucía hizo peticiones de curación para enfermos y de conversión para pecadores, a lo que la señora le contestó: "Curaré a unos, pero no a otros, porque el Señor no confía en ellos". Al término de la aparición, los presentes afirmaron haber visto un óvalo luminoso dirigiéndose hacia el este, algo que incluso alguien ha comparado con un OVNI. Desde la primera aparición los niños recibían todo tipo de visitas, desde quienes se arrodillaban ante ellos en forma supersticiosa, hasta quienes los amenazaban si no se producía el milagro prometido.

El día esperado

En las vísperas del 13 de octubre los padres de los niños proponen que todos los miembros de su familia se confiesen, por si el milagro no se realizara y llegaran a perecer bajo los golpes furiosos de la decepcionada muchedumbre. Desde la tarde anterior al 13 de octubre, treinta mil personas llenaron las cercanías de la Cueva de Iria. Y aunque hace frío y la lluvia no cesa, pasan la noche a campo abierto con la esperanza de poder ver el milagro prometido. La mañana del 13 hay setenta mil personas: creyentes, ateos, curiosos, periodistas y médicos que intentan estudiar a los niños en su estado de alucinación. A mediodía, a pesar de la lluvia, Lucía pide a la gente que, por respeto a la señora, cierren todos sus paraguas. Había llovido desde las seis de la mañana. Después del relámpago de costumbre, los tres niños vieron a la señora, a la que Lucía decidida le preguntó: "¿Quién es usted y que desea?". Ella contestó: "Soy Nuestra Señora del Rosario. Deseo que aquí se construya una capilla en mi honor y que se continúe rezando el Rosario todos los días. La guerra llega a su fin y los soldados no tardarán en volver a sus casas". Después, Lucía, que había recibido múltiples peticiones le dijo: "Tengo muchas cosas que pedirle. ¿Quisiera concederlas? María le contestó: "Algunas sí y otras no. Es preciso que los hombres se enmienden, que pidan perdón de sus pecados. Que no ofendan más a Nuestro Señor, que ya es demasiado ofendido".

El milagro del sol

Entonces la Virgen María se elevó y Lucía pudo ver a San José llevando en el brazo al Niño Jesús, después a Jesús adulto y después a la Virgen María vestida de blanco y con un manto azul celeste que se transformaba sucesivamente haciéndola aparecer como Nuestra Señora del Carmen y Nuestra Señora de los Dolores. Después de que Lucía tuvo la visión, todos los presentes fueron testigos del milagro. Creyentes y no creyentes, religiosos y científicos pudieron ver lo que un testigo nos describe:

El sol apareció en el cenit como un disco de plata que podían mirar los ojos sin deslumbrarse. Alrededor del disco mate se pudo ver algo así como una brillante corona. De pronto parecía temblar, sacudirse con bruscos movimientos y, finalmente, dando vueltas sobre sí mismo como una rueda de fuego, proyectó en todas direcciones unos rayos de luz cuyo color cambió muchas veces. El firmamento, la tierra, los árboles, las rocas, los niños videntes y la inmensa multitud aparecieron sucesivamente como teñidos de amarillo, verde, rojo, azul, morado[...] Todos tuvieron la sensación de que el sol se desprendía del firmamento y, a pequeños saltos, a derecha e izquierda, parecía precipitarse sobre nosotros, irradiando un calor cada vez más intenso.

Un científico presente dijo que eso no podía deberse a una alteración de la retina. Después de esa visión muchos tenían sus ropas completamente secas, muchos enfermos quedaron curados, y lo más importante, muchos cambiaron su forma de vivir. Curiosamente, aunque la gran mayoría pudo ver lo anterior, hubo también algunos que no vieron absolutamente nada. A partir de ese momento se construyó en ese lugar el Santuario de Fátima que es visitado por miles de peregrinos.

El futuro de los videntes

Francisco y Jacinta murieron muy pronto: Francisco dos años después y Jacinta tres, el 4 de abril de 1919 y el 20 de febrero de 1920, respectivamente. Lucía entró como religiosa en el convento del Carmelo de Coimbra.

Los videntes

Lucía de Jesús, principal protagonista de las apariciones, nació el 22 de marzo de 1907, en Aljustrel, perteneciente a la parroquia de Fátima. El día 17 de junio de 1921 ingresó en el Asilo de Vilar (Porte), dirigido por las religiosas de santa Dorotea. Después fue para Tui, donde tomó el hábito y le pusieron el nombre de María Lucía de los Dolores. Hizo su profesión religiosa de votos temporales el 3 de octubre de 1928 y el 3 de octubre de 1934 los perpetuos. El día 24 de marzo de 1948 ingresó en el Carmelo de Santa Teresa, en Coimbra, tomando el nombre de Hermana Maria Lucia del Corazón Inmaculado. El día 1 de mayo de 1949 hizo sus votos solemnes. Lucia fue a Fátima varias veces: el 22 de mayo de 1946; el 13 de mayo de 1967; en 1981 para dirigir en el Carmelo de Fátima un trabajo de pintura sobre las apariciones; el 13 de mayo de 1982 y el 13 de mayo de 1991. Falleció en el Convento de Santa Teresa, en Coimbra, el 13 de febrero de 2005. El 19 de febrero de 2006 su cuerpo fue trasladado a la Basílica del Santuario de Fátima, donde fue sepultada al lado de su prima, la vidente Beata Jacinta Marto.

Francisco Marto nació en Aljustrel el 11 de Junio de 1908. Murió en casa de sus padres dos años después de las apariciones, el 4 de abril de 1919. Orientó toda su oración y penitencia para consolar a Cristo por el pecado del mundo. Fue sepultado en el cementerio parroquial y el 13 de marzo de 1952 sus restos se llevaron al santuario.

Jacinta Marto nació también en Aljustrel, el 11 de marzo de 1910. Después de una larga y dolorosa enfermedad, falleció el 20 de febrero de 1920, tres años después del encuentro con la Virgen. En el Hospital de D. Estefanía, en Lisboa, ofreció todos sus sufrimientos por la conversión de los pecadores, por la paz del mundo y por el Papa. El 1 de mayo de 1951 se trasladaron sus restos mortales al santuario.

Principales palabras de la Virgen
"Muchos pecadores se condenan porque no hay quien rece y se sacrifique por ellos". "Es necesario hacer sacrificios por los pecadores. Al hacer un sacrificio digan: Oh, Jesús, es por tu amor y por la conversión de los pecadores". "Cuando recen el rosario, digan después de cada Gloria: Oh Jesús perdona nuestras culpas, líbranos del fuego del infierno, y lleva al cielo a todas las almas, especialmente a las más necesitadas de tu misericordia". "Dios quiere extender por el mundo la devoción a mi Inmaculado Corazón". "Si la gente empieza a rezar más y deja su mala conducta, llegará la paz. Si no dejan de ofender a Dios, vendrá otra guerra peor". "Dios va a castigar al mundo por tantas maldades, guerras, carestías y persecuciones a la Iglesia". Vengo a pedir que cada primer sábado se ofrezca la Sagrada Comunión para pedir perdón a Dios por tantos pecados". "Si se atienden mis deseos, Rusia se convertirá y habrá paz; si no, esparcirá sus errores por el mundo promoviendo guerras y persecuciones contra la religión y habrá muchos mártires, y el Santo Padre, el Papa, tendrá que sufrir mucho".

La Iglesia responde

Para responder a la petición de la Virgen María, el papa Pío XII consagró el mundo al Inmaculado Corazón de María el 31 de octubre de 1942. El 13 de mayo de 1968, Paulo VI fue el primer pontífice que visitó Fátima. El 13 de mayo de 1981 Juan Pablo II se libró de la muerte en un terrible atentado, atribuyendo su salvación a la ayuda de la Virgen María. Posteriormente visitó el santuario el 13 de mayo de 1982 y expresó las siguientes palabras:

Me siento endeudado con Nuestra Señora de Fátima. ¿Cómo podría olvidarme que el haberme salvado del atentado contra mi vida, sucedió precisamente en el mismo día (13 de mayo) y en la misma hora (mediodía) en que se conmemoraba la primera aparición de la Santísima Virgen de Fátima? En todo lo que me aconteció en ese día yo sentí la extraordinaria protección de la Madre de Cristo y en este primer aniversario vengo a Fátima a darle las gracias.

El secreto de Fátima

No hay secreto. La parte del mensaje de Fátima dirigida al Papa fue leída por Juan XXIII en 1960 y se hizo pública el 26 de junio del 2000 por el papa Juan Pablo II. Habla de tiempos difíciles para la Iglesia, persecución para los cristianos y necesidad de dar testimonio de la fe ante los incrédulos. Desafortunadamente se han inventado muchas cosas sobre el secreto de Fátima y hay quienes creen equivocadamente que el mensaje habla sobre el fin del mundo. El papa Benedicto XVI lo volvió a dar a conocer y escribió al respecto. El mensaje habla de persecuciones y momentos difíciles para la Iglesia que, con oración y sacrificios, serán superados.

Cronología de eventos

* 13 de mayo de 1917. La Virgen se aparece por primera vez a los tres pastorcitos.
* 13 de octubre de 1917. Última aparición y milagro del sol.
* 28 de abril de 1919. Se inicia la construcción de la Capilla de las apariciones.
* 13 de octubre de 1921. Se autoriza celebrar misa por primera vez.
* 13 de mayo de 1931. Los obispos de Portugal siguen el mensaje de Fátima y hacen la primera consagración del país al Inmaculado Corazón de María.
* 31 de octubre de 1942. Pío XII, a través de la radio, consagra el mundo al Inmaculado Corazón de María, y hace una mención velada de Rusia, de acuerdo con la petición de la Virgen.
* 13 de mayo de 1946. El cardenal Marsella, Legado Pontificio, corona la estatua de la Virgen ubicada en la capilla, como un agradecimiento de

las mujeres portuguesas por librar a Portugal de la Segunda Guerra Mundial.

- 13 de mayo de 1967. Pablo VI visita el santuario al cumplirse el cincuentenario de la primera aparición. Ora por la paz del mundo y la unidad de la Iglesia.
- 12 y 13 de mayo de 1982. Juan Pablo II llega a Fátima como peregrino en agradecimiento por salvarse del atentado sufrido un año antes. Consagra la Iglesia, los hombres y los pueblos, al Inmaculado Corazón de María. Hace mención velada de Rusia.
- 25 de marzo de 1984. En la plaza de San Pedro, en Roma, Juan Pablo II consagra una vez más el mundo al Inmaculado Corazón de María, en unión con todos los obispos del mundo. Asegura que este acto satisface la petición hecha por la Virgen.
- Los días 12 y 13 de mayo de 1991, Juan Pablo II vuelve a Fátima por segunda vez, en el décimo aniversario de su atentado.
- 13 de mayo de 2000. En su tercera visita a Fátima y ante una multitud de peregrinos, Juan Pablo II beatifica a Francisco y Jacinta y revela la tercera parte del secreto de Fátima. El Papa presenta a los niños como ejemplo de oración, amor y penitencia.

El santuario

El santuario, que recibe anualmente a más de cuatro millones de peregrinos, está compuesto por la Capilla de las Apariciones, recinto de oración, basílica de Nuestra Señora del Rosario, Casa de Retiro de Nuestra Señora del Carmen y Rectorado, Casa de Retiro de Nuestra Señora de los Dolores y Albergue para enfermos, Plaza Pío XII, Centro Pastoral Pablo VI y la nueva iglesia de la Santísima Trinidad. No podemos dejar de mencionar la Cruz Alta de 27 metros de altura, el Nacimiento (Presepio) ubicado junto al Rectorado, obra del escultor José Aurelio, y un módulo de hormigón que formó parte del muro de Berlín, para recordar la caída del comunismo prometida en Fátima.

La primera capilla

En respuesta a la petición de Nuestra Señora: "Quiero que hagan aquí una capilla en mi honor", se construyó sobre el lugar de las apariciones que tuvieron lugar del 28 de abril al 15 de junio de 1919. Se le conoce como la Capilla de las Apariciones (*Capelinha das Aparições*). Se celebró la primera misa el 13 de octubre de 1921. El 6 de marzo de 1922 fue sacrílegamente dinamitada por desconocidos pero se reconstruyó inmediatamente. El pedestal donde se encuentra la imagen de la Virgen indica el lugar exacto donde estaba la encina (Azinheira) sobre la cual la Virgen se mostró a los pastorcitos. La santa encina estuvo en el mismo lugar hasta los años treinta, pero lamentablemente desapareció porque los peregrinos le arrancaban trozos. Para la visita del papa Juan Pablo II en 1982, se construyó sobre el lugar un gran techo sostenido. En el año mariano de 1988, se cubrió con madera de pino, proveniente de Siberia, Rusia. Fue embarcada en el navío Krasnaya Gorka el 12 de septiembre de 1988. Se eligió esta madera por su durabilidad y belleza. No obstante los diversos arreglos, la capilla mantiene las líneas de una ermita popular.

La Basílica de Nuestra Señora del Rosario

Su construcción, en estilo neobarroco, inició en 1928 con el proyecto del arquitecto holandés G. Van Kriecken y fue consagrada el 7 de octubre de 1953. La torre tiene 65 metros de altura, está rematada por una corona de bronce de siete toneladas con una cruz

Tiene 15 altares que representan los 15 misterios del Rosario. El cuadro del altar mayor representa el mensaje que la Virgen dio a los videntes, que estaban preparados por el ángel de Portugal, a través del encuentro con Jesús en la Eucaristía. Muestra al obispo de la diócesis, de rodillas, al lado izquierdo y las figuras de los pontífices Pío XII (que consagró el mundo al Inmaculado Corazón de María en 1942), Juan XXIII y Pablo. En el ábside de la capilla mayor hay un bajorrelieve en piedra que muestra a la Santísima Trinidad coronando a la Virgen, obra de Maximiano Alves. Las tumbas de los hermanos Francisco y Jacinta Marto, están a la derecha e izquierda. En los cuatro ángulos del interior de la Basílica se encuentran las estatuas de los grandes apóstoles del Rosario y de la devoción al Inmaculado Corazón de María: san Antonio María Claret, santo Domingo de Guzmán, san Juan Eudes y san Esteban, rey de Hungría. Son obra de Martinho de Brito y de Antonio do Amaral de Paiva. Las vidrieras representan escenas de las apariciones y algunas invocaciones de la Letanía de la Virgen. El órgano monumental, de 1952, posee cerca de doce mil tubos.

Monumento al Inmaculado Corazón de María

En 1959, por indicación de la Hermana Lucía, se colocó y bendijo en el hueco de la fachada de la basílica una gran estatua del Inmaculado Corazón de María, obra del Padre Thomas McGlynn, O.P. Tiene una altura de 4.73 metros y pesa 13 toneladas.

Columnata

Une a la Basílica con los edificios laterales. Tienen 200 columnas y 14 altares. En los retablos de los altares están las estaciones del *Vía Crucis* en cerámica policromada, obra de Antonio Lino. Sobre la columnata, para recordar que los santos son columnas de la Iglesia, hay 17 esculturas en mármol que representan a santos portugueses, fundadores de congregaciones religiosas y otros apóstoles de la devoción a la Virgen. Las mayores miden 3.20 metros y representan a los cuatro santos portugueses: Juan de Dios (autor: Álvaro Brée), Juan de Brito (António Duarte), Antonio de Lisboa (Leopoldo de Almeida) y el Beato Nuno de Santa María (Barata Feio). Las más pequeñas miden 2.30 metros y representan a Teresa de Ávila (Maria Amélia Carvalheira da Silva), Francisco de Sales (M. A. Carvalheira da Silva), Marcelino Champagnat (Vasco Pereira da Conceição), Juan Baptista de La Salle (Vítor Marques), Alfonso Maria de Ligório (M. A. Carvalheira da Silva), Juan Bosco y Domingo Sávio (J. M. Mouta Barradas), Luis Maria Grignion de Montfort (Domingos Soares Branco), Vicente de Paul (José Fernandes de Sousa Caldas), Simón Stock (M. A. Carvalheira da Silva), Ignacio de Loyola (M. A. Carvalheira da Silva), Pablo de la Cruz (Jaime Ferreira dos Santos), Juan de la Cruz (M. A. Carvalheira da Silva) y Beatriz da Silva (Maria Irene Vilar).

Monumento al Sagrado Corazón de Jesús
Se levanta en el centro de la plaza y sobre una fuente. La escultura de bronce dorado muestra a Cristo en actitud de recibir y bendecir a los peregrinos. Simboliza la centralidad de Jesús en el mensaje de Fátima. Fue ofrecida por un peregrino anónimo y bendecida por el Nuncio Apostólico, monseñor Beda Cardinale, el 13 de mayo de 1932.

Iglesia de la Santísima Trinidad
Se encuentra al final de la explanada. Es obra del arquitecto Alexandros Tombazis y tiene capacidad para nueve mil personas sentadas. Se inauguró el 13 de octubre del 2007. Desde entonces, la adoración al Santísimo Sacramento se lleva a cabo en la capilla del Santísimo Sacramento de esta iglesia.

Procesión de las velas
Durante todo el día hay diversas celebraciones y la posibilidad de que los sacerdotes que presiden grupos puedan celebrar la misa en su idioma. A las nueve de la noche se hace el rezo del Santo Rosario, e inmediatamente después la famosa Procesión de las Velas.

Oraciones enseñadas a los videntes
1. ¡Oh Jesús, te ofrezco este sacrificio por tu amor, por la conversión de los pecadores y en reparación de los pecados que tanto ofenden al Inmaculado Corazón de María!

2. ¡Dios mío, yo creo, adoro, espero y te amo! ¡Te pido perdón por los que no creen, no adoran, no esperan, no te aman! (tres veces).

3. Santísima Trinidad, Padre, Hijo y Espíritu Santo, yo te adoro profundamente y te ofrezco el Preciosísimo Cuerpo, Sangre, Alma y Divinidad de nuestro Señor Jesucristo, presente en todos los Sagrarios del mundo, en reparación de los ultrajes con los que Él es ofendido. Por los méritos infinitos del Sagrado Corazón de Jesús y del Inmaculado Corazón de María, te pido la conversión de los pecadores. (Los niños rezaban estas dos oraciones de rodillas y con la frente inclinada hacia el suelo.)

Para recitar durante el Rosario
¡Oh Jesús mío, perdónanos, líbranos del fuego del infierno, lleva al cielo a todas las almas y socorre principalmente a las más necesitadas! (Se dice al fin de cada decena, después del Gloria.)

Jaculatorias
¡Dios mío, te amo en agradecimiento a las gracias que me has concedido! ¡Oh, Jesús, te amo!... ¡Dulce Corazón de María, sé la salvación mía!

Oración Inicial para cada día de la Novena
Oh santísima Virgen María, Reina del Rosario y Madre de misericordia, que te dignaste manifestar en Fátima la ternura de vuestro Inmaculado Corazón, trayéndonos mensajes de salvación y de paz. Confiados en vuestra misericordia maternal y agradecidos a las bondades de vuestro amantísimo Corazón, venimos a vuestras plantas para rendiros el tributo de nuestra veneración y amor. Concédenos las gracias que necesitamos para cumplir fielmente vuestro mensaje de amor, y la que os pedimos en esta Novena, si ha de ser para mayor gloria de Dios, honra vuestra y provecho de nuestras almas. Así sea.

Oración Final
¡Oh Dios, cuyo Unigénito, con su vida, muerte y resurrección nos mereció el premio de la salvación eterna! Te suplicamos nos concedas que, meditando los misterios del santísimo rosario de la bienaventurada Virgen María, imitemos los ejemplos que nos enseñan y alcancemos el premio que prometen. Por el mismo Jesucristo nuestro Señor. Amén.

LOURDES
"Una fuente de Gracia"

Lourdes es el santuario mariano más visitado de Europa y el segundo en el mundo, después del Santuario de la Virgen de Guadalupe en México. Infinidad de enfermos han sido sanados en sus aguas milagrosas pero el mayor milagro siguen siendo las muchísimas conversiones del corazón.

Primeras apariciones

El 11 de febrero de 1858, cerca de un pueblo llamado Lourdes, en Francia y muy cerca de España, una niña de catorce años llamada Bernardita Soubirous salió a buscar leña acompañada de su hermana María, y de otra niña llamada Juana Abadie. Como había más leña del otro lado del río, sus acompañantes lo cruzaron sin dificultad, pero ella tuvo que permanecer en la orilla, porque su asma no le permitía entrar al agua fría. Mientras esperaba sintió un fuerte viento y observó algo semejante a un relámpago que iluminó una gruta cercana. Se acercó con curiosidad al lugar y vio a una hermosa Señora que vestía de blanco con una cinta azul en la cintura, un rosario en sus manos y en cada pie una rosa amarilla. Los días 14 y 18 del mismo mes tuvo una segunda y tercera visión. En esta última, la Señora le hizo la promesa de que no la haría feliz en este mundo sino en el otro y, le pidió que asistiera al lugar durante 15 días seguidos.

La quincena y los dos milagros

La niña cumplió y la hermosa Señora se le mostró en 15 visiones continuas, del 19 de febrero al 4 de marzo. Le insistió en la necesidad de rezar el Rosario, hacer penitencia y orar por la conversión de los pecadores. El 25 de febrero le ayudó a descubrir una fuente milagrosa. La Señora le pidió que fuera hacia la fuente. Bernardita fue hacia el río Gave, porque en la gruta aún no aparecía la fuente, pero la Virgen le dijo: "No vayas allá; ven a la fuente que está aquí" y con el dedo señaló el lugar. Bernardita rascó el suelo haciendo un agujero en el lugar señalado y repentinamente la cavidad formada se humedeció y apareció el agua que pronto la llenó. El agua que brotaba de la nueva fuente comenzó a correr, y ese día tan solo humedeció la arena. Bernardita, sin saberlo, había abierto la fuente maravillosa de las curaciones y los milagros. Al día siguiente, se operó la primera curación milagrosa: había en Lourdes un obrero cantero llamado Louis Bourriete, cuyos ojos habían sido mutilados al explotar una mina. Él sabía de las cosas maravillosas que pasaban en la gruta y sobre todo de la fuente milagrosa que había brotado, y así dijo a su hija: "Ve a traerme de esa agua, que si la Virgen quiere, bien puede curarme". Con el agua aún rebotada, frotó sus ojos perdidos mientras oraba fervorosamente y pronto las tinieblas que hacía 20 años lo tenían ciego, se desvanecieron, quedando una bruma que se fue disipando a medida que Bourriete se lavaba los ojos, hasta que pudo distinguir perfectamente los objetos. ¡Estoy curado! decía, al día siguiente al doctor Dozores que lo atendía. El doctor, dudando, saca su agenda, escribe algo que da a leer a Bourriete y éste lee: "Bourriete tiene una amaurosa incurable de la que no sanará". El manantial que brotó aquel 25 de febrero produce continuamente cien mil litros de agua al día. El 2 de marzo, la Señora le pidió a Bernardita que los sacerdotes fueran en procesión a la gruta y que ahí le edificaran una capilla. Bernardita dio esta indicación a su párroco, pero éste no le creyó. Sin embargo, el último día de la quincena se habían reunido junto a la gruta ocho mil curiosos de diversas regiones. La dulce Señora, siempre generosa, no quiso que terminara el día sin una manifestación de su bondad y concedió un milagro maternal como coronación de la quincena de apariciones: Justino, un niño de dos años estaba ya agonizando. Desde que nació una extraña fiebre iba poco a poco desmoronando su vida. Sus padres, ese día, lo creían muerto porque no daba señales de vida. La madre, en su desesperación lo llevó a la fuente y lo metió 15 minutos en el agua fría. Al llegar a la casa, ella notó que se oía con normalidad la respiración del niño. Al día siguiente Justino se despertó pidiendo comida, con las piernas fortalecidas, tez fresca y ojos llenos de vida. Este hecho conmocionó a toda la comarca. Tres médicos de gran fama certificaron el milagro, llamándolo de primer orden. Entonces el gobernador de Tarbes, ciudad a la que pertenecía Lourdes, reunió a todos los alcaldes de la zona y dio instrucciones para que se prohibiera a todo ciudadano asistir a la gruta. Todo fue en vano, porque cada día acudían más peregrinos. No obstante las persecuciones, burlas e injurias, Bernardita continuaba visitando la Gruta y rezando el Rosario con los peregrinos. Sin embargo, parecía que no volvería a ver a la dulce Señora.

La Señora se presenta

El 25 de marzo, día de la Anunciación, Bernardita se sintió fuertemente movida a ir a la gruta; muy contenta obedeció el llamado de su corazón y se fue inmediatamente al lugar. Como era una fecha solemne, también acudieron miles de peregrinos porque tenían la esperanza de que la Señora se apareciera. Cuando la niña tuvo la visión celestial dijo: "¿Tendría la bondad de decirme quién es usted y cuál es su nombre?". La visión resplandecía más que nunca; su sonrisa fué la única respuesta. Bernardita insistió: "¿Quieres decirme quién eres? Te lo suplico, Señora Mía". Entonces la Señora apartó su vista de Bernardita, separó sus manos, hizo deslizar en su brazo el rosario que tenía en sus dedos, levanto a un mismo tiempo sus manos y su cabeza radiante, en tanto que sus manos se juntaron delante del pecho, su cabeza se afirmó y, mas resplandeciente que la luz del sol, dirigida la vista al cielo dijo: "Yo soy la Inmaculada Concepción", y así desapareció, dejando en Bernardita esta imagen y ese nombre.

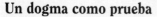

Un dogma como prueba

Cuando el párroco oyó el relato de Bernardita, quedó asombrado y se preguntaba: ¿Cómo puede una niña sin ninguna instrucción religiosa saber el dogma que sólo cuatro años antes promulgó la Iglesia? Porque apenas en 1854, el Papa Pío IX había definido el dogma de la Inmaculada Concepción. El sacerdote comprobó que la niña decía la verdad y que se le había aparecido en la gruta la Virgen Madre de Dios.

Un fuego que no quema

Entre el 5 y el 7 de abril, semana de Pascua, Bernardita regresó a la gruta acompañada de una verdadera multitud que oraba con ella. Se arrodilló, como era su costumbre y colocó una vela encendida sobre el suelo. Absorta en la contemplación no se percató que tenía la mano sobre la vela encendida; entonces la llama comenzó a pasar entre sus dedos y a elevarse por encima de ellos, oscilando de un lado para el otro, según fuera el leve soplo del viento. Los testigos pensaban que se quemaría, pero ella permanecía inmóvil. El doctor Dozous que estaba cerca comprobó, con reloj en mano, que la mano de la niña estuvo en medio de la llama por más de 15 minutos, sin que ella hiciera movimiento alguno ni recibiera quemadura alguna.

La última aparición

El 16 de julio, día de la Virgen del Carmen, Bernardita fue nuevamente a la gruta acompañada de una tía y unas vecinas. Sin embargo, la encontró cercada y con vigilancia por la prohibición de las autoridades. Ella se acercó lo más posible y recibió la última visita de la Virgen. La vidente afirmó: "No veía la estacada de madera. Tenía la sensación de encontrarme dentro de la gruta, no más distante que otras veces, sólo veía a la Virgen santa". Según su testimonio fue la mejor de todas las apariciones.

Resumen del mensaje de Lourdes

1. Es un agradecimiento del cielo por la definición del dogma de la Inmaculada Concepción que se había declarado en 1854, cuatro años antes.
2. Es una exaltación a las virtudes de la pobreza y humildad aceptadas cristianamente, al escoger a Bernardita como instrumento de su mensaje.
3. Es una invitación a aceptar la cruz. La Virgen repite que lo importante es ser feliz en la otra vida, aunque para ello sea preciso aceptar la cruz.
4. Es un recordatorio de la importancia de la oración, el rosario, la penitencia y la humildad. También es un mensaje de misericordia infinita para los pecadores y del cuidado de los enfermos.

La Virgen pidió tres cosas:
1. Hacer oración constante por los pecadores.
2. Alejarse de la vida de pecado y cambiar de vida.
3. Hacer sacrificios.

Los primeros tres milagros:
1. Hizo brotar una fuente de agua en un terreno seco.
2. Mediante el agua de la fuente curó a un ciego.
3. Mediante el agua de la fuente sano a un niño que agonizaba.

Lourdes y la autoridad de la Iglesia

El 18 de enero de 1862, el obispo del lugar aprobó el carácter sobrenatural de las apariciones y la vida auténtica de la vidente.

En 1874 el papa Pío IX concedió al santuario el título de basílica, de tal manera que quien lo visita recibe los mismos privilegios que se reciben en Roma.

En 1907 el papa Pío X hizo que la celebración de la fiesta de Nuestra Señora de Lourdes no fuera sólo de la iglesia local, sino universal.

El 8 de diciembre de 1933 el papa Pío XI canonizó a santa Bernardita.

El papa Pío XII escribió la encíclica "La peregrinación a Lourdes", el más completo de todos los documentos sobre Lourdes.

En 1983 Juan Pablo II se convirtió en el primer Papa en peregrinar a Lourdes, con motivo del 125 aniversario de las apariciones. Allí ofició la misma el 15 de agosto.

Santa Bernardita Soubirous

Nació el 7 de enero de 1844 del humilde matrimonio de artesanos formado por Francisco Soubirous y Luisa Casterot. A los pocos meses de su nacimiento, su madre se quemó por las llamas de una chimenea y la niña fue confiada a una nodriza durante un año. Después vivió en cabal miseria con su familia en "El Cachot", un lugar de 4.40 por 4 metros que había funcionado como cárcel hasta que las autoridades, por pequeño, lo consideraron inadecuado para albergar presos. Se le consideraba una persona con poca atención y poca retención, a tal grado que cuando su madrina trataba de enseñarle el catecismo, no pocas veces le arrojó el libro sobre la cabeza. Su salud era precaria por la alimentación pobre y además sufría asma crónica. Era una humilde campesina cuando se le apareció la Virgen. Después de las apariciones, siguió siendo la misma en inocencia y simplicidad. En 1860, aceptó el techo y abrigo que le ofrecieron las Hermanas de la Caridad de Nevers y a partir de ese día permaneció ahí, respondiendo a las inquietudes y preguntas de los peregrinos. Seis años después entró como novicia en la misa comunidad y en 1867, cuando tenía 23 años, hizo sus votos bajo el nombre de sor María Bernarda. Tenía entonces 23 años.

Permaneció trece años en el convento mostrando sus virtudes y una profunda vida de oración y servicio. Murió el 16 de abril de 1879. Treinta años después, el 22 de septiembre de 1909, su cuerpo se encontró en perfecto estado de preservación y con su color natural. Fue declarada santa por el papa Pío XI el 8 de diciembre de 1933. Su cuerpo se puede observar en la capilla de Nevers, Francia, dentro de un féretro de cristal donde parece estar dormida. Su dulzura y paz aún toca los corazones.

¿Cómo es Lourdes?

Lourdes se encuentra situada en los Pirineos, a orillas del río Gave, en medio de una naturaleza privilegiada, rodeada de montañas. Un funicular permite gozar de una vista panorámica desde el Pic du Jer. Cerca de Lourdes se encuentran hermosas cascadas, un lago y un castillo antiguo, a los que se tiene fácil acceso. El santuario es propiedad privada: 51 hectáreas con 22 lugares de culto. El obispo de Tarbes-Lourdes nombra como representante permanente a un rector. Ofrecen su servicio un total de siete mil voluntarios de la Hospitalidad de Nuestra Señora de Lourdes y cien mil de las distintas peregrinaciones. Hay 30 capellanes para acoger y acompañar a los peregrinos y celebrar los sacramentos. Son de varias congregaciones religiosas y de diócesis. También hay cinco comunidades femeninas al servicio del santuario.

El conjunto arquitectónico

Está estructurado en tres iglesias superpuestas: la Cripta, la Basílica Superior, llamada de la Inmaculada Concepción y la Iglesia del Rosario.

La Cripta

A la Cripta se entra por una puerta pequeña que está debajo de la puerta de entrada a la basílica. Fue la única de las tres iglesias que vio construida Bernardita. Durante la consagración del lugar, ella estuvo presente entre las hermanas Hijas de María. En el altar mayor se expone el Santísimo Sacramento.

La Basílica Superior

Está edificada encima del barranco rocoso de 20 metros de alto donde se encuentra la Gruta de las apariciones. Tiene 51 metros de largo y 21 de ancho. Es de estilo neogótico, inspirado en las construcciones del 1200. Se abrió al culto el 15 de agosto de 1861 y fue consagrada el 12 de julio de 1876. El papa Pío IX le dio el título de Basílica menor en 1874. Las vidrieras son obra del Reverendo Lambert. Las 23 inferiores narran la historia de la Virgen de Lourdes, desde su primera aparición hasta la Coronación, acontecida en 1876. Las 19 superiores muestran la historia del Misterio

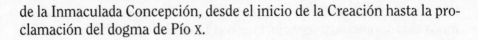

de la Inmaculada Concepción, desde el inicio de la Creación hasta la proclamación del dogma de Pío X.

La Iglesia del Rosario

De líneas románicas, se distingue por su cúpula y se encuentra cerca de la Cripta. Mide en su interior 48 metros de longitud y 52 de ancho. Es obra del arquitecto Ardí. Fue inaugurada el 7 de agosto de 1889 y consagrada el 6 de octubre de 1901 por el cardenal Langénieux, arzobispo de Reims. Es un templo inmenso, que al abrirse hacia la gran plaza puede contener hasta 100 mil personas. La planta del edificio es semejante a un inmenso trébol. El tallo sería la nave principal. Cada una de las tres hojas tiene cinco capillas, que en total dan quince espacios para cada uno de los misterios del Rosario: gloriosos, gozoso y dolorosos. Cada uno de los misterios está representado por estupendos mosaicos. Sobre el altar mayor hay una estatua de bronce dorado de la Virgen de Lourdes, obra del escultor Callita. En la bóveda del ábside, del mismo altar, el mosaico representa a la Reina del Cielo que abre los brazos para acoger a los peregrinos.

La explanada y la basílica subterránea

Frente a la iglesia del Rosario está la explanada. Se baja a ella por dos escaleras colocadas a derecha e izquierda de la puerta de entrada de la iglesia del Rosario. Estas escaleras conducen de la explanada a una plataforma sobre la que las Hijas de María, vestidas de blanco y azul, asisten a la bendición de los enfermos, mientras que coros de hombres llevando estandartes y cirios llenan el espacio abierto que se encuentra entre las dos escaleras, justamente al frente de la iglesia. Debajo de la explanada y cubierta por una gran alfombra de césped, se encuentra la basílica subterránea de san Pío X. Es la más reciente construcción para acoger a los peregrinos. Fue proyectada por los arquitectos Vago, Pinsar y Le Donné. Tiene 201 metros de longitud y 81 de ancho, con capacidad para más de 25 mil personas. Se consagró al culto el 25 de marzo de 1958 por el cardenal Roncalli, arzobispo de Venecia, que posteriormente sería el papa Juan XXIII. Dentro de la basílica está la capilla del Santísimo Sacramento *Pax Christi*.

La Gruta de Lourdes

Ha cambiado muy poco desde las apariciones gracias a que las autoridades eclesiásticas han procurado conservar intacto el lugar que merece devoción y respeto. Es un punto central al que acuden los peregrinos. En ella cuentan sus penas y se sienten confortados, hacen sus peticiones y acciones de gracias. Muchos enfermos encuentran salud o paz. Abundan los cirios de todas las medidas y tamaños, signo de la fe los visitantes. Sus llamas han ennegrecido el techo de la cueva. Hay, también, en agradecimiento por la salud recuperada, muletas, aparatos de piernas y de brazos y corsés para los bustos de los enfermos. Al pie de la gruta brota un manantial protegido por un vidrio. Cuando las llaves de la fuente están abiertas se puede beber de ella.

El *Via Crucis*

El conjunto de 14 grupos de esculturas en bronce, obra monumental realizada por el artista Raffl de París, se encuentra en la colina de las Espelugues, contigua al Santuario. El recorrido de mil 500 metros se hace en una empinada cuesta que recuerda el camino al Calvario. Para llegar a la primera estación, muchos peregrinos suben de rodillas la llamada "Escalera Santa". Cada estación del *Vía Crucis* tiene entre seis y doce figuras que representan a Cristo, Pilato, los soldados, la Virgen, san Juan, las santas mujeres, los soldados, Nicodemo, José de Arimatea, etcétera.

El Rosario con Antorchas

Cada tarde se hace en Lourdes una inmensa procesión con antorchas cantando el "Ave, ave, ave María" y rezando el Rosario, y la procesión con el Santísimo Sacramento bendiciendo a los enfermos.

Los Trenes Blancos

Todos los días llegan a Lourdes trenes, aviones y muchísimos autobuses Pullman, repletos de peregrinos de todos los países del mundo. Miles y miles de enfermos son llevados allí. El tren que los lleva se llama "el tren de la esperanza", y el tren de regreso se llama "el tren de la alegría", porque muchísimos enfermos no son curados de sus enfermedades, pero reciben gran alegría y un increíble valor para soportar sus enfermedades y ganarse con ellas un premio para la vida eterna. A los convoyes de trenes dedicados al transporte de enfermos, que salen desde la estación de París, se les llama los Trenes Blancos. Ofrecen las mayores comodidades, tomando en cuenta que la mayor parte de los enfermos son casos incurables. Los enfermos no son llevados a los trenes por cargadores de profesión, sino por católicos de la mejor clase social que se prestan a hacer, por amor de Dios, el oficio de camilleros.

Oraciones a la Virgen de Lourdes

Santísima Virgen de Lourdes, que a ninguno desamparas ni desechas, mírame con ojos de piedad y alcánzame de tu Hijo perdón de mis pecados para que con devoto afecto celebre tu santa e Inmaculada Concepción, en tu milagrosa imagen de Lourdes, y reciba después el galardón de la bienaventuranza del mismo de quien eres Madre. Amén.

Enséñanos a creer como Tú has creído.

Enséñanos a amar a Dios y a nuestros hermanos como Tú los has amado.

Haz que nuestro amor hacia los demás sea siempre paciente, benigno y respetuoso.

¡Oh Virgen Santísima de Lourdes, míranos clemente en esta hora!

JUAN PABLO II

Te pedimos Señor, que nosotros tus siervos, gocemos siempre de salud de alma y cuerpo; y por la intercesión de Santa María, bajo su advocación de la Virgen de Lourdes, líbranos de las tristezas de este mundo, concédenos las alegrías del cielo, y la gracia especial que solicitamos en esta novena. Por Cristo Nuestro Señor. Amén.

El Ave de Lourdes (Canto)

1. Del cielo ha bajado la Madre de Dios.
   Cantemos el Ave a Su concepción.
   Ave, Ave, Ave María,
   Ave, Ave, Ave María.
2. Oh Virgen sin mancha, oh Madre de amor
   El ángel te ofrezca mi salutación.
   Ave, Ave, Ave María,
   Ave, Ave, Ave María.
3. Tú eres orgullo del Dios Creador
   y el fruto más digno de la Redención.
   Ave, Ave, Ave María,
   Ave, Ave, Ave María.
4. Tú eres la gloria de Jerusalén
   y Tú la alegría de todo Israel.
   Ave, Ave, Ave María,
   Ave, Ave, Ave María.
5. El pueblo cristiano es tu posesión
   en ti, Madre, espera gran intercesión.
   Ave, Ave, Ave María,
   Ave, Ave, Ave María.

SANTIAGO DE COMPOSTELA
"La otra Tierra Santa"

Es la tercera ciudad de peregrinación del mundo después de Tierra Santa y Roma.

¿San Santiago o simplemente Santiago?

El nombre Santiago es la traducción de *Iácobos*, transliteración griega del nombre del célebre Jacob. Entre los apóstoles de Cristo hubo dos que tuvieron este nombre. Uno se conoce como el mayor y otro, como el menor. Su nombre cambió cuando se consideraron santos y se les antepuso la palabra "san". Así, de las palabras: san y Jacob surgió el nombre Santiago. Por esta razón no se les invoca diciendo "san Santiago". El nombre también derivó en san Jaime, san Diego y san Yago.

Un sepulcro lejos del hogar

Santiago el Mayor nació en Betsaida (Galilea). Fue hijo de Zebedeo y Salomé, y hermano de san Juan evangelista. Fue pescador hasta que Jesús lo invitó a ser su discípulo. Con su hermano Juan y el apóstol Pedro tuvo el privilegio de ser testigo de la transfiguración de Cristo y de la oración en el Huerto de Getsemaní. Según una tradición, mencionada en el *Breviario de Toledo* y otros textos, como el de Isidoro, fue el evangelizador de España. Otra tradición afirma que cuando se detuvo para orar en la ribera del Ebro, en Zaragoza, se le apareció la Virgen María sobre un pilar. Este fue el origen de la devoción a la Virgen del Pilar. Ella le dijo: "En este mismo lugar labrarás una iglesia en mi nombre, porque desde ahora tomo esta nación debajo de mi amparo"[94] Según la tradición, el apóstol llegó hasta la desembocadura del río Ulla, en el noroeste de España y en Galicia, llamado por los romanos *Finis Terrae*. Después del viaje misionero regresó a Palestina. Fue el primer obispo de Jerusalén hasta que, entre los años 42 y 44 se convirtió en el primer apóstol mártir, al ser torturado y decapitado por orden de Herodes Agripa. Sus discípulos trasladaron, en secreto, sus restos hasta la orilla del mar. La tradición dice que ahí encontraron una barca preparada para navegar, pero sin tripulación. En ella hicieron la travesía marítima. Después navegaron por el río Ulla hasta el puerto romano de *Iria Flavia*, en la capital de la Galicia romana. En un cementerio, cercano al bosque *Liberum Donum*, sepultaron el preciado cuerpo y levantaron un altar en su honor. Durante las persecuciones contra los

---

[94] Francisco de Paula Morell, *Flos Sanctorum*, Buenos Aires, Librería Editorial Santa Catalina, 1949, p. 218.

cristianos, los fieles ocultaron la tumba para que no fuese profanada. Con el paso de los años quedó en el olvido y el abandono hasta que en el año 813, unas luces extrañas permitieron encontrarla.

El encuentro de las reliquias

Un eremita llamado Pelayo (o Pelagio o Paio) que vivía en Solivio, bosque de Libredón, observó durante varias noches un misterioso resplandor, como si fuera lluvia de estrellas, sobre un montículo del bosque. Pensando que se trataba de una señal divina, informó lo sucedido al obispo Teodomiro. El jerarca acudió al lugar acompañado de un séquito y comprobó el fenómeno descrito por el ermitaño Pelayo. Se acercó al lugar donde el resplandor era más intenso y bajo una densa vegetación, descubrió un sepulcro de piedra. La inscripción sobre la lápida identificaba el cuerpo del apóstol Santiago y el de sus discípulos: Teodoro y Atanasio. Los resplandores que sirvieron para el encuentro del santo dieron pie para que al lugar se le llamara *Campus Stellae*, o Campo de la Estrella, de donde derivó el nombre de Compostela. El rey Alfonso edificó el primer santuario que llegaría a ser la actual catedral. Los milagros se sucedieron atrayendo a peregrinos de tierras lejanas y así se fue trazando el Camino a Santiago.

El apóstol cabalga

En el 711 se produjo la primera invasión de musulmanes desde el norte de África, y en pocos años, éstos dominaron gran parte de la Península Ibérica. En estas circunstancias surgió la historia más popular que afirma que Santiago el Mayor cabalgó junto al ejército español. El 23 de mayo del año 844 se enfrentaron los ejércitos católico y musulmán en "el Clavijo",[95] provincia de Rioja, al norte de España. Durante la batalla, los cristianos se hicieron más aguerridos porque vieron aparecer al apóstol Santiago montado sobre un caballo blanco. El ayudante celestial luchaba junto a ellos con espada en mano. La presencia de Santiago "Mata-moros" dio el triunfo a las tropas de Ramiro I de Asturias y la derrota al emir de Córdoba, Abderramán II.

De túnica a armadura

Después de la batalla de Clavijo, el pueblo convirtió al apóstol en el patrón de la reconquista de España. Sus imágenes dejaron de mostrarlo con la túnica y manto característicos de los apóstoles, y comenzaron a presentarlo como guerrero: montado a caballo, con clámide militar, espada, estandarte con la cruz de Santiago[96] y los moros vencidos a sus

---

[95] La primera crónica que cita esta legendaria aparición fue narrada (hacia 1243) por Rodrigo Jiménez de Rada, obispo de Osma y arzobispo de Toledo.

[96] Cruz latina de color rojo.

pies o bajo su caballo. A partir del siglo XIII, época de las grandes peregrinaciones, también se viste con los atributos de peregrino: Lacerna[97] o esclavina, bordón, concha, sombrero de alas y calabaza. .

Peregrinaciones en aumento

En el siglo XI el santuario se hizo más popular y recibió a reyes, príncipes y santos como peregrinos. Sin embargo, fue entre los siglos XII y XIII cuando Compostela alcanzó su máximo esplendor gracias al papa Calixto II y al Códice Calixtino.[98] El papa Calixto II, que gobernó del 1119 a 1124, instituyó el Año Jacobeo, con el que los peregrinos que visitan la tumba del apóstol obtienen la indulgencia plenaria. El Año Jacobeo se continúa celebrando cuando el 25 de julio es domingo. Esta institución impulsó las peregrinaciones a Compostela, considerada Ciudad Santa junto con Jerusalén y Roma. El "Códice Calixtino" es considerado la primera guía para peregrinos.

El Camino de Santiago

En la Edad Media, cuando los moros conquistaron Jerusalén, los cristianos se vieron impedidos a peregrinar a Tierra Santa, por lo que los principales lugares de peregrinación fueron Roma y Santiago de Compostela. Fueron tantos los peregrinos que el Camino a Santiago, sus pueblos y monasterios se hicieron pronto notables. En Francia se designaron cuatro lugares como el inicio del camino a Santiago. En España, estos caminos confluían en dos: el Camino Aragonés y, el más famoso, el Camino Francés. Todos los caminos que vienen de Francia se juntan en El Puente de la Reina. 100 mil peregrinos pasan anualmente por ese lugar. Desde ahí al santuario son 700 kilómetros. Cruz de Ferro es el punto más alto del camino, con mil 500 metros sobre el nivel del mar. Es un punto significativo para los peregrinos. En torno a un poste de madera, coronado por una cruz, pueden dejar una piedra o alguna de sus pertenencias, que simbolice lo que desean dejar atrás. Algunos dejan zapatos, signo de comodidad.

El santuario

La primera iglesia fue construida a inicios del siglo IX por el obispo Teodomiro. Alfonso III añadió a la modesta construcción un monasterio.

---

[97] Capa de viaje de los romanos.
[98] El Codex *Calixtinus* o Códice Calixtino es un manuscrito de mediados del siglo XII que se conserva en la Catedral de Santiago de Compostela. Ofrecía consejos, descripciones de la ruta y de las obras de arte, así como de las costumbres locales de la gente que vivía a lo largo de la ruta de peregrinación. También contiene sermones, milagros y textos litúrgicos relacionados con el apóstol. Se considera la primera guía para los peregrinos que seguían el Camino de Santiago. Aunque hace referencia al Papa Calixto II, no se considera de su autoría.

CAMINO FRANCÉS A SANTIAGO DE COMPOSTELA

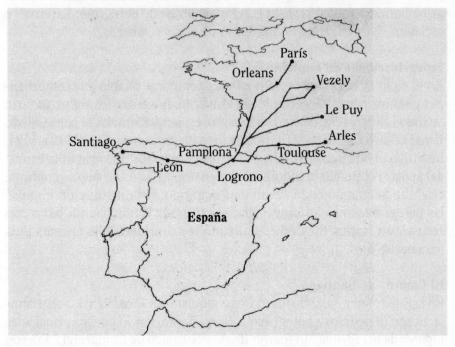

RECONSTRUCCIÓN DE SANTIAGO DE COMPOSTELA
ANTES DE LAS MODIFICACIONES DEL BARROCO

Templo y monasterio fueron destruidos durante la invasión de Almanzor. Las obras del actual santuario se iniciaron en 1075 y concluyeron en 1128. Intervinieron como arquitectos, según el Códice Calixtino, Bernardo el Viejo y Roberto en la primera etapa y, en la segunda el maestro Esteban, Bernardo el joven y el maestro Mateo, escultor y autor del Pórtico de la Gloria. Se consagró definitivamente en 1211 por el arzobispo don Pedro Muñiz. Es la obra más importante y completa del arte románico español, aunque tiene adiciones renacentistas y barrocas. Tiene el título de catedral, lo que significa que es la sede litúrgica del arzobispo.

Plazas y fachada

En cada una de sus fachadas hay conjuntos arquitectónicos y hermosas plazas: la de Platerías, construida en el 1103; el Pórtico de la Gloria, obra cumbre de la escultura románica y las barrocas del Obradoiro y la de la Azabachería. La fachada de la catedral es de estilo barroco. Se construyó en el siglo XVIII para proteger de las inclemencias metereológicas la antigua portada medieval. Con la obra barroca se concluyó en 1750 este monumento excepcional. En la parte superior central se ve la figura del apóstol Santiago, un nivel más abajo, sus dos discípulos, Atanasio y Teodoro, todos vestidos de peregrinos. En la parte media se ve la urna y la estrella entre ángeles y nubes. Las torres muestran las esculturas de los padres del apóstol: la derecha muestra a María Salomé, y la izquierda, a Zebedeo. Sobre la balaustrada, se ve a la izquierda a santa Susana y a san Juan y, a la derecha a santa Bárbara y a Santiago el Menor.

El interior

Como iglesia de peregrinación, se caracteriza por tener planta de cruz latina y una nave lateral continua que rodea a la nave principal. La nave lateral permite que los peregrinos recorran toda la iglesia sin interrumpir el culto. En la entrada principal se observa el llamado Pórtico de la Gloria. Originalmente la piedra estaba policromada. Está firmado por el maestro Mateo fue concluida en 1188. Tiene en el centro un Cristo en majestad que muestra las llagas de pies y manos. Está rodeado por la representación de los cuatro evangelistas conocida como Tetramorfos: águila, león, toro y ángel. Flanquean la imagen del Salvador ángeles con instrumentos de la pasión. Los que más cerca estuvieran de Cristo: clavos, corona de espinas y cruz, no son tocados directamente, los demás, sí. En la arquivolta[99] aparecen los veinticuatro ancianos del Apocalipsis,

---

[99] Cada una de las roscas o molduras que forman una serie de arcos concéntricos decorando el arco de las portadas medievales en su parametro exterior, recorriendo su curva en toda su extensión y terminado en la imposta. Suelen arrancar de una jamba del pórtico y terminar en la otra.

que afinan sus instrumentos para ofrecer a Dios un concierto. Se puede ver también el juicio final, en el que acompaña al Cristo Juez el arcángel san Miguel. Cerca de ellos el cielo, el purgatorio y el infierno, donde las almas gozan o sufren acompañadas de ángeles o demonios. En las jambas están los apóstoles y los profetas. En el parteluz está la figura de Santiago, debajo de la tentación de Adán y Eva y de La Trinidad. La parte inferior del parteluz, sobre la que se apoya Santiago, representa el Árbol de Jesé, alusión a la genealogía de Cristo. Debajo de todo el Pórtico de la Gloria hay figuras de demonios, para significar que el peso de la gloria aplasta el pecado. El cimborrio de cúpula octogonal tiene 32 metros de altura y se concluyó en 1445. Los órganos fueron realizados entre 1705 y 1709.

La capilla mayor

La capilla mayor conserva el sepulcro del apóstol Santiago. El platal barroco es de finales del siglo XVII y es obra de Juan de Figueroa. El baldaquino sustentado por ángeles fue realizado por Domingo de Andrade. Los púlpitos de bronce que se encuentran en el acceso a la Capilla Mayor son de Juan Bautista Celma. El conjunto enmarca la obra del maestro Mateo, de los primeros años del siglo XIII que esculpió al apóstol revestido con la esclavina de plata. Es tradición que los peregrinos abracen la imagen. Para ello pueden acceder por las escaleras situadas en la girola. En la cripta se encuentra la urna de plata con los restos del apóstol y sus discípulos.

La urna de plata

En 1878 se inició un trabajo de arqueología bajo el Altar Mayor, con el fin de hallar la tumba del apóstol. Al año siguiente, un tribunal especializado estudió los restos encontrados y en 1884, una Congregación Extraordinaria dio el dictamen. El estudio científico reveló que los huesos pertenecen a tres esqueletos incompletos de tres individuos de desarrollo y edad diferentes, de los cuales dos estaban en una edad media y el tercero en el último tercio de la vida. Este último había sido decapitado. Los restos encontrados en 1879 fueron depositados en una urna de plata labrada por los orfebres Rey Martínez en 1886. En la tapa se ve el anagrama de Cristo y en la parte frontal, a Cristo Pantocrátor con los Apóstoles. El interior tiene un cofre de madera forrado de terciopelo rojo con tres compartimentos, para Santiago, Atanasio y Teodoro.

La venera o concha

La concha o venera que acompaña a Santiago es parte del atuendo de los peregrinos. Su uso se hizo más frecuente durante los siglos XI y XII, cuando servía como identificación para el camino. En aquel tiempo los romeros o peregrinos eran reconocidos por su capa o esclavina, sombrero de ala y la concha. El uso de la concha tiene varias explicaciones.

- Como un recuerdo o testimonio de la peregrinación, porque la concha, del tipo *Pectem maximus* se puede encontrar en el mar próximo a Santiago. La concha se llevaba de regreso a casa con gran alegría.
- Como un signo de moralidad, porque la especie de corazas con que el marisco se defiende, significa los dos preceptos de la caridad. Quien la lleva debe defenderse contra el mal amando a Dios sobre todas las cosas y al prójimo como a sí mismo.
- Como ayuda práctica, porque la concha servía como recipiente para beber agua.
- Como alusión a cuatro leyendas. La primera cuenta que un príncipe gallego se aproximó a las reliquias y se vio repentinamente cubierto de caparazones de moluscos, al tiempo que una voz le decía que en memoria de las virtudes de apóstol Santiago todos los peregrinos deberán llevar una concha. La segunda leyenda menciona que, cuando los discípulos del apóstol llegaron a las costas de Galicia, con el cuerpo de Santiago, presenciaron un hecho extraño durante la celebración de un matrimonio: Un caballo reconoció la presencia del santo. El novio cabalgaba y jugaba con otros jóvenes cuando, de pronto, su caballo se dirigió al mar y se hundió con él bajo las aguas hasta llegar a la barca. Todos los invitados quedaron admirados cuando caballo y caballero salieron de las aguas totalmente cubiertos de vieiras. La tercera leyenda cuenta que el Señor de Pimentel, durante un combate contra los árabes, se vio obligado a atravesar a nado un brazo del mar para no ser descubierto. Cuando salió las conchas lo cubrieron milagrosamente con una especie de armadura, que le sirvió de camuflaje.

Cualquiera que haya sido su origen, la venera se convirtió en signo de peregrinación y solicitud de ayuda. Los viajeros que la portaban eran reconocidos en su esfuerzo y deseo de santificación, que incluía fatigas y peligros. A cambio recibían beneficios y obras de caridad de diversas instituciones hospitalarias, cofradías y fieles en general, que reconocían en ellos a Cristo peregrino.

El Botafumeiro

El gigantesco incensario de la catedral es llamado en gallego: *Botafumeiro* ("echa humo"). Se utiliza en la apertura y cierre de la Puerta Santa, y otras solemnidades. El resto de los días es sustituido por otro incensario conocido como "La Alcachofa", que también está realizado en metal blanco. Originalmente servía para perfumar el cargado ambiente producido por la muchedumbre. Hay que recordar que todos los santuarios de peregrinación permitían a los peregrinos dormir en su interior, lo que provocaba un olor muy desagradable. El primer *botafumeiro* de plata se hizo en 1554, gracias a una ofrenda del rey Luis XI, pero en 1809 fue robado por las tropas de Napoleón, con otras obras del tesoro español, y fue convertido en monedas de la República. Años después, el orfebre Losada regaló uno nuevo, de latón plateado. Pesa cincuenta kilos, mide metro y medio de alto y tiene sesenta y seis centímetros de diámetro. Para balancearlo es necesario el trabajo en equipo de seis u ocho hombres, llamados *tirabuleiros*. El *botafumeiro* se coloca a unos sesenta centímetros del suelo y gracias a un sistema de poleas se desplaza como un péndulo, atravesando el crucero de la basílica hasta casi rozar el techo. Alcanza una velocidad de entre setenta y ochenta kilómetros por hora.

Oración del peregrino

Apóstol Santiago, elegido entre los primeros, tú fuiste el primero en beber el cáliz del Señor, y eres el gran protector de los peregrinos; háznos fuertes en la fe y alegres en la esperanza, en nuestro caminar de peregrinos, siguiendo el camino de la vida cristiana. Aliéntanos para que, finalmente, alcancemos la gloria de Dios Padre. Amén

Catedral de Santiago de Compostela

Teléfono de la sacristía: 981 56 33 66
Atención a pereginaciones: 981 56 24 19

ASÍS
"El pueblo de la paz"

Una iglesia a punto de caer

El Papa Inocencio III vivió momentos muy difíciles durante su pontificado como pastor de la Iglesia. En uno de sus sueños vio la basílica de Letrán, catedral de Roma y sede del Papa, a punto de caer. El sueño reflejaba los momentos difíciles que afrontaba la iglesia en aquella época. Afortunadamente, en su sueño encontró también una respuesta divina para enfrentar la difícil situación. Vio a un hombre pobre, pequeño y despreciable que le ayudaba a sostener la iglesia con su espalda. Tiempo después descubrió que aquel hombre sencillo era san Francisco de Asís que, con su obra y doctrina, apuntalaría y sostendría la Iglesia, dándole nuevo vigor.

El primer Francisco de la historia

El santo nació en Asís, Italia en 1181, hijo de Pietro Bernardone y de Doña Pica. Su padre, comerciante, se ausentaba constantemente de casa y no tenía tiempo para el bautismo, por lo que en una de sus ausencias, su madre lo bautizó y le dio el nombre de Juan. Su padre nunca utilizó el nombre bautismal y, por la admiración que le tenía a Francia, lugar de grandes comerciantes, lo apodó: "Francesco". El niño creció sin carencias y durante su juventud se dedicó al comercio. Don Pietro confiaba en que su hijo sería un gran comerciante, pero se llevó una tremenda decepción. En medio de una larga enfermedad, Francisco se vio obligado a pensar en lo fugaz de la vida y los bienes materiales. Con esto empezó su conversión. Más adelante, caminando por las orillas de Asís, vio en ruinas la pequeña iglesia de san Damián. Entonces escuchó una voz interna que le decía: "Francisco, ve y repara mi casa". Inicialmente pensó que Cristo le pedía que reconstruyera aquella capilla abandonada pero, más tarde, comprendió que su verdadera misión no era levantar los muros de un templo sino, mediante su predicación y ejemplo, levantar la fe, la esperanza, el amor, el conocimiento del Dios verdadero, acercar a los fieles a los sacramentos y a Dios, en otras palabras: reconstruir la Iglesia de Cristo.

El inicio de la reconstrucción

Gastó gran parte de la fortuna de su padre ayudando a los pobres y reconstruyendo la capilla de san Damián. Cuando su padre se enteró, enfurecido lo golpeó y lo llevó ante el obispo de Asís para que éste lo reprendiera. En ese momento, en señal de renuncia a la filiación y a todos los bienes de su padre, Francisco se desnudó públicamente y entregó sus vestimentas a su progenitor. Con ese gesto renunciaba a su herencia y a toda obligación con él, aceptando como único y verdadero padre a Dios. El obispo lo cubrió con su capa, pero Francisco abandonó la ciudad para iniciar una vida de pobreza en la capilla de san Damián. Convertido en mendigo inició su predicación y pronto se le unieron varios compañeros. La comunidad se retiró a un tugurio llamado Rivo-Torto ("Muro torcido o inclinado") para iniciar un programa de vida basado en la pobreza y el trabajo. Ahí estuvieron dos años.

El pequeño terreno

Entre 1210 y 1211, no pudiendo permanecer más tiempo en Rivotorto por falta de espacio y de una capilla donde rezar, san Francisco y sus once primeros compañeros consiguieron del abad del monasterio de san Benito del monte Subasio, la pequeña iglesia de santa María, que estaba en ruinas. Los benedictinos no pidieron nada a cambio, pero Francisco se comprometió a pagarles con un cestillo de pescado cada año, para dejar bien claro a quién pertenecía el lugar. Al pequeño terreno se le llamó "la porciúncula" (pequeña porción). Con la iglesia recibieron también el terreno circundante y allí, construyeron una casita pobre y pequeña, de barro y madera, la misma donde murió el santo el 3 de octubre de 1226, transformada luego en Capilla del Tránsito.

Aprobación Papal

En 1223 el papa Honorio III aprobó la regla de la orden franciscana. Francisco se reunió con más de cinco mil de sus frailes en el Capítulo de las Esteras. Para dar oportunidad a que las mujeres vivieran la espiritualidad de la humildad, fundó una rama franciscana femenina y la puso bajo el cuidado de santa Clara, en la iglesia de san Damián.

Los estigmas

Francisco fue el primer santo al que le aparecieron los estigmas de Cristo en el cuerpo. Esto sucedió mientras hacía oración en el Monte de la Verna (Alvernia). En septiembre de 1224 se le apareció un ángel y le dijo: "Vengo a confortarte y avisarte para que te prepares con humildad y paciencia a recibir lo que Dios quiere hacer de ti". "Estoy preparado para lo que él quiera", fue su respuesta. La madrugada del 14 del mismo mes, durante la fiesta de la Santa Cruz, antes del amanecer, estaba orando delante de la celda, de cara a Oriente, y pedía al Señor "experimentar el dolor que sentiste a la hora de tu Pasión y, en la medida de lo posible, aquel amor sin medida que ardía en tu pecho, cuando te ofreciste para sufrir tanto por nosotros, pecadores"; y también, "que la fuerza dulce y ardiente de tu amor arranque de mi mente todas las cosas, para que yo muera por amor a ti, puesto que tú te has dignado morir por amor a mí". De repente, vio bajar del cielo un serafín con seis alas. Tenía figura de hombre crucificado. Francisco quedó absorto y mientras se preguntaba la razón de aquel misterio, se le fueron formando en las manos y pies los signos de los clavos, tal como los había visto en el crucificado. En realidad no eran llagas o estigmas, sino clavos formados con la carne hinchada por ambos lados y ennegrecida. En el costado, en cambio, se abrió una llaga sangrante, que le manchaba la túnica y los calzones. Mantuvo en secreto los estigmas que le acompañaron hasta su muerte, el 3 de octubre de 1226. Murió a la edad de 44 años y se le sepultó temporalmente en la iglesia de san Jorge (actualmente Iglesia de Santa Clara). Fue canonizado a sólo dos años de su muerte.

Del infierno al paraíso

San Francisco vivió la humildad hasta el último momento de su vida. Fue sepultado en el *Collis Inferni* ("Colina del Infierno"), donde eran sepultados todos aquellos que la sociedad consideraba indignos del campo santo. El lugar estaba ubicado a la orilla de la ciudad y junto a un bosque con vista al valle de Espoleto. Con la sepultura del santo el lugar cambió su nombre y se le comenzó a llamar: "La Colina del Paraíso". La basílica forma parte del complejo monumental formado por varias edificaciones franciscanas. El Sacro Convento Franciscano se construyó entre los siglos XIII y XVII, con claustros góticos y renacentistas, sus características arcadas y pórticos externos del siglo XIII, que le dan un aspecto único. Con motivo del Gran Jubileo del año 2000 se sustituyó el asfalto de la plaza por un pavimento de piedra de granito procedente de cuatro continentes, para expresar la universalidad del santuario.

La basílica

La primera piedra fue colocada por el papa Gregorio IX y fray Elías, el 17 de julio de 1228, día siguiente de la canonización de Francisco. Está constituida por una basílica inferior y una superpuesta o superior. La inferior, baja y oscura, representa la vida de penitencia y esfuerzo. La superior, espaciosa y luminosa, representa la gloria alcanzada por la anterior. Ambas están marcadas notablemente por los estilos románico y gótico. Su exterior se hizo con piedra blanca y rosa del cercano monte Subasio. El santuario se consagró en mayo de 1253. En 1289 el primer Papa franciscano, Nicolás IV, le concedió el estado de Iglesia papal, por lo que está sometida a la directa jurisdicción del pontífice. El 8 de agosto de 1969 Pablo VI determinó que la basílica se regiría bajo un cardenal, legado suyo. La visita se inicia por la basílica inferior.

Basílica inferior con la tumba

Se proyectó como una cripta sepulcral para el santo, pero su gran tamaño hizo que se le llamara basílica inferior. La pendiente de la colina obligó a que la entrada fuese del lado izquierdo de la nave. El 25 de mayo de 1230, se trasladó el cuerpo del Santo, que había sido sepultado provisionalmente en la iglesia de San Jorge (actual Santa Clara) y se colocó en una cripta debajo del altar. Recibe a los peregrinos un portal gótico de la segunda mitad del siglo XIII con un magnífico rosetón. El interior de la basílica tiene planta con forma de *Tau* (*T*), símbolo franciscano.[100] A finales del si-

---

[100] El signo *tau* es de origen bíblico. En *Ezequiel* 9,3-4 Dios le dice al hombre vestido de lino que marque con una tau la frente de los hombres que gimen y lloran por todas las prácticas abominables que se cometen en Jerusalén. En hebreo antiguo la *tau* tenía forma de cruz, a la manera de nuestra "T" mayúscula. Era la última letra del alfabeto hebreo, y quienes

glo XIII se modificó la estructura de una única nave y se le añadieron capillas laterales. Esto hizo que se cerraran las ventanas y se creara una penumbra que invita al recogimiento. Las pinturas que la embellecen son, entre otros, de Cimabue (1278 a 1285) Giotto (1282-1287) y sus discípulos, Simone Martíni (1317), Giunta Pisano, Pietro Lorenzetti, (1320). El altar papal de estilo gótico se encuentra en el centro, sobra la tumba del santo.

Tumba de san Francisco

En la mitad de la nave de la basílica inferior hay dos rampas por las cuales se desciende a la cripta donde se custodia el cuerpo de san Francisco. Los restos están dentro de una urna metálica dorada de 1818, que contiene otra transparente de 1978, última vez que se estudiaron sus restos. El sarcófago está protegido por una reja. En 1932 se colocaron, en las cuatro esquinas de la cripta, los cuerpos de sus compañeros: fray Ángel de Rieti, fray León, fray Maseo de Marignano y fray Rufino. Otros cinco están sepultados en la basílica inferior.

Capilla de las reliquias

Se llega a ella desde el brazo derecho del transepto. Se conservan en el lugar: el hábito de San Francisco, las sandalias de piel que cubrían los estigmas de los pies y también la piel que evitaba que la sangre del costado manchara la túnica. Además se puede ver el cuerno de marfil que le obsequió el Sultán de Egipto, en 1219, dos autógrafos, uno con la bendición que le dedicó a Fray León y otro con sus "Alabanzas al Dios altísimo". También está el texto original de la Regla franciscana, considerada como la Carta Magna del movimiento franciscano.

La basílica superior

Cuando concluyeron los trabajos de la basílica inferior se inició el proyecto de la superior que se realizó durante los siglos XIII y XIV. Tiene una fachada simple "de cabaña". La parte alta está decorada con un rosetón central, que a los lados tiene los símbolos de los evangelistas. Poco después de la construcción de la iglesia superior se levantó el campanario románico, de 60 metros de altura. La iglesia superior está iluminada por grandes ventanales góticos que se disponen a lo largo de toda la parte alta

---

no sabían escribir la usaban como firma (cf. *Job* 31,35). También era una señal protectora, como la "señal de Caín" (cf. *Génesis* 4,15) y la sangre con que los israelitas untaron las jambas de sus puertas la noche de la liberación de Egipto (*Éxodo* 12,7). Los padres de la Iglesia consideraron la *tau* como signo de la cruz salvadora. En tiempo de san Francisco el simbolismo de la *tau* estaba de moda. Durante la inauguración del Concilio IV de Letrán (1215), el Papa Inocencio III predicó sobre *Ezequiel* 9 y llamó a todos los cristianos a hacer penitencia bajo el signo de la *tau*, signo de conversión y señal de la cruz.

de la nave y del ábside, a lo cual se une la luz que entra por el rosetón de la fachada. Las pinturas al fresco de los muros son obra de: Cimabue, Giotto, Pietro Cavallini, Jacopo Turiti y Filippo Rusuti. Llaman la atención las de Giotto con escenas de la vida del santo. Lamentablemente el sismo de 1997 destruyó la bóveda y parte de los frescos originales. Aunque fue posible volver a levantar los muros, es imposible hacer que los grandes artistas del pasado vuelvan a pintar su obra. El altar de mármol es del siglo XIII. La sillería del coro fue hecha por Domenico de Sanseverino y sus ayudantes entre 1491 y 1501. Las vidrieras o vitrales constituyen una de las más importantes colecciones medievales de Italia. Son del siglo XIII. Las del ábside se atribuyen a artistas de Alemania y representan nueve escenas con analogías entre la vida de Jesús y acontecimientos del Antiguo Testamento. Las del transepto tienen mano francesa y representan escenas de la vida de san Francisco, san Antonio de Padua, la Virgen y otros santos.

Los sismos: muerte y destrucción

El 26 de septiembre de 1997, a las 02:33, un fuerte temblor de tierra afectó a las regiones italianas de Umbría y Las Marcas. Unas nueve horas más tarde, otro terremoto se repitió en la zona, provocando la muerte de dos frailes y dos técnicos que se hallaban supervisando los daños que el primero había provocado en la basílica superior. Ambos sismos causaron profundas grietas, el derrumbe de la bóveda en dos puntos y otros daños más. Ciento treinta metros cuadrados de frescos medievales se redujeron a miles de fragmentos. Para la consolidación del edificio y su restauración, la basílica permaneció cerrada hasta el 29 de noviembre de 1999. Hasta el 5 de abril del 2006 se estuvo trabajando con miles de fragmentos y se pudo recuperar el setenta por ciento del fresco original.

La basílica de Santa María de los Ángeles y la Porciúncula

Se ubica a tres kilómetros de la ciudad, muy cerca de la estación de tren. En 1569 se iniciaron los trabajos de construcción de una gran basílica que serviría para proteger a la capilla de la Porciúncula. El proyecto de Galeazzo Alessi se concluyó en 1679. Lamentablemente un devastador terremoto, en 1832, derrumbó la nave central y se tuvo que volver a construir. Entre 1924 y 1930 se añadió la monumental fachada actual, que está rematada con una gigantesca estatua dorada de la Virgen de los Ángeles. La gran plaza se hizo en 1950. La basílica es uno de los mayores templos católicos con sus 126 metros de largo y los 75 metros de su cúpula. Las capillas laterales tienen abundante decoración barroca pero lo que atrae a los peregrinos es la pequeña iglesia de la Porciúncula. Esta tiene en su fachada un fresco del siglo XIX con la leyenda de las rosas.

En su interior se observan restos de frescos posteriores a san Francisco, y una tabla pintada por Hilario de Viterbo en 1393, con la escena de la Anunciación y otras relativas a la Indulgencia. Detrás de la Porciúncula, a la derecha está la capilla del Tránsito, donde murió san Francisco el 3 de octubre de 1226. En las paredes del interior están representados sus primeros compañeros, y él mismo, reproducido en terracota por Andrea de la Robbia. Una leyenda de mal gusto asegura que allí están enterrados "el corazón y las entrañas" del santo. A un lado de la basílica se puede visitar el "Roseto" donde crecen rosas sin espinas.

Iglesia de San Damián

Se ubica a un kilómetro de Asís, a mitad de la bajada hacia la llanura y rodeado de olivares. Fue aquí donde Francisco escuchó la invitación de Cristo para reparar su iglesia. Reparó el santuario de 1206 a 1208, poco después de la conversión de santa Clara, Francisco le entregó el lugar para que fundara el monasterio de Santa María, el primero de la Orden de las Hermanas Clarisas. Cuando el santo regresó del monte de la Verna, con los estigmas en manos, pies y costado, permaneció en San Damián casi dos meses. Sin embargo no pudo ver a Clara, porque ambos estaban muy enfermos y Francisco residía fuera de la clausura. Fue allí fue donde compuso el cántico de *Las Criaturas*, en medio de una gran tribulación por causa de sus enfermedades, y sin poder soportar la luz por una grave infección ocular. Santa Clara vivió en este convento 42 años hasta su muerte. Su cuerpo fue llevado enseguida a la iglesia de San Jorge, donde había estado el de san Francisco antes de ser trasladado a la actual Basílica. En el siglo XV los frailes construyeron en San Damián el claustro, el pórtico de entrada, el rosetón y otras partes del convento que le dan su aspecto actual. En el claustro se pueden admirar frescos de Tiberio de Asís, discípulo del Perugino y, en el ábside de la iglesia, la Virgen con el Niño del siglo XII, un crucifijo de madera del siglo XVII y algunos frescos del siglo XIV que recuerdan la conversión de san Francisco y el conflicto con su padre. El famoso crucifijo de san Damián, del que escuchó el santo las palabras, es desde el siglo XIII y hasta ahora el más conocido y reproducido. Se venera actualmente en la basílica de Santa Clara.

Basílica de Santa Clara

Clara de Asís nació en 1193 y murió a los 60 años, el 11 de agosto de 1253. Un día antes de morir, el papa Inocencio IV, que entonces residía en Asís, le concedió la aprobación de la Regla de su Orden (es única regla aprobada por la Iglesia compuesta por una mujer). Fue sepultada en la iglesia de San Jorge, misma donde san Francisco permaneció sepultado hasta su traslado definitivo a su Basílica. Cuando Clara fue canonizada se decidió demoler la iglesia donde estaba sepultada para construir una basílica y un monasterio en su honor. Así, la iglesia de San Jorge dio lugar a la gótica de Santa Clara. Su exterior también se hizo con piedra blanca y rosa del cercano monte Subasio. En la fachada luce un hermoso rosetón. Su interior no tiene la riqueza pictórica de la de San Francisco. En el altar mayor está el crucifijo pintado sobre tabla atribuido a Giunta Pisano. Los frescos de la bóveda, encima del altar, son de la escuela de Giotto. El cuerpo de la santa está expuesto en una urna de vidrio en la cripta neogótica que se construyó en 1850. Entre las reliquias se puede ver el crucifijo de san Damián del siglo XII que habló a san Francisco y una túnica del santo color gris ceniza.

PADUA
"La basílica de san Antonio"

San Antonio de Padua no se llamaba Antonio ni nació en Padua. Él nació en 1195 en Lisboa, Portugal y fue bautizado con el nombre de Fernando. Cuando ingresó en la comunidad de los franciscanos cambió su nombre por Antonio. El nombre de Padua se le añadió por su estancia en esa ciudad italiana. Gracias a su predicación centrada en el amor, logró que los enemigos se reconciliaran, los novios pudieran llegar hasta el matrimonio y los matrimonios resolvieran sus desavenencias. Luchó fuertemente para que quienes prestaban dinero no cobraran intereses demasiado altos y obtuvo que a los pobres no los encarcelaran por deudas. En aquel tiempo, las mujeres pobres que no tenían el dinero suficiente para dar la dote matrimonial no podían casarse. Gracias a su predicación, Antonio logró que los ricos ayudaran a estas mujeres a contraer matrimonio. Es célebre el milagro de la mula: cierto día un descreído pidió al santo que le probara con un milagro que Jesús está realmente presente en la hostia consagrada. Aquel hombre dejó a su mula tres días sin comer. Después él se colocó cerca de un bulto de pasto fresco y le pidió a Antonio que se pusiera del otro lado con la hostia consagrada. La mula dejó el pasto y se fue ante la Santa Hostia y se arrodilló. Murió el 13 de junio de 1231, a los treinta y seis años. Según la tradición, después de su muerte una mujer soltera fue a su tumba para solicitarle ayuda y poder casarse. Mientras ella oraba vio al santo en el techo del templo volteando su cuerpo hacia abajo, mientras le decía que fuera en su nombre con una persona que le daría el dinero para la dote. La mujer acudió al lugar y recibió la ayuda que necesitaba. Al comentar que había visto a san Antonio "de cabeza" muchas mujeres comenzaron a colocar al santo en esa posición, para pedir ayuda y poder casarse. San Antonio de Padua fue la persona más rápidamente canonizada por la Iglesia católica: 352 días después de su fallecimiento, el 30 de mayo de 1232.

La basílica

La plaza que precede a la basílica tiene el magnífico monumento ecuestre a Gattamelata, de Donatello. La basílica, de estilo gótico italiano, se construyó entre 1238 y 1310 sobre la iglesia de Santa María Madre del Señor, *Sancta Maria Mater Domini*, donde se instaló el convento franciscano en el que fue sepultado San Antonio de Padua. En 1238 se construyó el primer núcleo de la basílica: una iglesia franciscana de una única nave y con un ábside corto, a la que luego se le añadieron dos naves laterales, capillas y salas, hasta convertirse en la espléndida construcción gótica que podemos admirar actualmente.

En su interior hay diversas obras de arte: frescos, retablos y capillas: la del Santísimo, la de Santiago, de las bendiciones, del Tesoro, de la Virgen Mora y la propia Capilla de la tumba de San Antonio. También se puede visitar la Sacristía, que está precedida por un atrio lleno de valiosos frescos, y la elegante sala capitular, decorada originariamente por un ciclo de frescos atribuidos al maestro Giotto. Sin embargo, las partes más visitadas por los peregrinos son la Tumba del Santo y la Capilla del Tesoro.

La Tumba de san Antonio

La tumba fue llamada desde el principio "Arca". Estuvo primero colocada en la pequeña iglesia de Santa María Mater Domini, hoy Capilla de la Virgen de la Mora (de 1231 a 1263). Posteriormente en el centro de la basílica, delante del presbiterio. Y desde 1350 se encuentra en esta capilla. Hasta principios del siglo XVI la capilla estuvo decorada con estilo gótico, pintada al fresco por Stefano da Ferrara. La decoración actual, del siglo XVI, se atribuye a Tullio Lombardo. El altar fue hecho por Tiziano Aspetti, a finales del siglo XVI. Las estatuas del altar representan a san Antonio entre san Buenaventura y san Ludovico de Anjou. Otros artistas hicieron los ángeles portacirios y los dos pequeños candelabros. Los más grandes y esbeltos, sobre soportes de ángeles de mármol, fueron creados por Filippo Parodi. Los altorrelieves de la tumba son de diversos escultores italianos y muestran las siguientes escenas: san Antonio recibe el hábito franciscano. El marido celoso, cuya mujer, apuñalada por celos, es curada por el santo. El joven resucitado por el santo. San Antonio se traslada prodigiosamente a Portugal y resucita a un joven para que revele la identidad de su verdadero asesino, y así exonerar al padre de Antonio, en cuyo huerto se había escondido el cadáver. La joven es resucitada. Se trata de una mujer ahogada. El niño es resucitado. Se trata del sobrino de San Antonio. El corazón del usurero muerto no se encuentra donde tenía que estar, sino en su caja fuerte, como había dicho el santo. San Antonio reinjerta el pie a un joven que por desesperación se lo había cortado después de haber pateado a su madre. El vaso que se quedó intacto, después de haber sido lanzado al suelo para desafiar a una persona que no creía en la predicación ni en los prodigios realizados por san Antonio. San Antonio hace que hable un recién nacido, para que atestigüe la fidelidad de la madre, injustamente acusada por el marido celoso.

La capilla del Tesoro

Iniciada en 1691, obra barroca de Parodi, alumno de Bernini. La balaustrada tiene seis estatuas de mármol, de Parodi. Antes de subir hacia los nichos, podemos observar algunos recuerdos de san Antonio, que en 1981 fueron puestos en el área y en las paredes que están delante de la balaustrada. En 1263, cuando se terminó de construir la basílica, se abrió por primera vez el ataúd que contenía los restos del santo para mostrar las reliquias a los fieles y se encontró la lengua incorrupta. Se decidió conservar en relicarios aparte la lengua, el mentón, el antebrazo izquierdo y alguna otra reliquia menor. En el nicho central de la capilla se expone la lengua. No hay que esperar ver una lengua de color rojo vivo. Pero lo que se ve constituye igualmente un hecho inexplicable, ya que se trata de una parte anatómica muy frágil y una de las primeras que se desintegra después de la muerte. En la capilla están expuestos la túnica del santo y algunos objetos que se utilizaron en su sepultura. El finísimo y delicado relicario, obra maestra de armonía y de gracia, en plata dorada, es obra de Giuliano da Firenze (1434-36). La reliquia de la mandíbula o mentón se exhibe dentro de un relicario de 1349, hecho en plata dorada y concebido como un busto, con aureola y cristal en lugar del rostro. Los cartílagos de la laringe, son los instrumentos de la palabra. Llamaron la atención, a pesar de no constituir un hecho inexplicable como la lengua. El relicario es obra del artista de Treviso Carlo Balliana.

El candelabro pascual

En la parte norte del altar se puede observar el magnífico candelabro pascual en bronce de Andrea Briosco, llamado "el Riccio", acabado en 1515. No sólo por sus dimensiones (3.92 metros más 1.44 metros de la parte baja de mármol), sino también por su complejidad y nivel de realización, es uno de los más importantes candelabros del Occidente cristiano.

El conjunto de Donatello

Se puede concluir la visita observando algunas de las 30 obras que el gran

Donatello creó en Padua, de 1444 a 1450. La técnica que utilizó Donatello es llamada con el término toscano *"stiacciato"*, que quiere decir "aplanado". Donatello realizó el Crucifijo de bronce que se colocó en el altar mayor. Para este mismo altar creó siete estatuas que representan a la Virgen con Niño y los santos Francisco, Antonio, Justina, Daniel, Luis y Prosdocimo.

Reliquias de San Lucas

Padua conserva también las reliquias de san Lucas evangelista. San Lucas murió a los 84 años en Beocia, región de la antigua Grecia cuya ciudad más importante fue Tebas, donde fue sepultado. Posteriormente, su cuerpo fue llevado a Constantinopla y finalmente a Padua. Durante las invasiones germanas los restos se escondieron en la necrópolis de Santa Justina. Alrededor de 1460a, se dijo que llegó a Venecia otro cuerpo de san Lucas, desde Bosnia. Así nació una controversia entres las dos ciudades por la autenticidad de las reliquias. En el año 2000 se descubrieron las reliquias del evangelista en la Basílica de Santa Justina, poniendo fin a la controversia entre Padua y Venecia. La investigación de los restos inició en septiembre de 1998 bajo una comisión de especialistas y por la petición del Metropolita de Tebas, Hyeronimus, que como gesto ecuménico solicitaba un fragmento para colocarlo en el que fue el primer sepulcro de san Lucas.

Basílica de Santa Justina

La iglesia de Santa Justina surgió sobre las ruinas de un templo pagano. Es el lugar más antiguo de culto de la ciudad. Fue fundada en el siglo V sobre la tumba de la mártir, una joven que fue martirizada en el año 304 durante la persecución de Maximiliano. Según la tradición el padre de la mártir, Vitaliano, alto funcionario imperial que se convirtió al cristianismo, hizo construir el primer núcleo de la iglesia que sería la sede de la primera catedral de la ciudad. A la iglesia se añadió sucesivamente un monasterio benedictino. El complejo se enriqueció progresivamente de bienes y reliquias. Después del terremoto del 1117 se restauró la iglesia, pero fue demolida en el 1502 para dar lugar a la actual, realizada entre 1532 y 1579. La fachada debería estar cubierta de mármol, probablemente blanco, pero nunca se terminó. La embellecen ocho cúpulas y un campanil. Tiene planta de cruz latina y sus tres naves están divididas por grandes pilastras. Mide 122 metros de largo y, por su tamaño, es la novena entre las iglesias del mundo que está marcada en el pavimento de la Basílica de San Pedro, en Roma. Detrás del Arca de san Matías están las reliquias de los mártires de Padua. La jaula de hierro que se observa contenía las reliquias de san Lucas, que ahora se conservan en una capilla.

PADRE PÍO DE PIETRELCINA
"El primer sacerdote con estigmas"

San Giovanni Rotondo

Está ubicado a 168 kilómetros de Roma, en el centro de un gran valle a 20 kilómetros del famoso Monte Sant' Ángelo y a 567 metros sobre el nivel del mar. Según la tradición, la ciudad fue fundada por los griegos y posteriormente tomada por los romanos. Éstos construyeron un templo, que se dedicó en forma sucesiva a Apolo, Vesta y, finalmente, a Jano. Por su forma circular se le apodó "La Rotonda". Cuando los habitantes de la zona se convirtieron al cristianismo destruyeron el templo y, en su lugar, construyeron uno dedicado a san Juan Bautista. La ciudad tomó forma de castillo a principios del siglo XIII, cuando el emperador Federico II la fortificó con torres y murallas. Se convirtió en paso de los peregrinos que viajaban a la Cueva de San Miguel. Actualmente es meta de peregrinos por la tumba del Padre Pío, un sacerdote al que se le atribuyen poderes sobrenaturales como estigmas perfumados, curaciones, bilocaciones y lectura de conciencias a los que se confesaban con él. También predijo cosas del futuro, como la llegada al papado de Pablo VI y de Juan Pablo II.

Fechas importantes en la vida del Padre Pío

- 1887. 25 de mayo. Nace en Pietrelcina, Benevento, lugar cercano a San Giovanni Rotondo, en el sur de Italia. Sus padres, Grazio "Orazio" Mario Forgione, granjero, y María Giuseppa de Nunzio Forgione.
- 26 de mayo. Lo bautizan con el nombre de Francesco en la Iglesia de Santa María de los Ángeles.
- 1899. 27 de mayo. Recibe el Sacramento de la Confirmación.
- 1903. 22 de enero. A los dieciséis años entra al noviciado de Marcote y recibe el hábito de la Orden de los Hermanos Menores Capuchinos. Abandona el nombre de Francesco y elige el nombre de *Fra*[101] Pío.
- 1904. 22 de enero. Termina el noviciado y hace la Primera Profesión (temporal) de los Consejos Evangélicos de Pobreza, Castidad y Obediencia. Entra al convento de la provincia monástica y estudia para ordenarse sacerdote.
- 1907. Al cumplirse los tres años de los votos temporales, hace su profesión perpetua o votos solemnes.

---

[101] La palabra *Fra* es un apócope de la palabra *Fratello*, que en italiano significa: "hermano"

- 1910. 10 de agosto. Después de graves problemas de salud es ordenado sacerdote en la capilla del Arzobispo de Beneveto.
- Septiembre. Recibe los estigmas visiblemente por primera vez, pero por poco tiempo y de forma intermitente. Confía el acontecimiento únicamente a su Director Espiritual.
- 1911. Noviembre. Los superiores se enteran del suceso sobrenatural cuando lo observan en éxtasis.
- 1917-1918. Durante la Primera Guerra Mundial, sirve en el cuerpo médico italiano.
- 1918. 5 al 7 de agosto. Vive la experiencia de la transverberación[102] del corazón, que le casa causa heridas visibles en su costado.
- 20 de septiembre. Después de misa, hace oración en el área del coro de la antigua Iglesia de Nuestra Señora de las Gracias, y le aparecen los estigmas de forma visible y permanente. Éstos permanecen los siguientes cincuenta años, convirtiéndolo en el primer sacerdote estigmatizado en la historia de la Iglesia.
- 1919. Circulan rumores de que será trasladado a otro lugar para dejar San Giovanni Rotondo. Esto agitó a la población.
- 1922. 2 de junio. Se le prohíben las apariciones públicas y el acceso al público.
- 1924-1931. La Santa Sede rechaza en varias ocasiones que los estigmas sean de origen sobrenatural.
- 1931. 9 de junio. Se le ordena que deje de lado toda actividad a excepción de la Santa Misa, en privado.
- 1933. El Papa Pío XI permite que celebre la misa en forma pública y reconoce que fue mal informado.
- 1934. Se le restauran todas sus facultades y comienza a confesar.
- 1968. 23 de septiembre. Fallece en su cuarto a las 2:30 de la madrugada. En ese momento desaparecieron los estigmas sin dejar cicatriz alguna.
- 26 de septiembre. Su cuerpo es sepultado en una cripta en la Iglesia de Nuestra Señora de las Gracias. Asisten al funeral más de cien mil gentes. Se tuvo que esperar cuatro días para que la multitud de personas pasara a despedirse.
- 1999. 2 de mayo. Es beatificado por Juan Pablo II.
- 2002. 16 de junio. Es canonizado por Juan Pablo II.
- 2008. Su cuerpo incorrupto se expuso públicamente para su veneración en la iglesia de Santa María de los Milagros.

---

[102] Es la experiencia mística de ser traspasado en el corazón, para indicar la unión de amor con Dios. Es conocida especialmente la transverberación de santa Teresa de Jesús.

El convento

El convento de los capuchinos, donde vivió el padre Pío se encuentra alejado del centro de la ciudad. Su construcción inició en 1538. En 1540 los frailes tomaron posesión del lugar. Ahí está la celda número 5, que el Padre ocupó desde su llegada a San Giovanni Rotondo hasta 1968. En su interior se encuentra el lecho, el Crucifijo, un arcón para la ropa, una mesilla, un escritorio, dos sillas y un estante colgado de la pared con algunos libros. No se permite visitar la celda ya que forma parte de la zona de clausura. Delante se encuentra una pequeña ermita con una estatua de la Virgen protegida por una hornacina. En esta ermita, el padre Pío celebró la misa durante el periodo de segregación, del 11 de junio al 15 de julio de 1933. La misa duraba cerca de tres horas.

El Santuario de Santa María de los Milagros (*Santa María delle Grazie*)

Dedicado a la Virgen María, que otorga gracias o milagros, está formado por la pequeña iglesia antigua y la nueva basílica. La primera comenzó a construirse en 1540 y se concluyó en 1576. En la luneta están las imágenes de la Virgen con el Niño, san Francisco y san Miguel Arcángel. A los lados de la puerta se ven dos lápidas con las que el Municipio de San Giovanni Rotondo recuerda los cincuenta años de sacerdocio del Padre Pío (10 agosto 1910-10 agosto 1960) y sus cincuenta años de residencia en San Giovanni Rotondo (1916-1966). En su interior destaca el altar de san Francisco, donde el padre celebró la Santa Misa desde 1945 hasta 1959. La nueva basílica se inició en 1956, según el proyecto del arquitecto Giuseppe Gentile di Boiano y se consagró en 1959. Tiene tres naves. En el ábside se observa el mosaico que representa a la Virgen de los Milagros, realizado por la escuela vaticana de mosaicos según el dibujo de Bedini. En los altares de las naves laterales, hay ocho mosaicos de la misma escuela con diseños de Antonio Achilli y del Padre Ugolino da Belluno.

Iglesia de Santa María de los Ángeles (*Santa María degli Angeli*)

Se ubica entre el convento y el nuevo santuario. Se construyó en 1540 con piedra local de Montenero. Dañada por el terremoto de 1629, se restauró y se volvió a consagrar en 1676.

Santuario y *Via Crucis*

Junto a la pequeña iglesia, que se volvió insuficiente para acoger al gran número de peregrinos, se levantó un nuevo santuario de estilo neorrománico. Las obras concluyeron en 1959. Al salir del santuario, a la izquierda, se puede tomar el gran *Via Crucis*. En 1939 se inauguró el primer Vía Crucis en la avenida de los Capuchinos (*Viale dei Capuccini*), pero debido al aumento del tráfico de automóviles que dificultaron el recorrido, se decidió hacer uno nuevo. Los trabajos iniciaron en 1968, poco antes de la muerte del Padre Pío, y concluyeron en 1971. Sube la pendiente del monte Castellano, siguiendo un camino que serpentea entre el bosque de pinos. Las estaciones y las estatuas de Jesús resucitado, la Virgen y el padre Pío son obra de Francesco Messina.

La Nueva Capilla

La Iglesia de Peregrinaje, con capacidad para diez mil personas, se construyó entre 1991 y 2004, según el proyecto del arquitecto genovés Renzo Piano, autor del famoso Centro George Pompidou, en París (1971-1978), y del aeropuerto en la isla artificial de Osaka, Japón (1994). La nueva iglesia puede abrir la fachada acristalada de la iglesia y utilizar también la plaza. La rotonda de forma espiral está compuesta por arcos de medio punto, dispuestos radialmente. Los arcos esbeltos de sillares de piedra caliza de Apulia se tensaron con cables de acero, que pasan por sus núcleos. En la cripta situada justamente debajo del altar se guardan las reliquias del santo Padre Pío.

La Cruz de Pomodoro

Está hecha en bronce y mide 2.40 de altura por 2.20 de largo. El autor, Arnaldo Pomodoro, confesó que para hacer la obra se inspiró en la ceremonia de beatificación del santo, cuando el cielo estaba cubierto de nubes pasajeras, que de tanto en tanto permitían el paso de algunos rayos de sol. Eso le hizo crear una cruz con mucha transparencia, rica de elementos, como los clavos que hirieron el cuerpo de Jesús.

La Capilla de la Eucaristía

Está situada a un lado de la sacristía y el Aula Litúrgica. Todo se centra en el tabernáculo con el Santísimo Sacramento. El tabernáculo está formado por estelas octagonales con línea cónica que se apoyan sobre un basamento de mármol. Está hecho en piedra volcánica negra del Etna. Mide casi cuatro metros. La parte superior está revestida de plata, con ilustraciones del pan eucarístico. Su puerta presenta al pelícano que da la vida por sus polluelos como símbolo de la Eucaristía. Tiene doce relieves, seis con temas del Antiguo Testamento y seis del Nuevo Testamento.

Monumento al Padre Pío

En la plaza de los Olmos se encuentra la última obra del escultor Pericle Fazzini. Representa al santo con los brazos levantados, para mostrar la custodia con la hostia consagrada. En la parte inferior se pueden ver cuatro episodios de su vida: en el primero aleja a un amigo que intenta disuadirlo de su propósito de consagrarse a Dios; en el segundo es tentado por el demonio; en el tercero administra el sacramento de la reconciliación y en el último recibe los estigmas de la pasión de Cristo.

Pensamientos del Padre Pío

"Reza, espera y no te preocupes. La preocupación es inútil. Dios es misericordioso y escuchará tu oración [...] La oración es la mejor arma que tenemos; es la llave al corazón de Dios. Debes hablarle a Jesús, no sólo con tus labios sino con tu corazón. En realidad, en algunas ocasiones debes hablarle sólo con el corazón..."

"Dulce es la mano de la Iglesia también cuando golpea, porque es la mano de una madre".

"Haré más desde el Cielo, de lo que puedo hacer aquí en la Tierra".

Oración

Bienaventurado Padre Pío, testigo de fe y de amor. Admiramos tu vida como fraile Capuchino, como sacerdote y como testigo fiel de Cristo. El dolor marcó tu vida y te llamamos: "Un crucificado sin Cruz". El amor te llevó a preocuparte por los enfermos, a atraer a los pecadores, a vivir profundamente el misterio de la Eucaristía y del perdón. Fuiste un poderoso intercesor ante Dios en tu vida, y sigues ahora en el cielo haciendo bien e intercediendo por nosotros. Queremos contar con tu ayuda. Ruega por nosotros. Lo pedimos por Jesucristo, nuestro Señor. Amén.

MONTE DEL SANTO ÁNGEL
"La cueva de San Miguel"

✦

Es uno de los más antiguos lugares de culto de la cristiandad. Se encuentra cercano a san Giovanni Rotondo, en el monte Sant'Angelo, a 806 metros de altitud. Es la cueva donde el arcángel se apareció entre los años 490 y 493. Entre los documentos que comprueban el hecho está una carta enviada al Papa Gelasio I, entre los años 493 y 494. Los longobardos que se convirtieron al cristianismo lo hicieron su santuario nacional. Lo han visitado los pontífices: Gelasio I, León IX, Urbano II, Alejandro III, Gregorio X, Celestino V, Juan XXIII, Juan Pablo II. Los soberanos: Luis II, Ottone III, Enrique II, Fernando el Católico, Segismundo rey de Polonia, los borbones Fernando I y Fernando II, Victorio Emmanuel III y Humberto II de Savoia. Los santos: Anselmo, Bernardo, Francisco de Asís, Brígida, Alfonso María de Ligorio, Gerardo Mayela, Pío de Pietralcina, entre otros.

Primera aparición

El origen del santuario se remonta a fines del siglo V o principios del VI, y está ligado a las apariciones del arcángel. La primera se dio en el año 490 y se conoce como el episodio del toro: Un hombre de Siponto hacía pastar a sus animales en la montaña del Gargano cuando de repente desapareció su más hermoso toro. Después de una larga y afanosa búsqueda lo encontró con sus patas delanteras arrodilladas frente a la entrada de una cueva. Lleno de ira lanzó una flecha contra el animal rebelde, pero de forma inexplicable, en vez de herir al toro, la flecha regresó e hirió el pie del hombre. Espantado por lo sucedido, el hombre fue en busca del obispo y le contó lo ocurrido. El religioso ordenó tres días de oración y penitencia. Cuando concluía el tercer día, se le apareció al obispo el arcángel y le dijo: "Yo soy el arcángel Miguel y estoy siempre en la presencia de Dios, la cueva es sagrada para mí, ha sido elegida por mí, yo mismo soy su custodio... Ahí, donde se abre la roca, los pecados serán perdonados... Todo aquél que ahí haga oración será escuchado. Por lo tanto, ve a la montaña y dedica la gruta al culto cristiano". Después de la aparición, el obispo dudó en obedecer al ángel y convertir la cueva en un lugar de culto, porque en ella se habían celebrado antiguamente cultos paganos y, además, era difícil su acceso.

Segunda aparición

Se llevó a cabo en el año 492. Según la tradición, la ciudad de Siponto estaba asediada por tropas enemigas y estaba a punto de rendirse. Entonces, el obispo Lorenzo consiguió una tregua de tres días con el enemigo. Elevó su oración a Dios y le ofreció su penitencia. Al tercer día se le apareció el arcángel Miguel y le predijo la victoria. El mensaje llenó de esperanza a los asediados que salieron de la ciudad y lucharon valientemente consiguiendo la victoria.

Tercera aparición

La tradición afirma que el 29 de septiembre del año 493, después de la victoria de los Sipontinos, el obispo decidió obedecer las órdenes del mensajero celeste y consagrar la cueva a san Miguel, en señal de reconocimiento. Para ello tuvo la aprobación del Papa Gelasio I. Nuevamente se le apareció el arcángel y le dijo que ya él mismo había consagrado la gruta. Entonces, el obispo acompañado de otros obispos de la zona, sacerdotes y todo el pueblo, se dirigió al sagrado lugar. Durante el recorrido hubo signos prodigiosos: algunas águilas extendieron sus alas y protegieron a los obispos de los rayos del sol. Cuando llegaron al lugar, encontraron un altar rojo cubierto con un palio bermellón y una cruz. Además, de acuerdo con la leyenda, san Miguel dejó en la roca, como signo de su presencia, la huella de un niño. Ese día se celebró la primera misa en el lugar. La gruta, como único lugar de culto no consagrado por mano humana ha sido llamada a través de los siglos la "Celeste Basílica".

Cuarta aparición

En el año de 1656, toda la región estaba asolada por la peste. El arzobispo Alfonso Puccinelli, buscando algún obstáculo que impidiera su contagio, invocó la ayuda del arcángel con oraciones y ayunos. Colocó en las manos de la estatua una súplica escrita en nombre de toda la ciudad. Al amanecer del día 22 de septiembre, mientras hacía oración en el palacio episcopal de Monte Sant'Angelo, sintió que la tierra temblaba y después vio a san Miguel en medio de un gran resplandor. El arcángel le ordenó que bendijera las piedras de su gruta esculpiendo en ella el signo de la cruz y las letras M.A. (Miguel Arcángel). Y le prometió que todo aquel que tocase aquellas piedras sería inmune a la peste. El obispo hizo lo que se le ordenaba. Pronto la ciudad se liberó de la peste, de acuerdo con la promesa del mensajero celeste. En agradecimiento, el arzobispo hizo erigir un monumento al arcángel en la plaza de la ciudad, frente a la habitación de la aparición. Tiene una inscripción en latín que se traduce: "Al príncipe de los ángeles vencedor de la peste, patrón y custodio, monumento de eterna gratitud. Alfonso Puccinelli. 1656".

La Basílica Celeste

Para la construcción de la Basílica se aprovecharon varias grutas, a las que en épocas posteriores se añadieron otras construcciones en 15 siglos de historia. Recibe al peregrino un portal románico. La fachada del vestíbulo y el portal de la izquierda son de la segunda mitad del siglo XIX, mientras que el hermoso bajorrelieve del portal es de 1395. Partiendo del vestíbulo es posible bajar por una larga escalinata tallada en la roca hasta el portal románico, cuya puerta de bronce data de 1076. En el interior hay un pequeño altar que recuerda la visita de san Francisco de Asís, en el año 1216. Dentro de la gruta se pueden admirar las siguientes obras: en el presbiterio la estatua de san Miguel, obra de Andrea Contucci "el Sansovino" (1507), esculpida en mármol de Carrará. La cátedra episcopal es de la mitad del siglo XI. La escultura de san Sebastián es del siglo XV. A los lados del presbiterio están el altar de la Virgen del Perpetuo Socorro, uno de los más antiguos del lugar, el altorrelieve de la Santísima Trinidad, la estatua de la Virgen de Constantinopla y el bajorrelieve de san Mateo. En una pequeña gruta, llamada el Pocito, una imagen en piedra de san Miguel del siglo XV. Las criptas, con 60 metros de largo, se desarrollan bajo el pavimento de la basílica. Se remontan a la época longobarda y se pueden ver actualmente gracias a las excavaciones que se hicieron entre

1949 y 1960. Durante un tiempo sirvieron como ingreso a la gruta, pero fueron abandonadas en el siglo XIII. En el exterior del santuario se alza un imponente campanario, de forma octogonal, construido en 1274 por voluntad de Carlos I de Anjoú.

Horarios de visita

Verano: 7:30 a 19:30.

Invierno: 7:30 a 12:30 y 14:30 a 17:00.

LANCIANO
"Una hostia hecha carne"

Lanciano es una pequeña población medieval, ubicada en la costa del Mar Adriático de Italia, en la carretera entre San Giovanni Rotondo y Loreto. Está dedicada al soldado Longinos (en italiano *Legonziano*), que traspasó el costado de Cristo en la cruz. A partir del siglo VIII la población se convirtió en meta de miles de peregrinos que acuden a la iglesia de san Legonziano para admirar y comprobar el más antiguo milagro eucarístico.

El hombre duda y Dios responde

Aquel tiempo se caracterizó por múltiples herejías y desviaciones de la fe, a tal grado que un sacerdote de la orden de san Basilio llegó a dudar de la presencia real de Cristo en la eucaristía. Consideraba imposible que Cristo estuviera realmente presente en la sencillez del pan y del vino. Creía que se trataba solamente de un mero simbolismo. Esto hacía que cada vez que celebraba la Santa Misa lo hiciera sin fe, en forma ritual y rutinaria. Las desviaciones de la fe y la duda del sacerdote propiciaron que Dios mostrara su misericordia a través de un acontecimiento extraordinario.

La duda que propició un milagro

Cierto día, el sacerdote celebraba la misa y pronunció las palabras de la consagración: "Tomen y coman todos de él, porque esto es mi cuerpo que será entregado por ustedes". Elevó la hostia y entonces, como respuesta divina excepcional a las herejías y a la duda del sacerdote, la hostia permaneció con apariencia de pan en la parte central, pero cambió su apariencia en la parte de las orillas. El sacerdote continuó la consagración. Tomó el cáliz lleno de vino y pronunció: "Tomen y beban todos de él porque éste es el cáliz de mis sangre, sangre de la alianza nueva y eterna que será derramada por ustedes y por muchos para el perdón de los pecados. Hagan esto en memoria mía". Ante la admiración de todos, el vino cambió su apariencia y se agrumó en cinco glóbulos irregulares de distinta forma y tamaño. El pan y el vino se habían convertido en verdadera carne y sangre humana.

La duda y la evidencia

La noticia llegó a los lugares más lejanos. El obispo del lugar interrogó a los testigos e hizo las investigaciones necesarias para evitar cualquier engaño. Pensaba: "si se trata de un fraude, la carne de la hostia se pudrirá en poco tiempo y la sangre coagulará en forma ordinaria". Sin embargo, el tiempo mostró que Dios quería afirmar la presencia real de Cristo en la Eucaristía. La parte de la hostia que había permanecido visiblemente como pan se fue desintegrando y dejó un vacío en el centro pero, la parte que se convirtió en sangre se ha conservado en forma inexplicable hasta nuestros días. Lo mismo le sucedió a la sangre del cáliz. Se dividió en el cáliz en cinco partículas de diferentes tamaños y formas irregulares. Los monjes decidieron pesar las partículas y descubrieron que, aunque cada una de las partes son de tamaño distinto, pesan exactamente lo mismo. El prodigio se exhibe a la vista de todos en una custodia y un vaso transparente. El tamaño de la hostia es como la que utiliza el sacerdote actualmente. Es ligeramente parda y adquiere un tinte rosáceo si se ilumina por el lado posterior. La sangre coagulada tiene un color terroso, que tiende al amarillo ocre. Está compuesta del tejido muscular del corazón humano (miocardio).

Diversos custodios

El llamado "Milagro de Lanciano" ha sido custodiado por diversos grupos de religiosos a lo largo de la historia. Los basilianos fueron custodios hasta 1176, siguieron los benedictinos hasta el año de 1252 y, desde entonces, son los frailes Menores conventuales (franciscanos). La gran presencia de peregrinos hizo que entre 1252 y 1258 se construyera un templo románico-gótico. Su fachada rectangular en bloques de piedra es un magnífico ejemplo de la arquitectura franciscana simple y solemne. La actual puerta de bronce es moderna y tiene escenas relacionadas con la eucaristía. La parte superior de la fachada tuvo que rehacerse a consecuencia de un terremoto. Entre 1730 y 1745 sufrió modificaciones y el interior se convirtió en barroco, de una sola nave. En 1902, la hostia y la sangre se colocaron en el actual altar monumental de mármol.

Millones de testigos

En 1713 se fabricó una artística custodia que enmarca dignamente el portento y, al mismo tiempo, permite que todos los peregrinos sean testigos del milagro. Está hecha en plata finamente cincelada por la escuela napolitana. Tiene dos ángeles adoradores arrodillados. Sobre la mano de cada uno de ellos pasa una cinta con una inscripción en latín: *"Tantum ergo sacramentum-veneremur cernui"*. La Carne y Sangre Milagrosa estuvieron guardadas en la capilla Valsecca hasta 1902. Los fieles solo podían venerar el Milagro Eucarístico en ocasiones especiales, el lunes después de Pascua y la última semana de octubre, la semana de la fiesta. La indulgencia plenaria estaba disponible para las personas durante la fiesta. En 1902 se determinó que la Capilla Valsecca era inadecuada para el Milagro Eucarístico. El obispo Petrarca, con el apoyo de los Lancianenses, le construyó un monumento marmóreo donde se exhiben las preciosas reliquias. Fue inaugurado el 4 de octubre de 1902. Es obra de Ángelo Rocca di Carrara, según diseño de Filippo Sergiacomo. Se abajó para facilitar la visión de los peregrinos. Las dos esculturas de los lados representan las virtudes de la fe y la caridad, y son obra de Giovanni Scrivo de Nápoles (1904). Se puede contemplar de cerca el milagro subiendo por una escalera detrás del altar mayor. El tabernáculo está abierto por detrás, para que se pueda ver el relicario que contiene la preciosa Sangre y Carne de Nuestro Señor. La sangre se puede observar dentro de una ampolla de cristal de roca. Millones de fieles provenientes de todas las partes del mundo han sido testigos del prodigio.

Investigaciones eclesiásticas y científicas

La iglesia, como autoridad, no puede considerar milagro aquello que no haya sido comprobado. Para ello necesita hacer las pruebas e investigaciones necesarias y apoyarse en la ciencia. El "Milagro de Lanciano" ha sido estudiado en diferentes épocas, y los resultados han sorprendido a propios y extraños. Las pruebas más importantes se hicieron en los años de 1574, 1970, 1971 y 1981. Dentro del grupo de estudiosos participaron los eminentes científicos Odoardo Linoli y Ruggero Bertelli, docentes universitarios y expertos en anatomía, histología, patología, química y microscopía clínica.

Resultados

Los análisis totalmente documentados y realizados con absoluto rigor científico dieron los siguientes resultados:

- La carne es verdadera carne y la sangre es verdadera sangre.
- La carne y la sangre pertenecen a la especie humana.
- La carne está constituida por tejido muscular del corazón.
- En la carne están presentes, en secciones, el miocardio, el endocardio, el nervio vago y, por el relevante espesor del miocardio, el ventrículo cardiaco izquierdo.
- La carne es un "corazón" completo en su estructura esencial.

- La carne y la sangre tienen el mismo grupo sanguíneo: AB
- En la sangre se encontraron las proteínas normalmente fraccionadas, con la proporción en porcentaje correspondiente al cuadro Sero-protéico de la sangre fresca normal.
- En la sangre se encontraron también minerales, tales como, cloruros, fósforo, magnesio, potasio, sodio y calcio.
- La conservación de la carne y de la sangre en estado natural por espacio de doce siglos, expuestas a la acción de agentes atmosféricos y biológicos, es un fenómeno extraordinario.

Conclusión

No sólo el sacerdote incrédulo recibió una respuesta divina a su duda. La ciencia da una respuesta segura y exhaustiva acerca de la autenticidad del milagro eucarístico de Lanciano. Sin embargo, la fe no es producto de la ciencia. Es necesario que nuestro corazón se conmueva, no por estos eventos extraordinarios sino por las sencillas palabras de Jesucristo pronunciadas en la Última Cena: "Tomen y coman...Tomen y beban...". O por las que le dirigió Tomás, el apóstol incrédulo: "Tú crees porque me has visto, dichosos los que crean sin haber visto".

SAN CHARBEL
"Un cuerpo incorrupto"

San Charbel, santo maronita,[103] tuvo una vida en soledad y alejada del mundo. Sólo hasta después de su muerte se hizo popular, por los numerosos prodigios con que Dios lo señaló. Su imagen lo presenta con barba blanca, túnica negra y brazos extendidos en actitud de oración. En sus estampas también lo acompañan un cedro de Líbano, un cáliz y la imagen de la Virgen María. Sus devotos le colocan listones de colores con una petición. Yusef Makhlouf nació dentro de una familia campesina el 8 de mayo de 1828, en el pueblo de Beqaa-Kafra, el lugar habitado más alto de Líbano; cercano a los famosos cedros. El joven creció con el ejemplo de dos de sus tíos, ambos ermitaños. Era el quinto hijo de Antun Makhlouf y Brigitte Chidiac. Fue bautizado a los ocho días con el nombre de Yusef (José). A los tres años su papá fue inscrito en el ejército turco en la guerra

---

[103] La Iglesia maronita es una iglesia de rito oriental, fundada por san Marón hacia finales del siglo IV y principios del V. Es la única iglesia oriental que ha permanecido en plena comunión con el Papa durante la historia. Esta comunión no le impide conservar sus estructuras y rituales propios.

contra los egipcios y murió cuando regresaba a casa. Su madre se encargó de cuidar a su familia, dándole ejemplo de virtud y fe. Pasado un tiempo, ella se casó de nuevo con un hombre devoto que después se hizo sacerdote, porque en el rito maronita los hombres casados pueden ser sacerdotes. Yusef estudió en la pequeña escuela parroquial del pueblo y ayudó a su padrastro en el ministerio sacerdotal. De él aprendió a llevar una vida de oración. A la edad de 14 años era pastor de ovejas y se retiraba con frecuencia a una cueva para hacer oración. A los 20 años de edad era el sostén de su familia. En 1851, a los 23 años, dejó su casa en secreto y entró al monasterio de Nuestra Señora de Mayfuq. Renunció a su nombre bautismal de Yusef y eligió como nombre de consagración el nombre de un mártir sirio: Charbel. Dos años después profesó los votos perpetuos como monje. Posteriormente realizó sus estudios de filosofía y teología en el Monasterio de san Cypriano de Kfifen. Fue ordenado sacerdote en 1859 y pasó muchos años en el monasterio de San Marón, en Annaya, al cuidado de los enfermos y con trabajos manuales muy humildes. El padre Charbel vivió en esta comunidad por 15 años. Se caracterizó por su amor a la Eucaristía y a la Virgen María. A los 47 años solicitó permiso para vivir como ermitaño,[104] en soledad, oración, ayuno perpetuo comiendo una sola vez al día, con abstinencia de carne, frutas y vino, trabajos manuales santificados por la oración, un lecho compuesto de hojas y un pedazo de madero colocado en el lugar habitual de una almohada. Después de 23 años de ermitaño murió a la edad de 70 años, el 24 de diciembre de 1898. Luces y fenómenos milagrosos obligaron a cambiar su cuerpo de sepulcro. En 1899 se hizo el primer cambio. En 1927 se cambió a una tercera tumba. En 1950 se abrió su tumba y se expuso su cuerpo a los peregrinos. En esa ocasión al pasarle un amito por la cara, quedó impreso en la prenda el rostro de Cristo, como en el Sudario de Turín. Su cuerpo se ha mantenido incorrupto, sin la rigidez habitual, con la temperatura de una persona viva. Suda un líquido rojizo semejante a la sangre pero no se deshidrata,

---

[104] Ermitaño (eremita). Del latín *ermita* y del griego *eremites*, significa "quien vive en el desierto". En la iglesia católica se aplica a quien vive en soledad para dedicarse a la oración y meditación. Los ermitaños ya se conocían en los tiempos del Antiguo Testamento. Entre ellos está el profeta Elías. San Juan el Bautista se preparó para su misión como ermitaño en el desierto. En la Iglesia primitiva los ermitaños se hicieron numerosos primero en Egipto y en el Asia Menor, pero rápidamente se esparcieron hacia el Occidente, donde eventualmente edificaron monasterios que combinaban la vida ermitaña con la vida cenobítica. En el siglo XII habían ermitaños en el monte Carmelo, donde lo había sido el profeta Elías. En la actualidad la Iglesia cuenta con comunidades monásticas que hacen provisión para que algunos de sus miembros puedan, con permiso del superior, hacer vida de ermitaño. Además existe la posibilidad de vivir la vida eremítica sin pertenecer a ninguna comunidad, siempre que esté sometido a la autoridad directa del obispo (*Cf. Código de Derecho Canónico* N. 603).

y ocurren prodigios de luz constatados por muchas personas. Aunque la Iglesia aún no pronunciaba su veredicto, el pueblo comenzó a venerarlo como santo. Es necesario recordar que a una persona no se le canoniza por sucesos extraños o milagros, por lo que en 1925 el padre superior de la Orden solicitó al papa Pío XI la apertura del proceso de estudio para la beatificación. Fue beatificado el 5 de diciembre de 1965 por el papa Pablo VI, que dijo de él: "Un ermitaño de la montaña libanesa puede hacernos entender, en un mundo fascinado por las comodidades y la riqueza, el gran valor de la pobreza, de la penitencia y del ascetismo, para liberar el alma en su ascensión a Dios". Fue canonizado el 9 de octubre de 1977, siendo el primer santo oriental desde el siglo XIII. Es muy conocido en el Oriente Medio y su culto se hizo fuerte en México a partir de la inmigración maronita que comenzó en el siglo XIX.

El Monasterio San Maron Annaya

Se sitúa al oeste del pueblo de Ehmej, y al sur del pueblo de Mechmech. A 17 kilómetros de Jbeil y a mil 200 metros de altitud. *Annaya* es una palabra siriaca que significa "coro de fervientes o ermitaños". El primer edificio se terminó en 1828, año del nacimiento de san Charbel. Actualmente, la escultura del santo recibe a los visitantes. El monasterio cuenta con un museo donde se exponen las sotanas del santo y algunos utensilios relacionados con sus milagros. Para satisfacer las necesidades de los peregrinos se construyó un hostal al lado del monasterio: "El Oasis de san Charbel". Los monjes no sólo atienden lo deberes espirituales del monasterio, sino también atienden a las parroquias y producen vino, mermeladas y productos lácteos. La iglesia está a la derecha del monasterio. Fue construida en 1840 y dedicada bajo el nombre de san Marón. La Ermita de san Pedro y san Pablo se construyó a 150 metros de altitud del monasterio.

Iglesia de san Charbel

En 1965, después de la beatificación de Charbel, se inició la construcción de una nueva iglesia, que recibe a multitudes de peregrinos. Se consagró en 1974. La forma de la iglesia es circular. El altar está colocado en el centro de la nave, como símbolo de la constante restauración del mundo. En la parte superior de cada entrada hay una serie de vitrales que representan escenas de la vida del santo, obra de Saliba Douiahy y restaurados por el padre Abdou Badawi.

Museo

Exhibe los hábitos, ornamentos litúrgicos y diversos utensilios que utilizó el santo durante su vida. De especial interés son los ornamentos litúrgicos con que se vistió al santo en sus distintas tumbas. Aunque el cuerpo del santo se mantuvo incorrupto, la ropa está arruinada por el constante sudor ensangrentado que segregaba su cuerpo. La muestra se complementa con ex votos y ofrendas de los fieles.

Primera tumba

Está detrás de la estatua. En este lugar brilló una misteriosa luz cuatro meses después de su muerte. Como el lugar exudaba una especie de sudor semejante a la sangre, se exhumó el cuerpo por primera vez para realizar exámenes.

La iglesia del sepulcro

A un costado del museo está la tumba del santo, en un oratorio construido en forma de arco o bóveda. Su cuerpo se trasladó desde el cementerio público, ubicado detrás de la plaza, dentro de ataúdes de diferentes tamaños y formas. El 7 de agosto de 1952, después de muchas pruebas para encontrar y detener la causa que originaba la secreción del sudor y la sangre que emanaba de su cuerpo, se colocó en la tumba actual. Está sobre pedestales de cedro y de mármol italiano. Las reliquias están protegidas por una puerta de hierro y cristal.

El camino del santo

Entre el monasterio y la ermita se extiende un camino que es llamado popularmente "El camino del Santo". Los peregrinos inician el recorrido en la plaza del monasterio, suben por la colina y luego bajan por la vereda principal para finalmente ascender hasta la ermita.

La ermita

Lugar donde el santo pasó sus últimos 23 años. Se encuentra a 15 minutos del convento, a pie. Es interesante visitar la capilla y el cuarto donde murió. Ayuda al peregrino a comprender la sencillez de los santos y cuántas cosas nos estorban para encontrarnos con Dios. Desde las alturas de la ermita se puede utilizar un texto del profeta Ezequiel para comparar a san Charbel con un cedro de Líbano. "Yo tomaré de lo más escogido del Cedro, de lo alto de sus ramas y le plantaré sobre un monte alto... Y dará fruto y llegará a ser un noble cedro" (*Ezequiel* 17, 22-23).

Oración

Dios, infinitamente santo y glorificado en medio de tus santos. Tú que inspiraste al santo monje y ermitaño Charbel para que viviese y muriese en perfecta unión con Jesús Cristo, dándose la fuerza para renunciar al mundo y hacer triunfar desde su ermita, el heroísmo de sus virtudes monásticas: pobreza, obediencia y santidad. Te imploramos nos concedas la gracia de amarte y servirte siguiendo su ejemplo. Dios Todopoderoso, Tú que has manifestado el poder de la intercesión de san Charbel a través de sus numerosos milagros y favores, concédenos la gracia que te imploramos por su intercesión [....] Amén. (Padrenuestro, Ave María y Gloria).

LA RELIQUIA DE TURÍN
"La Sábana Santa"

La Sábana Santa
La historia de la Sábana Santa se puede consultar en la página 131 de esta guía.

Restauración del lienzo
En 2010 se muestra por primera vez, después de una cuidadosa restauración en la que le fue extraído el tejido que se quemó en el incendio de 1532 (en Chambéry), se le descosieron las aplicaciones que le pusieron las monjas clarisas y se le despegó el paño sobre el cual había sido fijada en 1534. La Síndone se colocó en un nuevo soporte.

Un relicario para el preciado lienzo
La catedral de Turín está dedicada a San Juan Bautista y es la única iglesia de la ciudad en estilo renacentista. Se construyó sobre tres iglesias anteriores que, entre 1490 y 1492, se demolieron para dar espacio a la nueva construcción. Solo se conservó un campanario de formas románicas, construido hacia 1470. Se conserva a la izquierda del edificio y fue modificado en 1720 cuando Filippo Juvarra le dio más altura. El 22 de julio de 1491, Bianca de Monferrato, regente de Saboya y viuda de Carlos I, colocó la primera piedra. La construcción duró siete años bajo la dirección de Amedeo de Francisco di Settignano (llamado también Meo del Caprino). El 21 de septiembre de 1505 se consagró y fue elevada a sede metropolitana entre 1513 y 1515, por el Papa León X. Sufrió varias modificaciones. En 1656 se rehizo la bóveda de la nave central. En 1649 se proyectó el cambio más significativo: la ampliación del edificio para crear un ambiente digno de la Sábana Santa. Bernardino Quadri inició los trabajos pero en 1667 se llamó a Guarino Guarini para que concluyera la obra. La capilla debería estar en una posición más elevada, en el lugar del

ábside original y ligada al Palacio Real. Sería una especie de camarín sobre base circular, cubierto por una cúpula. Los trabajos de la cúpula duraron veintiocho años y concluyeron en 1694.

La fachada de la catedral es de estilo renacentista, en mármol blanco, con tres portones. La puerta central está coronada por un tímpano y flanqueada por dos volutas. Tiene planta de cruz latina y está dividida en tres naves. Su interior se presenta austero. A lo largo de las naves laterales se abren seis capillas del lado derecho, y siete del izquierdo. Las capillas se embellecieron a lo largo de los siglos por diversos artistas y decoradores, entre los que destacan los turineses Gonin y Vacca, los arquitectos Martinez y Talucchi, Dauphin y Guglielmo Caccia, llamado el Moncalvo, entre otros. Es digna de atención la segunda capilla de la derecha dedicada a los santos Crispino y Crispiniano, pintada por Defendente Ferrari. La primera capilla es el bautisterio. En 1834 el interior de la catedral se decoró con pinturas al fresco que fueron eliminadas entre 1927 y 1929. La cúpula del templo es octogonal y de reducidas dimensiones pero la cúpula de la capilla le imprime un toque especial. Desde el presbiterio se accede a la célebre capilla de la Sábana Santa, obra de Guarino Guarini. Tiene forma circular y está revestida de mármoles negros. Es notable su cúpula barroca en forma de cono, con base octogonal, compuesta por nervaduras segmentadas, con una trama semejante a las labores de cestería. Sobre el altar está la urna que custodia la Síndone. La suntuosa Tribuna Real se debe a Carlos Manuel III de Saboya.

Salvada del fuego

El viernes 11 de abril de 1997, a la medianoche, un terrible incendio afectó a la catedral y al Palacio Real adyacente. El fuego destruyó numerosos tesoros religiosos, artísticos e históricos de la Casa de Saboya. El altar quedó destruido, las vidrieras y lucernas hechas añicos, y la extraordinaria cúpula de Guarini, revestida por dentro de madera, totalmente carbonizada. Afortunadamente los bomberos lograron rescatar la Sábana Santa. La restauración de fachada e interiores se hizo bajo la supervisión del arquitecto Maurizio Momo. Recientemente se hizo un nuevo relicario con el fin de que la Síndone permanezca extendida y con una atmósfera controlada.

CUARTA PARTE

SANTUARIOS EN MÉXICO

❖

LA VIRGEN DE GUADALUPE
"El milagro de las rosas"

❖

Las apariciones

El libro del *Nican Mopohua*, escrito originalmente en náhuatl, narra las apariciones de la Virgen de Guadalupe a Juan Diego. Éstas se desarrollaron entre el 9 y el 12 de diciembre de 1531. El sábado 9 de diciembre, por la mañana, un indiecito llamado Juan Diego se dirigía a misa a la iglesia de Santiago Tlatelolco, de pronto escuchó una música extraña que lo hizo subir a la cumbre de un cerro y allí se encontró con la Virgen, quien lo envió con el obispo para pedirle que se le construyera un templo en ese mismo lugar. Después de haber ido al palacio arzobispal, Juan Diego regresó esa misma tarde al Tepeyac, para decirle a la Virgen que el obispo no le había prestado atención. Ella le pidió que fuera al día siguiente con el mismo mensaje para decirle al arzobispo que ella era la Madre de Dios. El domingo el obispo recibió a Juan Diego. Después de escucharlo le pidió una señal para poder creerle. Juan Diego regresó al cerro. Después de comunicar a la Señora la petición del obispo, ella le pidió que regresara al día siguiente para entregarle la señal. Juan Diego regresó a su pueblo y allí encontró moribundo a su tío, Juan Bernardino. Preocupado por la enfermedad de su tío, Juan Diego no acudió a la cita el lunes 11 de diciembre. El día martes 12, muy temprano, se dirigió a Tlatelolco en busca de un confesor. Sintiendo la necesidad de ir lo más rápido posible, trató de esquivar el lugar en donde se le aparecía la Señora del Cielo, pero ella le salió al encuentro, lo consoló y le hizo saber que su tío ya estaba sano. Le pidió entonces que recogiera unas flores en lo alto del cerro. Aunque ya estaba muy cerca el invierno, Juan Diego subió y encontró rosas de Castilla, que guardó en su tilma. La Virgen bendijo las rosas y le pidió que las llevara al obispo, ésa sería la señal. Juan Diego fue a la casa del obispo y al desplegar su tilma para entregarle las flores, las flores cayeron al piso y en la tilma apareció la imagen de la Guadalupana. Desde entonces comenzó la veneración a la Virgen mediante la tilma, y los milagros comenzaron a multiplicarse.

Primeras construcciones

En la sacristía, ubicada del lado derecho del altar de la actual capilla de indios se puede ver parte de los cimientos de las dos primeras ermitas que se construyeron en el Tepeyac por deseo de la Virgen de Guadalupe: La primera fue erigida por fray Juan de Zumárraga en 1531 y la segunda por el obispo Montúfar en 1556. La tercera iglesia dedicada a la Virgen se construyó hacia el año 1622. Tuvo un techo de madera ricamente decorado, por lo que se conoció como "la del artesonado". Desafortunadamente no quedan restos de ella, porque en su lugar se levanta el antiguo convento de las madres capuchinas.

Capilla de Indios

La ermita fue construida hacia el año 1649 por deseo de Luis Lasso de la Vega, vicario de Guadalupe. Se le conoce como "de indios" porque según la tradición ahí vivió Juan Diego sus últimos años y se estableció una cofradía de indígenas en 1679. En la ermita se conservó la imagen de la Guadalupana de 1695 a 1709. También estuvo ahí de 1853 a 1896 el estandarte con el que el cura Hidalgo inició la guerra de Independencia. Posteriormente perdió la techumbre y se logró restaurar en 1998, año del 450 aniversario de la muerte de Juan Diego. Actualmente se conoce como capilla de san Juan Diego.

Convento de capuchinas

La iglesia y el convento de las madres capuchinas, rama femenina de los frailes franciscanos, se edificaron en 1787 por el arquitecto Ignacio Castera. En la decoración de la fachada sobresale el juego de colores entre el tezontle rojo y el gris de la cantera. Después de las Leyes de Reforma, establecidas en el siglo XIX, el edificio fue ocupado como cuartel y hospital.

En los años setenta fue la primera construcción en el mundo que pudo renivelarse por expertos arquitectos. Se reabrió al culto en 1996.

Capilla del Cerrito

Esta colina es llamada, en lengua náhuatl *Tepeyacátl*, por su forma de nariz. En 1666 se construyó una pequeña capilla en el cerro para recordar el lugar donde Juan Diego recogió las flores que llevaría al obispo. El costo de la obra estuvo a cargo de un panadero y su mujer: Cristóbal de Aguirre y Teresa Peregrina. Tiempo después, la construcción resultó insuficiente para la cantidad de peregrinos, por lo que en 1749 se construyó la actual, de mayores dimensiones. La fachada de la iglesia permaneció inconclusa hasta 1950. por lo que se puede observar esa fecha en el lado derecho. En ese mismo año, el pintor Fernando Leal concluyó los murales al fresco del interior de la capilla. La capilla se dedicó a san Miguel Arcángel, para que desde las alturas protegiera a la Guadalupana. En el atrio están cuatro ángeles obra del escultor Ernesto R. Tamariz. También se puede observar la "cruz del apostolado", colocada el 12 de octubre de 1895. En el costado oriente de la capilla está el convento de las religiosas carmelitas.

Antigua basílica

En 1695 la antigua ermita con techo artesonado, que había sido bendecida en 1622 ya amenazaba ruina; por lo que se pensó en construir un santuario de mayores dimensiones y de mayor hermosura. Se construyó entre 1695 y 1709 con cantera gris y tezontle rojo. El arquitecto Pedro de Arrieta quiso relacionarla simbólicamente con el Templo de Salomón, en Jerusalén. Para ello utilizó las cuatro torres, la cúpula y el arco poligonal sobre la puerta principal. La Basílica tiene tres naves cubiertas con 15 bóvedas; la central es más alta, en la parte media se eleva la cúpula sobre tambor y pechinas; al fondo de las naves; conforme a la planta original, se erigieron sendos altares. Sobre cada una de sus puertas hay un relieve con una de las apariciones a Juan Diego y las imágenes de apóstoles y profetas. Se consagró el 1 de mayo de 1709. En 1749 el templo recibió la categoría de Colegiata, lo que significa que para dirigirlo y atender a los fieles habría un cabildo o grupo de sacerdotes que trabajarían bajo el mando de un Abad. El ábside estaba cubierto con un retablo barroco con 16 columnas adornadas con hojas de parra y racimos de uvas policromadas, 15 estatuas de diferentes tamaños, 41 ángeles y 88 nichos de plata dorada. Lamentablemente el retablo fue destruido por la moda neoclásica de finales del siglo XVIII y principios del XIX. En diciembre de 1837 se estrenó un nuevo altar neoclásico, obra de Manuel Tolsá. En 1895, con motivo de la coronación de la Virgen, se destruyó el altar de Tolsá y se sustituyó por el actual, cubierto con un baldaquín y adornado con las estatuas de san Juan Diego y fray Juan de Zumárraga. En 1976 el hundimiento diferencial del edificio puso en peligro su estabilidad y la de los fieles, por lo que se cerró para su restauración, después de 267 años de servicio. Fue reabierta al culto como Templo Expiatorio de Cristo Rey el 5 de mayo del año 2000, con motivo del segundo Congreso Eucarístico Nacional.

El atentado

El 14 de noviembre de 1921, de un grupo de obreros que estaban en el templo, se adelantó un individuo pelirrojo, vestido con un overol nuevo color azul, a colocar rápidamente un ramo de flores ante la imagen. Dentro del ramo se escondía dinamita que al explotar hizo que se doblara un crucifijo de metal. Afortunadamente la imagen salió ilesa. El crucifijo se exhibe en la nueva basílica.

Capilla del Pocito

Se levanta donde, según la tradición, surgió un manantial milagroso que indicaba el lugar de las apariciones. El manantial se cubrió inicialmente con una simple techumbre pero, años más tarde, en 1791, el arquitecto Francisco de Guerrero y Torres construyó la actual capilla. Esta joya arquitectónica, de estilo barroco, es la única de base circular o céntrica, que se construyó en aquella época. En su interior es muy interesante la figura de Juan Diego que sostiene el púlpito de madera.

Nueva basílica

Se consagró el 12 de octubre de 1976. Tiene una base circular, con 100 metros de diámetro, para permitir la mejor participación de los fieles. Su cubierta de color verde trata de imitar la tienda de campaña en la que los judíos guardaban los elementos sagrados como el Arca de la Alianza. El verde representa el manto protector de la Virgen y también hace alusión al cerro del Tepeyac. La techumbre está sostenida por una gran columna eje de 42 metros de altura. El interior del templo, con sus nueve capillas del piso superior permite un cupo para diez mil personas. El atrio puede recibir a 50 mil peregrinos. Las criptas de la basílica cuentan con más de 15 mil nichos y diez capillas. El proyecto inicial de la obra fue de Pedro Ramírez Vázquez, arquitecto mexicano conocido por obras como el Museo Nacional de Antropología.

La Virgen y los pontífices

En 1736 la Virgen fue declarada protectora de la ciudad de México, privilegio que se extendió al territorio nacional en 1747. Benedicto XIV, pontífice de la Iglesia entre 1740 y 1758, aplicó a México las palabras del salmo 147 *"Non Fecit taliter omi nation i"*[105] ("No hizo nada igual con ninguna otra nación") cuando escuchó la historia de la Virgen de Guadalupe y contempló una copia de la prodigiosa imagen pintada por Miguel Cabrera. Estas palabras acompañan constantemente a la imagen en el arte. El 12 de octubre de 1895, la imagen fue coronada por decreto del papa León XIII. En 1935 recibió el título de Patrona de las Islas Filipinas. Ya en 1945, en el aniversario de la Coronación, Su Santidad Pío XII la nombró Emperatriz de las Américas. El papa Juan Pablo II visitó el santuario en su primer viaje a México, el 27 de enero de 1979 y en la canonización de Juan Diego, el 31 de julio del 2002.

Escultura de Juan Pablo II
El promotor principal de la obra fue el abad de la Basílica de Guadalupe, monseñor Guillermo Schulenburg Prado. La efigie de bronce mide seis metros de alto y tiene una base de dos metros y medio. La obra estuvo a cargo del escultor Ernesto E. Tamariz, ayudado por Artemio Silva. Se develó en 1981.

Carrillón o campanario
Obra del arquitecto Pedro Ramírez Vázquez fue inaugurada en 1991. Es una construcción de veintitrés metros de alto con una torre y una rueda de diez campanas que pueden ejecutar veintitrés melodías diversas. Puede medir de diversas maneras el tiempo. En la parte frontal tiene un reloj civil y un astrolabio o reloj astronómico, como el que usaban los marinos para guiarse en el mar. En el costado derecho tiene un reloj solar, que marca la hora con la sombra. En el costado izquierdo muestra un reloj azteca, que a partir de observaciones lunares, permitía establecer los tiempos de cosecha y siembra en dieciocho meses de veinte días, tan importante para las culturas campesinas. En la parte frontal tiene un escenario circular en el que se presenta la historia de las apariciones de la Virgen. Un sistema electrónico fabricado en Holanda permite el movimiento robótico de las figuras de Juan Diego, fray Juan de Zumárraga y Juan Bernardino, así como el control de las puertas y los cambios de iluminación.

La Vela del Marino
El monumento se construyó para dar gracias por un milagro. Un barco proveniente de España estaba a punto de naufragar al llegar a la costa de Veracruz; para evitarlo los marinos se encomendaron a la Virgen de Guadalupe y lograron salvar su vida. En agradecimiento colocaron el

---

[105] *Salmo* 147, 20.

mástil del navío como soporte del monumento. En los primeros años del siglo XX, un fuerte viento lo dañó y fue necesario sustituirlo por un material más sólido.

Fuente de La Ofrenda

Está ubicada en los jardines del Tepeyac. El conjunto escultórico de diecisiete figuras fue diseñado por Aurelio G. D. Mendoza. Las esculturas en bronce son obra de Alberto Pérez Soria y Gerardo Quiróz. Se inauguró en septiembre de 1986. Representa el homenaje de los indígenas a la Guadalupana. La figura de la Virgen mide casi cuatro metros de alto. Recibe la ofrenda de fray Juan de Zumárraga, Juan Diego y varios personajes que le ofrecen maíz, flores e incienso. Las dos cascadas laterales significan el nacimiento de un nuevo pueblo, originado por indios y españoles. El recorrido por los andadores del jardín se completa con "El camino del Rosario", serie de vitrales adosadas a pequeños muros que permiten al visitante rezar mientras camina.

Peregrinaciones

Anualmente hay aproximadamente 1,890 peregrinaciones, de las cuales más de cien son de arquidiócesis, diócesis, prelaturas de México y otras diócesis extranjeras. El resto de las peregrinaciones son de empresas, comercios o diversos grupos.

Horarios de visita

La basílica está abierta diariamente de 6:00 a 21:00.

SAN JUAN DE LOS LAGOS
"La Virgen desfigurada"

En sus inicios se llamó *Metzquititlán* (lugar de mezquites). Con la llegada de los franciscanos a la Nueva Galicia, hoy Jalisco, se fundó en 1542 San Juan Bautista Metzquititlán. Ahí, Fray Miguel de Bolonia, construyó un hospital, y junto a él, una sencilla ermita de adobe techada con zacate, a la que obsequió una pequeña imagen de la Inmaculada Concepción. La imagen era de pasta de caña y raíces, lo que la hacía víctima fácil de la polilla. En 1623 su rostro estaba desfigurado a tal grado que fue enviada a la sacristía. No obstante, se creía que tenía poderes misteriosos. Pedro Andrés y Ana Lucía, dos indígenas que cuidaban la ermita, fueron testigos de cómo en varias ocasiones, la imagen pasaba milagrosamente de la sacristía al altar principal.

El primer milagro

El pueblo formaba parte del camino real que iba a Guadalajara, Zacatecas, San Luis Potosí y llegaba hasta México, pero era de poca importancia. Fue a partir del primer milagro cuando su fama creció. En 1623, un cirquero viajaba de San Luis Potosí a Guadalajara y se detuvo en el lugar para presentar su espectáculo. En él, su pequeña hija saltaba de un trapecio a otro y volaba peligrosamente sobre una cama de filosos cuchillos. Lamentablemente la niña cayó y murió. Mientras los padres angustiados, esperaban el momento de la sepultura, llevaron a la niña a la ermita. Ahí, Ana Lucía, custodia de la imagen, se encomendó a la Virgen y colocó la carcomida imagen sobre el pecho de la niña. En ese momento, ante la admiración de todos, la niña revivió.

El segundo milagro

Para agradecer el milagro, el cirquero se hizo acompañar de algunos testigos y viajó con la imagen a Guadalajara. Su interés era buscar algún restaurador. A su llegada se les presentaron unos escultores desconocidos, que se ofrecieron a retocar el rostro y manos de la imagen. Como el cirquero los vio acompañados de oficiales, confió en ellos y entregó la valiosa pieza. Al día siguiente, muy de madrugada y sin que nadie supiera más de los misteriosos restauradores, la imagen fue entregada sin solicitar pago alguno. Ya renovada, la imagen regresó a San Juan y lo fue haciendo más famoso. En 1769 se le dio el título de parroquia, por contar con 160 españoles, 176 indios, 193 mestizos y 55 de otras castas.

La imagen

La escultura mide 38 centímetros. Fue elaborada en la zona de Pátzcuaro, Michoacán y se le considera hermana de las imágenes de Talpa y Zapopan, posiblemente elaboradas por el mismo artesano y en el mismo taller. Tiene la cabeza ligeramente inclinada y las manos en actitud de oración. De pie, se sostiene sobre una peana de plata decorada con la figura de la luna. Viste lujosamente y está ataviada con joyas. Dos ángeles la coronan y sostienen una filacteria con la inscripción *Mater Inmaculata ora pro nobis*".

Primer santuario

Aunque la imagen permaneció en su antiguo sitio, de 1643 a 1641 el bachiller Diego de Camarena le construyó su primer santuario en el lugar del antiguo hospital donde la niña revivió. Es conocido como "La Capilla del Primer Milagro". Muestra fachada sobria de cantera con torre de un cuerpo que tiene columnas corintias y decoración de relieves vegetales. La portada es de un cuerpo con arco de medio punto; la ventana coral está enmarcada en cantera, y arriba, hay nichos con escultura. Anexo a la capilla se encuentra la fachada, sobria también, del ex hospital, con portada de dintel y clave en relieve. El interior de la capilla es de una nave, techo plano y retablo barroco en cantera blanca, con columnas salomónicas que sostienen entablamento con frontón semicircular; la decoración es sobria, con esculturas de santos en los muros. En este sitio dos pinturas de manufactura popular muestran dos escenas del primer milagro.

Segundo santuario
En 1653 la imagen fue trasladada a un lugar más amplio, que fungió como segundo santuario. Éste se concluyó en 1682. Actualmente es la parroquia de la ciudad.

Tercer y último santuario
La gran multitud de peregrinos que acudían a pedir algún favor o a dar gracias por algún don recibido, obligó a construir un santuario de mayores dimensiones. Así fue como el 30 de noviembre de 1732 el obispo de Guadalajara, Carlos de Cervantes, colocó la primera piedra de la basílica actual, que alojó a la Virgen a partir del 30 de noviembre de 1769. Tuvo un costo de 120 mil pesos más el costo de las torres.

El Papa concede favores al santuario
El 17 de enero de 1836 el papa Gregorio XVI concedió al santuario el honor de ser incorporado a la basílica de San Juan de Letrán, en Roma, para que los peregrinos pudieran recibir beneficios e indulgencias especiales. Dicha concesión consta en una inscripción latina que se ve repartida en las tres puertas principales, comenzando por la del lado norte, para terminar en la del lado sur, y dice así: "IN PERPETUUM AGGREGATA – BASILICAE LATERANENSI – A.S S.DOM.GREGORIO XVI" ("Agregada a perpetuidad a la Basílica de San Juan de Letrán, por la Santidad del Señor Gregorio XVI"). El 27 de enero de 1923, el Papa Pío XI elevó la iglesia al título de Colegiata y, el 1 de mayo de 1947 el Papa Pío XII le otorgó el título de Basílica Menor. El 25 de marzo de 1972, con la erección de la diócesis de San Juan de los Lagos, el santuario fue electo como catedral del obispo.

Descripción de la catedral basílica
La planta del edificio es de cruz latina con bóvedas de nervaduras góticas; su altura le da una gran monumentalidad. El exterior logra un magnífico equilibrio entre sus grandes dimensiones y su decoración, que marca el periodo de transición entre el barroco y el neoclásico. Tiene 63 metros de largo, 14 de ancho y 24 de altura en su parte interior. Sus dos

esbeltas torres barrocas miden, desde la banqueta hasta la parte alta de la cruz, poco más de 68 metros. Tienen tres cuerpos y remate, en los que se observan pares de columnas toscanas y cornisas movidas; así como relieves geométricos y antropomorfos. La fachada principal es de cantera rosa y tiene esculturas de la Virgen de San Juan, san Juan evangelista y san Lucas, san Agustín y san Pedro, el capellán Juan Contreras y Fuerte y san Juan Damasceno, el señor Cura Diego Camarena y el capellán Ignacio Rosales, fray Miguel de Bolonia y fray Antonio de Segovia. La fachada oriente muestra esculturas del arcángel Gabriel, Judith, Esther, santa Isabel y santa María Magdalena. La fachada poniente muestra a san Juan Bautista, Moisés, Elías, David e Isaías. En el interior se aprecian ventanas con vitral y pinturas en las pechinas de la cúpula con la representación de los evangelistas: Marcos con el león, Mateo con el ángel, Lucas con el toro y Juan con el águila. El retablo principal es de cantera, de estilo neoclásico con un ciprés al centro, que aloja la imagen de la Virgen. El altar mayor es de mármol italiano. En la sacristía hay pinturas al óleo y muebles de madera tallada y con incrustaciones. En el camerín existe pintura atribuida a Rubens.

Coronación Pontificia

Habiendo pasado por las pruebas de antigüedad, gran veneración y milagros realizados, el 15 de agosto de 1904 se concedió a la imagen la coronación pontificia. El conjunto de la corona y los dos ángeles fueron obra del Instituto Pontificio de Artes Cristianas de Nueva York: Benzinger Brothers. La corona es de estilo bizantino con algunas modificaciones. Mide 18 centímetros de altura. Tiene 165 gramos de oro de 18 kilates y contiene 196 piedras, entre diamantes, oliveanes, zafiros y cristal de roca. En la parte superior tiene una inscripción en esmalte azul: *Mater Inmaculata Ora Pro Nobis* ("Madre sin defecto, ruega por nosotros"). Los ángeles son de plata dorada y pesan, incluyendo la cinta, 4923 gramos. El 8 de mayo de 1990, el papa Juan Pablo II visitó el santuario, celebró la santa Misa y al final, coronó a la imagen como obsequio y recuerdo de su visita.

El Pocito de la Virgen

El día 23 de junio de 1662, en víspera de la fiesta de san Juan Bautista, la población sufría por escasez de agua; fue entonces cuando el sacerdote encontró en un lugar a una niña que intentaba clavar un palito en la peña. Sorprendido porque el lugar mostraba humedad, regresó al día siguiente y pidió que golpearan el sitio. Al instante brotó agua en abundancia. Nunca más se volvió a ver a la niña, pero el problema de la sequía quedó resuelto. Al agua de ese lugar se le atribuyen poderes curativos y milagrosos.

Las tres festividades más importantes.

8 de diciembre, día de la Inmaculada Concepción; 2 de febrero, Día de la Candelaria, y 15 de agosto, Aniversario de la Coronación Pontificia.

La Plaza de Armas

Construida en el siglo XVIII por Cédula Real, se ubica en el centro de la población. Es obra de Roque Picaso y el presidente municipal Rafael Pérez de León. Después de las modificaciones hechas por el ingeniero Salvador Gómez, fue llamada Plaza Cívica Rita Pérez de Moreno.

Recuerdos y compras

Además de las imágenes religiosas, es común que los peregrinos lleven a sus hogares agua del pocito. También se venden pequeñas placas de barro con la imagen de la Virgen, para que las mujeres encintas las mastiquen. San Juan es el aparador regional de los deshilados de Encarnación, de los tejidos de Aguascalientes, los bordados alteños (de los altos de Jalisco), las artesanías de madera de Teocaltiche, la cerámica de Tonalá, el cuero de León, la cajeta de Celaya, etcétera. La fiesta de San Juan fue el origen de la feria de San Marcos, en Aguascalientes y durante todo el periodo virreinal, el supermercado de México. Ahí se realizaban las más importantes ventas caballares y ganaderas.

JUQUILA
"La Virgen ahumada"

En Santa Catarina Juquila, cabecera municipal de Amialtepec, en Oaxaca, los peregrinos dicen encontrar un "rinconcito milagroso". Ahí se venera una imagen de la Virgen María bajo la advocación de la Limpia y Pura Concepción, conocida popularmente como Inmaculada Concepción de Juquila, Virgen de Juquila o simplemente Juquilita. Su santuario es el tercero en importancia después de la Basílica de Guadalupe y la de San Juan de los Lagos. Recibe a cientos de miles de visitantes que llegan en peregrinaciones procedentes de distintos puntos de los estados de Oaxaca, Puebla, Tlaxcala, Hidalgo, Estado de México, Guerrero, Veracruz y recientemente, Cancún, Quintana Roo. Su fiesta se celebra el 8 de diciembre en medio de grandes ofrendas florales, danzas y juegos pirotécnicos.

La historia

La imagen de la Inmaculada Concepción perteneció originalmente a fray

Jordán de Santa Catalina, quien la donó a un fervoroso indio natural de Amialtepec. El culto que éste le ofrecía en su hogar llamó la atención de sus vecinos, que pronto se encariñaron con ella. En poco tiempo corrió la fama de que Dios concedía gracias a través de la imagen. Por las gracias recibidas, los lugareños le llamaron: "la milagrosa". Posteriormente el cura del lugar, Jacinto Escudero, llevó la imagen al templo local. Pero su culto aumentó notablemente por un milagro sucedido en 1633. Cuando llegó el invierno y según la costumbre anual, los indios pusieron fuego a la hierba seca del monte para lograr en la primavera pasto verde para los ganados. Lamentablemente, el fuego cundió rápidamente y, con la fuerza del viento, hizo presa de los jacales de Amialtepec. Mientras todo el pueblo era devorado por el fuego los habitantes huyeron. Desde lejos observaron sus casas devoradas por las llamas, y también el templo donde estaba la imagen de la Virgen. Cuando pasó el peligro regresaron sobre el ennegrecido suelo para recoger lo que de sus cosas hubiese perdonado el fuego. Entonces, con sorpresa, vieron que aunque la capilla era en montón de cenizas, la imagen estaba entera y con sus vestidos intactos. Solo había quedado ligeramente ahumada. Muchos de los vecinos de esta ciudad, de los pueblos inmediatos y aún de las más lejanas montañas de Oaxaca, se pusieron en marcha hacia Amialtepec para comprobar las señales del prodigio que se contaba. Desde entonces comenzaron las innumerables peregrinaciones al lugar. Como memoria de lo acontecido se hizo un cuadro con la siguiente leyenda: "Milagrosa imagen de nuestra señora de Amialtepec, en donde quemándose toda la iglesia y el altar en que estaba colocada, pasado el incendio se halla sobre las cenizas del templo, sin quemarse ni aún el vestido". Varios personajes de la época juraron su testimonio.

La imagen

La Virgen de Juquila mide 30 centímetros de alto por 15 de ancho. Siguiendo el prototipo de la Inmaculada Concepción no tiene al niño Jesús. Tiene las manos unidas a la altura del pecho. Está vestida a la manera de las Vírgenes Amponas (San Juan de los Lagos, Talpa, etcétera) con túnica y manto en forma triangular, y su cabello se extiende sobre el ropaje. Posa sus pies sobre una peana metálica con la figura de la luna, signo de la oscuridad vencida.

El Pedimento

A un kilómetro de Santa Catarina Juquila, se encuentra el lugar denominado "El Pedimento", sitio de reflexión y meditación. Los fieles creen que si la petición se hace material es más fácil que se conceda. Para ello le dan forma a su solicitud utilizando barro, hojas de árboles, palillos, pedazos de madera, piedras, etcétera. Muchos peregrinos caminan desde este lugar durante cincuenta minutos para llegar al santuario de Juquila.

Santa María Amialtepec

Sólo si se cuenta con tiempo suficiente se puede visitar el lugar donde, después de su predicación, fray Jordán de Santa Catalina obsequió la imagen al indígena que le había ayudado. Está ubicado a 45 minutos de Santa Catarina Juquila. Sólo se puede acceder por un camino de terracería rodeado por bellos paisajes. Aquí fue su primera casa. En esta misma época, el párroco, don Jacinto Escudero, trasladó la imagen a una capilla de zacate hecha por los habitantes del pueblo. Después del Gran Milagro del incendio fue llevada a la población más cercana, que entonces era Santa Catarina Juquila. A 200 metros de la iglesia se encuentra la cascada de la Virgen, con una pendiente de aproximadamente 30 metros. Existe una pequeña cueva donde algunas personas dicen haber visto a la Virgen. Los fieles afirman que el agua que corre por el lugar es milagrosa. En este lugar también se realizan pedimentos.

El templo de Juquila

Se construyó entre los siglos XVIII y XIX. Es de estilo neoclásico abarrocado con planta de cruz latina cubierta con bóveda de cañón y cúpula sobre un tambor octagonal. En los muros laterales destacan esbeltas columnas dóricas. El altar está enmarcado por un hermoso retablo dorado.

Oración a la Virgen de Juquila

Madre querida, Virgen de Juquila, Virgen de nuestra esperanza. Tuya es nuestra vida, cuídanos de todo mal. Si en este mundo de injusticias, de miseria y de pecado, ves que nuestra vida se turba; no nos abandones, madre querida. Protege a los peregrinos, acompáñanos por todos los caminos. Vela por los pobres sin sustento y el pan que se les quita retribúyeselos. Acompáñanos en toda nuestra vida y líbranos de todo tipo de pecado. Amén.

ZAPOPAN
"La Virgen peregrina"

✢

El lugar

Zapopan, significa "en el zapotal" o "donde abundan zapotes o chirmimoyas" Fue fundado entre el siglo VI y VII por Otomíes, llamado Zapotecos En el lugar se adoraba a Teopintzintl, divinidad con apariencia infantil a la que se ofrecían animales, como liebres y perdices. Con la llegada del cristianismo el pequeño pueblo perteneció al señorío de Atemajac. En 1530 llegó, Fray Antonio de Segovia, fraile franciscano reconocido como el apóstol y evangelizador del lugar. En 1542, después de la fundación de Guadalajara, Fray Antonio dejó a sus fieles la imagen de la Inmaculada Concepción que lo había acompañado durante diez años. Ellos le construyeron una pequeña y humilde ermita

La imagen

La imagen mide 34 centímetros y es de pasta de caña de maíz, con algunas partes en madera; su túnica es de color carmín y su manto es azul. Tiene entre sus manos un cetro y las llaves de la ciudad. En la actualidad casi nadie conoce su forma original porque está cubierta por un vestido de plata que sólo permite ver su cara y las manos.

La ermita se derrumba

Hacia el año de 1608, las trabes de madera se pudrieron y la ermita se derrumbó. Milagrosamente, aunque el altar quedó deshecho y el retablo se hizo pedazos, la imagen quedó intacta y protegida por una viga. El pueblo la hizo peregrinar para obtener recursos y construirle un nuevo templo. Salió de su templo provisional durante 30 años hasta que se le construyó el nuevo santuario. La devoción a la Virgen de Zapopan y los milagros obtenidos mediante su intercesión crecieron tanto que el 18 de diciembre de 1655, el obispo la declaró milagrosa y puso a todo el clero bajo su protección. Desde entonces su fiesta se celebra el día 18 de diciembre, día de la Expectación , y es conocida como Nuestra Señora de la Expectación de Zapopan, o Nuestra Señora de la O de Zapopan.

El convento

Su construcción más importante se inició en 1689. Sufrió modificaciones y cambios. Tiene un gran atrio, con vistosas portadas que muestran columnas jónicas, escudos de relieve y remates de grandes macetones. Las ventanas de las habitaciones de los frailes se muestran uniformes a los lados del templo. Bajo la presión de la Ley Calles el convento perdió parte de la joya arquitectónica y fue reducido a lo mínimo.

El nuevo santuario

Se dedicó el 8 de septiembre de 1730, aunque aún le faltaban las torres y el Camarín, lugar especial para la virgen. El 18 de diciembre de 1871 se restauró convirtiendo lo que antes era un desordenado panteón en un hermoso atrio con pórticos de cantera. El 17 de diciembre de 1904 se colocó el nuevo altar de mármol de Carrara. Un precioso ciprés sirve de marco a la imagen. El santuario, está bajo la custodia de los padres franciscanos. Está rodeado de otras joyas arquitectónicas como la capilla de Nextipac (Construcción franciscana) la capilla de Santa Ana Tepetitlán (que era un hospital fundado por franciscanos), del siglo XVII, el Templo de San Pedro Apóstol (de estilo neoclásico) junto a la basílica y la Cruz Atrial de Tesistán, el Palacio Municipal y el Arco de Ingreso a Zapopan. En su atrio pueden admirarse la escultura en bronce de Fray Antonio de Segovia, quien donó la imagen de la Virgen en el siglo XVI.

Reconocimiento pontificio
El 18 de enero de 1921, la imagen recibió la coronación pontificia por aprobación del Papa Benedicto XV. El 10 de enero de 1940, Pío XII convirtió el santuario en Basílica menor, y le otorgó privilegios especiales semejantes a los de la Basílica de San Juan de Letrán, en Roma. Juan Pablo II visitó el lugar el 30 de enero de 1979. Un año después, se colocó en el atrio su estatua en bronce acompañado de un niño con traje de charro.

La Virgen Peregrina
Durante las amenazas de epidemia de 1693 o 1721 y ante los desastres de la naturaleza que ponían en peligro a la población de Guadalajara, la imagen se llevó en procesión hasta la Catedral, con las consecuentes bendiciones. El 15 de junio de 1825 se firmó un decreto por el que se determinó que la imagen dejaría su santuario el 13 de junio de cada año, para regresar a él el 5 de octubre. A su llegada a Guadalajara y en su regreso a Zapopan era recibida con honores militares y el saludo de 21 cañonazos. El 19 de diciembre de 1955 la imagen fue llevada al Lago de Chapala, para darle gracias porque las aguas habían recuperado su nivel. Actualmente, una copa en marfil peregrina anualmente desde el 1º de junio y hasta el once de octubre por Guadalajara, San Pedro Tlaquepaque y San Andrés Tlaquepaque, visitando los templos señalados por una Comisión. Los tres últimos días siempre se reservan para la Catedral. El 12 de octubre se celebra la misa de despedida y se realiza la tradicional Romería con la que regresa a Zapopan.

Otros lugares de interés
A un costado de la Basílica se encuentra el Museo Huichol con información del arte y muestra de artesanías de este grupo étnico así como de los tepehuanes y coras. El Museo de la Virgen de Zapopan se localiza al lado norte de la Basílica donde se venera a esta Virgen.

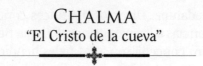

CHALMA
"El Cristo de la cueva"

Este santuario es uno de los templos más concurridos del país, pues goza de gran fama la imagen del Crucifijo que allí se venera, a la que se considera muy milagrosa. Según la tradición, *Chalma* quiere decir "lugar de cuevas". Se ubica en la región sureste del Estado de México, próxima a los límites del estado de Morelos. En una cueva de la zona los ouiltecas rendían culto a un ídolo llamado Ostotoctéotl o Señor de las Cuevas. Y le ofrecían incienso, perfume, sangre y corazones de niños inocentes. En 1537, los misioneros agustinos llegaron al lugar y al visitar la cueva encontraron los restos de niños sacrificados se dieron cuenta del terrible culto al dios Ostotoctéotl. Entonces uno de los misioneros les dijo a los habitantes de lugar que había un solo Dios y que Jesucristo había venido al mundo no a quitar a los hombres la vida, sino a dar la suya. En 1539, los ocuiltecas decidieron retirar el ídolo de la cueva y bendecir el lugar. Para ello acompañaron a dos religiosos al lugar cargando una cruz. Cerca del sitio se encontraron con otros lugareños que habían llegado antes para adorar al ídolo, pero no habían entrado a la cueva porque al ver un gran resplandor que salía de la cueva tuvieron miedo tuvieron miedo. Todos se acercaron a la cueva y encontraron el piso de la cueva cubierto totalmente de flores y la sagrada imagen de Jesucristo crucificado en el mismo sitio donde antes estaba el Ostotoctéotl. El ídolo estaba en el suelo, hecho pedazos. El Cristo está hecho de un material muy débil y liviano. Estuvo en la cueva casi 144 años, soportando la humedad, la falta de ventilación e incluso el agua que entraba en la gruta en tiempo de lluvia. La aparición del crucifijo se celebra anualmente en la fiesta de Pentecostés.

El convento y el santuario
El santuario fue fundado en el siglo XVI. El actual templo se concluyó en 1683, debido a la iniciativa de fray Diego de Velázquez. La imagen se trasladó el cinco de marzo de ese año, viernes primero de Cuaresma en que celebra la Iglesia las cinco llagas de Nuestro Divino Redentor. La arquitectura original ha sido modificada con el paso de los años. Hoy en día presenta una adusta fachada de estilo neoclásico, y en su interior, decorados con el mismo estilo, se encuentran algunos conjuntos de esculturas de santos y pinturas de buena calidad con temas religiosos, probablemente del siglo XVIII. Sobresalen la milagrosa imagen del Señor de Chalma, la escultura de san Miguel Arcángel y una pieza muy bella con la imagen

de la Virgen de Guadalupe. Diversos pontífices concedieron bendiciones especiales e indulgencias a los peregrinos. El papa Benedicto XIV (1752) y el papa Pío VI (1776) concedieron a los fieles bendiciones e indulgencias perpetuas.

Fe y superstición

Desde los primeros años que siguieron a la aparición, miles de peregrinos acuden al santuario para solicitar auxilio espiritual y dar gracias por los favores recibidos, pero también hay quienes desgraciadamente se desvían con creencias que se acercan más bien a la superstición. Entre estas desviaciones se podrían mencionar las siguientes: se dice que la imagen es de un Cristo muy castigador, y los compromisos contraídos con Él deben ser cumplidos a toda costa, de lo contrario se recibirá un castigo muy severo como quedar "salado", y hasta perder la vida. De esta manera el santuario en lugar de ser un lugar de encuentro con el Amor se convierte para algunos en lugar de terror, añadiendo a esto exageradas e imprudentes penitencias que ponen en peligro la salud de quienes las realizan, pensando que eso le agrada a Dios. El papa Pío VI concedió indulgencias a las personas que visitaran siete altares del Santuario, pero con el paso del tiempo algunos deformaron esta costumbre e inventaron que quien visitaba Chalma por primera vez debería hacer otras seis visitas, porque de lo contrario recibiría un castigo.

El ahuehuete y las coronas de flores

A Dios se le puede alabar con flores, cantos y danzas, como bien lo dicen los salmos, pero esto es muy distinto a pensar que si no se cumple con el requisito de bailar delante del ahuehuete o si no se pone la corona de flores, la visita al santuario no servirá de nada. Algunos peregrinos se preocupan más por estas dos cosas y no se preocupan de confesarse y participar en la Misa comulgando. Otros acostumbran darse una "limpia" pasando velas por su cuerpo antes de encenderlas o pasando por su cuerpo monedas que darán de limosna. Curiosamente, quieren una limpia pero no aprovechan el sacramento con el que se nos perdonan los pecados.

Las penitencias

Es una costumbre, que consiste en recorrer de rodillas un trayecto que empieza en el panteón, baja una cuesta de 400 metros, pasa parte del pueblo, atraviesa el atrio y culmina en el interior del templo. Esta penitencia no es necesaria y daña la salud de muchos. Sería mejor que quienes hacen estas penitencias ofrecieran un cambio en su vida, como dejar de tomar tantas bebidas embriagantes o dejar de vivir en amasiato, por

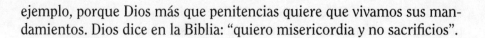

ejemplo, porque Dios más que penitencias quiere que vivamos sus mandamientos. Dios dice en la Biblia: "quiero misericordia y no sacrificios".

Los padrinos
En Chalma se busca padrino para todo: para la corona de flores, para los "evangelios", (oraciones por los niños enfermos), para las penitencias, para la bendición de las imágenes, padrino de "reliquia" (objetos piadosos que el padrino obsequia), etc. Eso es un signo de solidaridad y apoyo, pero hay quienes abusan. Finalmente hay muchas leyendas en el lugar, como la de "los encantados". Según esta leyenda los peregrinos que van renegando o no van dispuestos se convierten en el camino en piedras, a las que se les conoce como "los encantados". Allí está en el camino la piedra llamada el leñador blasfemo o el monje impaciente, etcétera.
Horario de visita: El santuario está abierto de 6:00 a 21:00.

EL CUBILETE
"El Cristo de la montaña"

El monte llamado popularmente "Cubilete" forma parte de la sierra de Guanajuato, se encuentra en el centro geográfico de México y se levanta a 2661 metros sobre el nivel del mar y 800 metros sobre el "Bajío". Parte de esta montaña, que era propiedad de una familia sinaloense apellidada Macías, fue donada para construir en su cima un monumento a Cristo, como Rey del Universo. El Episcopado de México aprobó el Monumento como Nacional, agregándole la palabra "votivo" porque se cumplía un voto hecho al Sagrado Corazón el 11 de junio de 1914, mismo año en que México era el primer país en consagrarse como servidor de Cristo Rey. En este tiempo existía la devoción al Sagrado Corazón de Jesús, pero ningún pueblo había proclamado a Cristo como Rey.

El primer monumento
Un primer monumento se construyó del 12 de marzo al 9 de abril de 1920, pero posteriormente se bajó a la explanada donde actualmente se encuentra la llamada Ermita Expiatoria. El 11 de enero de 1923, el Delegado Apostólico en México, Ernesto E. Filippi colocó la primera piedra ante 80 mil peregrinos, y por esa acción fue expulsado del país por el gobierno de México. Eran tiempos muy difíciles en las relaciones de la Iglesia y el Estado, por lo que el segundo monumento, proyectado por el ingeniero Luis. G. Murguía, nunca llegó a construirse. Después de mu-

chos intentos, el 30 de agosto de 1923 el gobierno de Álvaro Obregón prohibió definitivamente la construcción de esta obra.

El atentado

En plena persecución religiosa, el 30 de enero de 1928, a las cuatro de la tarde, el primer monumento fue dinamitado, quedando reducido a escombros. La cabeza y el corazón de la imagen de Cristo quedaron intactos en el atentado y se conservan actualmente en el Museo de la Montaña. El actual monumento fue diseñado por el arquitecto Nicolás Mariscal y Piña. El proyecto fue aprobado por todos los obispos y se consiguió el permiso para su construcción con el entonces Presidente de la República, general Manuel Ávila Camacho, por mediación del Arzobispo de Guadalajara, José Garibi Rivera. La primera piedra se colocó el 11 de diciembre de 1944.

La escultura

La figura monumental de Cristo Rey es obra del escultor regiomontano Fidias Elizondo, Maestro de la Academia de San Carlos. En 1946 estaba listo el modelo en yeso. Cuando estuvo terminada la monumental cabeza de bronce, que mide tres metros de altura y pesa tres toneladas, realizó una gira. El 16 de agosto de 1950 salió de la fundición a la Catedral de México, después visitó Cuernavaca, Pachuca, Actopan, San Juan del Río, Querétaro, Toluca, Morelia, Tacámbaro, Zamora, Guadalajara, Zapotlanejo, Tepatitlán, Jalostotitlán, San Juan de los Lagos, Aguascalientes, Zacatecas, Monterrey, San Luis Potosí, León, Silao, Guanajuato, Irapuato y después de su gira de tres meses, se bendijo el 11 de diciembre de 1950 en el Cubilete, en nombre del papa Pío XII. La escultura en bronce mide 20 metros de altura, pesa 80 toneladas y se encuentra sobre una semiesfera que simboliza al mundo. Esta semiesfera está sostenida por ocho columnas de concreto que representan a las ocho provincias eclesiásticas existentes en ese tiempo en México: México, Michoacán (Morelia), Guadalajara, Oaxaca, Durango, Monterrey, Puebla y Yucatán. El Cristo abre amorosamente sus brazos y tiene en sus manos y pies las huellas de su Pasión. A los pies del Cristo dos angelitos le ofrecen dos coronas: la del martirio y la de la gloria. En el interior del santuario una corona real y una de espinas coronan el altar. Casi nadie sabe que en el mismo corazón de la estatua se encuentra una pequeña capilla y un altar, donde pueden participar de la misa sólo doce personas. Se inauguró el 8 de junio de 1956. El primer monumento que se levantó en América imitando el del Cubilete, es el de Río de Janeiro, es de cemento armado y mide 35 metros de altura. Se construyó en 1925, cinco años después del de México. En 1937 se construyó otro monumento en el mar de Bering, con una imagen de bronce en tamaño natural. En El Paso, Texas, en la línea divisoria entre México y Estados Unidos, se dedicó un monumento en 1940. La imagen, esculpida sobre una cruz mide 32 pies y mira hacia México. En la bahía de Génova, Italia, en enero de 1955 los pescadores y marinos colocaron a 17 metros de profundidad una imagen en bronce de tres metros de altura y de 88 toneladas de peso que cariñosamente llaman "El Cristo de los Abismos".

QUINTA PARTE

ORACIONES

1. Ven Espíritu Santo

Ven, Dios Espíritu Santo, y envíanos desde el cielo tu luz para iluminarnos. Ven ya, padre de los pobres, luz que penetra en las almas, dador de todos los dones. Fuente de todo consuelo, amable huésped del alma, paz en las horas de duelo. Eres pausa en el trabajo; brisa, en un clima de fuego; consuelo en medio del llanto. Ven, luz santificadora, y entra hasta el fondo del alma de todos los que te adoran. Sin tu inspiración divina los hombres nada podemos y el pecado nos domina. Lava nuestras inmundicias, fecunda nuestros desiertos y cura nuestras heridas. Doblega nuestra soberbia, calienta nuestra frialdad, endereza nuestras sendas. Concede a aquellos que ponen en ti su fe y su confianza tus siete sagrados dones. Danos virtudes y méritos, danos una buena muerte y contigo el gozo eterno. Amén.

2. Al Ángel de la Guarda

Ángel santo de la guarda, compañero de mi vida, tú que nunca me abandonas, ni de noche ni de día. Aunque espíritu invisible, sé que te hallas a mi lado, escuchas mis oraciones y cuentas todos mis pasos. En las sombras de la noche, me defiendes del demonio, tendiendo sobre mi pecho tus alas de nácar y oro. Ángel de Dios, que yo escuche tu mensaje y que lo siga, que vaya siempre contigo hacia Dios, que me lo envía.

Testigo de lo invisible, presencia del cielo amiga, gracias por tu fiel custodia, gracias por tu compañía. En presencia de los Ángeles, suba al cielo nuestro canto: gloria al Padre, gloria al Hijo, gloria al Espíritu Santo. Amén.

3. Oración de la mañana

Señor, en el silencio de este día que nace, te pido paz, sabiduría y fuerza. Hoy quiero mirar al mundo con ojos llenos de amor. Ser paciente, comprensivo, humilde, suave y bueno. Ver a tus hijos detrás de las apariencias como los ves tú mismo, para así poder apreciar la bondad de cada uno. Cierra mis oídos a toda murmuración. Guarda mi lengua de toda maledicencia. Que sólo los pensamientos que bendigan permanezcan en mí. Quiero ser tan bien intencionado y bueno que todos los que se acerquen a mí sientan tu presencia. Revísteme de tu bondad señor, y haz que en este día yo te refleje. Amén.

4. Para antes de comer

Bendito seas, Padre todopoderoso, que nos das el pan de cada día. Bendito sea tu Hijo único, que no deja de alimentarnos con su palabra, bendito sea el Espíritu Santo, que nos ha reunido para esa comida. Bendice estos alimentos, las manos que las prepararon y haz que con nuestra justicia nadie carezca de lo necesario. Amén.

5. Para después de comer

Te damos gracias Señor, Padre santo, por el alimento y la bebida que nos has dado. Por la salud que nos permitió recibirlos. Haz que podamos un día sentarnos a la mesa de tu reino y cantar eternamente tu alabanza. Amén.

6. Oración de la noche

(Así como nuestro primer pensamiento del día debe ser para Dios, también debe serlo el último).

Dios mío, Jesucristo: Te doy gracias por todos los beneficios que has dispensado en este día. Te ofrezco mi sueño y todos los momentos de esta noche, y te pido me conserves en ella sin pecado. Por esto me pongo dentro de tu santísimo Costado y bajo el manto de mi Madre, la Virgen María. Asístanme y guárdenme en paz los santos Ángeles y venga sobre mí tu Bendición. (Se hace un breve examen de conciencia y se pide perdón por las faltas cometidas.) Señor mío, Jesucristo, Dios y Hombre verdadero, me pesa de todo corazón haber pecado, porque te ofendí a ti, que eres tan bueno y que tanto me amas, y a quien yo quiero amar sobre todas las cosas. Propongo firmemente, con tu gracia, enmendarme y alejarme de las ocasiones de pecar, confesarme y cumplir la penitencia. Confío en que me perdonarás por tu infinita misericordia. Amén. (Padre Nuestro, Ave María y Credo). Ángel de Dios, ángel de Dios: ya que la soberana piedad a ti me encomendó, ilumíname, rígeme, guárdame y gobiérname en esta noche. Amén. Visita, Señor, esta habitación y ahuyenta de ella todas las asechanzas del enemigo. Estén aquí tus santos Ángeles, que nos guarden en paz, y Tú danos tu Santa Bendición, por los méritos de Cristo Nuestro Señor. Amén.

7. Después de la confesión

Señor mío, Jesucristo, Dios y Hombre verdadero, me pesa de todo corazón haber pecado, porque te ofendí a ti, que eres tan bueno y que tanto me amas, y a quien yo quiero amar sobre todas las cosas. Propongo firmemente, con tu gracia, enmendarme y alejarme de las ocasiones de pecar, confesarme y cumplir la penitencia. Confío en que me perdonarás por tu infinita misericordia. Amén.

8. Antes de la comunión

Señor Jesucristo, Hijo de Dios vivo, que por voluntad del Padre y la cooperación del Espíritu Santo, mediante tu muerte diste vida al mundo: líbrame por la recepción de tu Sacrosanto Cuerpo y Sangre de todas mis culpas y de todo mal. Concédeme que siempre cumpla fielmente tus mandamientos y no permitas que jamás me separe de Ti. Amén.

9. Después de la comunión

Alma de Cristo, santifícame. Cuerpo de Cristo, sálvame. Sangre de Cristo, embriágame. Agua del costado de Cristo, lávame. Pasión de Cristo, confórtame. ¡Oh, buen Jesús!, óyeme. Dentro de tus llagas, escóndeme. No permitas que me aparte de Ti. Del maligno enemigo, defiéndeme. En la hora de mi muerte, llámame. Y mándame ir a Ti. Para que con tus santos te alabe. Por los siglos de los siglos. Amén.

10. Oración por el Papa (para obtener la indulgencia)

Señor Jesucristo, te rogamos por nuestro Santo Padre, el Papa, tu Vicario, sucesor de San Pedro y timonel de tu barca que es la Iglesia. Asístelo con tu presencia continua, cólmalo con los dones de tu Espíritu y haz que se vea sostenido con la colaboración de todos los creen en ti. Así, juntos el Pastor y sus ovejas, caminarán unidos por el camino de la salvación. Tú que vives y reinas por los siglos de los siglos. Todos. Amén.

11. El Credo (para renovar la fe en todos los santuarios)

Cuenta una tradición que cuando los apóstoles tuvieron que separarse para ir a predicar a las distintas regiones del mundo, decidieron hacer una síntesis con los puntos principales de la fe. De acuerdo con esta tradición, cada uno de ellos hizo uno de los doce puntos del Credo. Esta tradición es hermosa pero es más hermoso saber que el Credo fue compuesto desde los inicios del cristianismo con la finalidad de que los cristianos podamos expresar con orgullo lo que creemos. Los peregrinos pueden hacer esta oración en todos los santuarios para renovar su fe.

Credo Niceno-Constantinopolitano

Creo en un solo Dios, Padre todopoderoso, Creador del cielo y de la tierra, de todo lo visible y lo invisible. Creo en un solo Señor, Jesucristo, Hijo único de Dios, nacido del Padre antes de todos los siglos: Dios de Dios, Luz de Luz, Dios verdadero de Dios verdadero, engendrado, no creado, de la misma naturaleza del Padre, por quien todo fue hecho; que por nosotros, los hombres, y por nuestra salvación bajó del cielo, y por obra del Espíritu Santo se encarnó de María, la virgen, y por nuestra causa fue crucificado en tiempos de Poncio Pilato, padeció y fue sepultado, y resucitó al tercer día, según las escrituras y subió al cielo, y está sentado a la derecha del Padre; y de nuevo vendrá con gloria para juzgar a vivos y muertos, y su reino no tendrá fin. Creo en el Espíritu Santo, Señor y dador de vida, que procede del Padre y del Hijo, que con el Padre y el Hijo recibe una misma adoración y gloria y que habló por los profetas. Creo en la Iglesia, que es una, santa, católica y apostólica. Confieso que hay un solo bautismo para el perdón de los pecados. Espero la resurrección de los muertos y la vida del mundo futuro. Amén.

12. Renovación de las promesas bautismales

(Para el Río Jordán o cualquier otro santuario donde se rocíe con agua a los fieles).

Guía: Hermanos, por medio del bautismo hemos sido partícipes del misterio pascual de Cristo; es decir, sepultados con él en su muerte para resucitar con él a una vida nueva. Por eso, en esta peregrinación, en la que buscamos estar más cerca de él y vivir mejor el evangelio es muy conveniente que renovemos las promesas de nuestro bautismo, con las cuales renunciamos a Satanás y a sus obras y nos comprometemos a servir a Dios, en la Iglesia católica:

¿Renuncian al pecado para vivir en la libertad de los hijos de Dios?

Todos: Sí, renuncio.

¿Renuncian a todas las seducciones del mal para que el pecado no los esclavice?

Todos: Sí, renuncio.

¿Renuncian a Satanás, padre y autor de todo pecado?

Todos: Sí, renuncio.

¿Creen en Dios, Padre todopoderoso, creador del cielo y de la tierra?

Todos: Sí, creo.

¿Creen en Jesucristo, su Hijo único y Señor nuestro, que nació del la Virgen María, padeció y murió por nosotros, resucitó y está sentado a la derecha del Padre?

Todos: Sí, creo.

¿Creen en el Espíritu Santo, en la santa Iglesia católica, en la comunión de los santos, en el perdón de los pecados, en la resurrección de los muertos y en la vida eterna?

Todos: Sí, creo.

Guía: Que Dios todopoderoso, Padre de nuestro Señor Jesucristo que nos liberó del pecado y nos ha hecho renacer por el agua y el Espíritu Santo, nos conserve con su gracia unidos a Jesucristo nuestro Señor, hasta la vida eterna.

Todos: Amén.

13. Oración del enfermo (De la Autoría de Juan Pablo II)

Señor, tú conoces mi vida y sabes mi dolor, has visto mis ojos llorar, mi rostro entristecerse, mi cuerpo lleno de dolencias y mi alma traspasada por la angustia. Lo mismo que te pasó a ti cuando, camino de la cruz todos te abandonaron. Hazme comprender tus sufrimientos y con ellos el amor que tú nos tienes. Y que yo también aprenda que, uniendo mis dolores a tus dolores tienen un valor redentor por mis hermanos. Ayúdame a sufrir con amor, hasta con alegría. Si no es posible que pase de mí este amargo cáliz, te pido por todos los que sufren: por los enfermos como yo, por los pobres, los abandonados, los desvalidos, los que no tienen cariño ni comprensión y se sienten solos. Señor: Sé que también el dolor lo permites tú para mayor bien de los que te amamos. Haz que estas dolencias que me aquejan me purifiquen, me hagan más humano, me transformen y me acerque más a Ti. Amén.

14. Oración de los padres por sus hijos

Señor, Padre todopoderoso, te damos gracias por habernos dado estos hijos. Es una alegría para nosotros, y las preocupaciones, temores y fatigas que nos cuestan, las aceptamos con serenidad. Ayúdanos a amarlos sinceramente. A través nuestro has hecho surgir vida; desde toda la eternidad tú los conocías y amabas. Danos sabiduría para guiarlos, paciencia para instruirlos, vigilancia para acostumbrarlos al bien mediante nuestro ejemplo. Fortalece nuestro amor para corregirlos y hacerlos más buenos. En ocasiones es tan difícil comprenderlos, ser como ellos nos desean, ayudarlos a hacer su camino. Enséñanos tú Padre bueno, por los méritos de Jesús tu Hijo y Señor nuestro. Amén.

15. Oración por los sacerdotes

Señor Jesús, presente en el Santísimo Sacramento, que quisiste perpetuarte entre nosotros por medio de tus sacerdotes, haz que sus palabras sean sólo las tuyas, que sus gestos sean los tuyos, que su vida sea fiel reflejo de la tuya. Que ellos sean los hombres que hablen a Dios de los hombres y hablen a los hombres de Dios. Que no tengan miedo al servicio, sirviendo a la Iglesia como ella quiere ser servida. Que sean hombres, testigos del eterno en nuestro tiempo, caminando por las sendas de la historia con tu mismo paso y haciendo el bien a todos. Que sean fieles a sus compromisos, celosos de su vocación y de su entrega, claros espejos de la propia identidad y que vivan con la alegría del don recibido. Te lo pido por tu Madre, Santa María: Ella que estuvo presente en tu vida estará siempre presente en la vida de tus sacerdotes. Amén.

16. Para alcanzar una buena muerte

Dios mío: Postrado humildemente en tu presencia, te adoro y quiero hacer esta protesta, como si ya me hallase próximo a exhalar mi último suspiro. Dios mío: Tú has decretado mi muerte desde la eternidad: yo la acepto desde ahora con todo mi corazón en el modo y forma que tu divina Majestad ha dispuesto, y acepto también todos los dolores que la han de acompañar, los uno a los tormentos y a la muerte de Jesucristo y te los ofrezco en satisfacción y penitencia de mis pecados. Acepto igualmente la destrucción de mi cuerpo para que resplandezca más tu supremo dominio sobre mí. Y por lo tanto, acepto y me alegro de que estos ojos, que tanta libertad se han tomado contra Ti, queden con la muerte ciegos hasta el fin del mundo. Acepto y me alegro de que esta lengua, que tantas veces he empleado en palabras vanas, murmuraciones y mentiras, quede muda con la muerte, y sea comida de gusanos en el sepulcro. Acepto y me gozo de que estas manos y estos pies que han sido para mi corazón instrumentos de tantas acciones desordenadas y de tantos pasos torcidos, queden con la muerte sin movimiento y sin acción entre los horrores de una hedionda sepultura. Acepto y me gozo de que este mismo corazón que, siendo formado para darte todos sus afectos, los ha empleado en miserables e indignas criaturas, sea arrojado a la tierra y reducido a polvo y ceniza. En suma, Señor, me regocijo de que se verifique en mí la total destrucción de mis miembros y huesos, convirtiéndome en humilde polvo y frías cenizas, que fueron la materia de que formaste mi cuerpo; para que la completa destrucción de mi existencia publique la grandeza de tu infinito poder y lo humilde de mi nada. Recibe, Señor, este sacrificio que te hago de mi vida, por aquel gran sacrificio que te hizo tu divino Hijo de sí mismo sobre el ara de la Cruz; y desde este momento para la hora de mi muerte, me resigno totalmente a vuestra santísima voluntad, y protesto que quiero morir diciendo: "Hágase, Señor, tu voluntad".

Jesús mío crucificado: Tú que para alcanzarme una buena muerte haz querido sufrir muerte tan amarga, acuérdate entonces de que yo soy una de tus ovejas, que has comprado con el precio de tu sangre. Cuando todos los de la tierra me hayan abandonado y nadie pueda ayudarme, Tu sólo podrás consolarme y salvarme, haciéndome digno de recibirte por Viático, y no permitiendo que te pierda para siempre. Amado Redentor mío, recíbeme entonces en tus llagas, puesto que yo desde ahora me abrazo a Ti, y protesto que quiero entregar mi alma en la llaga amorosa de tu sacratísimo costado. Y Tú, Virgen Santísima, Abogada y Madre mía María; después de Dios, Tú eres y serás mi esperanza y mi consuelo en la hora de la muerte. Desde ahora recurro a Ti, y te ruego no me abandones en aquel último momento: ven entonces a recibir mi alma y a presentarla a tu Hijo. Te aguardo, Madre mía, y espero morir bajo tu amparo y abrazado a tus pies. Y Tú, Protector mío san José, san Miguel Arcángel, Ángel Custodio, santos mis abogados, ayúdenme en aquel trance extremo, en aquel último combate y llévenme a la Gloria celestial. Amén.

17. Oración en sufragio de las almas del purgatorio

Guía: Dios omnipotente, Padre de bondad y de misericordia, apiádate de las benditas almas del Purgatorio y ayuda a mis queridos padres y antepasados.

(A cada invocación se contesta: ¡Jesús mío, misericordia!)

Ayuda a mis hermanos y parientes.

Ayuda a todos mis bienhechores espirituales y temporales.

Ayuda a los que han sido mis amigos y súbditos.

Ayuda a cuantos debo amor y oración.

Ayuda a cuantos he perjudicado y dañado.

Ayuda a los que han faltado contra mí.

Ayuda a aquellos a quienes profesas predilección.

Ayuda a los que están más próximos a la unión contigo.

Ayuda a los que te desean más ardientemente.

Ayuda a los que sufren más.

Ayuda a los que están más lejos de su liberación.

Ayuda a los que menos auxilio reciben.

Ayuda a los que más méritos tienen por la Iglesia.

Ayuda a los que fueron ricos aquí, y allí son los más pobres.

Ayuda a los poderosos, que ahora son como viles siervos.

Ayuda a los ciegos, que ahora reconocen su ceguera.

Ayuda a los vanidosos que malgastaron su tiempo.

Ayuda a los pobres que no buscaron las riquezas divinas.

Ayuda a los tibios que muy poca oración han hecho.

Ayuda a los perezosos que han descuidado tantas obras buenas.

Ayuda a los de poca fe que descuidaron los santos Sacramentos.

Ayuda a los reincidentes, que sólo por un milagro de la gracia se han salvado.

Ayuda a los padres que no vigilaron bien a sus hijos.

Ayuda a los superiores poco atentos a la salvación de sus súbditos.

Ayuda a los pobres hombres, que casi sólo se preocuparon del dinero y del placer.

Ayuda a los de espíritu mundano, que no aprovecharon sus riquezas o talentos para el cielo.

Ayuda a los necios, que vieron morir a tantos no acordándose de su propia muerte.

Ayuda a los que no dispusieron a tiempo de su casa, estando completamente desprevenidos para el viaje más importante.

Ayuda a los que juzgarás tanto más severamente, cuanto más les fue confiado.

Ayuda a los pontífices y gobernantes.

Ayuda a los obispos y sus consejeros. Ayuda a mis maestros y pastores de almas.

Ayuda a los finados sacerdotes de esta diócesis.

Ayuda a los sacerdotes y religiosos de la Iglesia católica.

Ayuda a los defensores de la santa fe.

Ayuda a los caídos en los campos de batalla.

Ayuda a los sepultados en los mares.

Ayuda a los que murieron repentinamente.

Ayuda a los fallecidos sin recibir los santos sacramentos.

Guía: Dales, Señor, a todas las almas el descanso eterno.

Todos: Y brille para ellas la luz perpetua.

Guía: Que los fieles difuntos por la misericordia de Dios descansen en paz.

Todos: Qué así sea.

18. Oración por la paz I (san Francisco de Asís)

Señor: haz de mí un instrumento de tu paz; donde haya odio, siembre yo amor; donde haya ofensa, perdón; donde haya duda, fe; donde haya discordia, unión; donde haya error, verdad; donde haya desesperación, esperanza; donde haya tiniebla, luz; donde haya tristeza, alegría. Haz, Señor, que no busque ser consolado, sino consolar; ser comprendido, sino comprender; ser amado, sino amar; ser obsequiado, sino dar. Porque dando, recibo; perdonando, Tú me perdonas y muriendo en Ti, resucito para la vida eterna. Amén.

19. Oración por la paz II

Guía: Reunidos hermanos, bajo la protección de María, reina de la paz, en comunión con la Iglesia extendida por todo el mundo, invoquemos humildemente a Dios, Padre de misericordia, para que se digne dar la paz a nuestros días.

Nos unimos a cada invocación diciendo: Señor, danos tu Paz.

1. Por la santa Iglesia de Dios, por su Pontífice _____, por nuestro obispo _____, y por todos sus ministros: para que incansablemente prediquen a los pueblos la paz. Roguemos al Señor.
2. Por los que dirigen las naciones: para que con interés y esfuerzo pongan fin a todas las violencias. Roguemos al Señor.
3. Por los que gobiernan los pueblos y dirigen los ejércitos: para que renuncien a toda violencia y al injusto deseo de exaltar sus propias naciones a costa de los demás pueblos. Roguemos al Señor.
4. Por las organizaciones internacionales: para que sus esfuerzos en bien de la justicia, de la concordia y de la unidad de los pueblos se vean coronados con la abundancia de la paz y del amor. Roguemos al Señor.
5. Por todas las naciones y todos los pueblos afligidos con las desgracias de la guerra: para que recobren la tranquilidad, la libertad y la paz. Roguemos al Señor.
6. Por los hombres esclavizados y oprimidos por ideologías perniciosas o corrompidas: para que también ellos puedan gozar de plena paz y libertad religiosa. Roguemos al Señor.
7. Por nuestra comunidad cristiana: para que, unidos en mutua y

fraternal caridad, demos al mundo ejemplo de justicia, de amor y de paz. Roguemos al Señor.

(Se deja un momento en silencio para que cada uno de los presentes haga sus peticiones en silencio.)

Guía: Dios todopoderoso y lleno de misericordia que de tal modo amaste al mundo, que le diste a tu Hijo Unigénito; mira bondadosamente las lágrimas y las oraciones de tus siervos y haz que todo el mundo obtenga la verdadera y sólida paz en tu espíritu de verdad y de amor. Por Jesucristo, nuestro Señor.

20. Oración a san José

Guía: Oremos al Dios de los patriarcas y de los profetas que ha dado cumplimiento a las promesas antiguas con la Encarnación del Hijo, nacido por obra del Espíritu Santo en el seno de María y confiado a la protección de san José. Oremos.

1. Por la Iglesia para que, a través de la intercesión de san José, esposo de la Virgen, Padre adoptivo del Salvador y patrono de la Iglesia Universal, sienta la presencia del Espíritu que la precede y acompaña a lo largo del camino. Oremos.

Todos: Escúchanos, Señor…

2. Por los responsables de las naciones, para que coloquen como base de sus civiles el respeto de la familia, célula primaria de la sociedad civil y religiosa. Oremos.

3. Por todos los trabajadores del mundo, para que con el ejemplo de Jesús, divino trabajador, y por la intercesión de san José, redescubran su vocación según el plan de Dios y promuevan el bien común. Oremos.

4. Por la familia, pequeña Iglesia, para que inspire a los vecinos y a los lejanos aquella confianza en la Providencia que ayuda a acoger y a promover el don de la vida. Oremos.

Guía: Oh Dios fiel, que conduces la suerte del mundo a través de las generaciones y en san José has dado a la iglesia una señal de tu paternidad, vigila sobre nosotros y sobre todas las familias del mundo para que, a través de las alegrías y las pruebas de la vida, reconozcamos siempre tu voluntad y colaboremos en la obra de la redención. Por Cristo, nuestro Señor.

Todos: Amén.

21. El Ángelus

(Para hacerse a mediodía, especialmente en los templos marianos. Si no hay guía, cada peregrino dice la oración completa.)

Guía: El ángel del Señor anunció a María.

- Y concibió por obra del Espíritu Santo.

Guía: Dios te salve María, llena eres de gracia, el señor está contigo, bendita tú eres entre todas las mujeres, y bendito es el fruto de tu vientre, Jesús.

- Santa María, madre de Dios, ruega por nosotros [los] pecadores, ahora y en la hora de nuestra muerte. Amén.

Guía: He aquí la esclava del Señor.

- Hágase en mí según tu palabra.

Dios te salve María…

Guía: Y el Verbo se hizo hombre.

- Y habitó entre nosotros.

Dios te salve María…

Guía: Ruega por nosotros santa Madre de Dios.

- Para que seamos dignos de alcanzar las promesas de Cristo.

Guía: Oremos. Infunde en nuestro espíritu tu gracia, oh Padre, Tú que con el anuncio del ángel nos has revelado la encarnación de tu Hijo, por su Pasión y por su Cruz, para con la intercesión de la beata siempre Virgen María, seamos llevados a la gloria de la resurrección. Por Cristo nuestro Señor. Amén.

22. La Salve

Dios te salve, Reina y Madre de misericordia, vida, dulzura y esperanza nuestra. Dios te salve. A Ti clamamos los desterrados hijos de Eva, a Ti suspiramos, gimiendo y llorando en este valle de lágrimas. Ea, pues, Señora Abogada Nuestra, vuelve a nosotros tus ojos misericordiosos, y después de este destierro, muéstranos a Jesús, fruto bendito de tu vientre. Oh, clemente, oh piadosa, oh dulce Virgen María. Ruega por nosotros Santa Madre de Dios, para que seamos dignos de alcanzar las promesas de Nuestro Señor Jesucristo. Amén.

23. Bajo tu amparo

Bajo tu amparo nos acogemos, santa Madre de Dios; no desprecies las oraciones que te dirigimos en nuestras necesidades, antes bien líbranos de todo peligro, ¡oh Virgen gloriosa y bendita! Amén.

24. El rosario (Cómo rezarlo)

1. Mientras se sostiene el Crucifijo hacer la Señal de la Cruz, y luego recitar el Credo.
2. En la primera cuenta grande recitar un Padre Nuestro.
3. En cada una de las tres siguientes cuentas pequeñas recitar un Ave María (En cada una de ellas se puede reflexionar en la Virginidad de María antes, en y después del parto).
4. Recitar un Gloria antes de la siguiente cuenta grande.

5. Anunciar el primer Misterio del Rosario de ese día y recitar un Padre Nuestro en, la siguiente cuenta grande.

6. En cada una de las diez siguientes cuentas pequeñas (decena) recitar un Ave María mientras se reflexiona en el misterio.

7. Recitar un Gloria luego de las diez Ave Marías.

8. Se puede decir alguna jaculatoria como éstas:

- María, Madre de gracia, Madre de misericordia, defiéndenos de nuestros enemigos y ampáranos ahora y en la hora de nuestra muerte. Amén.

- Oh Jesús, perdónanos nuestros pecados, sálvanos del fuego del infierno y guía todas las almas al Cielo, especialmente aquellas que necesitan más de tu misericordia. (Oración de Fátima).

9. Cada una de las siguientes decenas es recitada de la misma manera: anunciando el correspondiente misterio, recitando un Padre Nuestro, diez Ave Marías y un Gloria mientras se medita en el misterio.

10. Cuando se ha concluido el quinto misterio, el Rosario suele terminarse con el rezo del Salve Reina.

Misterios Gozosos (lunes y sábado) 1. La encarnación del Hijo de Dios. 2. La visitación de Nuestra Señora a Santa Isabel. 3. El nacimiento del Hijo de Dios. 4. La Presentación del Señor Jesús, en el templo. 5. La Pérdida del Niño Jesús y su hallazgo en el templo.

Misterios Dolorosos (martes y viernes) 1. La Oración de Nuestro Señor en el Huerto de Getsemaní. 2. La Flagelación del Señor. 3. La Coronación de espinas. 4. El Camino del Monte Calvario cargando la Cruz. 5. La Crucifixión y Muerte de Nuestro Señor.

Misterios Gloriosos (miércoles y domingo) 1. La Resurrección del Señor. 2. La Ascensión del Señor. 3. La Venida del Espíritu Santo. 4. La Asunción de Nuestra Señora a los Cielos. 5. La Coronación de la Santísima Virgen.

Misterios Luminosos (jueves) 1. El Bautismo en el Jordán. 2. La auto revelación en las bodas de Caná. 3. El anuncio del Reino de Dios invitando a la conversión. 4. La Transfiguración. 5. La Institución de la Eucaristía, expresión sacramental del misterio pascual.

Letanía

(Las letanías más antiguas después de las de los Santos (año 595) son las de la Santísima Virgen. Se llaman lauretanas o de Loreto, y fueron aprobadas por Sixto V en 1587. No forma parte del Rosario, pero cuando se dice se obtiene indulgencia parcial).

Señor, ten piedad de nosotros. Jesucristo, ten piedad de nosotros. Señor, ten piedad de nosotros. Jesucristo, óyenos. Jesucristo, escúchanos,

Dios Padre celestial, ten piedad de nosotros. Dios Hijo, Redentor del mundo, ten piedad de nosotros. Santísima Trinidad, que eres un solo Dios, ten piedad de nosotros.

(A cada invocación a María se responde: Ruega por nosotros).

Santa María, Santa Madre de Dios, Santa Virgen de las Vírgenes, Madre de Jesucristo, Madre de la Divina Gracia, Madre purísima, Madre castísima, Madre Virgen, Madre Incorrupta, Madre Inmaculada, Madre Amable, Madre Admirable, Madre del Buen Consejo, Madre del Creador, Madre del Salvador, Virgen prudentísima, Virgen digna de veneración, Virgen digna de alabanza, Virgen Poderosa, Virgen Clemente, Virgen Fiel, Espejo de Justicia, Trono de la eterna sabiduría, Causa de nuestra alegría, Vaso espiritual, Vaso de honor, Vaso de insigne devoción, Rosa Mística, Torre de David, Torre de marfil, Casa de oro, Arca de la Alianza, Puerta del cielo, Estrella de la mañana, Salud de los enfermos, Refugio de los pecadores, Consoladora de los Afligidos, Auxilio de los cristianos, Reina de los Ángeles, Reina de los Patriarcas, Reina de los Profetas, Reina de los Apóstoles, Reina de los Mártires, Reina de los Confesores, Reina de las Vírgenes, Reina de todos los Santos, Reina concebida sin pecado original, Reina llevada al cielo, Reina del Santo Rosario, Reina de la Paz.

Cordero de Dios que quitas los pecados del mundo. Perdónanos, Señor. Cordero de Dios, que quitas los pecados del mundo. Escúchanos, Señor. Cordero de Dios, que quitas los pecados del mundo, ten piedad de nosotros.

Bajo tu amparo nos acogemos, Santa Madre de Dios; no desprecies nuestras súplicas en nuestras necesidades; antes bien, líbranos de todos los peligros, Virgen Gloriosa y Bendita. Ruega por nosotros, Santa Madre de Dios. Para que seamos dignos de alcanzar las promesas de nuestro Señor Jesucristo.

25. *Via Crucis* (para los lugares de la Pasión o los Viernes)

En el nombre del Padre y del Hijo y del Espíritu Santo. Amén.

Jesucristo, mi Dios y mi Salvador: yo me arrepiento de corazón de todos los pecados que he cometido, porque con ellos ofendí a un Dios tan bueno. Propongo firmemente no volver a pecar. Confío en que me perdonarás mis culpas y me llevarás a la vida eterna, porque eres bueno. Amén.

Señor mío Jesucristo, que nos invitas a tomar la cruz y seguirte, caminando tú delante para darnos ejemplo: danos tu luz y tu gracia para meditar en este *Vía Crucis,* tus pasos, para saber y querer seguirte. Madre dolorosa, inspíranos los sentimientos de amor con que acompañaste en este camino de amargura a tu divino Hijo. Amén.

(En cada estación se dice: **Te adoramos, Señor, y te bendecimos, porque por tu Santa Cruz redimiste al mundo y a mi pecador**. Padre Nuestro, Ave María y Gloria.)

Primera Estación: Jesús sentenciado a muerte.

Segunda Estación: Jesús cargado con la Cruz.

Tercera Estación: Jesús cae, por primera vez, bajo el paso de la Cruz.

Cuarta Estación: Encuentro con la Virgen.

Quinta Estación: El Cirineo ayuda al Señor a llevar la Cruz.

Sexta Estación: La Verónica enjuga el rostro de Jesús.

Séptima Estación: Segunda caída en el camino de la Cruz.

Octava Estación: Jesús consuela a las hijas de Jerusalén.

Novena Estación: Jesús cae por tercera vez.

Décima Estación: Jesús es despojado de sus vestiduras.

Décima primera Estación: Jesús es clavado en la Cruz.

Décima segunda Estación: Jesús muere en la Cruz.

Décima tercera Estación: Jesús en brazos de su madre.

Décima cuarta Estación: El cuerpo de Jesús puesto en el Sepulcro.

26. Oración Final

Te suplico, Señor, que me concedas, por intercesión de tu Madre, la Virgen, que cada vez que medite tu Pasión quede grabado en mí con marca de actualidad constante lo que Tú has hecho por mí y tus constantes beneficios. Haz, Señor, que me acompañe, durante toda mi vida, un agradecimiento inmenso a tu Bondad. Amén.

ÍNDICE DE CONTENIDOS

SEGUNDA PARTE

TERCERA PARTE